唐代服食養生研究

廖芮茵著

臺灣學生書局印行

自序

神仙的快樂逍遙，長生不死，以及變化無窮的超能力，是令人忻羡嚮往的。若如道教術士所說，服食上藥可成仙，點化金銀可以聚擁財富，那麼同時達到「腰纏十萬貫，騎鶴下揚州」般富貴與神仙兼而有之的美夢，想必大多數的人都會對此怦然心動。

中華民族自古即重視養生，而服食以求長生成仙的風習蘊釀於春秋、戰國，發展於秦漢、六朝，迄於唐代，在時人熱切追求遐齡不死，想輕身飛昇的強大推力下，激發服食養生的隆盛發展。上自帝王，下至庶民皆企念羽化登仙，於是社會呈顯多樣化的服食眾生相。為早日達成成仙不死的願望，唐代的丹道術士在前朝既有的基礎上，全心專意於煉製還丹大藥，於是對各種礦物藥的產源、產狀以及品位，都有更明細的分辨；在煉丹器物設備、藥物種類、用藥處置各方面，都有高度的新進展，對煉丹鼎爐的火候變化有進一步的描述與分析，對丹藥產品的提煉技術也有更深一層的研究，這些煉丹實驗已初步具有科學實驗的基礎與性質。而唐人羽化登仙的心念，更提供唐人文學創作的題材，在這些舒發心靈的作品中，既顯露浪漫的氣習，又充滿旖旎悽惋的情調。可見唐代服食養生風氣的熾烈，是促使唐代醫藥、化學與遊仙文學隆盛的一大功臣。換言之，唐代遊仙文學出現多樣的風貌，醫藥化學之所以有豐碩的成就與高深的水準，可說是唐代服食養生興盛下的珍貴產物。雖然服食「求仙」的行動，到最後並沒有達成長生成仙的結果，但術士們煉製丹藥時所創發的化學反應、醫藥貢獻，卻造福後世，達到「養生」的目的。

我自就讀大學中文系以來，就一直對唐代的文學社會有高昂的興趣，《元白新樂府研究》、《唐伎研究》都是在這興趣下撰作的論文。民國八十一年完成〈唐人服食風尚之探究〉的單篇小文後，因受限於字數，總覺得未能將唐代服食養生作一完整的專題研究，內心殊感遺憾，於是再著手收集相關資料，參考前人先輩的論著，然而唐人服食養生的論題牽涉甚廣，舉凡當時的政治經濟、社會宗教、文化心理、醫藥化學等並皆相關，但因資質魯鈍不聰，所以雖在解讀上花費許多時間，仍覺有未盡通徹者。

本文幸自研擬開始，即承蒙學校先輩蕭登福教授的支持、督促，除詳加解說疑難外，還撥暇審閱，提供意見；而北京朱越利先生於關切鼓勵外，更千里寄贈不少寶貴的參考資料，讓我受益良多，二位先進的熱忱與提攜之情，晚輩由衷感激，於此並致上最深摯的謝意。而外子朱蘊鑛於本文寫作期間，除自身教學研究外，尚兼操持家務，備極辛勞，仍不時對拙作投以相當的關注與協助，此情亦衷心銘記。謹以此篇著作獻給敬愛的父母親與可愛的三歲小兒嘉棟，他們給我永無止境的精神支持，是本文所以能順利完成最強而有力的幕後推手。

本文雖已完成，但學問之路深廣無涯，加以我的才識不足，當有疏陋偏失之處，懇祈博雅君子、海內外之方家，能不吝賜教，以匡不逮，則幸甚焉。

廖芮茵　謹序

中華民國九十一年九月二十八日

唐代服食養生研究

目錄

序說

一、本文研究之動機與旨意

變化如神，快樂似仙，永遠長生不死，這種願景是人類亙古以來，時常縈繞於心的理想與期盼。道教將神通廣大，修真得道，長生不死者稱為神仙。但神仙不死思想存在中國的時間，則遠早於道教的創設。今人雖習將「神仙」二字連用並舉，但「神」與「仙」，不僅原義略有不同，即在史料上，兩者產生的時間也有先後次序之別。

關於「神」，《易經·說卦》云：「神也者，妙萬物而為言者也。」《說文解字》釋「神」曰：「天神引出萬物者也。」劉向《說苑·修文》對許慎之言進一步闡述說：「神者，天地之本，而為萬物之始也，故曰天神引出萬物。」可見「神」具有超絕的能力，為宇宙萬物之執掌者。

至於「仙」，漢代以前用「僊」字而不用「仙」。《詩經·賓之初筵》有「屢舞僊僊」之句，係狀舞之容；《莊子．天地》有「千歲厭世，去而上僊，乘彼白雲，至於帝鄉」，乃升登之意。《說文解字》釋「僊」曰：「長生僊去，從人䙴。」段玉裁注云：「䙴，升高也，長生者䙴去。」劉熙《釋名．釋長幼》解曰：「老而不死曰仙。」由此可見，「神」與「仙」之原始意義是有所分別的❶。

春秋以前，有天神、地示、人鬼，而無仙。商周之文獻歷載上述三者，有的升於天上，或遊處於人間，都俱備無上權勢與超絕能力，既會為祟降禍，也能賜福延壽❷，因此人們莫不懷著戒慎崇敬的心情，力求祭祀的豐潔，以避禍祈福。

仙人思想的興起，據《史記．封禪書》所載，當起於戰國之世。而由於仙與神都擁有超越常人的能力，於是神與仙就混合為一。如《莊子．逍遙遊》謂：

> 藐姑射之山，有神人居焉，肌膚若冰雪，淖約若處子。不食五穀，餐風飲露，乘雲氣，御飛龍而遊乎四海之外。……之人也，物莫之傷，大浸稽天而不溺，大旱金石流、土山焦而不熱。

此之「神人」，實即「仙人」。類似之說亦見載於《列子．黃帝》中：

> 列姑射山在海河洲中，山上有神人焉，吸風飲露，不食五穀，心如淵泉，形如處女，不偎不愛，仙聖為之臣。

先秦典籍記載神仙的資料，頗為豐贍。或言其名氏（如《韓非子・十過》之黃帝，《莊子・大宗師》之狶韋氏、彭祖、傳說等十餘位得道神仙）；或述其形貌（如《山海經・西次三經、海內北經、大荒西經》等，言西王母為豹尾虎齒而善嘯、蓬髮而戴勝）。在諸多動人描繪的文句裏，渲染誇大神仙人物的奇功異能，使得凡塵人們對神仙能自由翱翔天際，長生不死的特性，忻羨不已。如屈原《楚辭・遠遊》即曰：

> 聞赤松之清塵兮，願承風乎遺則。貴真人之休德兮，羨往世之登仙。與化去而不見兮，名聲著而日延。奇傳說之託辰星兮，羨韓眾之得一，形穆穆以浸遠兮，離人群而遁逸。因氣變而遂曾舉兮，忽神奔而鬼怪。

戰國時期既有神仙思想的信仰，自亦有長生不死藥之說。《山海經・海內西經》云：

---

❶ 道教對「神」「仙」之解釋，亦有區別。「神」指先天自然之神，乃出於天地未分之時的先天真聖，非人學所得，例如三清、諸天帝等；「仙」為開天闢地後，在世俗得道之人，即所謂「後天仙真」，世人可學而得，例如古仙人赤松子、神話人物之西王母、道教人物之張天師、葛洪、呂洞賓、王重陽、張三豐等。

❷ 有關鬼神為祟降禍之資料，《左傳》、《國語》記載歷歷。如《左昭七年傳》、《國語・周語上》等等；而鬼神賜福延壽，則見《詩經・周頌・執競》、《商頌・烈祖》、《墨子・非攻》等等。另可參考蕭登福先生《先秦兩漢冥界及神仙思想探原》第一章〈先秦冥界思想探述〉之部分。臺北，文津出版社，民國七十九年八月初版。

開明東有巫彭、巫抵、巫陽、巫履、巫凡、巫相，夾窫窳之尸，皆操不死之藥以距之。

同書之《大荒西經》也說：

大荒之中，有山名豐沮玉門，日月所入。有靈山，巫咸、巫即、巫朌、巫彭、巫姑、巫真、巫禮、巫抵、巫謝、巫羅十巫，從此升降，百藥爰在。

這些記述神巫持仙藥的傳言，激發凡間人們學不死道、得不死藥的動力。《韓非子・說林上》有獻「不死藥」於楚王之事云：

有獻不死之藥於荊王者，謁者操之以入。中射之士問曰：「可食乎？」曰：「可。」因奪而食之。王大怒，使人殺中射之士。中射之士使人說王曰：「臣問，謁者曰：『可食。』臣故食之，是臣無罪，而罪在謁者也。且客獻不死之藥，臣食之而王殺臣，是死藥也，是客欺王也。夫殺無罪之臣，而明人之欺王也，不如釋臣。」王乃不殺。（此記載又見於《戰國策・楚策四》，兩者文字相近）。

另外，在《列子・說符》也有燕君和齊子等人學習不死道的記載：

昔人言有知不死之道者，燕君使人受之，不捷，而言者死。燕君甚怒其使者，將加誅焉。幸臣諫曰：「人所憂者，莫急乎死；己所重者，莫過乎生，彼自喪其生，安能令君不死也。」乃不誅。有齊子亦欲學其道，聞言者之死，乃撫膺而恨，富子聞而笑之曰：「夫所欲學，不死，其人已死，而猶恨之，是不知所以為學。」胡子曰：「富子之言，非也。凡人有術，不能行者有矣，能行而無其術者亦有矣。衛人有善數者，臨死，以決（訣）喻其子。其子志其言而不能行也。他人問之，以其父所言告之。問者用其言而行其術，與其父無差焉。若然，死者奚為不能言生術哉？」（此記載又見於《韓非子．外儲說左上》）。

由上所述，顯示戰國時已有不少人致力於研習長生不死之法，並且已開始相互傳授學習。

戰國時人以為成仙長生之願，可藉由各種修練方法達到。載錄於先秦典籍的長生不死方有：《莊子．刻意》的「吹呴呼吸，吐故納新，熊經鳥伸」之導引養形；有《楚辭．遠遊》的「餐六氣而飲沆瀣兮，漱正陽而含朝霞」之餐食六氣，或「漠虛靜以恬愉兮，澹無為而自得」；也有《列子．湯問》的渤海之東有五山，其上「珠玕之樹皆叢生，華實皆有滋味，食之皆不老不死」的服食不死藥。

在前述神仙修煉諸法中，採吐故納新、熊經鳥伸之導引，或鍊氣食息、虛靜無為等方式者，須憑靠自身攝養的堅定毅力，歷經繁瑣步驟與漫長時間，成仙過程艱鉅而不易立見其效；至於服食不死藥，則是直接利用外物以成就自己，這種方式最快速又便捷，因此廣得好仙長生的帝王公卿，或文人方士等各階層的喜愛。對彼輩而言，服食是成仙的方式，而成仙則是服食的目的。

中國神仙服食之習，始於戰國齊威、宣王、燕昭王之派人入海求仙乞藥，歷經秦漢、六朝，在養生風氣盛行下，仙藥服食由外求轉為自力採煉，不論天然草木藥或人工金丹黃白之冶煉，都有長足的進步與發展；及至唐代，服食求仙的行徑更是臻於鼎盛。

唐代服食的興盛，與當時政治、經濟、社會、宗教、醫藥、文化與心理等因素都有密切關係。歷來學者們雖咸認唐代是中國外丹黃白術發展最為鼎盛的時期，但在論述時，多把它與漢魏六朝時的服食作異中求同的概略敘述，或著重於其歷史發展的介紹，或將其丹方作現代的化學實驗等等，對於這個之所以締造服食巔峰、外丹黃白極盛的環境背景之特徵研析，不同階級身分所能獲致的服食方、佛徒道士的服食術儀、外丹黃白術的顯著特色等方面，則未能整體而清晰地凸顯其中的各別差異性與特殊性。

在中國服食發展史上，唐代因具有以下幾個特點，所取得的成就不僅超越前代，而且深遠影響後世，值得專題加以深入研究：

其一：唐朝在享國三百年裏，除少數時期的紛亂外，大體上政局維持統一，尤其初、盛唐時的物阜民康、經貿繁榮、交通便捷，更是漢魏六朝所望塵莫及的。所以葛洪、陶弘景等人歎息的交通阻隔、藥物難備的遺憾，不但在此期不復存在，而且唐代帝王憑藉強大帝國的威望，開放的民族政策，吸引外邦使臣與商賈爭相來到中土，彼輩攜帶各式各樣的奇珍異寶，或朝貢、或互市，對唐人的服食擴大了藥材的來源與種類，也帶來了異地的長生方藥，既提昇唐人服食的便利性，也豐富唐人服食方的內容，促使唐代服食較之漢魏六朝更「變其本而加厲，踵其事而增華」。

其二：唐朝的帝王不僅注重個人養生長壽，對全國也大力的推展醫藥知識。因此不但官方有藥園的設置，積極培養、嚴格考核醫藥人員，在地方上亦廣建醫校、刊載醫方，促使全民注重祛病養生，於是不論官修醫典或私人纂述的藥書，多如雨後春筍的蠭然湧現。在論述各種病症治療之餘，也倡導服食補益養生，更傳授藥物的植采、制作之方，這些氛圍與條件不但營造了有利服食的環境，而且更鼓煽了唐人的服食熱度，因此形成中國服食史上，服食層面最廣闊普遍、風氣最熾烈的朝代。

其三：服食以求長生成仙，本為道教的方術。但南北朝時已有佛徒浸染服石風習。及至唐代，佛徒不但服食所謂的長生藥，而且也如道士般的臨爐煉丹。尤其玄宗時佛教密宗盛行，受道教長生思想與方術的影響，也重視長年藥餌的服食和點化黃白。在藥餌種類與服食術儀上既有明顯學習道教的痕跡，也有刻意與之相異的行事作風，互別苗頭以競勢的意味相當濃厚，形成唐代佛道服食的特殊景象。

其四：唐代外丹黃白的冶煉在前朝既有基礎上，有更進一步的發展，其流派之眾多、丹道理論之繁盛、鼎爐製造之精巧、升煉技術的提昇等等，都足以傲視前代，影響後世，諸如成功地冶煉出可治疾療病的醫藥，製造出樣多質精的化學顏料與合金，這些都是丹家術士對社會利益的卓越貢獻；尤其火藥的發明，運用於戰爭的攻防，改變了傳統的作戰形態，對人類文明發展的影響更是深遠。

其五：唐代社會瀰漫濃厚的服食成仙思想，提供唐人文學創作的題材，擴大想像的空間，作者在好意作奇的有意寫作下，或改製舊作、賦予新意；或另出機杼、鋪陳情節，熔冶現實人生與虛幻仙境為一爐，創造出旖旎浪漫或悽惋欲絕的情調，透過作品的抒發，也使心靈得到絕對的超越與昇華，因此在文學與藝術的感染力上都較六朝更進一步。

基於以上這幾個特點，對唐代服食做一個詳細嚴整的分析探討，是相當有意義且必要的課題。因此定本文之題目為《唐代服食養生研究》。

之所以於題目中用「服食養生」字眼，乃因中國的服食行為基本上是著眼於養生延壽的心理，其目的近則求祛病壯身，最終目的求長生不死，羽化成仙。當然不死成仙，事屬虛妄，但服食適量藥物確可達到體健身強的目標。唐人服食雖大多偏向羽化成仙的目的，但為治疾療病而服餌者亦為數不少。有見於往昔言及唐人服食者多持負面評論而忽略其正面的貢獻與影響，因此本文企圖以博觀公平的立場，除在闡論唐人欲藉餌丹以求遐齡，卻招致戕害性命的不智之舉外，也在扢揚肯定其對醫療制藥的直接貢獻，尤其因外丹的失敗，促使內養的蓬勃興盛，更是唐人在服食求仙之外，不期而得的養生成效。換言之，本文之撰，旨在揚棄「求仙」之迷誤而肯定「養生」之努力。

二、本文研究之內容與目的

本文之研究，以唐朝基於養生成仙為目的，而食用包含自然界生成之動、植、礦物，或餌服經由人工冶煉的丹藥為論述的主體與範疇，不包括借由吐故納新、熊經鳥伸、鍊氣食息及悟道等內在修鍊方式。為彰顯唐代服食養生在思想與方法上，不但具有歷史的延續性，也有時代發展的獨特性，因此本文擬釐為六章，章節內容與目的大致如下：

第一章緒論，下分三節。第一節述說從秦皇、漢武在方僊士的鼓動下，致力外求神人仙藥，到漢魏六朝轉為反求諸己，服餌煉形以成仙，呈現唐代以前神仙服食思想的傳嬗，在各個時期有其共相與殊相。第二節分析唐前仙藥的種類與特色，由其地位升降的推衍歷程，展現時代性的特色。第三節闡釋服食長生的理論根據，以說明自漢魏六朝至有唐一代，人們所以熱衷於此的心理基礎。期藉由此章振葉尋根，觀瀾索源的動作，以進一步了解唐代在服食養生上的淵源傳承與變革。

第二章透過文獻資料所傳遞的訊息，考察唐代服食養生風盛的時代特徵，下分三節。從唐代的政經繁榮，交通便捷，促使商貿發達，因而擴大藥材來源與種類；而帝王積極推展醫藥知識，倡導黎民百姓重視補益養生，傳授種采制藥的方法，營造了服食風熾的有利氛圍；此外道教的興盛，使丹家術士與煉丹圖籍的數量大增，更鼓煽、滋漫煉丹服食的發展，藉由這三個角度詳細且深入地解析唐代服食養生風熾的背景因素，以展露唐代因具有政治、經濟、社會、醫藥、文化、心理等各方面對服食養生所產生的優勢條件，是以能踵事增華，形成中國服食史上最興盛的朝代。

第三章分析唐人服食的景況，下分帝王、達官顯吏、文士、道士佛徒等四節，分別從服食方的來源、服食的目的與服食的方式，做全面通盤的探賾索隱。一則藉以彰顯唐人不分貴賤，對服食養生狂熱的共同情態；但也同時揭示不同的身分地位者，選用的服食方也有其差異性。二則解說道士佛徒服食的特殊宗教術儀，並分析比較兩者之間的異同；此外，更進一步論述佛密在長生服食的方術上，乃明顯取法、抄襲自道教的情形。

第四章鑑於唐代外丹黃白發展鼎盛，因此特立此章研究其特色表現，分三節詳述，第一節主要著重於解析其煉丹理論、用藥特色、硬體的丹爐建置、煉丹的技術方法等，以見丹家術士們對煉丹的鑽研之功。第二節敘述派別主張、爭議與交融，顯現丹家術士們既為護衛師門傳承而彼此競爭攻擊，但卻又不免相互學習、影響的行止。第三節分別從歷史與科學的觀點，檢討外丹黃白的得失，一則在肯定唐人為專釋煉丹隱語所撰寫的工具書，有利於後人煉丹檢索之用；二則在揭示唐代丹道理論充滿神秘的玄學性與任意性；三則在評議唐人對丹毒說解與處理方式的迷惘，以釐正欲藉服食丹藥以求長生不死的偏頗觀念。

第五章為唐人服食養生的貢獻與影響。下分二節，第一節在抉揚、肯定唐人在醫藥、化學的卓越貢獻；第二節闡論唐人服食風氣盛行對生活與文學方面產生的影響。彰顯時人忙於羽化成仙的盲態，並探討唐人成仙不得而故作反語的補償心理，以解讀唐代由外丹轉向內養的關鍵；而從時人寫作有關神仙系列的作品中，展現唐人的新奇創意與轉用手法，既較六朝時更增加文學藝術感染力，且唐人以此抒發、滌蕩心靈的方式，就現代醫療科學觀點而言，確實能達到另一種「養生」的目的。

第六章結論，為本文研究之綜合性回顧與心得總結。

第一章　緒論

「服食」本是道家養生修煉法之一，自方術士宣揚長生神仙思想，希冀透過服用靈異之物，可以達到不死成仙之後，就成為人們熱衷的養生方法，《古詩十九首》之八裏即有「服食求神仙」之句；而「養生」一詞之意，最早出現於《老子》五十九章中的：「是謂深根固柢，長生久視之道。」其後的《呂氏春秋．節喪》解釋云：「知生也者，不以害生，養生之謂也。」所以「服食養生」，是古人心動於神仙不死，為追求長生永壽的一種保健身體、養護生命的方法。這種為追求神仙境界而服食養生的風習，雖然在唐代達於巔峰狀態，但察審此淵遠流長的成仙思想與服食行為，則可遠溯自戰國神仙思想萌芽的時期。在方士與其後道士們的鼓吹煽動下，如何藉服食的方式，以快速達成養生延壽的目的，成為人人所共同關心的焦點。於是帝王士庶們紛紛想方設法地或由仙人外求仙藥，或憑己力煉製丹方；而所服食的物品，也從天然靈異的動植礦物藥，到人工煉製的金石丹藥。

「服食養生」歷經戰國、秦、漢、六朝等數百年的蘊釀發展，在這段歷史發展的期間，可以清楚地看出神仙思想與仙藥服食種類的遞變，而長生服食的理論根據，也從先秦初始的模糊朦朧，到漢魏六朝逐漸具體清晰的演變過程。

唐代是中國服食養生最興盛的時期。它繼承前朝神仙長生的思想，對「借變化以強功能」、「假他物以自堅固」信仰甚堅，雖然先秦時期那種致力外求神人仙藥，至唐代已不復存在，而是轉為憑己力采種藥草、冶煉丹劑，但帝王百官文人們沉迷於羽化成仙的美夢與對道士的依賴敬重，則是延續自先秦漢魏六朝以來，始終一貫不變的態度。本章分三節闡述唐代以前神仙思想與仙藥服食的遞嬗演變，透過此段歷史發展過程的論述，可更清楚唐代服食養生脈絡的傳承，有助於其後變革的比較。

第一節　唐前神仙服食思想之傳嬗

自神仙思想興起，燕齊方士所主張的封禪禱祀以致仙乞藥，由齊威、宣王、燕昭王發其端，秦皇、漢武繼其後，此風延及至成帝、新莽時；至東漢諸帝因較不為神仙黃白之說所惑，於是方士封禪禱祀、致仙乞藥乃告消歇。在此為時約三、四百年間，倡導此風者多為燕齊地方的方士，彼輩所宣揚神仙服食觀的主要特徵是經由封禪禱祀祭神等方式，以尋訪仙人、求不死藥為主，聲稱黃帝是長生成仙的榜樣而備加推崇，至於信仰者則以帝王為大宗。

然而神仙丹藥既累代屢經封禪禱祀，皆無以獲致，於是藉由人工煉製之丹藥以服食養形，達到長生成仙的目的乃於焉產生。六朝有形神之辯，一些好神仙、喜方術者如嵇康，強調仙人有種，特稟異氣而生，然積學服食可長生；而葛洪則持仙人無種的觀點，且認為服食之藥物有別，成仙的等級品第亦不同。

由此可見隨著時代的推演，神仙服食思想的傳嬗，由先秦的致力外求神人仙藥，轉為漢魏六朝憑靠自己採煉藥物以長生延壽。這個轉變的過程標誌著人類自我意識的覺醒，體現較強的主動性，此實為養生之一大進步；另外漢魏六朝時的求仙長生者，也由前期居於上位的帝王公卿等貴族階級，逐漸向文人方士等庶民層面擴展延伸，這種景況正代表「長生不死」之願，為人類社會中不分貴賤皆共存於心的理想與期盼。其中殊可注意者，厥為六朝時佛教釋徒有道教化神仙觀的傾向，而且也沾染了服食的風習。

壹　封禪禱祀以致仙乞藥

方士之名，最早見於宋玉〈高唐賦〉：「有方之士：羨門、高蹊、上成、郁村、公樂、聚谷。」而若論其身分之初始，則與巫覡關係密切。

在《山海經》裏凡談及不死藥之地，往往與巫覡聯繫為一。他們熟悉古代神話，能把握民眾心理，而為因應人們希冀長壽的欲望日趨強烈，巫覡也逐漸由祭神轉向祝人。如《韓非子．顯說》云：「今巫覡祝人曰：『使若千秋萬歲。』」由於彼輩專好倡言神仙說、不死藥，並且從事各種神仙方術，因此古代的巫覡一變而為「方士」，戰國秦漢時期的方士即為典型代表。

先秦典籍載有東海神仙仙藥之說。《列子．湯問》云：

> 渤海之東，不知幾億萬里。……其中有五山焉，一曰岱輿，二曰員嶠，三曰方壺，四曰瀛洲，

五曰蓬萊。……其上臺觀皆金玉，其上禽獸皆純縞，珠玕之樹皆叢生，華實皆有滋味，食之皆不老不死。所居之人，皆仙聖之種，一日一夕，飛相往來者，不可數焉。

此資料為戰國方士所用，並積極向帝王游售其說。《史記・封禪書》即曰：

宋毋忌、正伯僑、充尚、羨門高，最後皆燕人，為方僊道，形解銷化，依于鬼神之事。……而燕齊海上之方士傳其術不能通，然則怪迂阿諛苟合之徒自此興，不可勝數也。自威、宣、燕昭使人入海求蓬萊、方丈、瀛洲此三神山者❶，其傳在渤海中，去人不遠。……蓋嘗有至者，諸僊人及不死之藥皆在焉。其物禽獸盡白，而黃金銀為宮闕。……

這些史料既說明戰國時期著名的方士與燕齊怪迂阿諛之徒興起的背景，也是明確載存中國歷史上第一次帝王求仙的記錄。

然而所謂的海中神山、仙藥，實為燕齊濱海一帶方士，因海市蜃樓之幻景所製造的神話。既是子虛烏有之辭，則尋訪情形必是「未至，望之如雲；及到，三神山反居水下；臨之，風輒引去，終莫能至云。」（《史記・封禪書》）的結果。方士們如此毫無成果的尋仙訪藥，非但不見斥責，反而在「世主莫不甘心焉」，以及阿諛之徒的慫恿鼓吹下，更掀起後代帝王們投注愈多人力、財力，追求長生不死的熱潮。

秦始皇十三歲而立，在位三十七年崩。綜觀其為帝，從二十六年掃滅六國，統一天下後的十餘年間，幾乎與方士鬼神祭祀及尋仙求藥，結下不解之緣。相關資料在《史記・秦始皇本紀》、《史記・封禪書》、《漢書・郊祀志》、《資治通鑑》等文獻皆有記載。而綜言之，秦皇深信方士、追求神仙不死的具體行動，表現在如下二方面：

其一：祠神封禪。

齊地自古即有祠八神於名山的崇拜❷。秦時方士們更主張封泰山、禪梁父，以報天告地，接受天命可成仙升天，於是編造古代七十二帝王封禪泰山，承受天命的故事。梁玉繩於《史記志疑》即曰：「三代以前無封禪，乃燕齊方士所偽造。」始皇長生求仙心切，史載二十八年：

> 上自泰山陽至巔，立石頌秦始皇帝德，明其得封也。從陰道下，禪於梁父，其禮頗采太祝之祀，雍上帝所用，而封藏皆祕之，世不得而記也。……於是始皇遂東游海上，行禮祠名山大川及八神，求僊人羨門之屬。（《史記・封禪書》、《資治通鑑・秦紀》二略同）

秦皇親自上泰山行封禪禮之舉，是中國帝王中的第一人。其動機不僅是單純刻石記功與祭天而已，從其東游海上，求僊人羨門之屬看來，主要在企求神仙以佑長生之願應是極明顯可見的。

❶《史記・封禪書》所述與《列子・湯問》之內容略相符合，其三神山之說當本於《列子・湯問》所提岱輿、員嶠、方壺、瀛洲、蓬萊等五仙山，後因沈岱輿、員嶠二山，而方壺也改為方丈。見蕭登福先生著《列子探微》第六章，臺北，文津出版社，民國七十六年三月初版。

❷見鄭杰文〈圖騰、八祠、封禪——齊地的原始宗教和宗教學說〉，載《文史知識》，一九八九年第三期。

其二：派人入海求仙。

詳究始皇此舉的因由與作法，可看出基本上是戰國時齊威、宣王派人入海尋神山仙藥的延續，但始皇挾其強大帝國的聲威與財富，因此無論就派遣的人數與規模而言，都遠勝於前人。如二十八年時派齊方士入東海求仙人的情形是：

> 齊人徐市等上書，言海中有三神山，名曰蓬萊、方丈、瀛洲，僊人居之。請得齋戒與童男女求之。於是遣徐市發童男女數千人，入海求僊人。（《史記·秦始皇本紀》）

三十二年，又派燕方士求北海碣石仙人❸：

> 始皇之碣石，使燕人盧生求羨門、高誓。刻碣石門。……因使韓終、侯公、石生求僊人不死之藥。……（《史記·秦始皇本紀》）

由於始皇惑於神仙與長生藥，因此燕齊海上的方士，「怪迂阿諛苟合之徒自此興，不可勝數」（《史記·封禪書》）；漢時桓寬《鹽鐵論·散不足》亦言及這些紛至遝來，遊售其說的方士云：

> 當此之時，燕齊之士釋鋤耒，爭言神仙方術，於是趣咸陽者以千數，言仙人食金飲珠，然後壽與天地相保。

始皇信任方士徐福、盧敖的海外神山仙藥說，但數年耗費鉅資，並無所得，然而其虛幻之神仙大夢亦未清醒，臨崩前，尚至海上，「冀遇海中三神山之奇藥」，顯現始皇尋仙、求不死藥之心念甚為堅定，至死不悟。

漢朝是神仙思想瀰漫的時代。西漢諸帝自文帝以下，幾乎都與神仙方士離不開關係，其中尤以武帝最為耽溺。史載「孝武皇帝初即位，尤敬鬼神之祀。」（《史記·孝武本紀》）。這位十六歲登基之皇帝，於六年後竇太后死起，獨掌大權，便極力展開求仙活動，文獻如《史記·孝武本紀》、《史記·封禪書》、《漢書·武帝紀》、《資治通鑑》卷十二至十四皆歷載其事蹟，因此說武帝終其一生皆與禱祀鬼神、訪求仙藥等密不可分，並非過言。

漢武帝時的方士，諸如李少君、謬忌、少翁、欒大、公孫卿、公玉帶等，各獻成仙方術，都受帝王的崇信重用。其中以欒大最擅誇誕，僅數月間就佩六印，貴震天下，使得「海上燕齊之間，莫不搤捥而自言有禁方能神僊矣。」（《史記·孝武本紀》）；而李少君則是影響武帝最為深刻的方士，至於公孫卿、公玉帶等，則是左右武帝的時間最為長久，而細審上述四人的身分則並皆為齊地方士。

李少君以祠灶祭祀致仙之說，向武帝遊說。《史記·封禪書》載其事云：

> 是時李少君亦以祠竈穀道卻老方見上。上尊之。……少君言上曰：「祠竈則致物，致物而丹

---

❸ 燕人所傳之仙人居於北海中。《淮南子·道應訓》：「盧敖游乎北海」，高誘注云：「盧遨、燕人，秦始皇召以為博士，使求神仙，亡去不反也。」又王充《論衡·道虛》：「或時盧遨學道求仙，游乎北海。」。

沙可化為黃金；黃金成，以為飲食器則益壽；益壽而海中蓬萊僊者乃可見；見之以封禪則不死，黃帝是也。臣嘗游海上，見安期生，安期生食巨棗，大如瓜。安期生僊者，通蓬萊中，合則見人，不合則隱。」於是天子始親祠竈，遣方士入海求蓬萊安期生之屬，而事化丹沙諸藥齊為黃金矣。居久之，李少君病死，天子以為化去不死，而使黃錘史寬舒受其方。求蓬萊安期生莫能得，而海上燕、齊怪迂之方士多更來言神事矣。

紬繹李少君之成仙不死方，乃須經一連串既相別、又相聯結的步驟，過程中還須借由鬼神參與相助，再將原料藥物丹砂經人為燒煉成外觀類似黃金的產物，稱為「藥金」，然後以此製成飲食器，透過飲食接觸以汲取丹砂精華而增壽，因此並非直接餌服黃金。這種雖與道教徒提煉黃金，並加以食用，認為借此可易筋異質，使血肉之軀堅如金銀者有別，但卻已是揭啟中國煉丹術的序幕。

至於李少君是否成功煉成能延年益壽之「黃金」，《史記》沒有明確記載。但武帝對李少君用丹砂升煉水銀，再用鎏金術將銅質飲食器鍍金的長壽方，顯然深信不疑，因而大量置備金器。證據是西元一九八一年，在大陸陝西興平縣之茂陵東側漢武帝之墓中，即發現一批鎏金器，據此可知這種能藉以長生益壽的金器，對漢武帝影響相當深刻；而這也從側面驗證了《史記》記載李少君話語的可靠性。

另二位齊地的方士公孫卿、公玉帶，則以封禪候神登仙說，干祿於武帝，尤其把黃帝封禪、得寶鼎等故事，編造得形象生動，引人忻慕❹。如公孫卿引申公之言說武帝曰：

申公，齊人，與安期生通，受黃帝言。……封禪七十二王，唯黃帝得上泰山封。申公曰：「漢主亦當上封，上封則能僊登天矣。」（《史記·封禪書》）

再如史載元鼎四年，武帝得一鼎，公孫卿又曰：

今年得寶鼎，其冬辛已朔旦冬至，與黃帝時等。卿有札書曰：「黃帝得寶鼎，是歲已酉朔旦冬至，凡三百八十年，黃帝仙登於天。」……受此書申公，申公曰：『……寶鼎出而與神通，黃帝接萬靈明庭，明庭者甘泉也。黃帝采首山銅，鑄鼎於荊山下，鼎既成，有龍垂胡鬚下迎黃帝，黃帝上騎龍，與群臣後宮七十餘人俱登天。』於是天子曰：「嗟乎！誠得如黃帝，吾視去妻子如脫屣耳！」拜卿為郎，使東侯神于太室。（《資治通鑑》卷二十〈漢紀十二〉）

武帝自得寶鼎，又聽方士之言後，即與公卿諸生商議封禪之事。此時齊人丁公曰：「封者，合不死之名也。」鼓勵武帝上封，元封元年「天子既聞公孫卿及方士之言，黃帝以上封禪，皆致怪物，與神通，欲放黃帝以上，接神僊人蓬萊士，高世，比德於九皇。」（《史記·孝武本紀》），因此將至

❹ 徐中舒〈陳侯四器考釋〉云：「黃帝之傳說見于記載之可靠者，當以《陳侯因資敦》所載為早，……疑此種傳說或即導源於齊地。」見《國立中央研究院·歷史語言研究所集刊》第三本第四分冊。又李約瑟博士亦云，最先崇黃帝為始祖者為齊人。見《中國之科技與文明》十四冊，臺北，臺灣商務印書館，民國七十八年六月二版。

泰山行封禪。天漢三年，行幸泰山，修封，欲重建明堂，濟南人公玉帶即上黃帝時明堂圖，言「黃帝封東泰山，禪凡山，合符，然後不死焉。」（《史記．封禪書》）。

方士們除編造黃帝封禪合符可不死登仙外，還創造「黃帝游名山，見神人而升天說」，武帝亦興致盎然，先後數次令公孫卿、公玉帶奉祠候神物；而為招致神仙之屬，武帝又繕治宮觀樓臺，與建名山神祠之所，「以望幸焉」。然而如此的盲目忙亂數年，除所謂大人之跡外，別無所見。

武帝還醉心於海外求仙乞藥。《史記．孝武本紀》載曰：

> 上遂東巡海上，行禮祠八神。齊人之上疏言神怪奇方者以萬數，然無驗者。乃益發船，令言海中神山者數千人求蓬萊神人。……宿留海上，與方士傳車及間使求仙人以千數。……天子既已封禪泰山，無風雨災，而方士更言蓬萊諸神山若將可得，于是上欣然庶幾遇之，乃復東至海上望，冀遇蓬萊焉。

武帝如此求仙心切，官吏亦曲意逢迎。太中大夫東方朔（亦是齊人），以奇計俳辭被變用，即向武帝描述神仙棲息於十洲之勝境閬苑❺，此中或有神芝、仙草、玉石，或有醴泉、玄澗等甘液，食之可與天地齊壽，長生不死。武帝眩惑其辭，又命方士們出海十洲，求取仙草靈藥；另外《資治通鑑．漢紀十二》還有武帝於元鼎二年春，「起柏梁臺，作承露盤，……上有仙人掌，以承露，和玉屑飲之，云可以長生」的記載。

檢視漢武與秦皇都是中國歷代帝王中，好鬼神、喜仙術的典型人物，兩人皆有彪炳的事功，也同樣沈溺於長生不死說。但二人的神仙思想與服食長生的方式，卻又有些許差異。

就相同點而言，秦皇、漢武俱皆迷戀神人仙境，是以秦皇聞仙人謠歌，則欣然乃有尋仙之志，因改臘曰嘉平（裴駰《集解》）；而漢武聞峨眉山《孔子地圖》有仙藥，即遣使者祭之，欲致其藥（常璩《華陽國志》），數年求仙不得，乃作建章宮，治太液池，「中有蓬萊、方丈、瀛洲、壺梁、象海中神仙、龜魚之屬」（《史記・孝武本紀》），以聊表安慰。兩人耗費無窮人力錢財，然猶羈縻不絕，蓋存「冀遇其真」之僥倖心理，始皇雖曾惱怒方士之空言，但於三十七年仍南至湘山，登會稽，并海上，冀遇海中三神山之奇藥，不得，還至沙丘崩，其神仙長生大夢可謂至死不悟；而漢武則於征和四年，尚行幸東萊，臨大海，欲浮海求神山，至臨終前始自歎「曏時愚惑，為方士所欺。天下豈有仙人，盡妖妄耳！節食服藥，差可少病而已」（《資治通鑑・漢紀十四》），遂悉罷諸方士候神人者。然而漢武追悔之行止，實則視秦皇亦僅五十步與百步之別耳！

就相異點而言，秦皇時代的神仙說，僅以三神山為中心，想要長生只有入海向仙人乞藥，雖然《史記・秦始皇本紀》中有「悉召文學方術士甚眾，欲以興太平，方士欲練以求奇藥」之語，其意似有現成仙藥既不可得，而有人工「煉製」的打算，但史籍文獻中並沒有明載此時已有人工煉製長生丹藥的記錄，因此拙意認為始皇之神仙服食，仍為設法追求天然長生不老藥，而尚未真正進入具

---

❺ 東方朔《海內十洲記》，見《古今逸史》（《百部叢書集成》第一函），臺北，藝文印書館。

體人工煉丹的階段❻；至於漢武則除仍極度熱衷於入海求仙外，其神仙服食已另有蹊徑，亦即開始注重由丹砂提煉黃金。從歷史文獻記載看來，李少君、欒大都曾從事黃白術的修煉。

秦皇、漢武之際，燕齊方士的仙人長生藥之說，對帝王的影響極為深遠。但所謂的「仙人」，卻往往是前代的「方士」。例如秦皇所求訪的仙人是羨門高，漢武所企尋的仙人是安期生，然而「羨門高」者，根據《史記・封禪書》所載，乃為先秦戰國時之方士，而「安期生」者，在《史記・樂毅列傳》和劉向《列仙傳》所錄，則是始皇時之方士，如此乃形成前代有名的方士，搖身一變為後世眾所仰慕的仙人之有趣現象❼，這種情形一方面透露了中國帝王們為成仙美夢，竟然顛倒迷惑至此地步；另一方面也呈顯出中國方士與仙人之間，往往存在著一體兩面的微妙關係。

繼漢武帝之後，號稱中興英主的宣帝，仍亦不免耽溺於神仙。《漢書・楚元王傳》即言其「復興神僊方術之事」，曾命劉向鑄作黃金，雖費甚多而方不驗。

宣帝後之元帝、成帝，並皆好鬼神，喜方術。《漢書・郊祀志下》載成帝末年，頗好鬼神，亦以無繼嗣故，方士多上書言祭祀方術，花費甚鉅。谷永以自周靈王至漢成帝時的方士多挾祭祀致仙求藥之詐術，向帝王諫諍曰：

> 昔周史萇弘欲以鬼神之術輔導靈王，會朝諸侯，而周室愈微，諸侯愈叛。楚懷王隆祭祀，事鬼神，欲以獲福助，卻秦師，而兵挫地削，身辱國危。秦始皇初并天下，甘心於神僊之道，遣徐福、韓終之屬，多齎童男女入海求神采藥，因逃不還，天下怨恨。漢興，新垣平、齊人少翁、公孫卿、欒大等，皆以僊人、黃冶、祭祀、事鬼使物、入海求神采藥貴幸，賞賜累千

金。大尤尊盛，至妻公主，爵位重纍，震動海內。元鼎、元封之際，燕齊之間，方士瞋目扼掔，言有神僊祭祀致福之術者，以萬數。其後平等皆以術窮詐得，誅夷伏辜。至初元中，有天淵玉女、鉅鹿神人，轑陽侯師張宗之姦，紛紛復起。

谷永此言，是將周秦至兩漢，主張禱祀以致仙求藥之方士的行動，做一完整敘述。從他論方士以周世史官萇弘為始，可見方士與神仙在春秋時已然；而周秦時之「方士」，至西漢時遂逐漸被「道士」一詞所取代，但論及兩者的行事風格，則谷永並皆以為都是詐偽之徒，亦即所謂：

諸背仁義之正道，不遵五經之法言，而盛稱奇怪鬼神，廣崇祭祀之方，求報無福之祠，及言

---

❻ 拙意認為始皇時尚未進入具體之人工煉丹階段，蓋因現存第一手資料《史記・秦始皇本紀》有「方士欲練以求奇藥」之語，其中「欲」字極為關鍵字眼。若當時已有人工丹藥，始皇豈有不知、不得之理？何必再三徒曠日費時，虛耗眾多人力與巨萬錢財，至遠處求神山仙藥？且始皇時果已有人工提煉之丹藥，史書文獻當必有片語隻字及之。至於晉王嘉《拾遺記》卷四，雖載趙高先世受韓終丹法，與所謂「九轉之驗」一事，則因該書具濃厚神話色彩，許多記載為王嘉杜撰，不足為信，故不能僅據此即作出秦時確有人工煉丹之斷語。

❼ 有關「前代有名之方士，即是後世之仙人」，其例除正文所舉外，秦漢方士如安期生、淮南王者流，至東漢時亦成為仙人；而東漢著名方士如陰長生、魏伯陽、張道陵、左慈等人，到魏晉也名列仙班。詳見蕭登福先生著《先秦兩漢冥界及神仙思想探原》第三章〈秦及兩漢神仙思想之演進〉，臺北，文津出版社，民國七十八年八月初版，及《周秦兩漢早期道教》第三篇〈先秦兩漢早期道教之神仙、方士與教團〉，臺北，文津出版社，民國八十七年六月。

> 世有僊人，服食不終之藥，遙興輕舉，登遐倒景，覽觀縣圃，浮游蓬萊，耕耘五德，朝種暮穫，與山石無極，黃冶變化，堅冰淖溺，化色五倉之術者，皆姦人惑眾，挾左道，懷詐偽，以欺罔世主。聽其言，洋洋滿耳，若將可遇；求之，盪盪如係風捕景，終不可得。是以明王距而不聽，聖人絕而不語。（《漢書．郊祀志下》）

谷永剴切勸諫成帝祭祀鬼神、服食求仙，都只是曠日耗財，數代以來皆無有毫釐之驗，以期勉君王拒絕此類；而成帝時待詔的方士雖亦不少，但已無如秦皇、漢武時的大富貴盛者了。

西漢政權最後為王莽所篡，改國號為新，其好神仙、喜祭祀，卻一如舊朝。《漢書．郊祀志下》云：

> 莽篡位二年，興神僊事，以方士蘇樂言，起八風臺於宮中。臺成萬金，作樂其上，順風作液湯。又種五梁禾於殿中，各順色置其方面，先鬻鶴髓、瑇瑁、犀玉二十餘物漬種，計粟斛成一金，言此黃帝穀僊之術也。……莽遂崇鬼神淫祀，至其末年，自天地六宗以下，至諸小鬼神，凡千七百所，用三牲鳥獸三千餘種。後不能備，乃以雞當鶩雁，犬當麋鹿。數下詔自以當僊。

此段記載將王莽好古喜仙的痴態表露無遺，而《漢書．王莽傳》也言及王莽仿效黃帝時建華蓋以登僊的故事，乃造「華蓋九重，高八丈一尺，金瑵羽葆，載以祕機四輪車，駕六馬，力士三百人黃衣幘，車上人擊鼓，輓者皆呼『登僊』。莽出，令在前，百官竊言：『此似輀車，非僊物也。』」的有趣情事。

總之，從先秦諸君王到秦漢帝王，都是神仙長生說的堅定信仰者。但在這將近八百年的時光裏，神仙與凡人的距離有拉近的趨勢，而不再那麼遙不可及。以周秦兩漢的神仙形象而論，雖然大致都是身生羽翼、長生不死，但周秦時的神仙世界，具有遠離人世之外的神話傳說特色，例如或在茫茫大海的神山中，或在高聳入雲的崇山之顛，或在虛無縹緲的雲天之上，所以方士們求仙乞藥，必須遠至海外神山仙島；及至兩漢，神仙世界已較不如前期的飄然玄虛，而是逐漸落實於人間世。例如劉向所撰《列仙傳》裏的神仙人物，其分佈的地區就相當廣泛，遍及齊、晉、梁、洛、楚、華陰、隴西、漢中、巨鹿、會稽、豐、象林、巴蜀等地域，而且成仙後也不一定完全僊僊飛昇於白雲帝鄉，而是可以快樂逍遙於仙山。雖然「神仙」是塵世人們所幻想出來的，但後者無寧是一種比較親切且實際的想法，而自武帝時方士建議多治宮觀樓臺，以候神致仙得藥起，往後的方士們祭祀禱祝的場所，也就由海外的神山仙島，轉移到帝王統治下的輿圖宗祠了；而再到東漢以後，如安、順帝之際問世的《太平經》云：「長生之道，不在祭祀鬼神也，不在導引屈伸也，不在呪喝多語也，不在精思自勤苦也。長生之道，要在神丹。」的論調出現後❽，長生求仙的活動又進入另一種歷程。

❽ 葛洪《抱朴子·金丹》篇引《太清觀天經》曰：「長生之道，不在祭祀事鬼神也，不在導引與屈伸也。昇仙之要，在神丹也。」其意與此相同。

貳　服食煉形以長生成仙

漢朝神仙思想興盛的景象，歷歷表現於《漢書・藝文志》載錄〈神仙十家〉，所著書有二百五卷之多；而漢鏡銘文中羽化昇仙、服藥求仙等意念，也充溢於字裏行間[9]；就是政治讖緯圖書，也有不少宣揚神仙方術之言[10]。往昔長生成仙為上層帝王的生活理想，而到了署名劉向所撰的《列仙傳》極力說明世有神仙，以及神仙可學的觀點下，成仙長生的思想已影響到一般的士庶，於是生死形神的論辯歷經漢魏六朝諸學者的闡述而駸然日盛，服食養生的信仰也蔚為風尚。這種由前期藉著外求神藥以成仙，到此期主張護衛形神，自學成仙的轉變，代表人類已漸脫離全然依賴、虛妄的想像，而呈顯自我意識、力量的提昇。

東漢桓譚的《新論》首先出現生死形神論，他依據對草木五穀、禽獸昆蟲等生長通則的觀察，認為萬物的生長老死，「若四時代謝，而欲變易其性，求為異道，惑之不解者也。」，因此「今人之養性，或能使墮齒復生，白髮更黑，肌顏光澤，如彼促脂轉燭者，至壽極亦獨死耳。」（《弘明集》五）。他的意思是：形體可因保養得宜而延長存在，但終歸於澌滅，形亡則精神亦無所依附而淪喪。桓譚在此雖然否定人可變易成仙，但他卻嘗居望仙門，「竊有樂高眇之志」，且更作〈仙賦〉云：「吸玉液，食華芝，漱玉漿，飲金醪。」（《藝文類聚》卷七十八引），可見他對神仙是充滿忻羨之情的，而其於《新論》一書中，也記載不少神仙方術之事。

桓譚以天道自然及燭火喻形神生死之說，在與其同時而稍後的王充《論衡》中，有更進一步的闡發。王充認為「形須氣而成，氣須形而知。天下無獨然之火，世間安得有無體獨存之精。」（《論衡·論死》），所以「人體已定，不可減增」，然而「人恆服藥固壽，能增加本性，益其身年也。」（〈論衡·無形〉）。可見王充也主張生命可以延長，但不能變化成仙。在同書〈自紀〉篇裏，他述說撰寫養性之書的動機與觀點云：

> 章和二年，罷州家居，年漸七十……髮白齒落，日月逾邁……乃作養性之書，凡十六篇。養氣自守，適時則酒，閉明塞聰，愛精自保。適輔服藥引導，庶冀性命可延，斯須不老。既晚無還，垂書示後。惟人性命，長短有期，人亦蟲物，生死一時，年歷但記，孰使留之？猶入黃泉，消為土灰。

可知王充雖疾斥長生成仙之說為虛幻，但論及養生延壽之道，則未全然予以否定。桓譚、王充所持「生之必死」的思想，深深影響曹丕、曹植⓫，但他們卻又以帝室之尊，招致

---

❾ 如〈尚方鏡銘〉「尚方作鏡真大巧，上有仙人不知老，渴飲玉泉饑食棗，浮游天下遨四海，徘徊名山採芝草」，又如〈上大山鏡銘〉中，「見神人，食玉英、飲澧泉」、「餌黃金」、「駕青龍，乘浮雲」等等之文句，所在多有，呈現漢人對神仙長生之渴望。見張金儀《漢鏡所反映的神話傳說與神仙思想》，臺北，故宮博物院。

❿ 如《孝經·援神契》云：「椒薑禦濕，菖蒲益聰，巨勝延年，威喜辟兵。」（《抱朴子·仙藥》篇引）；又如《河圖玉版》云：「少室山，其上有白玉膏，一服即仙矣。」（《山海經·西山經》郭璞注引）；再如《詩·含神霧》云：「太華之山上，有明星玉女，主持玉漿，服之神仙」（《後漢書·張衡傳》注引）。

⓫ 曹丕曾云：「生之必死，成之必敗，天地所不能變，聖賢所不能免。」見《三國志·華陀傳》引）；而曹植之《辯道論》，則是通篇言「生之必死」的思想。見嚴可均輯《全上古三代秦漢三國六朝文》，北京，中華書局，一九八五年十二月第一版。

方士加以觀察⓬，確信養生可以延命後，頓時社會風氣群趨養生。而自戰國秦漢以來，神仙長生雖每為世人談論，但「神仙可成與否」和「不死是否可致」，就成為魏晉六朝養生服食論辯的中心課題。嵇康、葛洪、陶弘景等人即是主張神仙可成，藉由服食養生可以練形不死的代表人物。

嵇康為竹林七賢之首，《晉書》本傳稱其「常修養性服食之事」，其兄嵇喜亦言其「長而好老莊之學，恬靜無欲，性好服養，常採御上藥」。處在魏晉時局板蕩，人命危淺之際，嵇康頤養性命之道就是兼合形體與精神之養，相信養形存神、服藥可變化成仙。《養生論》闡述其觀點云：

> 夫神仙雖不目見，然記籍所載，前史所傳，較而論之，其有必矣，似特受異氣，稟之自然，非積學所能致也。至於導養得理，以盡性命，上獲千餘歲，下可數百年，可有之耳。而世皆不精，故莫能得之。……精神之於形骸，猶國之有君也。神躁於中而形喪於外，猶昏君於上，國亂於下也。……是以君子知形恃神以立，神須形以存，悟生理之易失，知一過之害生，故修性以保神，安心以全身。……呼吸吐納，服食養身，使形神相親，表裏相濟也。……且豆令人重，榆令人瞑。合歡蠲忿，萱草忘憂，愚智所共知也。薰辛害目，豚魚不養，常世所識也。……推此而言，凡所食之氣，蒸性染身，莫不相應。……故《神農》曰：「上藥養命，中藥養性」者，誠知性命之理，因輔養以通也。而世人不察，惟五穀是見，聲色是耽……。
>
> （《全上古三代秦漢三國六朝文・全三國文卷四十八》）

綜觀嵇康之言，重點有二端：㈠世有神仙，特稟氣自然，但常人經精心修煉，則可長生永壽。㈡人之形體精神相依相恃，神仙修煉法兼攝形神，而在養形方面則特重藥餌服食。

嵇康的神仙論，頗類似神仙家的神秘說法，而他的形神養生觀，則是基於實際觀察與體驗所得。但這樣的觀點並不為與其同為竹林七賢之一，且嘗與之遊處的向秀所認同而提出質疑⓭，尤其在方術養形方面，向秀對嵇康所謂「五穀不如上藥」之見解，不表贊同而加以質難。嵇康乃再作〈答難養生論〉，更進一步地論述服食上藥可變化成仙的理論云：

> 世人不知上藥良於稻稷，猶守菽麥之賢於蓬蒿，而必天下之無稻稷也。若能杖藥以自掖，則稻稷之賤，居然可知。君子知其如此，故準性理之所宜，資妙物以養身。……養親獻尊，則唯菊瓜粱稻；聘享嘉會，則唯餚饌旨酒，而不知皆淖溺筋液，易糜速腐。初雖甘香，入身臭腐，竭辱精神，染污六府，又鬱穢氣蒸，自生災蠹，饕淫所階，百疾所附。味之者口爽，服之者短祚。豈若流泉甘醴，瓊蕊玉英，金丹石菌，紫芝黃精，皆眾靈含英，獨發奇生，貞香難圖，和氣充盈，澡雪五臧，疏徹開明，吮之者體輕；又練骸易氣，染骨柔筋，滌垢澤穢，志凌青雲。若此以往，何五穀之養哉！……納所食之氣，還質易性，豈不然哉？故赤斧以練丹赬髮，涓子以朮精久延，偓佺以松實方目，赤松以水玉乘烟，務光以蒲韭長耳，邛疏以石

⓬ 詳見曹丕《典論》，見《三國志．華佗傳》裴松之注引，及曹植《辯道論》，見嚴可均輯《全上古三代秦漢三國六朝文》，同前。

⓭ 嵇康論神仙養生，駁斥常人囿於經驗，蔽於現實；向秀則據現實經驗，以儒家名教闡明道家自然，評嵇康的〈養生論〉為「詞旨鄙俗，特多俗情」，詳見嵇康〈答向子期難養生論〉。

髓駐年，方回以雲母變化，昌容以蓬虆易顏，若此之類，不可詳載也。孰云五穀為最，而上藥無益哉？（《全上古三代秦漢三國六朝文‧全三國文卷四十八》）

觀嵇康輕賤五穀葷腥薰辛之物，而特重靈芝玉英、金丹石菌等，顯然深受當時神仙家欲從天地間長生久在之物，取其精華以滋理人體，使生命達到長存永固的影響，因此堅信仙藥服食能變易本性而成仙長生。

魏晉之際，嵇康與向秀對形神存滅和神仙服食的談辯，因立場不同，觀點亦異，但兩人皆各騁所見，闡發高致，其養生論說不僅騰播於當時，影響甚且延及東晉以後，在王導所舉的三大名理中，養生論即與焉；其後葛洪撰《抱朴子》，引用《龜甲文》「我命在我不在天」之言，強調人類具有積極主觀的能動性，認為「長生之道，不在祭祀事鬼神」（〈金丹〉篇），主張形神相須，藉藥餌服食以神仙養生之說，更是變其本而加厲，踵其事而增華，為神仙服食思想建構一個比較完整的理論體系。

詳審葛洪的神仙養生思想與嵇康之論點相近，但相同之中仍存在著差異。在神仙存在的論題上，葛洪認為「神仙必有」。《抱朴子‧論仙》篇曰：

劉向博學則究極微妙，經深涉遠；思理則清澄真偽，研覈有無。其所撰《列仙傳》，仙人七十有餘。誠無其事，妄造何為乎？遠古之事，何可親見？皆賴記籍傳聞於往耳。《列仙傳》炳然，其有必矣。

既然如此，所以神仙是客觀存在，而人則受感官經驗所囿限，因此不能據此以判斷神仙有無；至於儒家經典不載神仙之事，則是因人各有好惡不同，不必定然書之。

葛洪認為世上既有神仙，然而成仙卻並非如嵇康所言「特受異氣，稟之自然，非積學所能致」的生而知之者，而是須經誠志、信仙、勤求等修煉工夫。《抱朴子·對俗》篇云：

彭、老猶是人耳，非異類而壽獨長者，由於得道，非自然也。……人有明哲，能修彭、老之道，則可與之同功矣。……若謂彼皆特稟異氣，然其相傳皆有師授、服食，非生知也。

葛洪的意思是：若果如嵇康所言「仙由特稟」，那麼不假修煉即可成仙，又何必學道修仙？所以他主張「長生之可得，仙人之無種」（〈至理〉篇），而此中主要的關鍵乃在積學之功，且誠志最為重要。〈論仙〉篇云：「夫求長生，修至道，訣在於志，不在於富貴也。」、〈微旨〉篇曰：「志誠堅果，無所不濟，疑則無功，非一事也。」因此，志誠信仙是修仙長生的首要條件。

又葛洪認為志誠信仙者，皆稟值仙氣。〈辨問〉篇云：

按仙經以為諸得仙者，皆其受命偶值神仙之氣，自然所稟。故胞胎之中，已含信道之性，及其有識，則心好其事，必遭明師而得其法。不然，則不信不求，求亦不得也。《玉鈐經》主命原曰：人之吉凶，制在結胎受氣之日，皆上得列宿之精。……苟不受神仙之命，則必無好仙之心，未有心不好之而求其事者也，未有不求而得之者也。

其〈塞難〉篇又云：

> 命之脩短，實由所值，受氣結胎，各有星宿。天道無為，任物自然，無親無疏，無彼無此也。命屬生星，則其人必好仙道。好仙道者，求之亦必得也。命屬死星，則其人亦不信仙道。不信仙道，則亦不自修其事也。所樂善否，判於所稟，移易予奪，非天所能。

上述葛洪的星宿命運成仙說，實與嵇康主張的神仙「似特受異氣，稟之自然」者，基調類似，都是歸諸神祕的說法，只是葛洪反對嵇康「非積學所能致」之論，而特別強調成仙過程乃須經凡而仙的試煉、積學階段，因此稟值仙氣者，則志誠信仙，學道修仙者，「彼莫不笈隨師，積其功勤，蒙霜冒險，櫛風沐雨，而躬親灑掃，契闊勞藝，始見之以信行，終被試以危困，性篤行貞，必無怨貳，乃得升堂以入於室。或有怠厭而止，或有怨恚而造退，或有誘於榮利而還修流俗之事，或有敗於邪說而失其淡泊之志，或朝為而夕欲其成，或坐修而立望其效。若夫睹財色而心不戰，聞俗言而志不沮者，萬夫之中，有一人為多矣。故為者如牛毛，獲者如麟角也。」（〈極言〉篇）。觀葛洪所屬的金丹道派，特重師承與祕訣，其傳授階段備極艱辛，因此上述情景其實就是他昔日修仙學道的歷程。

在形神與服食養生的論題上，葛洪主張形神相衛。〈至理〉篇云：

> 夫有因無而生焉，形須神而立焉。有者，無之宮也；形者，神之宅也。故譬之于堤，堤壞則水不留矣。方之于燭，燭糜則火不居矣。身勞則神散，氣竭則命終，根竭枝繁，則青青去木

矣，氣疲欲勝，則精靈離身矣。

蓋藉眾術之共成長生也。……所為術者，內修形神，使延年愈疾，外攘邪惡，使禍害不干。

又〈微旨〉篇云：

從上述之文，可見葛洪的形神觀實近於王充「形須氣而成，氣須形而知」（《論衡·論死》）以及嵇康的「形恃神以立，神須形以存」（〈養生論〉）的說法，而燭火之喻則是徵引桓譚之說，由此清晰可見葛洪的思想淵源與脈絡。

魏晉時期，神仙方術繁多。葛洪言其原則曰：「凡養生者，欲令多聞而體要，博見而善擇，偏修一事，不足必賴也。」（〈微旨〉篇）。但在眾術之中，以金丹大藥外養形體，用行氣胎息與房中寶精內修精神，是成仙三大要事，而由於葛洪是屬於魏晉神仙道教中，直接繼承燕齊方仙道，以尋找和製造不死之藥的傳統金丹派，因此特別注重金液還丹的服食對成仙產生獨特的功效。其云：

余考覽養性之書，鳩集久視之方，曾所披涉篇卷以千計矣，莫不皆以還丹金液為大要者焉。然則此二事，蓋仙道之極也。服此而不仙，則古來無仙矣。（〈金丹〉篇）

神丹雖為昇仙之大要，但同時還應和寶精、行炁之術相互配合：

欲求神仙，唯當得其至要，至要者在於寶精、行炁，服一大藥便足，亦不用多也。然此三事，復有淺深，不值明師，不經勤苦，亦不可倉卒盡知也。（〈釋滯〉篇）
服藥雖為長生之本，若能兼行氣者，其益甚速，若不能得藥，但行氣而盡其理者，亦得數百歲。然又宜知房中之術，所以爾者，不知陰陽之術，屢為勞損，則行氣難得力也。（〈至理〉篇）

換言之，房中術有健身之功，行氣可加速金丹之效，而服食金液還丹可以昇仙，由此階序排列，明顯呈現金液還丹在葛洪的仙術中占有最高的地位。

葛洪重視金丹大藥，還表現在對神仙三品的分類、排序上⑭：

仙經云：上士舉形昇虛，謂之天仙；中士遊於名山，謂之地仙；下士先死後蛻，謂之尸解仙。（〈論仙〉篇）
（《太清觀天》）經曰：上士得道，昇為天官；中士得道，棲集崑崙；下士得道，長生世間。（〈金丹〉篇）
朱砂為金，服之昇仙者，上士也；茹芝導引，咽氣長生者，中士也；餐食草木，千歲以還者，下士也。（〈黃白〉篇）

這就是以服藥類別的不同決定仙品，此是通行於當時的神仙說。

天仙雖是神仙的最高等第，然而一旦羽化登仙後，只能翱翔於雲霧飄邈的雲天之中。但是魏晉時不少學道修仙者是名門世族的知識份子，彼輩所追求最理想的神仙目標，卻是既能長生不死，又可於人世恣情享樂之地仙。葛洪《抱朴子·對俗》篇云：「篤而論之，求長生者，正惜今日之所欲耳，本不汲汲於昇虛，以飛騰為勝於地上也。若幸可止家而不死者，亦何必求於速登天乎？」這種可自由逍遙於人間的地仙思想，是將現實塵世和超現實神仙世界的奇妙重合，也是魏晉士族名士將其安逸、放蕩、肆欲的生活投影於神仙世界，充分反映當時自然與名教的思想，此乃李豐楙先生所云：「即可以純任自然，保全自我，自由逍遙於山林；又可出入紅塵，遊戲人間，而不受世網的牽累，屬於知識份子希企隱逸的性格；另一方面又透露出中國人重視人間世的現實性格，其中逍遙、遊戲，而又不受任何羈絆，幾乎是一種普遍的理想生活。」⑮。

至於尸解仙雖較天仙、地仙的品位為低，但卻是最能表現道教對生死觀的突破，也是中國人藉

---

⑭ 現存最早神仙三品說是曹魏時〈正一法文天師教戒科經〉：「大道含弘，乃愍人命短促，故教人修善：上備者神仙，中備者地仙，下備者增年」（《正統道藏·洞神部·戒律類·力字號》），此依所備功德不同，而分上中下三品仙。其次為〈紫陽真人內傳〉（屬上清經派），強調服食成仙，所謂「藥有數種，仙有數品，上品仙為「乘雲駕龍，白日昇天，與太極真人為友，拜為仙官之主。」而「或為仙卿，或為仙大夫」是上仙之次。中品仙為「遊行五嶽，或造太清，役使鬼神」，中仙之次是「或受封一山，總領鬼神；或遊翔小有，群集清虛之宮」，至於下品仙為「若食穀不死，日中無影」以及「白日尸解，過死太陰」等。（《正統道藏·翔字號》）；葛洪亦以藥物服食之不同，而劃分神仙為三等，且特重金丹大藥。

⑮ 見李豐楙先生著《探求不死》二〈不死的探求、神仙世界的構想與完成〉，臺北，久大文化股份有限公司，民國七十六年九月初版，頁七十四。

神祕的宗教理念，解釋死亡的遁語，這種基於原始宗教的不死信念，在後世發揮不小的影響力，尤其在金丹道術逐漸盛行的魏晉以後，因服食丹藥而中毒時，依據尸解觀念就說是「藥解」。六朝仙傳雜記時有「丹成服用，服皆有神異，託迹暫死，化遁而去」（《真誥．敘錄》）的載錄；到了唐代，由於煉丹服食風尚瀰漫社會，因此所有服藥而死的帝王宰臣與文人道士等，都一概被視為「藥解」，可見這種尸解的方式，被冠冕堂皇的利用為服丹藥中毒而死的美詞，時人甚至還忻羨這種得仙的方式，造成後人不僅無法認清中毒的真實性，反而以為是解蛻成仙的必經過程，乃更投身其中而不悔，終致徒喪性命的悲慘結局。

陶弘景是南朝梁著名道士，也是主張世有神仙，長生可得，而且認為仙人等級有千億，宜按位序尊卑予以甄別，因此「搜訪人綱，定朝班之品序，研綜天經，測真靈之階業」，將天仙、地仙、尸解等三品仙，組織成七階位的神統譜為〈真靈位業圖〉，如此更將神仙予以世間人格化。

對於生命形神的課題，陶弘景延續葛洪論點，亦強調「我命在我不在天」，認為「形生愚智，天也；強弱壽夭，人也。天道自然，人道自己」（《養性延命錄．教誡》篇）。這種認為人的生命長短，透過養生手法，可以「達生延命，與道為久」的觀點，充分洋溢積極進取，人定勝天的樂觀主義精神。至於在養生的方法上，陶弘景也是主張養神、煉形雙修並重，其於〈答朝士訪仙佛兩法體相書〉云：

> 凡質象所結，不過形神。形神合時，是人是物；形神若離，則是靈是鬼。其非離非合，佛法所攝；亦離亦合，仙道所依。……假令為仙者，以藥石煉其形，以精靈瑩其神，以和氣濯其

質，以善德解其纏，眾法共通，無礙無滯。欲合則乘雲駕龍，欲離則尸解化質。（《華陽陶隱居集》卷上》）

由此可見陶弘景的養生態度與方法，也是如葛洪般採形神相衛，合修眾術。其撰《養性延命錄》一書，即是引述魏晉諸道書，以言養神煉形的長生成仙術。

在服藥養形的態度上，陶弘景有採錄彭祖之言者，如「欲長生無限者，當服上藥」；也有引用《神農經》之言，如「食穀者，智慧聰明；食石者，肥澤不老；食芝者，延年不死，……是故食藥者與天相獘，日月並列」（〈教誡〉篇），並且指出己身的見解云：「攝養無虧，兼餌良藥，則百年耆壽是常分也。」（〈序〉），此處所謂的「良藥」，並非指普通病患所服的治疾之藥，而是可延年益壽，長生不死的仙藥，除部分屬於草木藥外，大多為經過爐鼎燒煉所得的金石丹藥。

針對自魏晉以來，神仙道徒重服藥養形的情形，佛家常以鍊尸相譏。南北朝時雖朝代更替頻繁，但形神之辯並未因此而勢滅，反而因為釋徒的加入，更促使形神之辯尤為激烈⑯。其實佛道既對生死的觀點不同，修煉的方式亦有所別，釋道安〈二教論〉云：

---

⑯ 晉時釋慧遠〈沙門不敬王者論〉，即言及形盡神不滅之理。北齊時杜弼與邢邵有生死形神之論辯，見《北齊書·杜弼傳》，南齊時，范縝作〈神滅論〉，竟陵王蕭子良與群士難之，蕭琛、曹思文有〈難神滅論〉，沈約有〈形神論〉、〈神不滅論〉、〈難范縝神滅論〉、梁武帝作〈敕答臣下神滅論〉、莊嚴寺法雲法師有〈與王公朝貴書〉，范縝又作〈答朝思文難神滅論〉。凡此論難內容，見梁、釋僧祐《弘明集》與唐、釋道宣《廣弘明集》。

佛法以有生為空幻，故忘身以濟物；道法以無我為真實，故服餌以養生。（《弘明集》卷八）

顏延之〈庭誥〉亦云：

為道者蓋出於仙法，故以鍊形為上；崇佛者本在於神教，故以治心為先。（《全上古三代秦漢三國六朝文．全宋文卷三十六》）

然而儘管佛教之主張與道教有所不同，但為佈道需要，以吸引更廣大的信仰者，因此漢魏時初入中國的佛教，已汲取神仙道教的理論和方術，而在當時魏晉人的眼中，佛教也不過是神仙之一而已，晉代法顯《神僧傳》載佛圖澄「喜念神咒，能役使鬼物。以厤油雜煙灰塗掌，千里外事，皆徹見掌中，如對面焉。亦能令潔齋者見。又聽鈴聲以言事，無不效驗」，如此描述佛圖澄的方術實與神仙道士並無二致；南北朝時，佛教為擴增社會地位，提高影響力，因此積極吸收道教經義與方術，在南北朝一些著名僧人的著作中，就有明顯仙道傾向，彼輩或撰寫道教方術著作，或於佛書中融入神仙思想。例如被佛教淨土宗尊為初祖的曇鸞，在一次遇疾而癒後，乃發心求長生不死之法，於梁武帝大通中至南朝，遠造陶弘景求諸仙術，得《仙方》十一卷⓱；又如佛教天臺宗第三祖之陳代僧人慧思，其〈誓願文〉更是明顯吸收道教神仙思想與方術，文云：

今故入山，懺悔修禪，學五通仙，求無上道，願先成就五通神仙，然後乃學第六神通，受持釋迦十二部經及十方佛所有法藏。……我今入山修習苦行，……為護法故，求長壽命，不願昇天及餘趣，願諸賢勝佐助我，得好芝草及神丹，療治眾疾除饑渴。……借外丹力脩內丹，欲安眾生先自安。（《南嶽思大禪師立誓願文》，《大正新修大藏經》卷四十六，七九一頁，下）

由此可見僧徒將修神仙作為修禪成佛的步驟與階梯，而欲達到「長壽命」的方法，則是靠道教的芝草、丹藥或內丹等，這些都清楚可見釋徒學習道教方術的情形，因此當吾人看見晉之釋慧遠、南朝宋之釋法度等人亦餌服五石散時，也就不需感到怪異而予以譏刺了。

總之，自漢以降，神仙意識十分普遍，學道求仙已不是帝王貴族的專利，而是一般平民普遍都有的理想與願望，因此不論儒家經生或道家方士都篤好養生⑱；魏晉承兩漢之風，亦嗜談長生，加以時局變動不居的因素，激發名士大夫好老莊、重服食，因此基本上已是將精神之養與形軀之養兼合於一，此為魏晉時期神仙服食思想匯流老莊道家與神仙道教的新趨勢，而形神之辯、成仙養生之論難蔚為風潮，於是一掃先前戰國、秦皇、漢武之際，帝王藉祝祭祈禱以求仙久壽，而改以反求諸己的煉形養神長生術。南北朝釋徒雖對神仙道教重視煉形持異議，卻為傳教需要與俗尚所趨，亦加入道徒服食煉形的行列。而當服食煉形的重要性被肯定以後，道士們也就不需再勞神參與形神之辯，

---

⑰ 詳見《續高僧傳》卷六〈曇鸞傳〉，《大正藏》卷五十。

⑱ 漢時文士好貴生養生，如《後漢書》卷五九，鄭敬對郅惲語「子勉正性命，勿勞神以害生」（〈郅惲傳〉）；又如卷一一○上〈蘇順傳〉言蘇順於安和間，以才學見稱，「好養生術，隱處求道。」。

所以唐代道士就能全心投入一場酷烈的丹藥冶煉鑄造，也因如此而造就了中國煉丹服食的鼎盛時期。

第二節　唐前仙藥種類與其推衍歷程

唐代以前仙藥的種類大致可分為二類。一為自然生成的仙方，包括產於自然界的動、植、礦物藥，諸如桃、李、棗、玉英、芝等具有曾為仙人所食、成長時代久遠、形狀奇特珍貴等特徵，以及茯苓、菖蒲、天門冬、朮等一些具有延年益壽的草木藥。但自漢以降，長生求仙者見草木藥容易腐爛敗朽，因此著重礦物藥的服食，其地位與價值於是提昇於動、植物藥餌之上。

二為人工煉製的丹藥，神仙道徒認為人工化作的金銀，為諸藥之精華，遠勝自然礦物，因此金液還丹的功效，更超越自然界生成的任何動、植、礦物藥，而一躍為成仙之神丹大藥的首位。漢代煉丹風氣已盛行，《漢書·藝文志》所載〈泰壹雜子黃冶三十一卷〉，即是談論黃白冶煉術。漢初方士煉丹，多依附帝王公卿等貴族資助，如李少君、欒大、劉安的方士集團、劉向、史子心等；東漢的煉丹術士則多憑己力，或僅率領徒弟親信冶煉，如張陵、魏伯陽、狐剛子、左慈等。此輩在中國煉丹史上所留下的技術與煉丹理論對後世貢獻厥偉；而其中一個值得注意的現象是：這些出自漢代的煉丹圖籍，文中的敘述明顯受當時易學陰陽五行之說和天人感應哲學思潮的烙印[19]，此正呈顯作品恆受時代背景影響的道理。唐代丹家所建構外丹黃白的理論，以及煉丹設備、技術的精進改善等，都是在此既有基礎上再發揚蹈厲的結果。茲敘此演化過程。

壹 自然生成之仙方

中國早期的神仙不死藥，是來自大自然界天然生成的動、植、礦物藥。例如《列子·湯問》說渤海五仙島上：

> 珠玕之樹皆叢生，華實皆有滋味，食之皆不老不死。

而《山海經·西次三經》亦云：

> （峚山），丹水出焉，西流注于稷澤，其中多白玉，是有玉膏，其原沸沸湯湯，黃帝是食是饗。是生玄玉，玉膏所出，以灌丹木；丹木五歲，五色乃清，五味乃馨。黃帝乃取峚山之玉榮而投之鍾山之陽。瑾瑜之玉為良（郭璞云：「（良）或作食」），堅栗精密，濁澤有而光，五色發作，以和柔剛，天地鬼神，是食是饗，君子服之，以禦不祥。

---

⑲ 漢代煉丹圖籍受陰陽易學五行之說，和天人感應哲學思潮影響者其例甚多。如魏伯陽《周易參同契》即是其一；又如《九轉流珠神仙九丹經》所載的〈淮南神仙方〉，用地黃等「凡七物，上應北辰七星，日月、五行具在其中矣。故服之合以六律、上應七星。」；又如《太清金液神氣經》所錄〈太玄清虛上皇太真玄丹〉，有藥「凡二十八物，象二十八宿星之靈符也。」這些丹方用藥，以藥味上應天上星宿，認為是其精氣所結，故人服之可與天感應而成仙。漢人甚至說服藥養性，宜與五行相配。見葛洪《抱朴子·仙藥》篇引《玉策記》及《開明經》。

由此可見先秦時所標榜的不死藥，相當重視玉樹的汁液與花果。這種產自仙島的奇珍異品，是人間現實世界所沒有的，因此更加引發凡人的企羨。所以屈原《楚辭・遠遊》云：「仍羽人於丹丘兮，留不死之舊鄉。……吸飛泉之微液兮，懷琬琰之華英」。文中「懷琬琰之華英」句，東漢王逸注云：「咀嚼玉英以養神也。」此亦即《楚辭・九章・涉江》所云：「登崑崙兮食玉英，與天地兮同壽，與日月兮同光。」先秦之所以重視餐食玉英、玉膏，是因為傳說中的仙人以此為食，世人乃有服此以求長生之念，而此思想正肇啟六朝文士及道教服食天然礦物如雲母、玉石等以求成仙的想法。

漢朝時，仙人服食之品為棗、李等。《史記・封禪書》即載李少君言武帝云：

> 臣嘗游海上，見安期生，安期生食巨棗，大如瓜。

而《洞冥記》卷二則載：

> 琳國去長安九千里，生玉葉李，色如碧玉，數十年一熟，味酸，昔韓終常餌此李，因名韓終李。

安期生、韓終在漢朝被視為仙人，而仙人所食之物即是成仙長生的聖品，有意仙修者，也可食之以成仙。此外，自《漢武帝內傳》載西王母以千年仙桃賜武帝後，桃也就成為仙食聖品，為服食成仙的象徵物，世人乃紛紛食之以求長生成仙。《列仙傳》之師門即「食桃李葩」而成仙；《神仙傳》之董子陽則「少知長生之道，……但食桃，飲石泉」；《神異經》更載「東方有樹，高五十丈，葉長八尺，名曰桃，其子徑三尺二寸，和核羹食之，令人益壽。」而《述異記》亦云：「北方有七尺之棗，南方有三尺之梨，凡人不得見，或見而食之，即為地仙。」從這些描述，可以清楚看出仙人所食的桃、棗、李、梨等，都具有奇特不凡的狀貌，所以檢視所謂的仙食聖品，必有如下特徵：曾為仙人所食，生長於人跡罕至之地，且年代久遠珍貴，形狀奇特罕見，所以食之可達長生久壽的功效。這明顯是世人將「神仙」的特質展延於「物品」所致。

秦漢時還有一種仙說傳聞的瑞草——神芝，因其常與海上仙島結合，因此也成為眾所追尋，競相服食的仙方靈藥。《歷世真仙體道通鑑》卷六即載秦始皇派遣徐福，求東海祖州上不死之草，一名「養神芝」；《史記·封禪書》也載漢武帝「復遣方士求神怪、采芝藥，以千數」；東方朔《海內十洲記》著錄多處海島上之仙家，服食神芝仙草而長生不死之事；王嘉《拾遺記》卷十亦云岱輿有蒼芝，凡此皆可見芝藥的分佈，往往與遠海神山關係密切。方士們宣稱「食紫芝之英」能成神仙（《論衡·道虛》），又說「芝草一年三華，食之令人眉壽慶世，蓋仙人所食。」（《太平御覽》卷八七三），因此芝是仙方之一。

《漢書藝文志》〈神仙家〉著錄服食書目，有《黃帝雜子芝菌》十八卷，可見漢代已將芝菌作為仙藥服食；漢末三國時的神仙方士中也傳有餌芝的方法，如《魏志·華佗傳》裴松之注引《佗別傳》云：「青黏者，一名地節，一名黃芝，主理五臟，益精氣。本出於迷入山者，見仙人服之，以告佗。佗以為佳，輒語（樊）阿，阿又秘之。近者，人見阿之壽而氣力強盛，怪之，遂責阿所服，因醉亂，誤道之。法一施，人多服者，皆大驗。」可見漢末有不少人餌服芝草。

晉時葛洪《抱朴子・仙藥》篇裏羅列五大芝類：石芝、木芝、草芝、肉芝、菌芝，各類有百許種，《遐覽》篇還更著錄木、菌、肉、石、犬魄雜芝等圖像，以便於辨識與採取。石芝屬礦石類，而木、草、菌芝屬菌類，至於肉芝則是屬於動物類。此五芝皆世間稀有神奇珍貴之物，以石芝為例即有：石象芝、玉脂芝、七明九光芝、石蜜芝、石桂芝、石中黃子、石腦芝、石硫黃芝、石硫丹等九種；而菌芝部分，據《藝文類聚》卷九十八輯《抱朴子》佚文，有青雲芝、黃龍芝、金蘭芝、赤雲芝、丹芝、火芝、人芝等十七種。

芝的形狀大都光怪陸離，如樊桃芝：「其木如昇龍，其花葉如丹羅，其實如翠鳥，高不過五尺，生於名山之陰，東流泉水之上」；又如五德芝：「狀似樓殿，莖方，其葉五色各具而不雜。上如偃蓋，中常有甘露，紫氣起數尺矣」。五芝中，以肉芝最為奇特，雖名為芝，實為久壽之動物，如千歲蟾蜍、千歲蝙蝠、千歲靈龜、千歲燕及風生獸等。

六朝時服芝的方法為擣末或陰乾而食之，方士道徒們宣稱皆可得千歲、萬歲之遐壽，甚至可與天相畢。就由於芝在中國的服食物中具有靈驗神秘的特色，因此葛洪〈仙藥〉篇在石芝及菌芝等章，就分別論述從求芝、採芝、服芝等行動，都需擇日入山、帶靈符、禮物及配合時日等繁複步驟，充滿了濃厚的宗教神學色彩。

至於草木藥在中國古代即用以療疾，論其發現，則傳說起自神農氏。《帝王世經》（見《太平御覽》卷七二一引）、《弘明集・理惑論》、《搜神記》等都記有「神農嘗百草」、「日遇七十毒」的傳說。《詩經》裏所描述的草木藥有些就用以治療疾病，且久服更有補養功效。如《周南・芣苢》

為採芣苢的詩篇，《詩序》云「芣苢，后妃之美也，和平，則婦人有子矣」；《毛傳》謂芣苢即車前子，「宜懷妊焉」；《神農本草經》云「久服輕身耐老」；而《本草綱目》亦云車前子有「強陰益精，令人有子」的功效。另外在《山海經》中也記有薰草已癘、萆荔治心痛（〈西山經〉），也有「食之多力」的懷木（〈西山經〉）、「服之美人色」的荀草（〈中山經〉）等服食養生藥物；在《史記·龜策列傳》文末附褚少孫之言：「傳曰：『下有伏靈（茯苓），上有兔絲。上有擣蓍，下有神龜。』……伏靈者，千歲松根也。食之不死。」而《漢武帝內傳》裏則記有松柏之膏、山薑、沈精、芻草、澤瀉、枸杞、茯苓、菖蒲、巨勝、黃菁、雲飛、赤版、桃膠、朱英、椒麻、續斷、黃連等數十種具有延年益壽的藥物。

又如天門冬、黃精與朮，也都是平常可用以保健、營養豐富的植物藥餌，六朝時人以為服食之可令人肥健有力。《抱朴子·雜應》篇云：「服朮及黃精，又禹余糧丸，日再服，三日，令人多氣力，堪負擔遠行，身輕不困。」因此在災荒之年可代糧食止饑。《抱朴子·仙藥》篇即載一南陽文氏云其祖遭漢末大亂，逃去山中，饑困欲死，食朮後不但不饑，「顏色更少，氣力勝故」、「登高履險，歷日不極，行冰雪中，了不知寒，……故《神藥經》曰：『必欲長生，常服山精（即朮）。』」可見這種止饑之物亦可致長生。

漢魏之際，時局板蕩，人命鄙賤，名士文儒為明哲保身，遠離紛爭擾攘的政治漩渦，乃既以老莊修心，且食朮、黃精等以養生。如竹林七賢之嵇康，自認不適處於塵世官場，於是婉拒山濤舉薦，云「聞道士遺言，餌朮黃精，令人久壽，意甚信之」（〈與山巨源絕交書〉），因此「嘗採藥，遊山澤，會其得意，忽焉忘反」（《晉書·嵇康傳》）。

另外，魏晉有不少道士餌食草木藥餌，以辟穀修煉[20]。如曾被曹操招致的魯女生，「初服餌胡麻及術，絕穀八十年，日更少壯，色如桃花，一日能行三百里，走及麞鹿，曾採藥於嵩高山」（《漢武帝外傳》）；甘始「善行氣，不飲食，又服天門冬」（葛洪《神仙傳》）；封君達「少好道，初服黃連，後入鳥鼠山，又於山中服術百餘年」（《漢武帝外傳》）；郤儉「能辟穀，餌茯苓」（曹丕《典論》）；而晉代道士不為當權者所用時，亦選擇隱遁山林，服食辟穀以養生，如董京即是一例，《抱朴子·雜應》篇錄其辟穀方如下：「以甘草、防風、莧實之屬十許種搗為散，先服方寸匕，乃吞石子大如雀卵十二枚，足辟百日，輒更服散，氣力顏色如故也。」其他如陶侃之孫陶淡，亦好導養之術，服食絕穀（《晉書卷九四》）；許邁「服朮黃精，漸得其益」（《許邁真人傳》）……諸如此類的人事記載，文獻資料掬手即是，由此可見晉人的服餌之法，最多者為斷穀及服草木藥。

曹植《辯道論》雖以為辟穀服食「可以療疾而不憚饑饉」，「然不必益壽」；但現存魏·吳普等述之《神農本草經》則將天門冬、乾地黃、朮、茯苓、防風、黃連、胡麻等，列為主養命以應天，多服可輕身益氣、不老延年的上藥，而晉之葛洪《抱朴子·仙藥》篇亦將松柏脂、茯苓、地黃、麥門冬、木巨勝、重樓、黃連、石韋、楮實、枸杞、天門冬、黃精、桂、巨勝、桃膠、槐子等，列為成仙的上品藥。上述諸藥或屬養心安神，或能補氣血、強體魄的藥物，在今日中醫臨床上，確能達到滋養補虛、益壽延年的作用[21]，至於所謂服食後可長生成仙，則是道教神仙家故意吹噓、神化之詞。

草木類仙藥雖有延年不老的奇效，但自漢以降，其地位與價值逐漸被礦物藥所取代。漢代有《神農》一書，西晉張華《博物志》卷三引云：

《神農經》曰：「上藥養命，謂五石之練形，六芝之延年也。中藥養性，謂合歡蠲忿，萱草忘憂也。下藥治病，謂大黃除實，當歸止痛。」。

從《神農經》列五石為養命延年的上藥，可見此時側重礦物的傾向；另外；受《玉經》所云「服金者壽如金，服玉者壽如玉」的影響，漢代以後服食求仙者乃由動植物藥餌的服食，轉向礦物類如丹砂、金、玉、雲母等石藥，而這個轉變的關鍵，肇因於草木容易敗朽的緣故。此觀念在西漢末、東漢初的《黃帝九鼎神丹經》中已提及：

凡欲長生而不得神丹、金液，徒自苦耳。雖呼吸導引、吐故納新及服草木之藥，可得延年，不免於死也，服神丹令人神仙度世。

---

⑳ 辟谷又稱斷谷、卻谷、卻粒、絕谷、絕粒、絕糧、休糧、辟穀、斷穀等，即不食五穀類的食物。《馬王堆》三號漢墓出土帛書，有《卻谷食氣》篇，為現存有關辟谷之道的最早專篇，《史記・留侯世家》曾載張良多病，「不食谷，杜門不出歲餘」，裴駰《集解》引《漢書音義》曰：「服辟谷之藥，而靜居行氣。」辟谷方法大致而言，有「辟谷服氣」和「辟谷服餌」兩種。葛洪《抱朴子・雜應》篇載有多種辟谷服餌方。

㉑ 詳見臺北，啟業書局出版《中藥用法十講》及《中藥臨床應用》二書。另外，薛愚主編《中國藥學史料》頁一一三云，蘇聯學者用電子計算機對東方醫學複方及成分進行了科學研究，按「出現指數」、「藥理指數」、「治療指數」及「累計指數」等指標，篩選出最有價值的三十種中藥，有茯苓、地黃、人參、麥門冬、北五味子、姜、棗、東當歸、枸杞、山藥、黃耆、菟絲子、天門冬、遠志、黃芩、香附等。而觀葛洪所例舉的草木類仙藥，上述諸藥絕大部分包含其中。

到晉代的葛洪則更詳言之曰：

草木之藥，埋之即腐，煮之即爛，燒之即焦，不能自生，何能生人乎？（《抱朴子・金丹》篇）

因此葛洪在《抱朴子・仙藥》篇裏，將動、植、礦物藥重新加以排序云：

仙藥之上者丹砂，次則黃金，次則白銀，次則諸芝，次則五玉，次則雲母，次則明珠，次則雄黃，次則太乙禹餘糧，次則石中黃子，次則石桂，次則石英，次則石腦，次則石硫黃，次則石粭，次則曾青，次則松柏脂、茯苓、地黃、麥門冬、木巨勝、重樓、黃連、……。

葛洪是道教神仙家金丹派的重要代表人物，因此在其心目中長生成仙方惟有金液還丹，次則不經人工水溶火煉的無機礦物藥，至於植物性藥餌則僅是治病、救虧損之藥，而非長生不死、定無窮之方，而丹砂、黃金等由於常被煉丹家用為煉製金液還丹的原料，因此其地位與重要性就高居仙藥之首。

丹砂，除用以煉丹原料外，也可直接用以服食者。如僅經酒浸日曬的《羨門子丹法》：

以酒三升和丹一斤，曝之四十日。服之一日則三蟲百病立下，服之三年仙道乃成。

也有與植物汁液混合的《赤松子丹法》：

取千歲虆汁及礬桃汁淹丹，著不津器中，練蜜蓋其口，埋之入地三尺。百日，絞㇐木赤實取汁，和而服之，令人面目鬢髮皆赤，長生也。

另外也有以丹砂、牛肉餵食小動物，俟其長大再宰殺服食的《石先生丹法》：

取烏鷇之未生毛羽者，以真丹和牛肉以吞之。至長，其毛羽皆赤，乃煞之，陰乾百日，並毛羽擣服一刀圭，百日，得壽五百歲。

更有將丹砂加動、植物以成之《康風子丹法》：

用羊烏、鶴卵、雀血合少室天雄汁，和丹內鵠卵中漆之，內雲母水中，百日化為赤水。服一合，輒益壽百歲，服一升千歲也。

凡此各式各樣的餌丹法，在葛洪〈金丹〉篇中有數十種之多，不可具論。

至於金、玉乃貴重之物，道教仙家有所謂「金漿玉醴」，〈金丹〉篇云將玉、八石、金銀投於朱草汁中，「立便可丸如泥，久則成水，以金投之，名為金漿，以玉投之，名為玉醴，服之皆長生」；

而在〈金丹〉篇裏尚有「小餌黃金方」，將黃金製丸服食。另外，玉也可磨為粉屑服食，《資治通鑑》卷二十曾載漢武帝於元鼎二年春，「起柏梁臺，作承露盤，高二十丈，大七圍，以銅為之，上有仙人掌以承露，和玉屑飲之，云可長生」；葛洪〈仙藥〉篇也著錄化為水液之玉與磨為粉末之玉的兩種服法，並且指出于闐白玉和南陽徐善亭部界中玉及日南盧容水中所產之玉，因具有礦物藥的特性而較佳。但服玉有其節度與禁忌，一如六朝的五石散，因此需經指點，始可得益，否將及禍；至六朝時，因服石者多，服玉之風已較少。

六朝餌服石藥的風習頗盛[22]。但據劉敬叔撰《異苑》，曾載王粲向魏武曹操言古冢之人生前服食生礜石之事[23]，可見服餌石藥在漢末荊州已早有其人。魏晉時社會上服五石散之風大熾。「五石散」的成分，據余嘉錫〈寒食散考〉一文考定為：白石英、紫石英、石鍾乳、赤石脂和石硫黃[24]，王奎克〈五石散新考〉一文，則以為「五石散」中本有礜石，後人因其猛毒，故意改為石硫黃[25]。

原始的五石散方，據隋．巢元方《諸病源候總論》卷六〈寒食散發候篇〉引皇甫謐云，乃出自漢代張仲景的侯氏黑散與紫石英寒食散方：前者多用草木藥，後者則以紫石英、白石英、赤石脂、鍾乳等石藥為主，再加以其他動、植物藥如：栝蔞根、防風、桔梗、文蛤、鬼臼，太乙禹餘糧、乾薑、附子、桂枝等。

曹魏時何晏因耽好聲色，體為之弊，於是取張仲景紫石散及侯氏黑散兩方，以己意加減之，併為一劑「五石更生散」，服用後讚曰「非惟治病，亦覺神明開朗」（《世說新語．言語》篇），世人見其神效，因而翕然相從，從此引燃六朝服散風習。結果世人為求治疾療病、長生延壽之速效，人人皆勇於師心自用，不待醫者視候診治，即任憑己意，率爾更改藥石、加減藥方，如嵇含就自云「乃酌醴操散，商量部分，進不訪舊，旁無顧問」（〈寒食散賦〉），於是在參考原方的基礎上，所別創的新藥紛紛出籠：曹歙有「護命神散」，宋尚有「太一護命五石寒食散」，靳邵又創制五石更生散新方，但服食者皆通謂之服散。

以五石為主的寒食散，藥性躁熱猛烈。時人既不辨金石藥性並去其毒，又不明己身體質強弱，用藥的分兩輕重也不錙銖計較，加以服食後違錯將息節度之法，因此六朝服散者於藥發後，多成終身痼疾，暴發不常，夭害年命，誠如古詩所言「服食求神仙，多為藥所誤」（〈古詩十九首〉之八）。

除上述礦物藥素為道教神仙家喜好服食外，雲母亦為仙家服餌藥。葛洪依其顏色差異，分為雲英、雲珠、雲液、雲沙、磷石五種不同等級，這五種雲母具有「以納猛火中，經時終不然，埋之永不腐敗，故能令人長生也。」（〈仙藥〉篇）的特性。葛洪云五雲的服食，各有其適合的季節，而服食之法，或化為水液，或製為漿酪、粉末，「服之一年，則百病除，三年久服，老公反成童子，五年不闕，可役使鬼神，入火不燒，入水不濡，踐棘而不傷膚，與仙人相見」（〈仙藥〉篇）。此外，白銀、真珠、雄黃亦皆可製成粉狀、液態、丸方等直接服食，據道家方士言，其功效或能致行廚，通神長生，甚至不死成仙。

總之，在神仙家的眼中，礦物藥的成效必遠勝於草木藥餌，這是漢魏以來流行對丹藥、金銀等

㉒ 見拙著《六朝練形養生觀與服食植礦物藥餌研究》，臺中技術學院學報第三期，中華民國九十一年六月出版。

㉓ 劉敬叔撰《異苑》記王粲語曹操事，見《太平廣記》卷三八九所引。

㉔ 余嘉錫〈寒食散考〉一文，見《輔仁學誌》第七卷，民國二十七年十二月。

㉕ 王奎克〈寒食散新考〉一文，見《科技史文集》第十一輯，上海科技出版社。

礦物藥崇拜的心態，因此幻想通過服食這類內質堅固、永不腐敗之藥，以達長保生命的目的，也就成為漢魏六朝人的基本精神信仰。

貳　人工煉製之丹藥

天然礦物具有長久不腐的特色，因此吸引追求長生成仙者餌服，但自人工丹藥出現後，其價值又落於金液還丹之後，其原因，葛洪引其師鄭隱之言曰：

> 化作之金，乃是諸藥之精，勝於自然者也。……且夫作金成則為真物，中表如一，百鍊不減。故其方曰可以為釘，明其堅勁也，此則得夫自然之道也。（《抱朴子·黃白》篇）

說人工冶煉的金銀，勝於自然礦物，服食可令人長生成仙，這是出自金丹道派重視神丹金液的立場，顯然煉丹道士主要認為未煉的天然金銀有毒之故。葛洪之前的《黃帝九鼎神丹經》就有「凡服金銀，金銀多毒，必須煉毒盡，乃可服之」（卷九）之語。既然自然界的金銀不純淨，而求長生成仙乃人生大事，因此須經由煉製，始得其精華，而且煉製越久，其純度也就愈高，所以丹經常說諸如九轉、十六轉等還丹，就是成仙長生的上品大藥，此即如葛洪所言「其轉速多，藥力盛，故服之用日少而得仙速也。」（《抱朴子·金丹》篇）。

中國煉丹術的原料，大抵以丹砂、黃金為主。因此若詳究起人工丹藥的源起，有人就遠溯及秦代，言因其時巴寡婦清富有丹穴，而始皇的陵墓以水銀「為百川、江河、大海，機相灌注，上具天文，下具地理」（《史記・秦始皇本紀》）。但這僅能證明秦時社會已有提供煉丹的基礎原料而已，至於當時是否已有純熟人工煉丹技術，以滿足服食成仙的目的，則因正史文獻缺載，不宜妄下定語。

至於漢代的煉金術則確已開始發展，而且在漢初已有偽黃金製造術。《漢書・景帝紀》即揭露此一重要訊息，其云：「中元六年十二月，改諸官名、定鑄錢，偽黃金棄市律。」應劭注曰：「文帝五年聽民放鑄，律尚未除。先時多做偽金，偽金終不可成而徒損費，轉相誑耀，窮則起為盜賊，故定其律也。」漢時點化黃白的目的本來是為服食長生，由漢文帝時民間已有偽黃金流通的情形看來，可見當時社會私煉金者風氣之盛行，但從「偽金終不可成」一語觀之，則又顯示此時人工點化黃白的技術並未成熟，因此帝王才須頒令禁止民間點化黃白作偽金，以遏止擾亂社會金融的亂象。

漢武帝時，《史記・封禪書》曾載李少君以丹砂化黃金為飲食器，可達益壽致仙的目的，這是關於金丹術較為可靠而明確的史料記載，另外，由欒大誇其師曰「黃金可成，而河決可塞，不死之藥可得，僊人可致」之語看來，則武帝時的李少君與欒大皆曾從事黃白術的修鍊。可是又據史載文字的記錄，武帝時所提煉的黃金，並非直接用以服食，而是以之為飲食器，盛物其中，間接攝取黃金的精華。此方法至晉時仍為葛洪所承襲，〈金丹〉篇云「以此丹金為盤椀，飲食其中，令人長生。」至於李少君與欒大煉金是否有成？史無明言，但從葛洪言「少君、欒大為之，無驗故也」之言觀之，當是失敗無成。

漢武帝的叔父劉安，也是好道喜仙之徒，認為與其費時耗財向仙人乞討長生藥，不如己身勤於鍊藥來得實際。《淮南子》卷六〈覽冥〉即曰：「譬若羿請不死之藥於西王母，姮娥竊以奔月，悵然有喪，無以續之。何則？不知不死之藥所由生也。是故乞火，不若取燧；寄汲不若鑿井。」因此曾「招致賓客方術之士數千人」，依此記載，則劉安當必參與從事黃白製造，所以在其所撰作的諸書中，「言神仙黃白之術，亦二十餘萬言」（《漢書‧淮南王傳》）㉖，雖今現存劉安諸書除《淮南子》二十一篇外，其餘都已亡佚不見，但由劉向云其曾讀誦「言神僊使鬼物為金之術」的《枕中鴻寶苑秘書》看來，漢時應已有煉金的秘籍流傳。又《漢書‧楚元王傳》載，劉向曾向漢宣帝獻淮南王書，言黃金可成，上即令之鑄作黃金。可見劉向亦曾親自試煉，但最終黃金仍鑄作不成，反被官吏劾其鑄偽黃金而繫當死。

漢代人工冶煉金銀的風氣相當普遍，除上述所舉數例外，據《抱朴子‧黃白》篇言，漢黃門郎程偉好黃白術，娶方家女為妻，能化作水銀；又引桓譚《新論》，亦載有史子心為太后煉金作延年藥之事；而《漢書‧王莽傳》云，好仙之王莽失敗後，「時省中黃金萬斤者為一匱，尚有六十匱，黃門鉤盾，府中尚方，處處各有數匱。」如此數量龐大的黃金，當是作為煉製延年藥的偽金。相同之例，又如曹植《辯道論》載甘始云嘗與其師韓世雄於南海作金，前後數四，投數萬斤金於海。而以金投海祭神，乃方士道徒之宗教儀式㉗。由此可證漢時確有不少人從事黃白的冶煉。

漢代煉金，初為求得長生益壽之仙藥，但越到後來，卻逐漸變成發財致富的手段。《漢書‧王吉傳》言其與子駿、孫崇等三代煉金的目的云：

自吉至崇，世名清廉。然材器名稱稍不能及父，而祿位彌隆。皆好車馬衣服，其自奉養極為鮮明；而亡金銀錦繡之物。及遷徙去處，所載不過囊衣。不蓄積餘財。去位家居，亦布衣疏食。天下服其廉而怪其奢。故俗傳王陽（王吉字子陽）能作黃金。

王吉至孫崇三世，清廉無所求取，雖不營產業，卻能車服鮮明，奉養奢華，此因能作金之故，而彼所作偽金竟非用以服餌長生，乃是以之易好車馬衣服，由此可見從王吉到孫輩三代，歷經漢昭、元、成、哀，至平帝初年，黃白術已不同於往昔為求益壽仙藥，而是逐漸成為以發財致富為目的了。這種偽黃金，若大量製造，且廣泛流通市面，則對國家社會的金融秩序斲害甚烈，回觀西漢景帝時之所以頒「偽黃金棄市律」，蓋即著眼於此也。

人工煉金既每每難成，黃金本身又不易服食。而在人們心中的神仙是具有飛昇變化的特性，但黃金性質穩定，入火百鍊不消，埋之畢天不朽，因此神仙道徒乃將眼光轉移至能昇華變化，且顏色鮮艷的丹砂、水銀上。於是當煉丹術興起後，餌食還丹的功效勝於服金，黃金在長生術中的地位即漸下降，但它能使人長生的觀念仍堅固的存在人們的心中，因此在初期煉丹階段，當人們尚未完全信賴還丹之前，都以黃金來試驗還丹成功與否。如出於西漢末、東漢初的《黃帝九鼎神丹經》，共介紹九種神丹作法，而幾乎每種神丹作成後，就以黃金檢視藥成與否。例如：

---

26 劉安有關神仙黃白方術的著作，《漢書・淮南王傳》僅云二十餘萬言而不及書名，據《漢書・楚元王傳》云「淮南有枕中鴻寶苑祕書，書言神僊使鬼物為金之術……」：而東漢應劭《風俗通議》卷二，云：「淮南王作鴻寶苑祕枕中之書。」唐・歐陽詢《藝文類聚》卷七十八〈靈異部上・仙道〉引劉向《列仙傳》，云劉安有《鴻寶萬畢》三卷；晉葛洪《抱朴子・論仙》篇則提及淮南王作《鴻寶枕中書》。可見上述各類載籍對淮南王有關神仙方術書名的稱呼不一，且學者於上述所提書名的斷句也不同。如蕭登福先生《周秦兩漢早期道教》第七篇〈載籍中所見先秦兩漢早期道教典籍〉，就認為《鴻寶萬畢》、《苑秘》、《枕中書》分別為淮南王有關神仙黃白之三本著作。

27 神仙道徒於丹成後，須作金祭祀禮天、日月、北斗、太乙、河伯等。詳見葛洪《抱朴子・金丹》篇。

（第一神丹，名為丹華）玄女曰：作丹華成，當試以作金，金成者，藥成也，金不成者，藥不成。（卷一）

（第二神丹，名為神符）取玄黃一刀圭，納猛火，以鼓囊吹之，食頃皆消，成黃金。黃金若不成，藥仍生，未可用也。（卷一）

這種以金作為還丹的鑑定，也用於《太清金液神丹經》卷上所煉丹「金液之華」，及卷中所煉丹「金液還丹」上，這是我國最早對藥品分析鑑定的化學方法，而此情形顯示當時人們的心理是以為：丹是因為能作成金，所以可以使人長生，換言之，時人餌服還丹神液，乃是基於對黃金的信任。中國煉丹術雖不明細區分金與砂的前後次序，但從歷史材料看來，服金應在餌丹之前，大陸化學家趙匡華就說：「服金可延命長生之說甚早，……（只是由於服金失敗）……于是他們轉而煉制或點化藥金。」（《中國古代化學史研究》）。

東漢是中國煉丹術具有突破性發展的階段。特色之一是一些煉丹經籍陸續出現，特色之二是煉丹術士不再如前時必須依賴帝王公卿貴族的資助才能煉丹，而是多憑己力，與弟子、親信在深山冶煉。

例如《漢天師世家》卷二〈天師世傳引〉，云張陵於雲錦山煉九天神丹。……復往嵩山石室，得《黃帝九鼎丹書》及《太清丹經》，遂以神丹授弟子王長、趙昇。……居鹿堂山煉九轉神丹，居平蓋山合九華大藥（《續道藏．壁字號》）；張陵所得的《黃帝九鼎丹書》，近人陳國符先生以為「金丹法之可考者，以此為最古」（《道藏源流考》附錄五．〈中國外丹黃白術考略稿〉），此書中所用的煉丹原料，有丹砂、雄黃、黃丹等；又如《雲笈七籤》卷一六〇〈陰真君傳〉，云馬鳴生於青城山，授陰長生以《太清金液神丹經》，入忠州平都山修煉，服丹，白日昇天。葛洪《神仙傳》卷四載陰長生〈自序〉云：「不死之要，道在神丹，行氣導引、俯仰屈伸，服食草木，可得延年，不能度世，以至乎仙。」又云：「黃白已成，貨財千億，使役鬼神，玉女侍側。今得度世，神丹之力。」這反映了東漢末期以後，煉丹術之地位不僅高出黃白術，而且遠非行氣導引或服食草木之藥的方術可比，成為企求成仙長生的主要階梯。

《黃帝九鼎神丹經》與《太清金液神丹經》二書，對後世丹道理論與煉丹方法影響甚大。卿希泰先生於所主編的《中國道教》第七編〈外丹〉裏說：

> 在外丹著作方面，除現存的《三十六水法》，是早期水法煉丹的重要文獻外，尚有成書於西漢末、東漢初期的《黃帝九鼎神丹經》一卷和《太清金液神丹經》三卷。前者強調唯有服食金丹，才能「與天相畢」，又記載煉丹注意事項，它對東晉道教著名煉丹家葛洪「求於外物以自堅固」的金丹理論的形成有重要影響。後者體現了早期煉丹中水法與火法并重，內養與外功結合的特點，其作「霜雪法」的生成物，是合成氯化亞汞（甘汞 HG_2C_{12}）的最早文獻。

除上述二書對葛洪丹道理論與煉丹方法有影響外，東漢煉丹家魏伯陽是中國煉丹史上重要人物。魏伯陽撰有被後世奉為千古來丹經王的《周易參同契》一書，此書將周易陰陽爻象、黃老養性與爐火煉丹三者參合為一。書中提及《火記》等一類煉丹圖籍，並極力肯定金丹服食的神效：

巨勝尚延年，還丹可入口，金性不敗朽，故為萬物寶，術士服食之，壽命得長久。……金砂入五內，霧散若風雨，薰蒸達四肢，顏色悅澤好，髮白皆變黑，齒落生舊所，老翁復丁壯，耆嫗成姹女，改形免世厄，號之曰真人。（三十二章）

服食三載，輕舉遠遊。跨火不焦，入水不濡，能存能亡，長樂無憂。（二十八章）

魏伯陽所謂的「金丹」，是指「鉛汞還丹」㉘。《參同契》三十三章批評一些煉丹術士以雄黃、曾青等石藥煉丹是方法錯誤，因此強調應「挺除武都，八石棄捐」，主張以鉛汞為主，所謂「陰陽之始，玄含黃芽，五金之主，北方河車，故鉛外黑，內懷金華」（二十三章）、「胡粉投火中，色壞還為鉛。……金以砂為主，稟和於水銀，變化由其真，終始自相因」（二十九章）。

在《周易參同契》中，魏伯陽對鉛汞之化學性時有生動的描述，如云「河上姹女，靈而最神，得火則飛，不見埃塵。鬼隱龍匿，莫知所存，將欲制之，黃芽為根」（七十二章）。這種觀察以鉛制伏汞的現象，當是來自他實際燒煉的經驗；另外，三十八章言煉丹時擣冶藥物、火候變化，至煉成還丹的步驟要項敘述，被大陸化學史者孟乃昌認為是「一節詳盡的操作」，尤其「赫然成還丹」一句，「烘托出乍見之下又驚又喜、驚喜交集的心情，非有實際體會者，難於寫出這樣的文字。」㉙。

魏伯陽《周易參同契》一書，不僅歷來深受中國道家方士的重視，一九三二年被翻譯成他國文字發表後，西方人更一致公認魏伯陽是留有著作的最早煉丹家，而其書則被推舉為世界上最早的煉丹原著㉚。可見無論在中國或外域，此書與作者都享有崇高的讚譽。

東漢末還有另一位外丹修煉家為狐剛子㉛。他主張餌服升煉的金銀以求長生，在《五金粉圖訣》

中，根據水銀在煉丹術的不同用途、功效，分為三類，並添加不同配料，如「欲升天騰虛，長生久視，當用雄汞」，以酥塗釜，置丹砂於中；「若欲作水液，召鬼神，當用雌汞」，以黑膏孫肥（豬脂）和丹砂為泥於釜中；「若欲變化銅鐵，回換五金，用神飛汞」，以黃山脂（吳黃礬）、梔子、聖無知者（赤石鹽）、郁金根、屈原素（胡同律），再用陰獸去精汁（牛糞汁）與朱砂和泥於釜中。至於釜之裝置則採「下火上凝法」，亦即在密閉的鐵、土質之上下釜中加熱丹砂，下釜放丹砂，上釜倒

㉘ 由《參同契》第二十三、二十九、三十三、六十九章所引「黃芽」、「河車」、「白虎」、「流珠」、「青龍」等名，對照唐·梅彪《石藥爾雅》卷上〈飛煉要訣·釋諸藥隱名〉，可知魏伯陽所煉為「鉛汞還丹」。又宋·朱熹《周易參同契考異》引《參同契》第三十七章「以金為堤防」，至「號曰黃輿焉」，云「此言丹之第一變也。」，又將同章「歲月將欲訖」，至「狀若明窗塵」，解云「此似第二變也。」，又將第三十八章「搗冶并合之」，至「刀圭最為神」，云為「此第三變也，鉛汞三變，終成『還丹』。」。

㉙ 孟乃昌〈周易參同契的實驗和理論〉，見《太原工學院學報》一九八三年，第三期。

㉚ 蘇聯學者涅克拉索夫在《普通化學教理》書中說：「中國學者魏伯陽的《參同契》，則是特別有關煉金術的名著中最古的。」又 A. Wylie 所著 "Notes on Chinese Literature" 第二一九頁也有「《周易參同契》乃是現存的煉丹著作中，寫作時期最早的一部書」之言：另外《參同契》的全文被譯成英文，刊載在一九三二年出版的《Isis》第十八卷、第二一〇頁至二八九頁。見吳魯強及 T.L. Davis: "An ancient Chinese treatise on alchemy entitled Tsan Tung Chi"（一九三二年版）。

㉛ 狐剛子其人不見正史著錄，諸本《神仙傳》亦不載其事蹟。近代學者多以為是東漢末年人。如蕭登福先生《周秦兩漢早期道教》第七篇〈載籍中所見先秦兩漢早期道教典籍〉、趙匡華〈狐剛子及其對中國古代化學的卓越貢獻〉見《自然科學史研究》第三卷第三期，一九八四年。唯陳國符先生以狐剛子為晉人。見《道藏源流續考》〈中國外丹黃白法經訣出世朝代考·狐剛子撰述〉。

覆其上，再以鹽泥固濟上下釜的合縫。當炭火加熱下釜時，由丹砂所分解的水銀即昇華，冷凝於上釜較冷的內壁，最後以棉棒收拭之。狐剛子的「下火上凝煉丹法」對後世影響極為深遠，從東漢末年至唐代中葉的煉丹家就廣泛採用此法。

東漢時煉丹術士最推崇的神丹大藥，是所謂的「還丹」，這種合煉鉛汞所得的混合氧化物，狐剛子也曾造作過，並稱「夫合丹藥以鉛為本，鉛若不真，藥無成者」、「太陰者鉛，太陽者丹也，二物成藥，服之神仙」、「丹鉛之精……其功既深，其力亦大，九上九下，覆荐水銀，化汞為丹」（《五金粉圖訣》）。狐剛子的「九轉鉛丹法」，是迄今流傳最早的制鉛丹法要訣，也是現存最早制取「仙丹大藥」完整詳實的記錄。

狐剛子在《五金訣》（疑自《五金粉圖訣》中析出）裏，還論述用三黃（雄黃、雌黃、砒黃）為點化藥，使五金轉化為藥金、藥銀的方法，文中對五金彼此形成合金的傾向、及其合金性能詳細生動的描述，最受學者推許稱讚。陳國符先生即曰：「狐剛子實為最大之外丹黃白師。」（《道藏源流續考》〈中國外丹黃白法經出世朝代考〉）。

古代方士餌服金銀求長生，卻多因中毒反致喪命。狐剛子曾對此提出警告：「五金盡有毒，若不煉令毒盡，作粉，假令變化得成神丹大藥，其毒若未去，久事服餌，小違禁戒，即反殺人。……其藥分中，金精、曾青、朱砂、雄黃，若不煉殺（去毒），用之徒費千金，無閏金之分毫也，石膽亦須煉取精華。」（《黃帝九鼎神丹經訣》卷九），而為了去除五金八石之毒，狐剛子著〈煉金銀粉法〉、〈伏水銀法〉，具訣圖錄以煉煞丹毒。狐剛子以醋、水煮煉金銀的方法，雖然就現代化學專業知識而言並不能真正去除丹毒，但他能清楚了解服食的危險，正視丹毒問題，並摸索經驗，試圖加以解決，這較之其他方士冥昧不知，唯溺惑丹藥餌食，更顯得難能可貴。

漢末煉丹術士裏還值得注意的人物是左慈。葛洪《抱朴子・金丹》篇云：

> 昔左元放於天柱山中精思，而神人授之金丹仙經。會漢末亂，不遑合作，而避地來渡江東，志欲投名山以修斯道。余從祖仙公，又從元放受之。凡受《太清丹經》三卷及《九鼎丹經》一卷、《金液丹經》一卷。余師鄭君者，則余從祖仙公之弟子也，又於從祖受之，而家貧無用買藥。余親事之，灑掃積久，乃於馬迹山中立壇盟受之，并諸口訣，訣之不書者。江東先無此書，書出於左元放，元放以授余從祖，從祖以授鄭君，鄭君以授君，故他道士了無知者也。

此段是葛洪自述其丹道的師承脈絡，文中將左慈所得的三部丹經托諸神授，則是道教內部的神祕說法。但葛洪另在《神仙傳》中既已言張陵「遂學長生之道，得《黃帝九鼎丹法》」，後傳弟子王長、趙昇；又記漢末陰長生從馬鳴生學道，於青城山受《太清神丹經》之事，這說明在左慈之前，《九鼎丹經》和《太清丹經》即曾流傳至張陵和陰長生之處，因此並不盡如此篇葛洪所言「他道士了無知者也」。

左慈因江北戰亂，不適合煉丹作藥才渡江，由葛洪〈黃白〉篇云「余昔從鄭公受九丹及《金銀液經》，因復求受《黃白中經》五卷。鄭君言，曾與左君於廬江銅山中試作，皆成也」的話語觀之，可見左慈曾與鄭君在廬江銅山實際煉丹。

葛洪頗為自得於其丹道傳承，在〈金丹〉、〈黃白〉兩篇中，一再強調其金丹術是由左慈經鄭隱傳授而來。當他撰寫《抱朴子》時，因「貧苦無財力，又遭多難之運，有不已之無賴。兼以道路梗塞，藥物不可得。」（〈黃白〉篇），所以並沒有太多實際煉丹經驗，而左慈所傳下的金丹道法經其保留，記錄在〈金丹〉、〈黃白〉等篇的資料，是目前所知最可靠的煉丹史料。藉此，也可略知從漢末喪亂至魏晉期間，人工治煉丹藥的情形。

葛洪披閱古丹經，旁搜博聞，知服藥之方略有千條，於是撰擇三、四十種丹經、丹法，分別於《抱朴子》內篇之〈金丹〉、〈黃白〉兩篇中，作有系統的收集與整理。這些原始的煉丹文獻多已失傳，但透過葛洪載記，彌補了《周易參同契》的不足，使吾人能對漢晉時期煉丹術所用藥物的品類，以及煉製金液還丹的方法與結果，有較具體的了解。如〈金丹〉篇介紹以火法煉製黃帝九鼎神丹和太清神丹之類的九轉大丹方，用丹砂配以五石飛煉而成；此外還有「赤松子丹法」、「石先生丹法」等小餌丹法，乃將丹砂與他物在一定溫度處理後服食之藥方；〈黃白〉篇則介紹各種以水法制取金液的方法，如「作丹砂水法」、「作雄黃水法」等，這些都說明當時金丹術士已能熟練運用化學溶解方法，而其中尤以「用古秤黃金一斤，並用玄明龍膏（汞）、太乙旬首中石（雄黃）、冰石（寒水石）、紫遊女（赤色戎鹽）、玄水液（磁石水）、金化石（硝石）、丹砂（紅色硫化汞）等物制成之「金液方」。對於此法，大陸學者王奎克在其〈古代煉丹術中的化學成就〉一文中，就予以高度評價說：「這顯然是煉丹家經過大量實驗以後所得到的結果，因此儘管方中藥物複雜，有些反應還值得研究，可是它能溶解『金』這一點是可以肯定的。在那麼早的時代，出現溶解『金』的方法，在化學史上也是一項巨大成就。」[32]。

葛洪拜鄭隱為師，雖曾於馬迹山立壇盟誓，受傳金丹仙術與口訣，但因遭逢時亂，不遑大規模煉製丹藥；至晉成帝時，方以年老，急於煉丹自衛形體，聞交趾產丹砂，乃求為勾漏縣令，後率子侄南下廣州，隱居羅浮山，才展開較具規模的煉丹活動。

葛洪的煉丹術以丹砂為主要原料，因此深知丹砂與水銀相互變化的原理，所謂「丹砂燒之成水銀，積變而還成丹砂」，變化次數既多，其效益自能因氣補氣，長生不老，因此認為「服他藥萬斛，為能有小益，而終不能使人遂長生也。故老子之訣曰：子不得還丹金液，徒自苦耳。」（〈金丹〉篇）。「金液還丹」是葛洪神仙服食的上品神藥，甚至連「小丹之下者，猶自勝草木之上者」，其師承神仙道教理念，躬親依丹經作藥，為中國煉丹術的發展貢獻厥偉，而當他在以雄黃、硝石、松脂、油脂共熱以煉丹的過程中，所發現產生劇烈燃燒和爆炸的化學現象，更是中國發明火藥的開端。然而可惜的是葛洪花費眾多時間、精力所撰作的《抱朴子》，其於〈金丹〉、〈黃白〉篇對中古世紀煉丹史料，雖有保存之功，但對於深微難知的丹藥隱名卻仍然承續傳統，崇尚玄秘，僅強調需明師口訣而不明言，使得後世煉丹者須窮經皓首於藥名的解譯，這對中國煉丹術的發展反有滯阻之害。

東晉衰亂，拓跋珪建立北魏政權。對於中土服食丹藥可成仙的方術，這位異族皇帝頗饒興味。《魏書·釋老志》云：

㉜ 王奎克〈古代煉丹術中的化學成就〉一文，載自然科學史研究所主編《中國古代科技成就》，中國青年出版社，一九七八年版，頁二三九。

天興中，儀曹郎董謐因獻服食仙經數十篇，於是置仙人博士，立仙坊，煮鍊百藥，封西山以供其薪蒸。令死罪者試服之，非其本心，多死無驗。太祖猶將修焉。太醫周澹，苦其煎採之役，欲廢其事，乃陰令妻貨仙人博士張曜妾，得曜隱罪。曜懼死，因請辟穀。太祖許之。……而鍊藥之官，仍為不息。

拓跋珪之所以如此熱衷煮鍊百藥，即因耽信飛煉金石、黃白，可服餌成仙的緣故，但其後卻因服寒食散發病，以致喜怒無常而釀成家國之禍，此事詳載於《魏書・太祖紀》中。

後繼的數位北魏帝王如拓跋嗣、拓跋燾、元宏等皆執迷於丹藥長生，尤其太武帝拓跋燾廣召各地方術之士為其煉丹合藥，如召韋文秀至京師，問以金丹之事，遣與尚書崔賾詣王屋山合丹；另外更優寵天師道士寇謙之。而寇謙之就在帝王積極支持下，改革天師道：除去三張偽法、租米錢稅及男女合氣之術，改專以禮度為首，加以服食閉練。明元帝泰常八年，託稱太上老君玄孫李譜之降臨，授其經訣，並言：

但令男女立壇宇，朝夕禮拜，若家有嚴君，功及上世。其中能修身煉藥，學長生之術，即為真君種民。藥別授方，銷煉金丹、雲英、八石、玉漿之法，皆有訣要。（《魏書・釋老志》）

於此可見寇謙之將仙道煉丹與積德行善，更緊密聯繫為一，而在《老君音誦誡經》裏，更認為服餌丹藥和齋誡功德，乃相輔相成。欲長生不死，既需「案藥服之」，又須「齋練誦誡」、「香火建功」，這顯然是受佛教誦經、修齋、禮拜的影響。

至於南朝著名煉丹術士首推陶弘景，他也是繼葛洪之後，對中國煉丹術貢獻良多之道士。據《南史》本傳云其「十載，得葛洪《神仙傳》，晝夜研尋，便有養生之志」。齊高帝蕭道成即位後，陶弘景開始宦途生涯，但求祿多年，得輒差舛。既不遂意，乃棄官入道，帝「敕所在月給茯苓五斤，白蜜二升，以供服餌」，後從孫遊獄受符圖經法，遍歷名山，尋訪仙藥，不意此後竟聲名漸傳，遠播四方，梁武帝時更成名噪一時的「山中宰相」，當其煉丹苦無藥物時，帝王資助黃金、朱砂、曾青、雄黃等，以供其用，對他的恩寵，始終不衰。

陶弘景傳承上清經派，開創茅山宗，曾自云年十二，「於渠閣法書中，見郄愔以黃素寫《太清》諸丹法，便欣然有志焉」（《華陽陶隱居內傳》），可見其早年即嚮往煉丹，後著有《養性延命錄》一書，即主張藉丹藥服食以養形體。

陶氏煉丹，首在嚴格選擇丹方，由三十餘種丹法中，擇定屬於上清系統「高真上法」中的「九轉丹」方，原因是「所用藥石，皆可尋求，制方之體，辭無浮長，歷然可解」（《華陽陶隱居內傳》）。天監四年，陶弘景「營九轉丹，丹砂、雄黃最為主」，但戰火連年，致使武都路梗，雄黃不可得，賴梁武帝資給藥物，始能於次年春正月開鼎，但仍未獲成功；自後雖經數次冶煉，但皆「鼎事累營不諧」，每回開鼎「僅獲霜華」，未竟全功。直至普通六年，終於「光炁照燭，動心煥目，形質似前者而加以彩虹雜色」，總計煉丹二十載，經六次失敗，凡七營始成。

陶弘景將其豐富煉丹經驗，撰寫為多種煉丹著作，主要有《合丹藥諸法式節度》一卷、《集金丹黃白方》一卷、《太清諸丹集要》四卷、《服餌方》、《太清玉石丹藥集》、《服雲母諸石藥消化三十六水法》等等。可惜上述煉丹諸作秘密不傳，於今已亡佚不見，但從其《本草集注》所敘述藥物的性能、製作的部分佚文中，仍能間接了解其煉丹經驗與成就，尤其是陶弘景在煉丹時，對一些金石類藥物的性質、化學變化，有更明確、深入的認識與記載，因此在化學科技上的卓越貢獻，也受後代化學家的高度肯定[33]。

第三節　服食長生之理論依據

中國古時民間早已流傳餌服某些植物或礦物可以輕身益氣、長生不老、羽化成仙的說法。劉向在《列仙傳》裏就提到神農時雨師赤松子服水玉而翻飛輕舉，縱身長風；黃帝時人赤將子輿不食五穀，只噉百草花，而能隨風雨上下，雲中可遊；槐山藥父偓佺好食松實，能足躡鸞鳳，走超騰驤；堯時隱士方回，煉食雲母，求道回化而得仙去；南海人見而尊事之的桂父，常服桂及葵以龜腦和之千九十斤而能時變容色。這些成仙的故事固屬荒誕不經，但神仙方士們大力強調服食奇特、久壽的動、植物藥，或不敗不朽的天然礦物，尤其是服食人工煉製的金液還丹，可以長生成仙，究其理論依據大抵有二：㈠借變化以強功能㈡假外物以自堅固。這兩個觀念早濫觴於兩漢及漢前的丹經，而當時的煉丹者如魏伯陽，也有類似的主張；到晉代的葛洪除在《抱朴子》一書中有系統且完整地總結晉以前的煉丹觀念外，更正式拈出上述二個煉丹的理論依據，作為指導當時神仙道教服食者的主要信念；直至唐代，這兩個思想也仍是支持時人餌服還丹大藥的心理根據。

壹　借變化以強功能

神仙道教外丹黃白的理論學說，是以「萬物可變」為其核心觀念。葛洪認為：「變化者，乃天地之自然，何嫌金銀之不可以異物作乎？」（《抱朴子・黃白》篇）。物類不但可變，而且變化並無極限。《抱朴子・黃白》篇論物質的變化說：

> 夫變化之術，何所不為？蓋人身本見，而有隱之之法。鬼神本隱，而有見之之方。能為之者往往多焉。水火在天，而取之以諸燧。鉛性白也，而赤之以為丹。丹性赤也，而白之以為鉛。雲雨霜雪，皆天地之氣也，而以藥作之，與真無異也。至於飛走之屬、蠕動之類，稟形造化，既有定矣。及其倏忽而易舊體，改更而為異物者，千端萬品，不可勝論。人之為物，貴性最靈。而男女易形，為鶴為石，為虎為猿，為沙為黿，又不少焉。至於高山為淵、深谷為陵，此亦大物之變化。變化者，乃天地之自然，何為嫌金銀之不可以異物作乎？譬諸陽燧所得之火，方諸所得之水，與常水火豈有別哉？蛇之成龍、茅糝為膏，亦與自生者無異也。然其根源之所緣由，皆自然之感致。非窮理盡性者，不能知其指歸；非原始見終者，不能得其情狀也。

㉝ 如陶弘景發現以燃燒法鑑別消石（硝酸鉀）真假之法，「消石」條云：「燒之，紫青烟起，……云是真硝石也」，此開近代化學中，用火焰法鑑別鈉鹽與鉀鹽的先河。大陸化學家孟乃昌云：「公元六世紀陶弘景的這一記載，是世界化學史上鉀鹽鑑定的最早記載。」見〈漢唐消石名實考辨〉一文，載於《自然科學史研究》第二卷第二期，一九八三年。

上述文字的重點，旨在說明物與物之間可相互變化。變化，乃是自然之理；金銀可用他物作成，與自然真物一樣，因此造作的金銀與自然的金銀相同。此原理不獨人工丹藥與自然礦物間無別而已，自然生成的芝菌與人工培育者的功效亦皆同，因此〈黃白〉篇續云：

夫芝菌者自然而生，而仙經有以五石五木種芝。芝生，取而服之，亦與自然芝無異，俱令人長生，此亦作金之類也。

葛洪為了說明自然之物可經由他物作成，並且強調經此變化後，反而更能增強功能，因此〈論仙〉篇舉「外國作水精椀，實是合五種灰以作之，今交廣多有得其法而鑄作之者」、「黃丹及胡粉是化鉛所作」，而〈至理〉篇亦言「泥壤易消者也，而陶之為瓦，則與二儀齊其久焉；柞楢速朽者也，而燔之為炭，則可億載而不敗焉」[34]作為證驗，再三闡述俗人善於保養，得以延生，所以「今醫家通明腎氣之丸，內補五絡之散，骨填苟杞之煎，黃蓍建中之湯，將服之者皆致肥丁」；同理，則「芝英可以延年」，「金丹可以度世」（〈至理〉篇）。

總之，物質變化是積極有力地促使葛洪相信煉冶金丹的可能性，所謂「夫陶冶造化，莫靈於人。故達其淺者，則能役用萬物，得其深者，則能長生久視。知上藥之延年，故服其藥物以求仙」（〈對俗〉篇）。

葛洪能完成其變化說，當係受兩漢及漢前丹經變化理論的啟發，在〈金丹〉、〈黃白〉兩篇中，他一再引述丹經之言，證明自然之金與化作之金確可製成，服之能長生成仙，如他引《仙經》曰：

「流珠九轉，父不語子，化為黃白，自然相使，……金銀可自作，自然之性也，長生可學得者也。」、《玉牒記》云：「天下悠悠，皆可長生也，患於猶豫，故不成耳。凝水銀為金，可中釘也。」、《銅柱經》曰：「丹砂可為金，河車可作銀，立則可成，成則為真，子得其道，可以仙身。」，又《黃山子》曰：「天地有金，我能作之，二黃一赤，立成不疑。」、《龜甲文》曰：「我命在我不在天，還丹成金億萬年。」另外，在〈遐覽〉篇所列其師鄭隱收藏的道書中，其中與金丹黃白有關者如：《太清經》、《三十六水經》、《黃白要經》、《八公黃白經》各一卷、《枕中黃白經》五卷等丹經裏，當已有金丹變化的理論，啟發葛洪完成其變化說。

另一位對葛洪變化說有深遠影響者為魏伯陽。魏伯陽主張以鉛汞煉製金丹大藥，因為「三物相合受，變化壯若神」、「稟和於水銀，變化由其真」，《參同契》論金丹之變，凡三變而成，金液還丹始可入口，令人長生；而葛洪也認為金丹的燒煉，轉數愈多，變化愈妙，愈有奇效，〈金丹〉篇即言九轉金丹，若轉數少，則藥力不足，服之用日多而得仙遲；反之，轉數多，藥力強，故服之用日少而得仙速。於此可見葛洪善於集合前人論點，將之熔冶為變化說，成為指導神仙道教服食者的心理依據。

貳　假他物以自堅固

34 《太平御覽》卷五十一有一段《抱朴子》佚文，與〈至理〉篇所言相近。其云：「燒泥為瓦，燔木為炭，蜂窠為蠟，水沫為浮石，凡此皆其柔肥，變為堅剛。」。

《抱朴子・金丹》篇言金丹之所以能致長生的道理曰：

夫金丹之為物，燒之愈久，變化愈妙。黃金入火，百鍊不消，埋之，畢天不朽。服此二物，鍊人身體，故能令人不老不死。此蓋假求於外物以自堅固，有如脂之養火而不可滅，銅青塗腳，入水不腐，此是借銅之勁以扞其肉也。金丹入身中，沾洽榮衛，非但銅青之外傅矣。

這是說服食金丹可調理補整人的營養、機能以及氣血循環的功能，這種「假求於外物以自堅固」的思想，其實由來亦已久。漢代古墓常可發現人體九竅多塞以金玉之器，如一九六八年河北滿城中山靖王劉勝墓出土的金縷玉衣，就是明顯例證，而漢晉道書《玉經》也有「服金者壽如金，服玉者壽如玉」之說（見引於《抱朴子・仙藥》篇）；葛洪〈對俗〉篇於是說：「金玉在九竅，則死人為之不朽；鹽滷沾肌理，則脯腊為之不爛。況於以宜身益命之物，納之於己，何怪其令人長生乎？」另外在《抱朴子》佚文中，也提及一古葬棺中凡有雲母厚尺許、白玉璧三十雙以藉身，懷中有尺玉，又兩耳及鼻孔中皆有黃金，「此則骨骸有假物而不朽之效也。」這種觀點至六朝時的陶弘景也有類似看法，「古來發塚見尸如生者，其身腹內外，無不大有金玉。漢制王公皆用珠襦玉匣，是使不朽故也。」（《本草綱目》卷八・引陶弘景《名醫別錄》）。

葛洪所說服食金丹可將其不敗朽的特性，移置人身，使形軀堅固，此亦受魏伯陽「同類相輔」說的影響。《周易參同契》云：

自然之所為兮，非有邪偽道，若山澤氣相蒸兮，興雲而為雨，泥竭遂成塵兮，火滅化為土，若蘗染為黃兮，似藍成綠組，皮革煮成膠兮，麴蘗化為酒，同類易施功兮，非種難為巧，惟斯之妙術兮，審諦不誑語。（八十二章）

欲作服食仙，宜以同類者：植禾當以黍，復雞用其子。以類輔自然，物成易陶冶。（三十二章）

魏伯陽煉丹之所以鉛汞合藥，就因二者同是金屬，符合「同類相從」、「同類合體」的原則；而且鉛汞的變化妙于金銀，金銀可由鉛汞作成，金性存在於鉛汞之中，而「金性不敗朽，故為萬物寶，術士服食之，壽命得長久」。《參同契》云：「人所稟軀，體本一無；元精雲布，因氣記初。」「須以造化，精氣乃舒」，而世人如欲延生命，卻死期，金為純氣，太清剛氣，百煉不消。服食金丹則可借以產生元氣，變化凡身為純陽真精之形，與天地同壽。

綜觀魏伯陽的「同類相輔」說與葛洪的「假外物以自堅固」論，都是基於神話傳說的生命信念，同樣運用類推法則以求其神秘作用，近人李豐楙先生即云此為「巫術性的思考原則——也就是屬性傳達原理」㉟，這種將生物的物質變化，類推到人透過同類相生及接觸的關係，而獲得該物原有特質，是煉丹術士堅信的心念。例如唐人《上洞心丹經》就承襲魏伯陽、葛洪的丹砂靈變說，而以為

㉟ 李豐楙先生認為魏伯陽、葛洪等道教變化成仙的理論，最主要在於依據巫術性思考方式，亦即屬性傳達原理。詳見《探求不死》二〈不死的探求〉，臺北，久大文化股份有限公司，民國七十九年九月初版，頁一九〇。另可見《不死的探求——抱朴子》十〈抱朴子的服食說：金丹與仙藥〉，臺北，時報文化出版事業有限公司，民國七十年七月初版，頁三一二。

「丹砂之為物也，是稱奇石，最為上藥，細理紅潤，積轉逾久，變化逾妙，能飛能粉，能精能雪，能拒火能化水，銷之可以不耗，埋之可以不壞，靈異奇妙。」唐代煉丹派別不論是金砂派、鉛汞派、或硫汞派等，其煉丹服食的構想依據，也都是基於這種變化成仙的理論。

第二章　唐代服食風盛之時代特徵

唐代服食養生所以臻於鼎盛，恆受當時政治、經濟、醫藥、宗教、文化與心理觀念的影響；簡言之，即離不開豐厚的物質基礎與時代氛圍。究其背景因素，蓋有如下數端：㈠商貿發達，擴大藥材來源種類㈡醫藥知識充實，重視服餌養生㈢道教興盛，鼓煽服食煉丹發展。透過這些因素考察，期能清楚地凸顯唐代服食風盛的時代特徵。

第一節　商貿發達，擴大藥材來源種類

唐代政局一統，水陸交通建設普及，城市商業迅速繁榮，經濟蓬勃發展，使得國內豐饒的物資，無論在開採、聚集或流通等方面都相當便捷；另一方面，由於唐朝盛世的疆域廣闊，對外貿易熱絡，透過陸上的絲綢之路與海上交通的發達，唐代和各民族、藩國的使臣、商旅往來頻繁密切，域外物品亦因此源源不絕地輸入中國。

服食養生，首重藥材的取得。唐代由於擁有上述特色，使得國內外藥材易於收羅齊聚，藥材的來源、種類既較前時擴大充實，藥物之品質亦較前時提高，這都促進唐人服食養生之便利性。

壹　國內藥材之採集與藥市

人參、茯苓、菖蒲、麥門冬；或玉屑、雲母、鍾乳、丹砂等，都是古人服食成仙的良品佳藥。唐代不論植物性藥餌或礦物性藥物，在各州道都有生產，而且種類繁雜。例如：可「長膚延年」的「何首烏」，生於「嶺南道之順州南河縣、賓州之牛頭山」（李翺〈何首烏錄〉《全唐文》卷六三八）；而食之能「安魂魄，養神不飢延年」之「茯苓」在關內道的雍州、華州，河南道的虢州，河北道的箕州、幽州、檀州等地皆有生產（蘇敬等《唐本草》）；道家服之長生的「黃連」，則產於江南東道的婺州、睦州、歙州、建州、江南西道的宣州、饒州，劍南道的柘州，山南道的澧州等（同上）；又如久服輕身延年的「人參」，則從河東道的潞州、澤州，一直連亙至河北道的平州、易州、檀州、箕州、幽州、媯州等地。

唐代州土動植物藥產之豐富，也可從孫思邈《千金翼方》卷一〈藥錄纂要·藥出州土第三〉所載錄凡一百三十三州，共五百一十九種藥材裏略見梗概。例如僅華州的產藥就有：

覆盆子、杜蘅、茵芋、木防己、黃精、白朮、柏白皮、茯苓、茯神、天門冬、署預、王不留行、款冬花、牛藤、細辛、鱉甲、丹參、鬼臼、白芷、白蘞、狼牙、水蛭、松花、鱉頭、桑螵蛸、松子、松羅、兔肝、遠志、澤瀉、五味子、菝葜、桔梗、玄參、續斷、山茱萸、萆薢、白薇、通草、小草、石南、石韋、龜頭、麥門冬。

由此可見華州所產包括了植物性草木類與動物性蟲魚禽獸等藥材。

唐代州土所產礦物藥的種類相當多。例如丹砂一物，常被視為金丹服食的上品藥材。陳少微於《大洞煉真寶經修伏靈砂妙訣》論丹砂云：

> 丹砂者，萬靈之主，造化之根，神明之本。……上品者生于辰、錦石穴之中，而有數色；中品者生於交、桂，亦有數類；下品者，生於衡、邵數種。品類皆緣清濁體別，真邪不同，降氣分精感通金石，受正氣者服之而通玄契真為上仙焉，受偏氣者服之亦得長生留世。（《正統道藏・洞神部・眾術類・清字號》）

與陳少微論點相同的唐代煉丹術士與丹經，還有金陵子的《龍虎還丹訣》及張果的外丹著作《玉洞大神丹砂真要訣》。

上品的丹砂又稱「光明砂」，特色是光明映徹，其產地以「辰州麻陽縣者為上，……興州有紫實堅重……此丹砂之正質也」（《黃帝九鼎神丹經訣》卷十三）。唐代光明砂的產地除上所述之外，尚有山南道的澧州（《太平寰宇記》），江南道的黔州、錦州、辰州（《新唐書・地理志》、《通典》卷六、《元和志》卷三十），其他品類的丹砂產地則有隴右道的宕州，劍南道的茂州、陵州，江南道的越州、衡州、永州、道州、郴州、邵州、獎州、溪州、溱州，嶺南道的桂州、宜州、連州、容州等地皆有之。

唐人甚喜食「強陰，久服延年益壽、好顏色，不老」的鍾乳石。柳宗元〈連山郡復乳穴記〉云：

石鍾乳，餌之最良者也，楚越之山多產焉，於連、於韶者，獨名於世。（《全唐文》卷五八一）

柳宗元所說的連州、韶州即屬嶺南道。又唐正諫大夫薛曜有〈服乳石號性論〉一文，云鍾乳石的產地與品質曰：

今第一出始興，而江陵及東境名山石洞亦皆有之。唯通中輕薄如鵝翎管，碎之如爪牙，中無雁齒，光明者為善。……謹按鍾乳第一始興，其次廣、連、澧、朗、柳等州者，雖厚而光潤可愛，餌之並佳。今硤州、清溪、房州三澗出者，亞於始興。（《全唐文》卷二三九）

於此可見唐代州土物產之豐。韓愈〈送廖道士序〉亦有：

郴之為州……其水土之所生，神氣之所感，白金、水銀、丹砂、石英、鍾乳，橘柚之包，竹箭之美，千尋之名材，不能獨當也。（《全唐文》卷五五五）

另外文士李華〈雲母泉詩并序〉則提及洞庭湖的西玄石山，俗謂之墨山。「自墨山西北至石門，東南至東陵，廣輪二十里，盡生雲母。」雲母可治身痺死肌，久服輕身延年。所以李華接著說，西玄石山南的雲母泉，「井泉溪澗，色皆純白，鄉人多壽考，無癖痼疥搔之疾。」於是興起欲與天寶中同為諫官之陳公「願餌藥扶壽，以究無生之學」的心念（《全唐詩》卷一五三）。

除前述的湖南洞庭湖四周盛產雲母外，其他如河南道的袞州產雲母、紫石英；劍南道的茂州出雄黃、礬石、馬牙硝，河東道澤州及河南道產白石英，而《龍虎還丹訣》卷上則載砒黃生於澧州山谷、雄黃生於武都等等。

江南是唐代重要產金地。《新唐書．地理志》一一備載諸州產金地，例如江南道的饒州、信州、潭州、永州、撫州、虔州等地均產金；劉禹錫〈武陵書懷〉云：「披沙金粟見」（《全唐詩》卷三六二），陳藏器《本草拾遺》云：「生金生嶺南夷僚峒穴中」，便是其中一、二事例。

銀則以河南、江南、嶺南諸道為多，《唐六典》卷二十右藏署掌邦國寶貨之事，列舉銀產地即以饒州為首，另有道州、宣州、永州、安南、邕州等；《龍虎還丹訣》卷下亦言饒、信等州有銀山。

銅在唐代用途廣泛，產地四處皆有，尤以南方為盛。晚唐獨孤滔《丹房鏡源》云：「自然銅出信州鉛山縣，銀場銀坑中深處有銅坑，多年礦氣結成。」銀、銅往往同出一礦，此乃古人長期采礦經驗總結。

至於鐵的分布，更是遍及全國十道，從數量而言，江淮以南所產業已超越北方，長江兩岸舒、宣二州是全國最有名的貢鐵區。唐代蘇游《三品頤神保命神丹方》詳言鐵礦之分佈云：

古方多以雅州、百丈、建州、東瞿為上，陵州、都盧為次，并州、五生為下。又羊河及廣、郴二州所出，并不煩灌煉，即堪打用，此即自然剛也。又嘉陵、榮資、四州所出，功力與廣、郴相似，而灌剛之時，要須百丈者，相參乃堪服用。又蘄州及忠渝等州所出，并力薄不堪用，而陝州所出與當陽連接，故亦其次矣。遍常用并不如荊州、當陽者最佳。（《雲笈七籤》卷七十八）

鉛與錫既是唐代造幣的原料，也是煉丹家金丹大藥的材料。其產地據《本草綱目》卷八〈金石部〉引獨孤滔云：

嘉州、利州出草節鉛，生鉛未鍛者也。打破脆燒之，氣如硫磺。紫背鉛即熟鉛，鉛之精華也。……雅州出釣腳鉛，……黑色，生山澗沙中。……信州鉛雜銅氣，陰平鉛出劍州，是銅鐵之苗。

此處言鉛產地分布在劍南與江南，與《新唐書．地理志》所記略有不同，當是晚唐五代時的情況。其它諸如句容山谷產曾青，梓州產空青，饒州、信州產長偏青、白青魚目及善青等雜青，而石膽生於蒲州山谷，宣州、潤州亦有。這些礦物在唐代丹經中，都是可用以煉丹的原料（《龍虎還丹訣》卷下）。

綜上所述，可見唐代物產豐隆。若以國內所產藥材的地理分布而言，植物性藥餌以南方的河南、劍南、嶺南和關內道的州縣產地最多；而礦物性藥材則亦以南方的嶺南、劍南、江西三道最盛。

唐代州土礦產既繁盛，唐人對礦產的采探知識也相當豐富，或引用《地鏡圖》、或學習自前代道書的資料，以了解礦產分布，再加以選擇冶煉。唐代除官府採冶礦產外，也允許百姓私採而官收其稅；而就礦物性藥材的開採冶煉而言，道士為修煉或長生之需，對礦物性藥材企求最殷切，因此是百姓階級裏從事礦物開採最大的一群；至於唐代帝王雖嗜丹，但他獲得藥材的主要來源，主要是靠各地官吏的進貢。例如有守邊藩臣得自外地者，如呂頌〈降誕日進光明砂等狀〉即云其所進貢的金丹上品丹砂，乃「貢自蠻夷，幸得充於御府。臣藩守有限，不獲稱慶闕庭」（《全唐文》卷四八〇），文中大有那種可惜藩守範圍太小，否則上貢佳品當不僅止於此之意。

還有些入貢藥物則是官吏私自從國內百姓手中取得者，如閻邱均有一篇〈為蜀州刺史第八息進雲母粉表〉其云：

> 伏惟越古金輪聖神皇帝陛下福德所符，天祚攸久，豈假上藥。方固南山，然一日萬機，或煩聖慮，色力營衛，必有相資。臣從西山野人得其良者，其色多白，是名雲液。臣不揆拙昧，輒採古仙要方，量事施藝，剪棄粗類，收聚輕英。開潔清之所，遠淹穢之迹，浸以茅露，洮以東流。曠日彌時，然後功就。果得光潤融爛，質理研微。試之柔膚，隨手化滅，皆云所見，未始相侔。臣意其精殊，倘涉靈秘，豈以凡妄，所敢飡嘗，謹詣朝堂，冒死封進。伏希陛下兼愛博物，受其區區，不以凡人，忽棄神寶，無任下情。（《全唐文》卷二九七）

蜀州刺史第八息說他從西山野人得雲母之良者，經過精密加工後，始成此佳品進貢給則天皇帝，盼禱她服食後政躬康泰。文中極力敘述自己如何費時勞力地製作雲母粉，頗有邀功請賞的意味，但不知他是以合理的價格，購自百姓？還是那種巧取豪奪的佞官酷吏？

唐代各地地方官每年有向朝廷貢賦的義務，而上好的丹砂自然是上貢的佳品，杜甫有〈覆舟二首〉，其一云：

巫峽盤渦曉，黔陽貢物秋。丹砂同隕石，翠羽共沉舟，羈使空斜影，龍宮閟積流。篙工幸不溺，俄頃逐輕鷗。（《全唐詩》卷二三〇）

詩中所說的就是黔陽貢丹砂，結果因巫峽水急船覆，欲貢往宮中的丹砂就與舟俱沉了。

唐代各地官吏進貢的藥物，除上述的丹砂、雲母外，《通典》卷六還記載如空青、鍾乳、礬石、紫石英、白石英、白石脂、金屑、水銀等，這些藥材都是為了滿足帝王服食，以遂其長生成仙的貢藥。

至於唐人取得植物性藥餌的方式，大約有二種，一是經人工培植，以自用或贈人；二為野生採擇，經收羅營聚後，透過藥市買賣獲致。

唐代中央政府已有藥園的設置，且有專人掌管。此中所產諸藥，殆專供皇室所用，但皇室所須的藥物，除少量從藥園提取外，主要的大量藥材仍尚須依賴各地州府的獻貢，這種貢獻不只是禮儀性的陳列在式場上，更重要的象徵意義，是它代表或確認了皇帝統治所及的區域❶。前述華州所產藥材共有四十四種之多，但據《新唐書·地理志》與《通典》所載，卻僅上貢茯苓、茯神、細辛三種而已，可見各州所貢藥材只是當地所產藥材的一小部分，換言之，州土對貢獻藥材是經過選擇的。

《新唐書・百官志》云：「凡課藥之州，設采藥師一人」，藥材經采選而上貢，則當必屬佳品良藥。各州府上貢朝廷的良藥佳品，究竟是屬於何類性質的藥物呢？近人黃正建〈試論唐代前期皇帝消費的某些側面——以《通典》卷六所記常貢為中心〉一文，指出以補益類藥如人參、大棗、甘草、當歸、天門冬、鹿角與安神類藥如朱砂、龍骨、酸棗仁、柏子仁、遠志等為最多❷。這些藥物在道家仙經裏，多屬可益氣輕身，不老延年的上藥，只可惜唐代帝王們多受道家服食礦物丹藥可快速成仙的深刻影響，對單餌植物性藥材求長生的態度並不熱衷，因此這類藥材多被拿來與其他藥物合成方劑，賞賜臣子以勖勉、慰疾，表現君王關心體恤臣下的最佳贈品，《全唐文》所收多篇臣屬謝賜藥文，即是一證明。

唐代帝王憑其九五之尊的權勢，可藉由京師藥園種植和各地土貢，不費己力地羅致藥材；至於其他百姓如文士、僧道等，則須自己親自開墾藥圃，或至深山峻嶺、溪邊澗旁採擇野生藥草了。例如宦途坎坷困頓的杜甫，中年以後衰老貧病，卻「苦乏大藥資」，詩文裏就有不少描述種藥、採藥的篇句。安史之亂入蜀後，他曾在新居草堂附近大枏樹邊開闢藥圃：「枏樹色冥冥，江邊一蓋

---

❶ 《全唐文》卷九六五〈請宣示申光蔡三州貢物奏〉曰：「西夷虺蜴攸居，歷年貢賦不入，有司羞之。今則化被齊民，便為善地。其申光蔡等州今所貢鸂鶒、生石斛等，並同日到。共諸道貢物，舊例至今月十五日已進綱訖，臣今便欲取申光蔡貢物，以元日陳於樂懸之南，（宣）示中外。禮畢請準式送納。」此文乃元和十二年十二月戶部所上之奏，觀此文意明顯可見唐代州土貢物，具有宣示統治權之意。

❷ 黃正建〈試論唐代前期皇帝消費的某些側面——以《通典》卷六所記常貢為中心〉一文，見《唐研究》第六卷，頁一七三～二一二，北京大學出版社，二〇〇〇年。

青，近根開藥圃，接葉製茅亭。」（〈高枏〉《全唐詩》卷二二六）。據詩中的描述，這塊藥田占地不小，且種植的藥品也頗多，在他辛勤工作下，「藥條藥甲潤青青，色過棕亭入草亭。苗滿空心慚取譽，根居隙地怯成形。」（〈絕句〉其四《全唐詩》卷二二八），可見其藥苗生機盎然，長勢喜人。此詩《杜臆》評曰：「公常多病，所至必種藥，故有『種藥扶衰病』之句，有條有甲，見種藥多品。」儘管杜甫對藥圃傾注大量心血和厚愛，卻「常苦沙崩損藥欄」（〈將赴成都草堂途中有作先寄嚴鄭公〉《全唐詩》卷二二八），因此當藥圃所產不敷使用時，杜甫也上山采藥，所謂「編蓬石城東，采藥北山谷」（〈寫懷二首〉之一《全唐詩》卷二二二）者即是。

再如大歷詩人錢起亦喜種藥草，有〈山居新種花藥與道士同遊賦歸〉云：

> 自樂魚鳥性，寧求農牧資。淺深愛巖壑，疏鑿盡幽奇。雨花相助好，鶯鳴春草時。種蘭入山翠，引葛上花枝。風露拆紅紫，緣溪復映池。新泉香杜若，片石引江蘺。宛謂武陵洞，潛應造化移。杖策攜煙客，滿袖掇芳蕤。蝴蝶舞留我，仙雞閒傍籬。但令黃精熟，不慮韶光遲。笑指雲蘿逕，樵人那得知。（《全唐詩》卷二三六）

從此詩的描述，可見錢起種有蘭、黃精、江蘺、杜若、葛等多種藥草。又如其〈藥圃〉詩云：

> 春畦生百藥，花葉香初齊。好容似風光，偏來入叢蕙。（《全唐詩》卷二三九）

寫自己的藥田沐浴春光，花開葉茂、藥香宜人的情境。唐代文士這類種藥、採藥詩，在詩集中不乏詳細生動的描寫，可詳見本書第三章第三節的論述。

至於道家人士則一般都親自種藥、采藥和制藥，因為這不僅是他們修煉長生之道必須服食的，有些甚且是他們遇饑荒時，藉以充饑補益的糧食。《真境錄》記一道家闢藥圃云：

> 夏侯天師名子雲，親植芝蘭於藥圃。自言古聖以上藥養神，中藥養性，下藥遣病。可使人神靈，可使人性明，可使人病愈。故常施藥於市，皆隨人淺深而遇之。其藥圃詩云：「綠葉紅英遍，仙經自討論，偶移岩下菊，鋤斷白雲根。」（《三洞珠囊》卷十四，《正統道藏．太平部．懷字號》）

道士種藥而施藥於市，其身分與藥農亦無別。唐代賈島〈尋隱者不遇〉，亦是言道者採藥詩：

> 松下問童子，言師采藥去。只在此山中，雲深不知處。（《全唐詩》卷五七四）

此詩頗為傳神地寫出道家采藥的情況。

至於佛僧也喜在藥園蒔弄藥草。皮日休有〈重玄寺元達年逾八十好種名藥凡所植者多至天臺四明包山句曲叢翠粉糅各可指名余奇而訪之因題二章〉詩，乃記元達和尚於寺院闢藥草園，見《全唐詩》卷六百十三，可見唐代佛寺也有藥園的開墾，種植藥草。

唐人所需的藥材，除賴自種或採擇外，從各地藥店購買也是來源之一。如「遠尋留藥價」的杜甫，就曾「賣藥都市」；《太平廣記》卷六十〈玄俗妻〉云河間王氏將「巴豆雲母，亦賣之於都市，七丸一錢，可愈百病」；同書卷八十二又載洛陽布衣王守一，「常負一大壺賣藥」；而《新唐書》卷二二四下〈高駢傳〉亦有鄱陽人呂用之，「世為商儈，往來廣陵，……賣藥廣陵市」的記載，可見分散在國內各地大小市鎮和江湖上經營藥材買賣的人，當為數不少，是以唐代各地多有藥店。

例如是國都所在而擁有百萬人口的長安，乃唐時國際性經濟大都市，尤其是外城東、西二市，有大量中外商人聚居於此。宋敏求《長安志》卷八云：「東市，隋曰都會市，南北居二坊之地，……街市內貨財二百二十行，四面立邸，四方珍奇皆所積集。」同書卷十又云：「西市，隋曰利人市，南北盡兩坊之地，……市內店肆如東市之制，……浮寄流寓不可勝計。」長安之藥店林立，於此城賣藥的人也很多。《太平廣記》卷二十七，記江都人劉白雲「在長安市賣藥」；柳宗元〈宋清傳〉、李肇《唐國史補》卷中則載長安西市最善於經營藥鋪的宋清，「居善藥，有自山澤來者必歸宋清氏。雖不持錢者，皆與善藥，積券如山，未嘗詣取直。……清居藥四十年，所焚券者百數十人」，「歲計所入，利亦百倍，長安言：『人有義聲，賣藥宋清』」❸，可見這個在長安西市賣藥的宋清也是一位大善人，既能及時供人急難所需的藥物，又善於經營獲取利益。

長安這個自唐盛世就是全國最大的城市，自然吸引著各地所產的藥材，運集於此銷售。白居易新樂府〈城鹽州〉有「自築鹽州十餘載，左衽氈裘不犯塞。……鄜州驛路好馬來，長安藥肆黃蓍賤」（《全唐詩》卷四二六）之句，「黃蓍」是溫補性的上藥，主要產於現今內蒙古與甘肅等地。唐德宗時北築鹽州城後，蕃胡南下受阻，而驛路商道暢通，北地藥材於是可順利南運，長安藥店因而貨源充足，藥價隨之下降。由此可見，統治權伸張，交通發達、便捷，促使藥材收羅容易，透過藥市的流通，提供給唐人服餌養生無窮的便利。

除長安有藥店外，南方的揚州地居江淮要衝，為南北交通樞紐，自隋朝修建運河後，此地工商業日趨繁榮。武則天時「揚州多富商大賈，珠翠珍怪之產」（《舊唐書》卷八八〈蘇瓌傳〉），當地的藥材業相當興旺。《太平廣記》卷十六〈張老〉，云王老在揚州北邸，「當肆陳藥」，乃是賣藥老家；同書卷二十三〈張李二公〉則載揚州的藥鋪王老家，可憑藉席帽信物提取二三千貫錢。如此大筆金額，顯示了揚州藥行規模的龐大。

另外建康也有藥店。《太平廣記》卷八十六云「建康人杜魯賓以賣藥為事，嘗有客自稱豫章人恒來市藥，未嘗還直，魯賓善待之。」同書卷五十〈裴航〉則云「虢州藥鋪卞老」，有玉杵臼搗藥。而在巴蜀四川，不僅城中有藥店，就是草市也有藥肆❹。《太平廣記》卷三十一〈許老翁〉有「草市藥肆云，常有二人，日來賣藥，稱王老所使」之句；又同書卷四十三〈盧山人〉亦有「唐寶歷中，

---

❸ 有關宋清事，見載《柳宗元集》卷十七〈宋清傳〉；《文苑英華》卷七九四；《全唐文》卷五九二；李肇《唐國史補》卷中及陶穀《清異記》卷下。

❹ 唐代對作為商貿交易中心之「市」的建置，政府敕令本有明文規定。據《唐會要》卷八十六〈市〉云「諸非州縣之所，不得置市」。又《冊府元龜》卷五〇四「中縣戶滿三千以上，置市令一人、史二人，其不滿三千戶以上者，并不得置市官。若要路須置，舊來交易繁者，聽依三千戶法置，仍申省。諸縣在州郭下，并置市官。」至於草市是不合法的市集，東晉南北朝時已出現，唐代中葉，草市數量已明顯增多，其功能亦聚集來自四面八方的商貨。杜牧《樊川文集》卷十一、十六、《元和郡縣圖志》卷二十七，皆有草市資料。

荊州盧山人，常販燒朴石灰，往來於白洑南草市」的記述。大致而言，城中的藥店，鋪肆主人固定；但草市的藥肆則猶如個人流動攤販，賣藥時間較具機動性。《事物紀原》卷八〈藥市〉條記載：

唐王昌遇梓州人，得道，號易玄子，大中十三年九月九日上昇。自是以來，天下貨藥輩，皆於九月初集梓州城，八日夜于都院街易玄龍沖地，貨其所賫藥，川俗因謂之藥市，遲明而散。

唐宣宗時之所以會在四川出現這種定期集會式的藥市，當因川蜀產藥繁多的緣故。《歲時廣記》卷三十六置藥市條還記載四川的藥市是「盡一川所出藥草、異物與道士畢集」，人們不但進行藥材交易，而且士庶雲集於藥市中「吸藥氣」以治病，摩肩接踵，熱鬧非凡，藥市成為川蜀百姓重要的生活活動地點，因此到宋仁宗天聖中，此藥市已擴展為三日而散的大市了。

貳　國外藥品之輸入與交流

唐時外國物產所以能源源不絕地進入國內，是在政治優勢和交通發達的背景下促成的。自太宗夷突厥、平鐵勒、制西域、伐遼東、通吐蕃、服天竺後，國勢強盛，聲威遠播，乃在帝國四周的邊遠地區設置強而有力的羈縻州府，同時對夷落採取懷柔遠人，濟弱抑強的開明政策，於是「四夷大小君長爭遣使入獻見，道路不絕，每元正朝賀，常數百千人」（《資治通鑑》卷一九八）。太宗的此項政策在其後的高宗、玄宗等帝，皆續予承繼，因此唐之極盛時疆域東盡於大海，西及咸海，東北至黑龍江以北，外興安嶺、庫頁島一帶，南達南海，版圖遼闊遠超於漢。

政治軍事之役既竟，繼之以交通建設。貞觀二十一年，「回紇等請於回紇以南、突厥以北置郵驛，總六十六所，以通北荒，號為參天可汗道。俾通貢馬，以貂皮充賦稅」❺。此條官方大道密切聯繫唐朝與西北諸羈縻府州的關係，貢使往來相繼，便利於地區間各種物資的交流與運輸。另外，《新唐書・地理志》與賈耽《皇華四達記》還載有幾條重要的海陸官道，如營州入安東道、夏州塞外通大同雲中道，此外還有四條是通往域外的國際路線：登州海行入高麗、渤海道（此道多新羅與日本的客商與驛館），安南通天竺道（此是通往南亞印度半島的要道），安西入西域道（此即漢魏以來著名的絲綢之路，通中亞地區），廣州通海夷道（此乃聯繫東亞、東南亞、南亞、西亞、波斯灣與東非海上）。這些對外交通路線，再加上唐之盛時，全國置水陸驛共一六三九所，構成便捷通暢的交通網路，而唐朝寬大包容的民族政策，又深深吸引各國使臣、商人、僧侶們紛紛踏入唐朝土地，進行政治、商業或宗教活動；因此域外藥材也就經由各國使臣或商旅們大量帶入中國，豐富了中土藥材內容，對唐人的服食養生無疑又提供多重選擇藥餌種類的方便性。

茲分各國使臣貢藥與胡商藥材互市兩方面，以見域外藥材進入唐土的盛況。

㈠各國使臣的貢藥

有唐一代，疆域廣大，聲譽遐邇，四夷為表示慕化嚮服，或尋求保護援助而遣使朝貢，是當時邊境諸族國最常使用的方式。如德宗貞元九年四月，南蠻異牟尋與酋長定計遣使：趙莫羅眉由兩川，

---

❺ 《唐會要》卷七十三〈安北都護府〉，與《舊唐書》卷三所載郵驛數量均六十六所；而《新唐書》卷二一七上、《資治通鑑》卷一九八與《冊府元龜》卷一七〇〈來遠〉，則作郵驛六十八所。

楊大和堅由黔中，或由安南。使凡三輩，致書與劍南節度使韋皐曰：

各齎生金、丹砂為贄。三分前皐所與牟尋書，各持其一為信。歲中，三使皆至京師，且曰：「牟尋請歸大國，永為藩國。所獻生金，以喻向北之意如金也；丹砂，示其赤心耳。」（《舊唐書》卷一九七〈南蠻傳〉）

南蠻將金和丹砂當作表示臣服的象徵物貢獻，而此二物正是唐代君王嗜以服食養生的藥材之一。

外藩千里迢遞，遣使朝貢的行為，雖然具有高度的政治意義，而從唐王室能藉此獲得所需物資的立場看來，也算是一種特殊的商貿方式。據《新唐書》卷四十八，記鴻臚寺職掌云：「海外諸蕃朝賀進貢使有下從，留其半於境；由海路朝者，廣州擇首領一人、左右二人入朝；所獻之物，先上其數於鴻臚。凡客還，鴻臚籍衣齎賜物多少以報主客，給過所。蕃客……獻藥者，鴻臚寺驗覆，少府監定價之高下。」而《唐六典》卷十八〈鴻臚寺・典客署〉亦記「若諸蕃獻藥物，滋味之屬，……具其名數牒寺……定價量事奏送。」由此資料的載記清楚顯示：唐廷由鴻臚寺負責接待來自海陸四方使者，對蕃客進貢的藥物必須予以檢驗、估價。通常所估算的價值，大抵兩者相當，因此所謂的「朝貢」，不過是當時特定條件下，一種有報償性的交換方式而已，也可說是變相的互市活動。唐代朝廷所以樂於接受外國朝貢的諸多奇珍異物，名相魏徵即一針見血的指出「蓋由乎中國之所好也」❻，但朝廷也相對的給予貢國使臣報贈、冊吊、程糧、傳驛之費（《唐會要》卷一〇〇）。這種互蒙其利，卻披著政治外衣，具有商貿性質的方式，無怪乎「唐興，以次修貢，蓋百餘，皆冒萬里而至，亦已勤矣」（《新唐書》卷二二一下〈西域傳〉）。

唐代外國來朝之事，史書記載甚多，而來自彼邦所貢的藥物亦既多且雜，玆錄文獻所記，以見來自域外所進貢藥材的種類。

在西域部分，據《新唐書・西域志》載西域諸族國向唐進獻不少包括動、植、礦物性的藥材，如泥婆羅獻波稜、酢菜、洋提蔥（三者亦藥亦菜）；吐谷渾獻丹砂；天竺獻琅玕、石黃、黑鹽；中天竺獻旃檀、鬱金；摩揭佗獻龍腦香；康國獻駝鳥卵；東安國獻鬱金香、石蜜；箇失密獻胡藥。另《新唐書・地理志》云西域貢唐王胡桐律、硇砂、偏桃仁、阿魏、截根；而《冊府元龜》卷九七一，亦載吐火羅向唐廷獻藥甚多，如開元十二年七月，遣使獻胡藥乾陁婆羅等三百餘品；開元十七年七月，使僧難陁獻須那伽帝釋陵等藥；開元十八年五月，僧難陁又來朝，貢獻瑞表香藥；《新唐書・西域傳》也稱開元、天寶年間，吐火羅數獻異藥乾陁婆羅二百品。《冊府元龜》卷九七一又載開元二十九年三月，遣使獻紅頗黎、碧頗梨、生瑪瑙、生金精及質汗等藥。前三者雖非專門藥物，但均可入藥用，尤其值得注意的是質汗一藥，曾被宋代《證類本草》所收載。至於大食，在唐高宗至德宗年間，使節來華達三十七次之多，所貢藥物有白龍腦、龍鹽、琥珀等（《冊府元龜》卷九七一）。此外波斯在高宗至肅宗時，使節至中國也有二十八次之多，而香藥、密陀僧、綠鹽、阿月渾子、無石子等，皆是使臣朝貢所帶的常物。

當然西域諸族所貢藥材不止上述數種，史料上常謂貢唐「奇方」、「秘藥」、「異藥」，語意

---

❻ 見魏徵〈論御臣之術〉，《全唐文》卷一三九。

雖籠統模糊，沒有確實指陳，但總不外是西域各族所創、有益健康長壽之方劑和當地所產的珍貴藥材。

在東夷部份，使臣往來也相當頻繁，有時甚至還「一歲再至」者，根據《冊府元龜》卷九七一、《唐會要》卷九十五所載，新羅曾多次遣使進貢人參數百斤與牛黃等名貴中藥材。《本草綱目》卷十二即引李珣〈人參〉條云：「新羅國所貢者，有手足狀如人形，長尺餘，以杉木夾定，紅絲纏飾之。」人參一物，向來被道家術士視為久服可輕身延年的上藥，皮日休有〈友人以人參見惠因以詩謝之〉曰：

> 神草延年出道家，是誰披露記三椏。開時的定涵雲液，斸後還應帶石花。名士寄來消酒渴，野人煎處撇泉華。從今湯劑如相續，不用金山焙上茶。（《全唐詩》卷六一四）

詩稱人參的根莖在延年益壽方面有神奇藥效。而現代醫書也確實認為人參味甘，能補五臟，開胃潤肺，治男、婦一切虛症（《本草綱目》卷十二）。

在北狄部份，則有奚國貢延胡索；黑水靺鞨、室韋等國貢牛黃。

綜觀四裔諸國，自唐初遣使朝貢頻繁，雖安史亂後，唐室盛況已衰頹不若往昔，但蕃國使節仍絡繹不絕入朝，所貢藥物亦多為當地異方奇藥，這些都豐富了唐人服餌養生的藥品內容。

(二)胡商藥材的互市

有唐近三百年的國祚，除少時外蕃頑強為亂，危害至王朝利益外，大部份的時期，唐朝與邊境各族互市貿易，維持較融洽且密切的政經關係。

自古以來，中外商人皆以興利致富為本。初唐時即有不少西域胡商要來內地經商，但受高昌中梗和西突厥為患而阻滯不行。貞觀時，太宗滅高昌、制西突厥後，諸胡大悅，商旅絡繹奔競中土貿易，祈請互市以馳益逐利。例如中亞康國人，「善商賈，爭分銖之利，男子年二十，即遠之旁國，來適中夏，利之所在，無所不到」（《舊唐書》卷一九八）。

相較於胡蕃互市咸以經濟利益為考量，唐與各族的商貿卻總不脫離政治意味。《冊府元龜》卷九九九〈互市序〉云：

> 互市之設，其懷柔羈縻之旨歟！爰自漢初，始建斯議，由是擇走集之地，行關市之法，通彼貨賄，敦其信義，歷代遵守，斯亦和戎之一術也。

事實上，胡商貿易何關乎慕化歸順？倒是《唐六典》卷二十二〈諸互市監〉所云：「漢魏已降，緣邊郡國，皆有互市，與夷狄交易，致其物產也」此說較為真切實際！

唐代對外國藥物的需求量相當大。此應是受道教術士時常宣稱長生不老的神仙，都居住在遙遠的瓊島，而其地所產均為靈丹妙藥的深刻影響。所以六朝時的國外貿易多佛陀畫像、香爐等宗教用品，到了唐代，帝王熱衷於服食長生，往往派官遣使采求外國靈藥，例如高宗永徽七年，派中亞人那提到昆侖，采集異藥；龍朔三年又為同一目的至真臘求秘方（《續高僧傳》〈那提傳〉）。帝王對域外藥物強列的企求，其他高官顯吏自是嚮風景從，因此藥材在唐代的互市貿易中，佔有極重要的地位，促成了中外不同地域間藥材的密切交流。

唐與諸國互市，是雙方取長補短，互通有無，在彼此豐足下，獲取利益，因此中外商賈皆趨之若鶩。開元八年，福建商人林鑾、涂文軒等人，曾航行至婆利經商❼；也有商人遠到砂撈越的山都望貿易，以紡織品、陶瓷、玻璃等，與當地人交換犀角、象牙、燕窩、香料等❽。

外商貿易促使唐代城市經濟更加繁盛。長安、洛陽，胡商富賈輻聚，南方的揚州、江陵，商旅仗貨貿易交往，市聲鼎沸，南方城市中尤以廣州舟船繼路，商使交屬，成為最大外貿中心。元開《唐大和上東征傳》記玄宗天寶中，廣州北面的西江，「江中有婆羅門、波斯、昆侖等船，不知其數，并載香藥、珍寶，積載如山，其船深六七丈，師子國、大石國、骨唐國、白蠻、赤蠻等，往來居住，種類極多。」大約在玄宗開元初年，朝廷在廣州設立市舶司，以嶺南帥臣監領之，而在廣州的貿易物品中，以香料和藥材為最大宗。安史亂後，有唐盛世雖已不再，陸上交通為吐蕃梗阻，往來不便，卻促使原本相當活躍的海上商貿更為熱絡，因此長安仍是「夷估輻湊，寶貨藥肆，咸豐衍於南方之物」（《太平廣記》卷一一七〈蕭倣〉）的大城市，而東南城市如揚州、廣州、交州等地，也還是藥商群集，人稠市鬧的殷繁景況。

隨著外商進入唐土的藥材品類眾多，舉凡動、植、礦物藥，都是胡商的貿易物品。例如自西域輸入的礦物性藥材就有綠鹽、石硫黃、密陀僧、珊瑚、硇砂、以及在唐人所輯煉丹書《鉛汞甲庚至寶集成》卷五，與銅、鐵、鉛、錫並稱為五金的「鍮」。在孫思邈《太清丹經要訣》中之「波斯用苦楝子添鍮法」、「素真用鍮要法」及《黃帝九鼎神丹經訣》卷十九之「殺鍮石毒法」裏，都明確指定要利用波斯鍮。李時珍《本草綱目》云，真鍮石生波斯，如黃金，燒之赤而不黑。在敦煌的吐魯番文書中，即不乏關於鍮石的記載，大陸學者趙匡華據丹經使用波斯鍮之言即說：「初步判斷中國之鍮銅及煉鍮技術最初皆由波斯傳入」❾。另外在《金石簿五九數訣》言及煉丹藥物云：「不灰木，出波斯國，是銀石之根，形如爛木，久燒無變，燒而無灰，色青似木，能制水銀。餘所出處，不堪用。波斯者為上。」可見這些外來的藥材充分被煉丹家所認識與肯定。因此唐代貿易的繁榮，確實擴大且充實了煉丹原料。

至於西域來的植物藥有乳香、安息香、沒藥、沈香、木香、砂仁、訶黎勒、菴摩勒、蘆薈、琥珀、鳥香（鴉片）、底野迦、補骨脂、蓽撥、阿魏、蘇合香、無食子等；動物藥材有象牙、膃肭臍、牛黃、犀角、狗寶等。藥商沿著陸路交通，翻越蔥嶺，經過吐魯番交易，輸往內地。在大陸所出土的吐魯番文物記載著藥名、數量、買藥人、藥材出處的買藥文書裏，就以各種香藥為買賣的最大宗。例如大谷三〇九六、三〇三九、三〇七六、三〇五〇號的文書中有鬱金花、麝香、沈香、白檀香、訶黎勒、青黛、輕粉、朱粉等香藥，這些藥物具有特異香味，既為美容佳品，又可療疾瘉病。

從東夷商貿的外來藥物則有《諸家神品丹法》〈石膽部〉所記的高麗銅，植物藥有白附子、玄胡索、人參、藍藤根、大葉藻、昆布，其功用可見《新修本草》、《海藥本草》《本草拾遺》等唐代修纂之藥書。另外，產自南方的藥物有白花藤、丁香、蘇方木、白茅香等，越南成品藥也在唐時

❼ 參見清、蔡永蒹著《西山雜志》〈林鑾官〉條。

❽ 見林遠輝、張應龍著《馬來西亞、新加坡華僑史》，第三十七～三十九頁。又參見田農著《砂撈越華族社會結構與型態》，新加坡聯合文學出版社，一九七七版，第一～三頁。

❾ 見趙匡華著《中國煉丹術》四〈中國煉丹術的化學遺產〉，香港，中華書局，一九八九版，第一九三頁。

傳入中國，據《太平廣記》卷四〇五載「安南有玉龍膏，能化銀液，唐韓約攜以入中國」。

胡商們除運輸、販賣藥材外，有些也頗具煉丹知識。如撰《丹方鑒源》的獨孤滔，據考證為晚唐或南唐時之外國藥商[10]，因此在其書中增加由波斯運至中國的石騏驎竭、綠鹽等礦物藥，可見他既運賣藥材又懂得煉丹。中國的煉丹術、煉金術，就是從阿拉伯商人輾轉傳入歐洲的，對西洋煉金術及早期化學產生深遠影響。

唐代有不少來華貿易的胡商，浮寄流寓於中土，甚至留居不歸。唐末五代的李珣即為波斯後裔，其家世以香藥為業，常接觸海船運載而來的外國藥物，因此他將豐富的海外進口藥物知識撰寫為《海藥本草》一書。書凡六卷，原書至南宋末已亡佚，無刻本流傳，但其所敘述之藥物，散見於《政類本草》和《本草綱目》等書中[11]。據前書載《海藥本草》收錄藥品一二四種，其中九十六種海外藥材，都清楚標明外國產地，而所錄五十餘種香藥，或以服食治病，或薰燎以解災招祥，或作美容、調味之用。

李珣之弟李玹，據黃休復《茅亭客話》卷二載，其於唐末「隨僖宗入蜀，並以鬻香藥為業，好攝養，以金丹延駐為務，暮年以爐鼎之費，家無餘財，唯道書藥囊而已」。李珣或受其弟之影響，在《海藥本草》一書裏，多所記述燒丹煉金的內容，如記載：「金線礬，打破內有金線文者為上，多入燒家用；石硫黃，並宜燒煉服，仙方謂之黃硇砂；銀屑，今時燒煉家每一斤生鉛，只煎得一二銖」等等；另外還載有解救金石中毒的內容，如「石硫黃……並宜燒服。……如有發動，宜以豬肉鴨羹餘甘子湯解之」、「凡服乳石之人，常宜服菴摩勒」；其他對海外藥物也有辨別功效的敘述，如稱許大秦所出白礬用於煉丹，功力逾於中國河西走廊一帶所產者；大秦所產降真香，入藥以番降紫而潤者為良等等，可見李珣亦猶獨孤滔者流，既販賣藥物又知曉煉丹的商賈。

隨著外國藥物不斷輸入中土，唐代藥學家也逐漸熟知這些奇方異藥的特性而收錄至醫學著作中，如《唐修本草》、《本草拾遺》、《千金翼方》即收錄不少外來藥物；而當眾人愈了解這些藥物的用途後，對它的需求也就同時與日俱增，於是有許多藥用植物就被移植至唐朝土地，如前所提李珣《海藥本草》，除收載不少自海外傳入之藥物外，也記錄許多從外地移植至中國南方的藥物；此外，鄭虔《胡本草》七卷（《新唐書》卷五十九）也有載記外國藥物。凡此皆充分反映透過商貿互市，域外藥物流傳中原的盛況。

第二節　醫藥知識充實，重視服餌養生

唐人普遍對醫藥、養生相當關注。《全唐文》收錄不少敘醫表狀書函與養生銘文。如孫思邈〈攝養枕中方序〉、〈保生銘〉（卷一五八）、薛曜〈服乳石號性論〉（卷二三九）、張懷瓘〈評書藥石論〉（卷四三二）、白居易〈動靜交相養賦並序〉（卷六五六）、牛僧孺〈養生論〉（卷六八二）、劉禹錫〈傳

---

⑩ 見何丙鬱《道藏·丹方鑑源》香港，香港大學亞洲研究中心，一九八〇年。

⑪ 近人對李珣《海藥本草》的內容多所研討。如范行准自《政類本草》、《本草綱目》輯錄《海藥本草》一百二十四種藥物，見所著〈李珣及其海藥本草的研究〉，《廣東中醫》一九五八年，頁七～八。又，馬福月也輯出一百一十八條佚文，見《文獻》一九八三年刊，頁一五八～一八一。

信方述〉（卷六〇七）、施兼吾〈養生辨疑訣〉（卷七三九）、柳宗元〈答周君巢餌藥久壽書〉（卷五七四）、吳筠〈神仙可學論〉、〈形神可固論〉（卷九二六）、和凝〈請置醫學奏〉（卷八五九）；另外《全唐詩》也時見唐人讀醫書、知藥性的載述。如戴叔倫〈臥病〉詩云：「病多知藥性」（卷二七三）；盧綸〈藍溪期蕭道士採藥不至〉亦同樣發出：「病多知藥性」（卷二七八）的言語；而王建〈早春病中〉有：「臥處還看藥草圖」（卷三〇〇）；劉禹錫〈偶作二首〉之一云：「藥性病多諳」（卷三五六）……凡此皆顯示唐人對醫藥、養生興趣的濃厚與知識的豐富。

形成唐人頗曉醫藥，崇尚養生最主要的因素，除己身的需要或興趣外，與朝廷對醫藥的重視、推廣普及，有相當重要的關係。

唐代醫藥學較前代更具有全面性的發展。唐高祖武德七年頒令：醫官分隸於殿中省、太常寺、太僕寺和太子詹事。另外宮內與太子內坊均附有醫職。其中太常寺所統的太醫署下分醫學、藥學二部。醫科入學生首先習《素問》、《神農本草經》等基本經典醫著，再分別鑽研專業。考核時態度十分嚴謹詳實，按優良差劣，賞罰分明，既衡量學習者的知識質量，又對人才有爬羅剔抉之效；且考核不僅限於學生，「凡醫師、醫正、醫工、療人疾病，以痊多少而書之，以為考課」（《唐六典》），顯示唐朝對醫科教學者同樣鞭策，以求精進的精神。

在藥學部份，朝廷於京師置藥園一所，擇良田三頃，取庶人子弟年十六以上，二十以下充藥園生，業成則補為藥園師。藥園師以時種蒔、收採諸藥，藥園生則須識藥物產地、性狀、種類、栽培、采集、貯存、製造與配伍禁忌等。藥園的設置，既可於實作中培養藥學人才，而且成為藥材實物研究的基地，為官修藥典的撰述奠立良好基礎。太醫署還有藥庫的設置，朝廷將藥源擴展到諸州，地方藥材由課藥之州的採藥師收采後，有的置於藥園，有的納於藥庫。這些設置擴大了朝廷藥物來源，保證了太醫署貯存豐富、齊全的藥物，當然最大的受惠者就是居處皇宮中的帝王與皇親國戚們。

唐太宗貞觀三年起，在地方各州又先後建立醫學校，普及全國醫學知識。唐高宗時鑒於天下一統後，州土所產與外來藥物日漸增多，而陶弘景所撰《本草集注》雖對前人本草成就有總結之功，但僅憑一人之力，難免疏漏，尤其時因南北政權對峙，難以了解北方藥物情形，而有侷限南方藥產的遺憾；加以書經百餘年流傳，至唐已紕繆百出，就如《唐本草·序》云「重建平之防己，棄槐里之半夏，秋采楡仁，冬收雲實，謬粱米之黃白，混荊子之牡蔓，異繁蔞於雞腸，合由跋於鳶尾，防葵狼毒，妄曰同根，鉤吻黃精，引為連類，鉛錫莫辨，橙柚不分」，因此高宗於永徽年間，命李勣等在陶氏基礎上修訂成《唐本草》，顯慶二年，蘇敬（恭）等將該書又重加修訂，「普頒天下，營求藥物，羽毛鱗介，無遠不臻，根莖花實，有名咸萃，遂乃詳秘要，博綜方術，本經雖缺，有驗必書，別錄雖存，無稽必正，考其同異，擇其去取，……庶以網羅今古，開滌耳目，盡醫方之妙極，拯生靈之性命，傳萬祀而無昧，懸百工而不朽」（〈孔志約序〉），於是完成介紹藥物性味產地、采制功用之《本草》二十卷、《目錄》一卷；描繪藥物形態之《藥圖》二十五卷、《目錄》一卷，以及說明《藥圖》之〈藥經〉七卷等三部分內容，共五十四卷之醫藥典籍。

這部集眾專家之力完成的官修藥典，由朝廷頒行，成為當時醫學生必修教材，迅即流傳全國。由於書中對全國十三道及外來藥物的形態性味、采收炮制與功用等多所敘述，對藉由服食草木藥以養性補益的大多數唐人而言，具有積極指導作用，影響至為深遠。

唐玄宗亦頗曉醫藥之道，《全唐文》收錄其三篇醫事詔令。其一為〈令諸州置醫學博士詔〉，

云：

神農嘗百草以療人疾，歧伯品藥以輔人命。朕銓覽古方，永念黎庶。或榮衛內壅，或寒暑外攻，因而不救，良可歎息。今遠路僻州，醫術全少，下人疾苦，將何恃賴？宜令天下諸州，各置醫學博士一員，階品同於錄事，每州寫本草及《百一集驗方》，與經史同貯。其諸州子錄事，各省一員，中、下州先有一員者，省訖仰州補勳散官充。（卷二十九）

其二為〈考試博學多才道術醫藥舉人詔〉，曰：

博學多才道術醫藥舉人等，先令所表荐兼自聞達，敕限以滿，須加考試。博學多才舉人，限今來四月內集；道術醫藥舉人，限閏三月內集。……道術醫藥舉，取藝業優長、訓練有效者，宜令所繇依節限處分。（卷三十）

其三為〈刊廣濟方詔〉，云：

朕頃所撰廣濟方，救人疾患，頒行已久，計傳習亦多，猶慮單貧之家，未能繕寫，閭閻之內，或有不知。倘醫療失時，因致橫夭，性命之際，寧忘惻隱。宜令郡縣長官，就廣濟方中逐要者，於大板上件錄，當村坊要路牓示，仍委採訪使勾當，無令脫錯。（卷三十二）

玄宗時如此廣設醫職與科考道術醫藥舉人，善予任用以盡其才，甚至刊錄醫書之要者公布街坊的措施，更促使唐代醫藥學昌盛發展，百姓黎民也因此而廣獲醫藥知識。

唐代帝王除盛唐的玄宗搜輯驗方，加以編錄，推廣至民間外，中唐之君德宗也曾撰集《貞元廣利方》且以之賜臣，「併工繕錄，俾封疆之內，日月俱懸；雖聾瞽而必知，在幽偏而易達」（劉禹錫〈謝賜廣利方表〉《全唐文》卷六百二），這些都說明了唐代帝王對醫藥的重視。

唐人處於醫藥教育普及的環境，本就容易獲得相關知識，再加上唐人受齊梁間「不明醫術者，不得為孝子」的訓語，因此為侍親之需，乃研習醫藥，或為治療己身疾病而勤加鑽究，都致使私人學醫的風氣相當普遍，例如甄權因母病，「與弟立言傳醫方，得其旨趣」（《舊唐書·方伎傳》），自習醫學；又如王勃「嘗言人子不可不知醫。時長安曹元有秘方，勃盡得其術」（《唐才子傳》卷一）；杜鵬舉「少與范陽盧藏用隱於白鹿山，以太夫人有疾，與清河崔沔同授醫於蘭陵蕭亮」（〈宋州刺史杜公神道碑〉《全唐文》卷四二二）。唐人好習醫道，因此私人編纂的醫書藥典，多如雨後春筍般的蠭然湧現，如甄權的《藥性本草》、甄立言的《本草音義》、孫思邈的《千金要方》、《千金翼方》、陳藏器的《本草拾遺》、孟詵的《食療本草》、昝殷的《食醫心鑒》、王燾的《外臺秘要》、李含光的《本草音義》、蕭炳的《四聲本草》、楊損之的《刪繁本草》……等，撰述不下百數十種，蔚然大觀。

除私人撰述醫方藥書外，唐代的朝士們也注意搜錄藥方，如甄權的《古今錄驗方》、楊炎的《南方行》、陸贄的《集驗方》、劉禹錫的《傳信方》、李絳的《兵部手集方》等等，這些醫方在便利百姓的同時，也為唐人的養生提供良好的環境，而不論官方或私人的撰作搜集，都同樣反應了唐代亮眼的醫學成就。

稽查唐代這些醫書藥籍內容，除論述各種病症治療外，還可發現具有兩點特色：一是倡導服食補益養生，二是傳授藥物植采制作方法。這對唐人所以熱衷於服食，既營造有利氣氛與條件，又具有煽助、滋漫的作用。

壹　倡導服食補益養生

民以食為天，飲食是人類維持生命的基本條件。古代先民已知將食物和藥物加工以防疾治病的方法，此即所謂「藥食同源」。《周禮．天官冢宰》食醫之設，主要為君王掌調飲食珍饈百膳；《山海經》也記載數種禽獸、魚鳥、草本等，食之不但可治病且能令人不饑、不驕、不忘、不憂的藥物；我國第一部藥學專著《神農本草經》，雖非食療專著，但記載以薏仁、山藥、芝菌、熊脂等食物為藥，以達輕身延年功效，實亦含有食治之意。六朝以來，醫家整理食物治療方陸續出現，如北魏．崔浩的《食經》、梁．劉休的《食方》等等。

到了唐代，利用食物治病或配合藥物以補益養生更受到重視，「藥王」孫思邈的《千金要方》、《千金翼方》以及孟詵的《食療本草》，都有專門闡述食品藥物對補益養生產生的功效。可惜孟詵《食療本草》二卷[12]，原書已佚，內容散見於《證類本草》、《本草綱目》等綜合性本草書中。西元一九〇七年敦煌莫高窟發現古抄本殘卷，現藏於英國倫敦博物館，內容僅存自石榴起至芋共二十六種本草食物，僅為原書篇幅的十分之一，今由日人中尾萬三根據殘卷本原文，參照其他醫書輯校遺文[13]，猶可見此書收二百餘種本草食物，對食性、功用、禁忌、鑒別等都有論述。如言覆盆子「平，主益氣輕身」；藕「寒，主補中焦，養神氣，益氣力，除百病，久服輕身，耐寒不饑，延年」等等，就營養學的觀點而言，這些果蔬富有調節人體生理機能所必需的礦物質及維生素，確實具有補養健身的功效。

至於唐代孫思邈的《千金要方》、《千金翼方》，則是集唐以前醫學各科成就之大成，而且還流傳至今的二部醫藥學巨著。孫思邈是京兆華原人，自謂「吾幼遭風冷，屢造醫門，湯藥之資，罄盡家產」，因此「青矜之歲，高尚茲典；白首之年，未嘗釋卷」（《舊唐書・孫思邈傳》）。高宗永徽三年，撰成《千金要方》三十卷。書中除敘述各種疾病的治療方法外，更在卷二十六有〈食治〉、卷二十七有〈養性・服食法〉等專篇，針對服食補益養生作專門性探討、系統性的闡述，可說是我國醫學史上首創的第一部醫學、營養學的百科全書。

孫思邈主張食養藥餌需並重。在《千金要方・食治》中云：

> 安身之本，必資於食，救疾之速，必憑於藥。……食能排邪而安臟腑，悅神爽志以資四氣。若能用食平痾，釋情遣疾者，可謂良工長年餌老之奇法，極養生之術也。夫為醫者，當須先

---

⑫《新唐書》卷五十九〈藝文志三〉載孟詵《食療本草》三卷，又《補養方》三卷；但《舊唐書》卷一九一〈方伎傳〉只載孟詵《補養方》三卷，未載《食療本草》之書名；宋《證類本草》之掌禹錫則云：「《食療本草》，唐同州刺史孟詵撰，張鼎又補其不足者八十九種，並歸為二二七條，凡三卷」。近人朱壽民以為孟詵成書時名《補養方》，後經張鼎增補而更名為《食療本草》。見朱壽民〈食療本草及其作者〉，《新中醫藥》，一九五七年，五月。

⑬日人中尾萬三〈食療本草之考察〉，《上海自然科學研究所匯報》，一九三〇年，三月。

洞曉病源，知其所犯，以食治之，食療不愈，然後命藥。（〈序論第一〉）

孫氏認為食物藥餌的運用是袪疾療病，兼以補益延年為功。因此在此篇中收載二十九種果實、五十八類菜蔬、二十七種穀米、四十種鳥獸類食物，以達治疾養生兼備之效。如蒲桃、覆盆子、大棗、藕實、雞頭實、栗子、芰實、橘柚、冬葵子、白蒿、莧菜實、苦菜、蕪菁子、薏苡仁、胡麻、白麻子、醍醐、青粱米、熊肉、羖羊角、鴈肪、石蜜等等，皆可收頤養延齡之功，獲卻疾遐年之效。

食治既如此重要，又該如何運用？《千金要方》卷二十七〈養性〉論曰：

凡人春服小續命湯五劑，及諸補散各一劑，夏大熱則服腎瀝湯三劑，秋服黃耆等丸一兩劑，冬服藥酒兩三劑，立春日則止，此法終身常爾，則百病不生矣。俗人見淺，但知鉤吻之殺人，不信黃精之益壽，但識五穀之療飢，不知百藥之濟命。……服餌大體皆有次第，不知其術者，非止交有所損，卒亦不得其力。故服餌大法，必先去三蟲，三蟲既去，次服草藥，好得藥力，次服木藥，好得力訖，次服石藥。依此次第，乃得遂其藥性，庶事安穩，可以延齡矣。（〈服食法第六〉）

以季節特點選用藥物服食的主張，是較合乎人體醫學的科學方法，然而云服餌以去「三蟲」（又稱「三尸」或「三彭」）為優先，則是出自道家的迷信說辭[14]。

孫思邈另一部醫學巨著《千金翼方》，是他在期頤之年所撰，乃對《千金要方》的進一步補充與發展的醫藥書籍，書中論及養生長壽補益的有卷十二〈養性服餌第二〉、〈養老食療第四〉、卷十三〈辟穀〉、卷十四〈退居、服藥第三〉與〈飲食第四〉等，在這些專卷中，仍一貫強調藥食並用，服食養生的觀念，如：

> 善攝生者，常須慎於忌諱，勤於服食，則百年之內，不懼於夭傷也。（〈養性禁忌．第一〉）
>
> 所有資身，在藥菜而已，料理如法，殊益於人。（〈退居．飲食第四〉）

因此他自己在「耄及之年，竟三餘而勤藥餌」（《翼方．序》），堅持服餌養生。〈養性服餌第二〉中，列出三十七首養生方，如茯苓酥方、杏人酥方、地黃方、天門冬方、黃精方、菖蒲方、彭祖松脂方、華佗雲母圓子三人丸方、不老延年方……等等，以上諸方或用蜜、蠟、牛酥、牛乳、麻油、酒等熬膏製丸或作成酥餅，以達安心神、養肺腎、補虛羸，益壽濟命之目的。如地黃酒酥方，「能令人髮白更黑、齒落更生，髓腦滿實，還年卻老，走及奔馬」；華佗雲母圓子三人丸方能「久服延年益壽，身體輕強，耳目聰明，流通榮衛，補養五臟，調和六腑，顏色充壯，不知衰老」，上述諸味藥也多見於傳說的成仙服食方中，在現代的中醫臨床研究裏確具有滋補和養生延年的作用⓯。

古人認為辟穀能養生長壽，即不吃穀米等煙火之食，僅服餌亦可達此目的，孫思邈在〈辟穀〉

⓮ 道教稱人體中有三蟲，各居身體重要部位，危害健康與性情，詳見道經《太清中黃真經》與《中黃真人注》。

⓯ 參見《中醫臨床應用》，臺北，啟業書局，民國七十六年六月五版。

卷裏提出服茯苓、松柏脂，松柏實、枸杞酒、仙方凝靈膏、靈飛散、雲母粉等共五十四種方法，以達到改善體內代謝，激發潛能，調整人體功能的重要功效。

孫思邈認為「善養生者，則治未病之病」。因此服餌的時機，非在虛羸病發始為之，平時即應服食以避疾：

> 人非金石，況犯寒熱霧露，既不調理，必生疾癘，常宜服藥，辟外氣和藏府也。平居服五補七宣丸、鍾乳丸，量其性熱虛實，自求好方常服。其紅雪三黃丸、青木香丸、理中丸、神明膏、陳元膏，春初水解散、天行茵蔯散，皆宜先貯之，以防疾發，忽有卒急，不備難求。臘日合一劑烏膏楸葉膏，以防癰瘡等，若能服食，尤是高人。……小小金石事，又須閑解神精丹，防危救急所不可闕耳。伏火丹砂，保精養魂，尤宜長服。伏火石硫黃，救腳氣、除冷癖、理腰膝，能食有力，小還丹愈疾去風，伏火磁石，明目堅骨，火鍊白石英、紫石英，療結滯氣塊強力堅骨，伏火水銀，壓熱鎮心，金銀膏養精神、去邪氣。此等方藥，固宜留心功力，各依本草，其餘丹火，以冀神助，非可卒致，有心者亦宜精懇儻遇其真。（〈服藥第三〉）

在道教煉丹術士之手中，硫黃、磁石、白石英、紫石英、丹砂、水銀等，都是煉製成不老成仙的神丹，魏晉六朝就有不少帝王、官吏或文士服礦物藥求長生，卻反短命或傷殘——尤其是服五石。然而礦物類藥固具毒性，但也含有一定的養生和醫療價值，孫思邈採取石藥和本草合和的方式，降低甚或消除其毒性或副作用，將之用為補益抗老的療疾良方。《千金要方》卷二十二〈飛鍊〉，即有飛鍊研煮鍾乳或五石和草藥服療方，例如「牛乳煮石英服方」，可令煖調適，「大補益身心」；「豬肚煮石英服方」，以白石英和生地黃煮生薑、人參、豬肚、羊肉、蔥白、新粳米、蜀椒煮之，令「腰腎得力，終無發理」；又如「五石護命散」，療虛勞羸瘦，「百病皆治，不可悉記，甚良。能久服則氣力強壯，延年益壽」。——這些都明顯呈現醫家與術士在方藥運用及目的之區別。

一般人在年少時多遊樂馳騁，情敦放逸；倏然白首後，方悟虛生，始欲服食延齡而不奏功。孫思邈對老年養生尤為關注，認為「孝子須深知食藥二性」，在《千金翼方》卷十二〈養老食療第四〉裏，提出十七種服餌養生方藥，以達益壽濟命之效，所用之藥性多屬溫補能抗老者，如烏麻、白蜜、牛乳、豬肚、枸杞根、白羊頭、脊髓、黃耆、柏子仁、石斛、麥門冬、乾地黃、山茱萸、蓽撥、牛膝、杜仲等等，與蜜、酥配合成膏滋或丸藥以常服。如烏麻方，即以黑芝麻研末吞服，「久服，百病不生；常服，延年不老、耐寒暑。」又如服牛乳方，用鍾乳、人參、甘草、乾地黃、黃耆、杜仲、蓯蓉、茯苓、麥門冬、薯蕷、石斛等，搗篩為散，取牛乳伴服。還特別指出「牛乳性平，補血脈，益心長肌肉，令人身體康強潤澤，面目光悅，志氣不衰。故為人子者，須供之以為常食，一日勿闕，常使恣意充足為度也，此物勝肉遠矣。」。

孫思邈這種「藥食兩攻」，藉服食補益以養性、養老的思想，從現代醫學角度而言是相當精闢的。營養成分是人體物質基礎，也是抗禦疾病能力的來源，人體的器官與免疫細胞也有賴於營養物質的滋養，而利用中草藥和膳食的合理搭配，確實能有效地增強人體機能，提高人體免疫力，達到治病、防病以及強身健體的養生目的。

分析孫思邈的服食養生術，可發現具有如下三大特色：

第一、唐以前的服食養生，除單味藥外，固然也有複方藥（如《太平經》或《真誥》所整理的仙真降藥），但這些方術大都分布在道家書中，吉光片羽，一鱗半爪，還未形成完整的體系。孫思邈的服食養生，在理論上既勤求古訓，集前代諸家養生學之大成，又擷采眾方，並結合己身養生實踐和經驗，而獲得許多延年益壽方藥；至於其用藥則是將多味動植物藥與礦物藥合和成複方藥。例如《千金翼方》〈辟穀．服茯苓第一〉，方有六種不同合和方式，少則一味，多則五味藥物組成；同書〈養老食療第四〉裏的「大黃耆丸」則由三十一味藥組成，主治虛勞百病；而〈養性服餌第二〉的「華佗雲母丸」更由雲母粉、石鍾乳、白石英、天門冬、人參、決明子……等五十三味藥物和蜜為丸，這種合和眾藥而不單主一味，可擷取、綜和各類藥物精華；而在孫思邈所介紹的藥方中，經常一方又有別法，更便利合藥者選擇身邊隨處可得的藥材，合藥空間因而擴大，在濟命延年上具有快速時效。

第二、孫思邈服餌養生特重安神補心與補腎潤肺兩方面。《千金翼方．養性》篇五十四首方劑中，安神補心之劑多達十五首，補腎潤肺方劑亦有十四首之多，兩者佔全篇養生藥方的半數以上，足見此類方藥在養生方面的重要價值與地位。如「濟神丸」是一首安神補心的代表方，由茯苓、茯神、桂心、乾薑、菖蒲、遠志、細辛、白朮、人參、甘草、棗膏組成。方中的茯苓、茯神、遠志可寧心安神，菖蒲、細辛開竅醒神，人參、白朮、桂心、乾薑補心通腸，甘草則調合諸藥，共成安神補心，寧心益智的作用。因此孫氏說「絕穀者服之學仙，道士含之益心力神驗」。另「天門冬丸」能養陰清熱，潤肺滋腎，對陰虛之人長服大有裨益；「黃精方」之黃精味甘平質潤，其功類似熟地，然熟地專於補腎陰，益精血，而黃精則補脾潤肺，既能補氣，又能養陰益精。

第三、唐以前醫家處方用藥多用「貴價難得」之藥，非一般庶民所能受用，孫氏有感於自己早年也因「湯藥之資」而「罄盡家產」，因此《千金要方》之編寫就「務在簡易」、「未可傳於士族，庶以貽厥私門」（〈序〉），是以所用方藥亦力求價賤易得，療效顯著者，《千金要方》卷十〈傷寒雜治第一〉裏，孫氏即云：

> 今諸療多用細辛、甘薑、桂、人參之屬，此皆貴價難得，常有比行求之，轉以失時，而苦參、青葙、葶藶艾之屬，所在盡有，除熱解毒最良，勝於向貴價藥也。……得內熱者，……便以青葙、苦參、艾苦酒療之，……無不解也。

所以在孫氏《千金》二書論養生補益的藥方中，不見魏晉六朝時高價罕見菌芝之屬，而是茯苓、枸杞、地黃、巴戟天、菖蒲、黃精等價格低廉，且為大多數百姓所能採集到的草木類藥物，達到廉價、簡易、便利、效驗、實用的特色。而孫氏在敘述藥效功用時，常有「補中益氣，久服輕身延年不饑」（草部上品〈黃精〉條），或「輕身聰耳明目，不忘不迷惑，延年益心智，高志不老」（同上〈菖蒲〉）條）等道教神仙家的口吻⑯，這更易激使唐人對服食趨之若鶩。蓋養生長壽非帝王百官等位高、權

⑯ 唐代醫藥學受當時道教盛行影響，宗教色彩濃厚，不僅孫氏之書時有「長生延年」字眼（如各部上、中品類藥）；《唐新修本草》也常引用仙經（如玉石部〈玉泉〉、〈丹砂〉條），而孟詵《食療本草》、王燾《外臺秘要》亦常見「輕身神仙」的敘述字眼。

重、財多者的專利，因此儘管彼輩沈迷於追求快速成仙的金丹大藥，但大多數文士與一般百姓則多服食價廉易得，療效神奇的草木藥以祛疾延年。以此觀之，唐代醫家所倡導之補益養生與廉簡便驗的用藥，煽助且滋漫了服食風氣的盛行。

總之，孫思邈《千金》二書的〈食治〉、〈養性〉、〈養老食療〉等篇與孟詵《食療本草》的最大特色，是確定了食療為本、食療為上的食治原則，從而促使食物品種在治療運用上不斷增加，食療形式更加多樣化，不但食物原料增多，同時強調因人、因時、因地而膳，既提高了飲食療法的理論，尤其在實踐中更廣泛深入地應用到臨床治療及日常生活的身體養護上，是中國古代飲食療法應用發展的重要歷史階段[17]。

貳　傳授種采制藥之方

中唐詩人韋應物〈種藥〉詩云：「好讀神農書，多識藥草名」（《全唐詩》卷一九三），張籍〈臥疾〉詩有：「身病多思慮，亦讀神農經」（《全唐詩》卷三八三），這些詩句明白道出唐人對《神農》之類醫藥書籍的濃厚興趣，而唐代此類書籍也確實提供時人簡便實用的知識。

例如，在識別藥物外貌上：唐代藥物較前時更類多品繁，常有藥物的品名相同，實非一物，或形態類似，功用有別的情形，如此尤需謹慎辨別，否則失之毫釐則差之千里，本欲濟生卻反速死。唐朝帝王曾編行兩本藥圖：一為高宗時所新修「丹青綺煥，備庶物之形容」的《唐本草・藥圖》；一是玄宗時御制「所以敘物真濫，使人易知原診，處方有所依據」的《天寶單方藥圖》（宋・蘇頌〈圖經本草序〉）。這兩本形象真實，色彩美麗的藥圖，就對唐人藉此分辨藥物，餌食以養生治病有極大的助益。

養生長壽是每個人普遍的願望，但藥物取得的難易，卻攸關生命能否存繼，唐代醫書藥典載記種造藥物的方法，使時人可仰賴己力，直接獲取藥材，既免於哀懇求人，又達濟事之便。孫思邈《千金翼方》卷十四除教述掘地種養酸棗以編作籬笆外，更介紹種枸杞、百合、牛膝、合歡、車前子、黃精、牛蒡、商陸、五加、甘菊、苜蓿、蓮子、藕、青蘘、地黃、杏、竹、梔子、枳，及造牛膝、乾黃精、生乾地黃、熟乾地黃、藕粉、雞頭粉、菱角粉、葛根粉、蒺蔾粉、栝樓根粉等共三十五種方法，舉凡在何時節令、選種、耕地、灌溉、除草、施肥、採擇等注意事項，皆鉅細靡遺地敘述，如種枸杞法曰：

> 揀好地，熟斸加糞訖，然後逐長開壠，深七八寸令寬。乃取枸杞連莖剉長四寸許，以草為索慢束，如羹椀許大，於壠中立種之，每束相去一尺，下束訖，別調爛牛糞稀如麵糊灌束子上，令滿，減則更灌，然後以肥土擁之滿訖。土上更加熟牛糞，然後灌水，不久即生，乃如翦韭法，從一頭起首割之，得半畝，料理如法可供數人。其割時與地面平，高留則無葉，深翦即傷根，割仍避熱及雨中，但早朝為佳。

孫氏如此地詳言種作方法，即使尋常百姓也容易如法種造。有些方法還甚為簡易，如「種青蘘法」

⑰ 參見陳查民〈唐宋時期的飲食療法〉，載《隋唐史論集》，香港，一九九三年。

云：

取八稜者畦中如菜法種之，苗生採食，秋間依此法種之，甚滑美。

在孫氏所述三十五首種造草木藥材中，頗值得注意的現象是除商陸為「殺鬼精物，療胸中邪氣水腫」，是草部下品藥之外，其他都歸屬於草木果菜部上、中品類藥，《千金翼方》云服食此類藥物或能「悅澤人面」（如〈栝樓根〉條・卷二）、「補中益氣」（如〈百合〉條・卷二）、「令人歡樂無憂，久服輕身明目，得所欲」（如〈合歡〉條・卷三）外，還可「延年、不饑、耐老」（如〈黃精〉、〈生地黃〉、〈牛膝〉、〈車前子〉條・卷二及〈枸杞〉條・卷三）；甚至達到「神仙」之效果（如〈雞頭實〉條・卷四），這些動人的形容詞句甚富誘惑力，對唐人盛行服食養生深具鼓動性。

藥物既種後，採擇時機是否恰切也相當重要。蓋植物藥之根、莖、葉、花、果、實、種子等各個部份，在生長過程中，各有不同成熟期，其有效成分之含量亦隨之不同，藥性之強弱自然有大小差異，因此採集季節適當與否，和治療效果的良窳有密切關係。《唐本草》、《千金翼方》、《外臺秘要》等醫書對此都有所敘述，其中尤以《翼方》言之最為詳盡：

夫藥採取不知時節，不以陰乾暴乾，雖有藥名，終無藥實。故不依時採取，與朽木不殊，虛費人功，卒無裨益。（卷一〈採藥時節第一〉）

從孫氏特於書之卷首置章節專論強調，可見他對採藥時節的高度重視。其敘述各藥物的採制，亦至為詳明，如言菊花曰：

正月採根，三月採葉，五月採莖，九月採花，十一月採實，皆陰乾。

言茯苓、茯神曰：

二月、八月採，陰。

又如言人參曰：

二月、四月、八月上旬採，暴乾，無令見風。

這些載記，提供給唐人採制植物性藥餌的參考，方便服食養生。

關於藥物合和與服用方法，孫思邈《千金要方》卷一〈序例〉分列用藥、合和、服餌、藥藏等章節，作專門論敘與原則性之指示，而在《千金要方》之卷二及《千金翼方》之卷五，則針對各病症或補益養生詳言其實際用藥的方味分兩，以蒸、煮、炮、浸等升鍊方式，製成湯、膏、丸、散、粉等藥物，和水或酒服用。其中有單味藥的制作，亦有複方藥的合和。前者如「服烏麻法」云：

> 取黑皮真檀色者烏麻，隨多少，水拌令潤，勿過濕，蒸令氣遍，即出暴之使乾，如此九蒸九擣，去上皮，末，食前和水若酒，服二方寸匕。日三，漸漸不飢絕穀，久服百病不生，常服延年不老。

此為《千金要方》卷二十七〈養性‧服食法第六〉之文，與《千金翼方》卷十二〈養性‧養老食療第四〉「服烏麻方」之文字敘述相去不遠，方法都極簡單方便。杜甫即曾如法炮制，其〈寄彭州高三十五使君適虢州岑二十七長史參三十韻〉一詩即有「烏麻蒸續曬，丹橘露應嘗」（《全唐詩》卷二二五）之詩句。

至於複方藥的合和亦甚多，最著名者如「靈飛散」方，云：

> 雲母粉壹斤，茯苓捌兩，鍾乳柒兩，柏仁柒兩，桂心柒兩，人參柒兩，白朮肆兩，續斷柒兩，菊花拾伍兩，地黃拾貳兩。右壹拾味，擣篩，以生天門冬拾玖斤，取汁溲藥，著銅器中蒸之，壹石貳斗黍米下，出，暴乾擣篩，先食服方寸匕。日壹服，三日力倍，五日血脈充盛，七日身輕，十日而面色悅澤，十五日行及奔馬，三十日夜視有光，七十日白髮盡落，故齒皆去。更取二十七，白蜜和擣二百杵，丸如梧子，作八十一丸，皆映徹如水精珠，欲令髮齒時生者，日服七丸，三日即生，若髮未白不落者，且可服散如前法，已白者，餌藥至七年乃落，入山日服七丸，則絕穀不饑。（《千金翼方》卷十三〈辟穀‧酒膏散第四〉）

唐人服食靈飛散者甚眾。中唐高陽人齊推撰〈靈飛散傳信錄〉一文，詳言此方源流與神奇效驗，茲引述於下以析論：

> 余與憲臺察史博陵晦叔有遺世保形，超蹈山海之契，……今所為異，必求良方，先驗容齒，與俗流自別，知常限不迫，方可冀久視，修仙材，鍊神清虛，求餌芝玉，約索精要，近拯形骸，有新聞閱，互相曉導。晦叔異日謂余曰：「有客話裴都尉者，鶴髮早垂，童顏近復，訪其所餌，曰靈飛散之功。」共知此方在《千金》第二十八卷。晦叔又曰：「聞動曹員外郎范陽君彝，嘗與修氣道客吳舍人丹講求此方。」丹曰：「《千金》近略，率多不真。定此方本出太清仙經，可求正文，如法合餌。」君彝私誌，亦未卜所獲。時寓累于故李中書泌之宅，暇日偶入一小室，有書籍盈几，皆斷爛罕全，雜委無次，軸閱將半，忽遇一軸，褾首完整，文墨甚華，題曰《太清真經》，發視乃〈靈飛散方卷〉。君彝執讀，欣契誠求，即齎靈文，驛告於丹。乃焚香頂奉，滌手持捧，謂君彝曰：「此真官曲遺，靈應特延，紀于仙書，足勸後學。」晦叔以余與君彝莫逆分至，傳信可憑，約就諮訪，便求傳寫。……又方中分味，以雲粉為主，……此方雖要，惟茲一物。……客有自內鄉來者，曰有鄧掾融，攝宰前邑，年踰從心之五，而姿鬢不老，目瞳不昏，理劇接賓，與強仕等力，問其所得，曰嘗獲神方，余至邑徵訪，乃靈飛散所致，考其傳授及藥力驗應，云昔歲見唐主簿，有道流口付，說是靈仙上方，欲窺功用，可立變鬢髮。融有親容，顏鬢已衰，將試靈驗，因求合分，服三十日，融之親容顏髮，頓易前狀。融半劑之效，亦保數十年不改，恨其藥力未成，便闕服餌；又遠謫窮

頷，資貨多乖，今比凡流，猶有所異。復說在長安日，傳張、裴二駙馬，皆目變動，重符前聞，則此方神奇，驗實相接，眼覿口問，積為明徵。又孫處士道問上流，精窮方要，掇此編錄，固非偶然。余與晦叔，幸君彝之遇，果求向之約，誓心服食，以邀效證。他日之異，續此編書，元和七年四月五日，高陽齊推書心記實。（《全唐文》卷七百十六）

據上文所述，靈飛散本出自《太清真經》之仙書，孫思邈《千金》有載錄⑱。吳丹評孫氏此方說為「《千金》近略，率多不真」。但考孫氏曾撰《太清丹經要訣》三篇，且自言該篇是其「歷觀遠古方書」、「意在救疾濟危」，既「親經試鍊，毫末之間，一無差失，並具言述，按而行之，悉皆成就。……余所陳方，意於文記間如視掌中，一試披尋，莫不洞照」（《太清丹經要訣序》《全唐文》卷一五八）。如此說來，《千金》所錄的靈飛散方乃取《太清真經》之方書，發其隱秘旨趣，汰其虛惑迷妄，加以孫氏躬親試煉所撰，因此證驗之詳實，當尤過於太清仙經，如法合餌，必致神效；而吳丹所以發出「《千金》近略，率多不真」之言，概基於貴古賤今之情；因此相較於吳丹之論，齊推云孫氏「乃道問上流，精窮方要，掇此編錄，固非偶然」，此說當較為公允。

關於「用藥分兩煮湯生熟法則」方面，王燾之《外臺秘要》卷三十一，乃悉錄孫思邈《千金要方》卷一序例之文，此外該書尚載錄古今諸家丸、散、膏、煎、酒方近五十首，唯白朮酒、天門冬酒乃少數單味藥外，絕大多數是合和動、植、礦物藥材之複方藥，雖其用藥有多至三十九種者，但敘述具體詳實，令人簡便可行，如「五補七宣丸方」乃將人參、茯苓、地骨皮、乾地、牛膝等擣篩，蜜和丸如梧子，服後能「安七魂，鎮五藏，堅骨髓，養神明，久服長生，百病日去，髮黑，行及奔馬」。

綜上所述，唐代醫書藥籍對藥材的種植、采收，製作、服用方法等皆有詳盡完備之敘述，使唐人服餌養生得到莫大的便利，《全唐詩》就常見植、采、制藥的描述，例如初唐的楊炯就掬菊製酒服食，以求長壽成仙。其〈庭菊賦〉云：

> 純黃象於后土，故採桑而菊衣。輕體御於神仙，故登山而菊酒。文賓採之而羽化，康公服之而不朽。東極於是長存，南陽以之眉壽。（《全唐文》卷一九〇）

《千金翼方》云菊花可治風疾，安腸胃、利五脈、調四肢，久服利血氣，輕身耐老延年；這種採菊制酒而飲，在六朝以降已稱能「令人長壽」⑲，而唐時亦有「凡天子饗會游豫，唯宰相及學士得從。……秋登慈恩浮圖，獻菊花酒稱壽」（《新唐書》卷二〇二〈李適傳〉）的活動，可見唐人飲菊酒以養生延年為當時歲時風氣。

又如中唐詩人韋應物亦曾採黃精之根，蒸炮服食，其〈餌黃精〉詩曰：

---

⑱ 齊推此文言靈飛散方在《千金》第二十八卷。今則見於《千金翼方》卷十三〈辟穀・酒膏散第四〉中。

⑲ 《西京雜記》云：「九月九日佩茱萸，食蓬餌，飲菊華酒，令人長壽。菊華舒時並採莖葉，雜黍、米釀之，至來年九月九日始熟，就飲焉，謂之菊華酒。」《荊楚歲時記》亦載有楚俗九月九日飲菊花酒事。

> 靈藥出西山，服食採其根。九蒸換凡骨，經著上世言。候火起中夜，馨香滿南軒。齋居感眾靈，藥術啟妙門。自懷物外心，豈與俗士論。終期脫印綬，永與天壤存。（《全唐詩》卷一九二）

黃精為草部上品藥，《千金翼方》載二月採根陰乾，韋應物採之蒸之，冀換凡骨，長壽永生。

再如柳宗元有〈種仙靈毗〉詩，言其採曝藥物過程云：

> 窮陋闕自養，癘氣劇囂煩。隆冬乏霜霰，日夕南風溫，杖藜下庭際，曳踵不及門。門有野田吏，慰我飄零魂。及言有靈藥，近在湘西原。服之不盈旬，蹩躠皆騰騫。笑忭前即吏，為我擢其根。蔚蔚遂充庭，英翹忽已繁。晨起自採曝，杵臼通夜喧。靈和理內藏，攻疾貴自源。擁覆逃積霧，伸舒委餘暄。奇功苟可徵，寧復資蘭蓀。……且以藥餌論，痿者不忘起，窮者寧復言。神哉輔吾足，幸及兒女奔。（《全唐詩》卷三五三）

「仙靈毗」，即淫羊藿，《千金翼方》置於草部中品藥，主治陰痿絕傷，莖中痛，利小便，益氣力，強志、堅筋骨等。柳宗元擢根種植，採曝制作，對其治療足疾的神效，深感滿意。

其他采藥、曬藥詩句，見於唐人篇什亦所在多有。如杜甫〈驅豎子摘蒼耳〉云：「卷耳況療風，童兒且時摘」（《全唐詩》卷二二一）、〈獨坐二首之二〉云：「曬藥安垂老，應門試小童」（《全唐詩》卷二三〇）；錢起〈送楊錥歸隱〉有「采苓春日遲」（《全唐詩》卷二三八）、〈春暮過石龜谷題溫處士林園〉云「曬藥背松陰」（同上）；張籍〈夏日閒居〉曰「看移曬藥床」（《全唐詩》卷三八四）；

王建〈原上新居〉之七云「鎖茶藤筐密，曝藥竹床新」（《全唐詩卷》二二九）等等，不勝枚舉；甚至晚唐皮日休、陸龜蒙和張賁三人曾共同吟賦一首奇特的藥物聯句詩：

> 為待防風餅，須添薏苡杯（張）。香燃柏子後，罇泛菊花來（皮）。石耳泉能洗，垣衣雨為栽（陸）。從容犀局靜，斷續玉琴哀（張）。白芷寒猶采，青葙醉尚開（皮）。馬銜衰草臥，烏啄蠹根回（陸）。雨過蘭芳好，霜多桂末摧（張）。朱兒應作粉，雲母詎成灰（皮）。藝可屠龍膽，家曾近燕胎（陸）。墻高牽薜荔，障歌撼玫瑰（張）。鼺鼠啼書戶，蝸牛上硯臺（皮）。誰能將藁木，封與玉泉才（陸）。（《古今圖書集成·博物彙編》〈草木典〉第二十一卷藥部）

詩中不但嵌入二十餘味藥名⑳，且敘及栽種、采收、炮制、功用等，從這首現存最早的藥名聯句，又再一次顯露唐人豐富的醫藥知識，而醫書藥籍裏倡導補益養生的思想，與提供種制藥物的實用方法，當更熾熱唐代的服食風氣。

---

⑳ 詩中之防風、薏苡、柏子、菊花、石耳、垣衣、從容、斷續、白芷、青葙、馬銜、烏啄、蘭、桂、朱兒、雲母、龍膽、燕胎、薜荔、玫瑰、鼺鼠、蝸牛、藁木、泉才，皆是藥物名稱。

第三節　道教興盛，鼓煽服食煉丹發展

有唐一代道教興盛。究其原因，與李唐皇室基於鞏固政權統治之目的，乃大力尊崇、扶植道教有相當密切關係。

高祖李淵在推翻隋朝的過程中，有不少道士為他制圖作讖、密告符命，他因勢利導，登基為帝後，又充分藉著道徒編造老君為帝祖的神話傳說㉑，建廟祠祀老子，將道教老君與李唐皇室聯繫為具有一脈相承的親屬關係，為甫建立的李唐政權披上「君權神授」的外衣，以穩固統治地位於不墜。武德八年更頒布〈先老後釋詔〉，宣布三教的先後次序為道、儒、佛，從此奠定崇道的基本國策。其後唐代繼位的君王，將此政策奉為圭臬，遵行不悖；特別是在初執政權，地位尚未穩固，或國內戰亂頻仍，社稷飄搖之際，這種藉道教以提高門第，並神話其統治權力的表現，就更加明顯積極。

例如初唐門閥士族的傳統勢力仍然強大，若非系出名門，不得社會重視，而李唐源流並非華夏世家，為抗衡此勢力，太宗於貞觀十一年下詔，規定道士、女冠在僧尼之上，清楚重申：「朕之本系，出於柱史，今鼎祚克昌，既憑上德之慶，天下大定，亦賴無為之功，……尊祖之風，貽諸萬葉，告報天下，主者施行。」（《全唐文》卷六），直接了當的確認老子為其祖禰，自己乃神仙之苗裔；而當高宗顯慶五年以後，政權實歸武則天掌握，為維護李唐王朝的統治，高宗進一步尊崇老子。除依狀圖寫老子瑞像、興建道觀廟宇外，又詔於廟門之左造清宮為老君更衣之所，敕每年內出香盤幡蓋，太常樂往來導從，道書《猶龍傳》就稱高宗「尊祖之慶，古今莫比」（卷五）。乾封元年，帝親

幸老君廟，御制文對老君大加神話，並冊上尊號為「太上玄元皇帝」。此舉開啟往後玄宗屢次冊封老君尊號的先河，其目的概有見於武氏權力日愈高漲，欲藉老君神力羽翼李唐皇權之統治。此外，據《資治通鑑》卷二〇二與《舊唐書・高宗本紀》載，上元元年，帝採天后建議，令王公百僚皆習《老子》，每歲明經一準《孝經》、《論語》策試。儀鳳三年再下詔云：「自今已後，《道德經》並為上經，貢舉人皆須兼通。」（《舊唐書・禮儀志》）。這種將道教在政治上發揮的作用，推展至學術領域的作法，又為玄宗日後納《道德經》與《文子》、《列子》、《莊子》為「道舉」的教育體系創一先驅。然而李唐皇室擅長藉道教老子鞏固統治權的手法，卻也被武則天充分仿傚利用。其執政初期，亦效法李唐崇老君之舉，且更將「先天太后」一并奉祀，〈改元光宅赦文〉中美其名曰：「元元者，皇室之源，蘊道德而無為，冠靈仙而不測，業光眾妙，仁覃庶品，豈使寶允見御宸居，先母竟無尊位，可上尊號曰『先天太后』，宜於老君廟所，敬立尊像，以申誠薦。」（《全唐文》卷九十六）。但當其政權穩固後，即罷黜「玄元皇帝」之號，仍稱「老君」，並依附佛教，貶低老子㉒；且於長壽二年，「自制《臣軌》兩卷，令貢舉人為業，停《老子》」（《舊唐書・禮儀志》）。凡此抑道除老之舉，目的在排斥李唐勢力，以樹立武周的政治權威，武氏「權智多變」的性格，於此顯露

㉑《唐會要》卷五十〈尊崇道教〉條云：「武德三年五月，晉州人吉善行於羊角山見一老叟，乘白馬朱鬣，儀容甚偉，曰：「為吾語唐天子：『吾，汝祖也，今年平賊後，子孫享國千歲。』高祖異之，乃立廟於其地。」此事亦見載於范祖禹《唐鑑》卷三；道教典籍如《混元聖紀》卷八則對此更大肆渲染。

㉒見《唐會要》卷五十〈尊崇道教〉條。又參見卿希泰主編《中國道教史》第二卷第五章〈道教在隋至盛唐的興盛與教理大發展〉，頁七十三～九十論之甚詳。

無遺。

中宗復辟後，隨即於神龍元年二月甲寅，復國號依舊為唐，且〈即位赦文〉再度表明：「朕之遠係，出自老君，靈佑所資，貽慶長久，宜依舊上尊號為『玄元皇帝』」（《全唐文》卷十七），科考內容亦恢復舊觀。可見尊崇老君，已成為唐室政權的象徵，所以當皇后韋氏企圖重演武則天故事，也是大興佛教，廣度僧尼；而迨睿宗即位，又是尊崇道教、興建道觀，方法皆如出一轍。

睿宗對道教的熱忱，遠甚於中宗。景雲年間，曾使道士持繡像幡花至南嶽夫人魏夫人仙壇修法事、於壇西置洞靈觀度女道士七人、作玄元皇帝廟、大修道觀，尤其為入道的二位公主建置金仙、玉真兩觀，更是「用錢百餘萬貫」（《舊唐書·辛替否傳》）。

唐代道教臻於鼎盛，是玄宗在位時期。有鑒於武、韋二氏均依恃佛教勢力，危害李唐王朝的統治，玄宗頃力扶植道教，將此一自初唐以來的基本國策，推向最高點。例如從開元十年起，一再詔令天下諸州普建玄元皇帝廟，其建築之富麗、氣派之非凡，杜甫〈冬日洛城北謁玄元皇帝廟〉詩云：

> 配極玄都閟，憑虛禁禦長。守祧嚴具禮，掌節鎮非常。碧瓦初寒外，金莖一氣旁。山河扶繡戶，日月近雕梁。仙李盤根大，猗蘭弈葉光。……森羅移地軸，妙絕動宮墻。五聖聯龍袞，千官列雁行。冕旒俱秀發，旌旆盡飛揚。……（《全唐詩》卷二二四）

玄宗除建玄元廟，又改廟為宮，以示非常外，還屢次親祔謁拜，且再三追加尊號，從天寶二年的「大聖祖玄元皇帝」、八載的「聖祖大道玄元皇帝」、到十三載的「大聖祖高上大道金闕玄元皇帝」，甚至也給玄元皇帝的父母加封置廟，還將開國已來五位帝后皆加上「大聖皇帝」、「順聖皇后」之字，以便和「大聖祖」老子更密切聯繫在一起。《舊唐書·玄宗本紀》於此事後敘曰：「自今後，每至禘給，並於太清宮聖祖前序昭穆。」又據《舊唐書·禮儀志》所載，當太清宮成，「命工人於太白山采白石，為玄元聖容；又采白石為玄宗聖容，侍立於玄元之右」。玄宗還親自注解《道德經》，頒布天下，制令士庶家藏《老子》一本，並令生徒習之，每年準明經例舉送，藉此把崇道納入科舉教育體系，以致官吏考選多有由道舉出身者。《唐闕史》卷下〈太清宮玉石像〉即云：「明皇朝崇尚玄元聖祖之教，故以道舉入仕者，歲歲有之。」例如陳希烈就是「以講《老》、《莊》得進相位，專用神仙符瑞取媚於上」（《資治通鑑》卷二一五）。而代宗時宰相元載，也是出身於天寶初年的道舉（《舊唐書·元載傳》）。可見玄宗道舉制度的本意，雖在為其崇道活動培養人才，卻同時也為不少人開闢一條仕途坦路。從玄宗這一連串措施，清楚透示他的崇道與尊祖，是結合二者為一的。唐人李邕〈賀加天寶尊號表〉即云：「陛下尊崇聖祖，肅恭道教。」（《李北海集》卷二）。

玄宗對道教地位的提高，可謂不遺餘力。除在隸屬中央的宗正寺內置崇玄署，專職掌管道教事務外；並於開元二十五年令「其宗正寺官員，自今並以宗枝為之」（《舊唐書·玄宗本紀》）。此用意是將道教提高至皇家宗教的位階，使它成為李唐國教，享有皇室特權。為更緊抓住老君是李唐保護神的這條線，玄宗在不遺餘力歌頌玄元皇帝的同時，還多次故弄玄虛地宣稱夢見玄元皇帝㉓，親自導演老子降臨的神話劇。於是大臣如牛仙客、王維、陳希烈等輩，紛紛逢迎君心，撰作敘事怪異、

㉓ 見《舊唐書·禮儀志》、《舊唐書·玄宗本紀》、《冊府元龜》卷五十三、《新唐書·選舉志》所載。

詞語諂媚的表文，既稱頌玄元皇帝之神奇，且賀喜玄宗得其靈應庇佑㉔。這股由君王導演，百官附和的玄元皇帝現身神異事件，在各地不斷如法泡製下，愈演愈烈，一些作偽者，如陳王府參軍田同秀就投君王所好，宣稱見玄元皇帝並獻寶符，竟以此獵取朝散大夫之五品官位，對這樣上下交相欺騙的歪風，范祖禹論曰：「明皇崇老喜僊，故其大臣諛，小臣欺，蓋度其可為而為之也」、「開元之末，明皇怠於庶政，志求神仙，惑方士之言，自以老子其祖也，故感而見夢，亦其誠之形也。自是以後，言祥瑞者眾，而迂怪之語日聞，諂諛成風，奸宄得志，而天下之理亂矣。」（《唐鑑》卷五），此言實一針見血地指出玄宗崇道過度，對唐代社會所造成不良的影響。

開元二十九年，玄宗令圖寫玄元皇帝真容，分布天下，又下詔令親王、公主、郡主、縣主及內外文武官、兩京與諸州父老等，並量賜錢，以酒食歡宴慶樂。這種將帝王個人的崇道活動，擴大規模至百官庶民共同歡慶，更促使全國上下皆沉浸在一片崇道的熱潮中。

玄宗大力崇道，雖使道教發展達於巔峰，但經安史之亂及其後各地藩鎮割據的綿綿戰火，道教設施遭受不同程度的破壞，兩京秘藏亦多被焚燒，道教在中唐以後處於相對衰勢。但也正因李唐皇權的統治日趨衰落，所以就更加重視尊奉「大聖祖」為其精神支柱，尤其道教的神靈福佑，對王朝具有特殊吸引力，再加上盛唐崇道流風影響，以致在社會動亂中，君王朝野仍繼續崇尚道教。

於安史之亂中即位的肅宗，就延續夢見玄元皇帝以製造輿論的遺風，且尤重齋醮祈禳活動；而代宗之崇尚道教，除祭祀之舉外，又廣度道士、天下仙洞靈跡禁樵捕、遣令搜集海內道經至京師繕寫，這些舉措無疑對道教的恢復和發展，有重要的促進作用。

晚唐諸帝率皆喜好修建道觀。《冊府元龜》載憲宗「元和二年正月己酉朔，親薦獻於太清宮，八年七月，命中尉彭忠獻師徒三百人，修興唐觀，賜錢十萬，使壯其舊制，其觀北距禁城，因是開複道為行幸之所。又以內庫絹千疋，茶十斤，雜穀千石，充修道教之費。九年二月，內出道教神仙圖像經法九轝，以賜興唐觀」（卷五十四）。耗費如此巨錢修賜道觀，對中唐以後窘迫的財政，自是一筆不小的負擔。

武宗崇道之烈，較憲宗尤有過之。《舊唐書．武宗本紀》載開成五年，「於三殿修金籙道場，帝幸三殿於九天壇親受法籙」。《歷代崇道記》亦云：「武宗會昌元年，敕以二月十五日大聖祖降誕之日為降聖節，仍令兩京及天下諸州府設齋，行道作樂，賜大酺三日，軍期急速，亦不在此限，永為常式。」㉕從此正式規定紀念老君誕辰的節日，推行於全國。由敕文中「軍期急速，亦不在此限」一語，可見武宗對道教崇信之熱烈深切，竟遠甚於能實際維繫社稷存亡的軍事行動，不禁令人慨歎其迷也愚！

唐僖宗時，黃巢為亂，此時「玄元皇帝」被視為李唐保護神的心理，又再度被發揮出來。當黃

㉔ 如牛仙客撰〈請宣付元元皇帝靈應奏〉（《全唐文》卷三百），玄宗有〈答牛仙客等請宣付元元皇帝靈應手詔〉（《全唐文》卷三十一）；又如戴璇撰〈大唐聖祖元元皇帝靈應碑〉（《全唐文》卷三二九）；王維撰〈賀玄元皇帝見真容表〉（《全唐文》卷三二四）；陳希烈撰〈道士蕭從一見元元皇帝奏〉（《全唐文》卷三二五），玄宗有〈答陳希烈奏道士蕭從一見元元皇帝手詔〉（《全唐文》卷三十二）。凡此皆顯示群臣投君所好，頌詞阿諛，記事怪譎，而君王則是大加表彰，共倡靈祐。

㉕ 《歷代崇道記》此說與《冊府元龜》卷五十四所言有些許差異。後者云：「敕三月十五日玄元皇帝降生日宜為降聖節，休假三日。」」。

巢入長安，自稱齊帝，僖宗逃奔鳳翔、成都，為挽回節節失敗命運，一方面調兵遣將鎮壓，另一方面則企圖依靠道教神靈的力量「俾殄梟巢」，祈求大聖祖「密垂神化，忽起濃雲，或驅以陰風，或擊以雷雹」（杜光庭〈皇帝為老君修黃籙齋詞〉《全唐文》卷九三六）。希望為他撲滅這股反唐的熊熊烈火，然而儘管僖宗與其後末代哀帝，在內廷或太清宮舉行醮祭祈禱，或於蜀中道教名山，修靈寶道場，設周天大醮，神燈千餘，耀灼山林，以冀求「玄穹降祐，聖祖垂祥，將殲大盜之兵戈，永耀中興之事業」、「以表皇家承神仙之苗裔，感太上之靈貺，實萬代之無窮也」（《歷代崇道記》）；哀帝甚至還將在北山的玄元觀，拆入都城，在清化坊內建置太微宮，以便其朝謁「大聖祖」。但天地無親，「大聖祖」也未能挽救李唐最終滅亡的命運。

綜觀唐代自高祖建國，立下崇道之基本政策，其後諸帝不但代代延續此一政策，而且措施更加多樣，態度更加積極。例如君王加封老子名號、興建道觀等，皆屢創新猷，頗有與前帝爭奇鬥勝，互較高下的意味；君王不但自己親受法籙，還將《道德經》提昇為科考書目，把帝王個人崇道之舉，推及到教育領域；甚至將對王朝的齋醮祈福，擴大規模為朝野上下共同歡慶的社會活動。道教就在諸帝努力扶植、尊崇下，造成興盛的局面，這為唐代的服食風熾與煉丹發展，造就了兩個相當有利的條件：一是煉丹術士數量增加，二是煉丹圖籍大量編纂。

壹　煉丹術士數量增加

唐代服食養生風盛與煉丹發達，道士扮演著主要推動者的角色。詳查唐初道士所以展現高強的政治活動力，願意為李唐皇朝制圖作讖、密告符命等，實有其內心打算。據《混元聖記》卷八載，大業七年隋煬帝親駕爭遼時，岐暉即發出「天道將改」、「當有老君子孫治世，此後吾教大興」的預言，當李淵起兵，暉「逆知真主將出，盡以觀中資糧給其軍。及帝至浦津關，暉喜曰：『此真君來也，必平定四方矣！』」，乃改名為平定以應之，仍發道士八十餘人向關應接；另一道士李淳風則直接借老君之口傳言「唐公當受天命」，由是歸唐（同上書）；至於政治活動力更高人一等的王遠知，前曾受隋煬帝楊廣的優禮尊崇，而後「高祖之龍潛也，遠知嘗密傳符命」（同上書）。這些都充分顯示道士對政治參與的熱衷，而他們之所以願意「出自青溪，遠辭丹竈，就人間而齊物，從戎馬以同塵」（〈教〉《起居注》卷二），其內心不過是盤算新王朝建立後，能採取興隆道教的政策，即岐暉所云「老君子孫治世，此後吾教大興」的目的，而他們也能獲得較高的政治地位，如此對自己所屬的宗派也可同時提高其社會重要性。而這樣的願望，也確實在唐高祖踐阼後實現了。

高祖李淵除積極努力提高道教地位外，對於樓觀道士岐平定（暉）更是優寵，在特下詔書褒揚外，授紫金光祿大夫，武德初，敕修樓觀宮宇，並賜田土一十頃以充基業；又令改樓觀為聖觀，以岐暉為觀主；帝並多次謁樓觀老子祠，以示崇敬（《混元聖記》卷八）。高宗時以尹文操為昊天觀主兼知宗聖觀事，後以奉敕撰《玄元皇帝聖紀》而授為銀青光祿大夫，行太常少卿。由於君王對樓觀道士的器重，不但提高其社會地位，且此派道士以服食藥物為最普遍的修煉方術，也同時得到帝王的支持與贊助。

唐代道教的主流派是茅山宗。按李渤《真系》的記載，王遠知即是唐代茅山宗的第一個宗師。這位「踐三清之陝隅，游六學之津要。翹心丹訣，警慮玄波」（《茅山志》卷二十二）的道士，從他不僅贏得陳朝統治者的尊重，又能見風使舵地受到隋室的尊崇，唐高祖即位後，且被詔受為朝散大夫，賜金縷冠、紫絲霞帔；當秦王李世民與其長兄建成爭奪帝位繼承權時，王遠知以「方作太平天子，願自惜也」（《舊唐書．王遠知傳》）一言，予以心理上莫大鼓舞，太宗李世民登基後，將委以重任，他固請還山，於是詔令洛州資給人船，並施法服；貞觀九年，令潤州於茅山置太平觀，並度道士二十七人作為其侍者，四月太宗又遣使慰問，賜衲被幾杖，並送香油、鎮彩、金龍玉璧以為法事之用，可謂極受帝王之優渥。而他熱衷政治、善於觀察的能力，也頗有其師陶弘景「山中宰相」的遺風，他為茅山宗的擴展爭取有力的支持，使此宗在朝代更迭的風雲變幻中，始終不失強而有力的政治靠山，成為唐代道教的主流。王遠知死後備極哀榮，高宗調露二年贈太中大夫，謚曰「昇真先生」；則天臨朝，追贈為金紫光祿大夫，改謚「昇玄先生」。弟子有潘師正、吳筠、司馬承禎、謝自然、李含光等，都受到君王恩寵，公卿大夫與文士也爭相與之交往。

當唐代帝王以功名爵祿，賞賜道士給予的政治協助時，道士們也清楚「不依國主，法事難立」的存在規律，他們深深了解這些身為帝王者，萬民臣服，坐擁江山，食則山珍海味、不虞匱乏；穿則龍袞綾羅、晶熒耀麗；居乃瑤楹金栱、銀檻玉砌之宮殿，雖然極盡榮華富貴，但壽命長短卻是帝王們唯一無法自己掌控的事，一旦命盡崩殂，所有一切富貴享受得拱手讓人，這無寧是他們最大的哀傷與遺憾。因此緊抓住帝王比常人更渴求長生不死、甚至企盼成仙的強烈心態，宣揚透過服丹、房中等方術可以修煉成仙，而這又完全契合帝王的心靈與口味。於是所謂方術之士或紛紛被徵召入宮，或受命於名山冶煉丹藥，人數一朝比一朝多。例如太宗時，聞洞庭山道士胡隱遙，自稱用里先生之孫，居焦山學太陰煉形之法，雖八十歲卻貌如三十許，因此「唐貞觀中，太宗詔入內殿，問攝生之道。」（《歷世真仙體道通鑑》卷二十九）。

高宗時，徵召道士的人數遠比太宗多。如得長生久視之道的萬天師，於顯慶二年受高宗召見，帝尊待之如師友；又聽聞劉道合之名，令於隱所置太一觀以居之，後命其煉還丹；高宗幸東都時也召見潘師正，詔其廬作「崇唐觀」，後又令于師正所居之逍遙谷口特作一門，號曰「仙游」，並於苑北置一門，號曰「尋真」，高宗求仙長生之心，在此清楚地展現出來；此外還有道士葉法善，高宗將之召詣京師，欲封以官，後留內齋場，禮賜殊縟。據《新唐書》卷二百四〈方伎傳〉載：

> 時帝悉召方士化黃金治丹，法善上言：「丹不可遽就，徒費財與日，請覈真偽。」帝許之，凡百餘人皆罷。

從被葉法善勘驗認為道術不真，遭淘汰的術士竟然將近百人，可以想見為高宗煉丹藥的術士總數當有超過百人之眾！

唐代唯一女皇武則天，在為高宗帝后時，以蒲輪召洪州西山道士胡惠超，留於都下，委以煉丹之事。「天師乃於洪崖先生古壇之際煉丹，首尾三年。」（《歷世真仙體道通鑑》卷二十七〈胡惠超傳〉）。武則天有〈賜胡洞真天師書〉，云：

> 先生道位高尚，早出塵俗，如軒歷之廣成，漢朝之河上，遂能不遠千里，來赴三川。……儻蒙九轉之餘，希遺一丸之藥。……（《全唐文》卷九十七）

這清楚表明武則天召道士入京的目的，也是要胡超為其煉制長生妙藥。唐代帝王徵召道士，經常表面上都說是「訪以理要」，實則莫不是利用道士的服餌之術，以助其延長生命大限，得以長生成仙，永享富貴權勢。

唐代大量召見著名道士，加以封官賞爵賜物，對道士甚為優渥的是玄宗。如當世人傳說道士張果有長年秘術，玄宗就於開元二十二年二月，遣中書舍人徐嶠帢璽書迎至東都，肩輿入宮，恩禮甚厚㉖。後張果固請歸恆山，又制以為銀青光祿大夫，號通玄先生，厚賜而遣之。

從玄宗所徵召的道士中，可以看出尤以茅山宗為最多。例如《舊唐書．隱逸傳》載玄宗遣使徵吳筠，「問神仙修鍊之事」；《大唐新語》卷十載司馬承禎「有服餌之術」，開元九年玄宗亦遣使入京；開元末，又召李含光，首咨詢以治國之理，次則問以金鼎；此外還多次向李含光傾吐盼望成仙的心意，所謂「朕志求道要，緬想真仙」（〈命李含光奉詞詣壇陳謝表〉《全唐文》卷三十六），又說「朕載懷仙境……豈徒夢寐華胥，馳誠碧落而已。」（〈命李含光建茅山壇宇敕〉《全唐文》卷三十六）。

玄宗對李含光的期望特別深厚，尤其是盼他燒煉丹藥。如玄宗〈送玄同真人李抱朴謁灊山仙祠〉詩云：

城闕天中近，蓬萊海上遙。歸期千載鶴，春至一來朝。采藥三芝秀，餐霞臥九宵。參同如有旨，金鼎待君燒。（《全唐詩》卷三）

當李含光請歸茅山時，玄宗又御制詩及序以送之，序云：

煉師遠江山，神清虛白，道高八景而學兼九流，每發揮元宗，啟迪仙籙，延我以玉皇之祚，保我以金丹之期。敬焉重焉，身惜此別，因賦詩以餞行云耳。（《全唐文》卷四十一）

可見玄宗對李含光煉藥服食企盼之深。據顏真卿〈廣陵李君碑銘並序〉說：含光「能於陰陽術數之道，而不以藝業為能；極於轉煉服食之事，而不以壽養為極。」（《顏魯公集》卷九），由於君王對李含光的優寵更甚於其師司馬承禎，因此茅山宗也就更「玄門以彰」了。

玄宗晚年更嗜丹藥，為償長生之願，更大量召見道士。《舊唐書·禮儀志》載：

玄宗御極多年，尚長生輕舉之事，於大同殿立真仙之像，每中夜宿興，焚香頂禮，天下名山，令道士、中官合煉醮祭，相繼於路。投龍奠玉，造精舍，采藥餌，真訣仙踪，滋於歲月。

又據李林甫〈嵩陽觀紀聖德感應頌〉一文云：

乃時有真人方士，不召而至者儼然而進曰：「臣聞昔者太初之先也，常有受命握符，一君千歲，後代聖人順其外為封禪，修其中為導養。故玉檢有不死之名，金丹為長生之要，五三以

㉖ 玄宗迎張果事，《大唐新語》繫於開元二十三年，《舊唐書·玄宗本紀》為開元二十一年，《資治通鑑》則繫於開元二十二年。

降，茲道蔑聞。陛下乘紫氣之真宗，接黃神之遠運，玉檢之文已備，金丹之驗未彰，天將授之，其在今矣。」上覽其議而告之言：「朕聞神丹者，有琅玕雪霜，三化五轉，太乙得之為上帝之伯，元君得之為下教之尊。必將假無為之功，任自然之力，乃可就矣。」於是考靈跡，求福庭，以為嵩陽觀者，神岳之宅真，仙都之標勝，直天中晷影之正，記烈祖巡遊之所，抱汝含潁，風交雨會，陰陽之所烝液，偓佺之所往還，丹灶琳堂，往往而在，乃命道士孫太沖親承密詔，對授真訣。一之日披圖於天府，二之日陳醮於山壇，然後俾太乙啟爐，陵陽傳火，積炭於廡下，投藥於鼎中。固以扃鐍，窒其窗戶，隙光不容，人跡罕到。自河尹官屬，邑宰吏僚，目對封泥，手連印署。太沖乃與中使薛履信銜命而東，涉海沂，過蒙羽，行且千里，歸已十旬，然後剋日眾觀，開封發印，餘燼未滅，還丹赫然，則已六轉矣。明年，移藥於緱氏山昇仙太子廟，其役工之制，神異之效，又如初焉。……九轉既畢，馳驛以獻，聖上方滌慮穆清，齋心虛白，神期應會，如合契焉。於是三事百僚，奉觴稱賀曰：「陛下撫群黎而歸壽域，上真降殊休而報聖德，神丹一御，與天無極。……」。（《全唐文》卷三四五）

這是在帝王財力、物力、人力資助下的大型煉丹活動。從此文對煉丹過程的詳細敘述，也可見道士在煉丹時，十分講究特殊宗教術儀。

中晚唐以後儘管盛世已不再，時局雖不靖，但帝王對神仙服餌術的企盼卻更加強烈，因此格外重用道士，有不少道士深知君王迷信神仙方藥，乃大加誇衒藥術，投帝王所好，以維護自身利益和道教活動的開展。例如憲宗季年銳於服食，詔天下搜訪奇士，李道古與宰相皇甫鎛乃薦山人柳泌為天臺刺史，為上於天臺山採仙藥煉神丹；其後的穆宗又聽道士趙歸真之說，亦餌金石；在位僅二年的敬宗，則續以「太清宮道士趙歸真充兩街道門都教授博士」，又信道士劉從政長生久視之道，封為「光祿少卿，號昇玄先生」，寶曆二年三月「命興唐觀道士孫準入翰林待詔。」五月癸未，令山人杜景先往淮南及江南、湖南、嶺南諸州求訪異人，及天臺山採藥，同年八月，「令供奉道士二十人隨浙西處士周息元入內宮之山亭院，上問以道術，言識張果、葉靜能。」（《舊唐書．敬宗本紀》）；武宗喜好神仙異術，致使海內道流方士紛紛驅至輦下。趙歸真於此時更特承帝王恩寵，不稱其名，只呼趙煉師，歸真乃又舉薦羅浮道士鄧元起，帝亦遣中使迎之。宣宗即位也遣使迎接擅能攝生的羅浮山道士軒轅集，冀獲保理。

唐代君王之所以相繼徵訪道士，不絕如縷，一言以蔽之，實由於貪生之心太甚！所以道士們能屢得帝王寵幸、重用，最根本的原因，也是緊抓住帝王們喜好「長年之術」、「志欲學仙」的心態。

姑不論唐代帝王所徵召的道士是學有專精，或僅是挾偽欺詐之徒，由於李唐皇帝窮心銳意於長生成仙的追求，而重用煉丹術士為其合和靈丹妙藥，並給于高官厚爵賞賜的誘因下，不但使煉丹活動受到重視與鼓勵，也造成煉丹術士人數遽增的結果；而帝王迷信長生神仙、令道士煉丹以為其服餌的舉動，對底下臣民更產生風行草偃的效應，於是文武百官、文人學士，以能與道流術士交往為時尚，紛紛餌丹求仙，更促成服食風氣鼎盛；另外，為求煉成丹藥，帝王公卿們不論在金錢或藥材上都給予強力支持。於是就在秘方的傳授、藥材的聚集、丹爐的製作，以及有大量道士勞心費力燒煉的種種條件配合下，使得唐代煉丹事業較六朝更為發達，同時也造就了唐人更便利的餌丹環境。

貳　煉丹圖籍大量編纂

藉煉丹餌藥以長生成仙，本就是虛妄不實。但基於虔誠宗教信仰的道士們，置身於山林荒澤，捧道經、唸丹訣，胼胝黧顏，時而攀登崇山峻嶺，以採集藥物合煉仙藥，這種須耗精費神，勤苦彌久地燒煉工作，只有自認參透天地造化的道士始能為之，因此丹家固然有其迷信、荒誕的一面，但他們努力於丹藥實驗所得的化學變化，卻是非常豐碩的科技知識。

唐代煉丹術士在帝王百官的財力、人力支持下，使得有些道士更可專注於試煉一些具有特殊化學變化的丹藥，唐代外丹黃白的圖籍也蠭湧而出，道經書籍的卷末常有署名「供奉山人」者，即是出自此類道士的手筆；雖然煉丹書籍的作者不全然是道士，但無可諱言地，大多數作者是道士的身分。

中國煉丹祕籍還常有明明是當時人纂作，卻託言古代仙人著述，以增重其藥方聲價，此情形至唐時亦是如此。以下茲就陳國符、孟乃昌、何丙鬱、張子高、郭正誼、袁翰青、趙匡華與卿希泰等諸先生就《正統道藏》所存，經考據可確定為唐代外丹圖籍[27]，略列述於下，以見唐代外丹黃白術興盛之一斑。

《太清丹經要訣》孫思邈撰，陳國符先生以為約寫於高祖四年以後，高宗永徽三年以前。

《黃帝九鼎神丹經訣》二十卷，除卷一外，據陳國符先生從書中所引地名、藥名考證，認為約出於高宗顯慶四年至武后垂拱二年；又據孟乃昌先生分析，今本《黃帝九鼎神丹經訣》卷二至卷二十，是一種專業性類書，各卷並有主題，再分類輯引各煉丹文獻片段，且屢見「臣按」、「臣聞」

字樣，顯係編纂供帝王參閱之類書，書中輯引保留有漢魏以降至初唐時期的大量重要煉丹資料。《金石簿五九數訣》，陳國符先生從「硝石」條有「近唐麟德年甲子歲，有中人婆羅門支法琳負梵甲來此翻譯」句，以為此書寫作當在高宗時代。

《大洞煉真寶經修伏靈砂妙訣》、《大洞煉真寶經九還金丹妙訣》二書均題衡嶽真人陳少微字子明撰，據陳國符先生以二書地名考證，兩書寫作時間分別為武后長安二年至玄宗開元末年，及肅宗乾元元年至三年時所寫。

《龍虎還丹訣》題金陵子述，陳國符先生考證此書約為武后垂拱二年至玄宗開元末年作。

《白雲仙人靈草歌》，據陳國符先生考證此書作者為玄宗時司馬承禎。

《太清石壁記》題為楚澤先生編，陳國符先生認為此書於唐初出世；袁翰青先生根據《新唐書・藝文志》則定為出於唐肅宗乾元年間。

《石藥爾雅》憲宗時梅彪作。

《陰真君金石五相類》共一卷，託名陰真君（長生）撰，據陳國符先生考證，此書成於武后垂拱二年至玄宗開元末年，或肅宗乾元元年至五代末。

㉗ 以上所引陳國符、孟乃昌、何丙郁、張子高、郭正誼、袁翰青、趙匡華、卿希泰等諸先生，對煉丹時代的考證言論，詳見趙匡華主編《中國古代化學史研究》，北京大學出版社，一九八五年版；孟乃昌《中國煉丹術原著評介》，《世界宗教研究》，一九八四年，第四期；陳國符《道藏源流續考》二〈中國外丹黃白法經訣出世朝代考〉，臺北，明文書局，民國七十六年十一月再版；卿希泰主編《中國道教史》第二卷第六章〈外丹黃白術的歷史發展及唐代主要煉丹著作介紹〉，中華道統出版社，民國八十六年十二月初版，，頁五三二～五五四。

《通玄祕術》題為金鵝山布衣沈知言集，陳國符先生從序文以為沈知言於咸通五年得故友神丹諸家祕要，因此書約於唐末所出。

《丹方鑒源》題為紫閣山叟獨孤滔撰，孟乃昌先生引何丙鬱先生之研究，斷定獨孤滔是唐末和南唐間人，書作成於南唐年間。

《真元妙道要略》題為真人鄭思遠撰，但就書之內容看，袁翰青先生推測寫於唐代，陳國符先生則考證出於五代或更晚。

《鉛汞甲庚至寶集成》五卷，未著錄輯者名姓及書成時間，但陳國符先生從卷一〈湧泉匱法丹序〉中有「大唐寶應中」之句，末署「歲次丙辰迎富日一子趙耐庵書」，知卷一乃趙耐庵於唐代宗時所輯，卷二〈太上聖祖金丹祕訣〉之後有「大唐元和三年戊申甲子月壬申日金華洞清虛子撰」之句，當為唐憲宗或唐文宗時所撰定，卷四《丹房鏡源》；據郭正誼先生考證，當成書在乾元元年至寶應年間。由此可見《鉛汞甲庚至寶集成》非成於一時一人之手，當係從肅宗至文宗這段期間由趙耐庵、清虛子等人所輯。

《陰陽九轉成紫金點化還丹訣》，陳國符先生以為係唐人撰述。

《上洞心丹經訣》題曰太極真人嗣孫手述，陳國符先生以為當在太宗之後，肅宗之前。

《玉清隱書》、《紅鉛入黑鉛訣》，陳國符先生以為係唐人撰述。

《昇仙大丹九轉靈砂訣》，陳國符先生考證為約在肅宗時。

《玉洞大神丹砂真要訣》題曰姑射山人張果纂，陳國符先生就此書之內容與《大洞煉真寶經修伏靈砂妙訣》比較，得出《玉洞大神丹砂真要訣》乃張果竊自陳少微，更易丹訣標題，擅署己名，獻於唐玄宗以邀帝寵。

《通解錄》題曰大中江西觀察使紇干泉撰，陳國符先生以為此書與《玄解錄》、《賢解錄》均係一書。

《蓬萊山西竈還丹歌》，陳國符就書中所引地名，以為是書乃唐人撰。

《太古土兌經》，陳國符就書中所引地名，以為是書在武后長安二年至玄宗開元末年撰。

《張真人金石靈砂論》，題曰蒙山張隱居撰。張九垓乃唐代宗、德宗時人。

《太一鐵胤神丹方》三卷，蘇遊撰。

從以上煉丹圖籍的大量編纂，可見唐代煉丹事業的繁榮與發達；書中對丹藥觀的敘述、丹鼎建置的介紹，以及各種神丹大藥的升煉要訣、黃白術的技藝與流傳情形等，不但有頗為詳實、清楚的記載；與六朝時相比，也較能脫離宗教性的神秘外衣，而且透過這些煉丹書的敘述，也展現各煉丹派別的特色，是研究唐代煉丹術的必要參考資料。

第三章　唐人服食盛況之分析

唐人侈於服食。上自帝王百官，下至文士僧徒，不論在服食程度的熱烈或服食者的層面上，都比前朝更深且廣。長生不死、快樂逍遙，本就是人人所欲，但在餌服所謂的長生藥物時，則身分地位不同的人，其選擇的服食方也有所不同。大致而言：帝王或達官顯吏因錢財豐潤、權重位高，為加快長生成仙的速度，多以餌食礦物性的丹藥為主；而一般中低階級的官吏或文士僧徒，縱然也對還丹大藥垂涎三尺，但因缺少財資，所以多選擇草木類藥物服食。玆分帝王、達官顯吏、文士、道士佛徒等四層面，探討其服食方的來源、運用、餌服目的與服食時特殊的宗教術儀。

第一節　帝王服食分析

中國的封建帝王壟崇寶貨，飾玩臺榭，食則方丈，衣則龍章，能採難得之寶，恣不已之慾。他們比一般人更渴求長生不老，甚至羽化為神仙，以永遠擁有崇高的權位，豐潤不虞匱乏的物質享受，他們是不會拋棄榮華富貴，孤身前往幽曠寂寞的山林去潛心苦修的。因此歷來帝王企求長生成仙的方式，或求助於神靈庇祐，或服食靈丹妙藥；前者藉由禱祀祈仙，難免只是虛幻的形式，遠不如服食不死藥來得直接且實際。

唐代帝王服食的普遍與情況的熱烈，可說是歷代君主中之冠，然而也是帝王之家受丹藥的毒害最為嚴重的一個朝代。清朝趙翼《二十二史劄記》的〈唐諸帝多餌丹藥〉條，雖然羅列了太宗、高宗、武后、憲宗、穆宗、敬宗、武宗、宣宗等帝餌丹喪命之事，但事實上唐代帝王服食的人數與進獻丹藥的道士之多，並不僅於趙翼所敘述的那幾位。以下尋繹載籍文獻所記，從僧道進藥或自煉，以及丹藥用途等方面，解析其盛況。

壹　寵重道流方士煉丹

唐代帝王皆好神仙長生。道流方士即以煉制金丹「餌上」，滿足其延長生命，永享權位富貴的願望。雖有若干帝王初始懷疑神仙、不信方術，但這都僅是暫時的節慾；當他們自認功業隆盛或春秋漸高後，對道士們煉制長生不死藥的企盼反而更加熱切，史傳上贊美為英武之主的太宗、高宗、玄宗、憲宗均是此例。

太宗自稱所好「惟在堯舜之道，周禮之教」。貞觀元年，曾向其侍臣說：

神仙事本虛妄，空有其名。秦始皇非分愛好，遂為方士所詐，乃遣童男女數千人隨徐福入海求仙藥，方士避秦苛虐，因留不歸，始皇猶海側踟躕以待之，還至沙丘而死。漢武為求仙，

乃將女嫁道術人，事既無驗，便行誅戮。據此二事，神仙不煩妄求也。（《舊唐書·太宗本紀》）

可見他認為道教方術是迷信而嗤之以鼻，並且還對秦皇、漢武的求仙活動抱持批判的態度。此期太宗的心境殆與魏徵撰《隋書》時指出「金丹玉液，長生之事，歷代糜費，不可勝記，竟無效焉」（卷三十五〈經籍志〉）的話語相同。

太宗為了表示自己不重蹈前朝覆轍，甚至詠詩以自言壯志。如「忠良可接，何必海上神仙乎！」（〈帝京篇〉十首〈序〉）、「無勞上懸圃，即此對神仙」（同上，第九首）、「蓬瀛不可望，泉石且娛心」（〈秋日二首〉之二）、「之罘思漢帝，碣石想秦王。霓裳非本意，端拱且圖王。」（〈春日望海〉）❶。這都抒發他志在勵精圖治的心意，表明對虛幻飄邈的神仙長生不感興趣的態度。直至貞觀十一年二月，太宗尚且下詔云：

> 夫生者天地之大德，壽者修短之一期。生有七尺之形，壽以百齡為限，含靈稟氣，莫不同焉，皆得之於自然，不可以分外企也。……末代已來，明辟蓋寡，靡不矜黃屋之尊，慮白駒之過，並多拘忌，有慕遐年。謂雲車易乘，義輪可駐，異軌同趣，其蔽甚矣。（《舊唐書·太宗本紀》、《唐大詔令集》卷七十六）

---

❶ 上述太宗諸詩皆見《全唐詩》卷一。

這話說得何等精彩動人！但隨著歲月流逝，暮年逐漸逼近，太宗長生輕舉之念油然而生。其〈述聖賦序〉就出現：

> 余每覽巢許之儔、松喬之匹，未嘗不慨然慕之，思可脫屣長辭，拂衣高謝。（《全唐文》卷十）

的心聲。可見太宗對神仙長生並不曾忘懷。貞觀十七年，太宗親幸「精曉藥術，為天下之最」的甄權家門，「視其飲食，訪以藥性」（《冊府元龜》卷七八四）。這項舉動的用意不言可喻。

太宗從何時開始服丹？《舊唐書·高士廉傳》與《資治通鑑》卷一九八均載貞觀二十一年正月，申國公高士廉薨，太宗將臨喪，司空房玄齡「以上餌藥石，不宜臨喪」，抗表切諫，不聽。長孫無忌馳至馬前諫曰：「陛下餌金石，於方不得臨喪，奈何不為宗廟蒼生自重。……」無忌伏於馬前流涕，帝乃還宮。考究道教方士有服藥不得臨喪的玄言戒語，則此處「餌金石」應是道教方士所煉之丹藥。由此看來，太宗至遲當在貞觀二十年底以前，已開始服食仙丹了。而且其後不僅取食本土道士的方藥，甚至服食婆羅門僧的延年藥，其幻想長壽的急切心理較之秦皇、漢武亦不遑多讓。

高宗即位之初，對長生成仙的不信態度，與其父如出一轍。顯慶二年謂侍臣曰：

> 自古安有神仙？秦始皇、漢武帝求之，疲弊生民，卒無所成。果有不死之人，今皆安在？（《資治通鑑》卷二百）

可知高宗初亦懷疑神仙長生存在的可能性。但從他把太常寺所獻的新樂，令以《祈仙》、《望仙》、

《翹仙》等含藏神仙長生之意來命名樂曲，就已顯現高宗對長生神仙的懷想熱切了；另據《資治通鑑》卷二百二，開耀元年閏七月庚申條云「上以服餌，令太子監國」；《新唐書．方伎傳》也載高宗悉召道士合煉黃白，而《新唐書．隱逸傳》云帝又令劉道合煉制還丹大藥，由此可知高宗亦是迷戀方藥之帝。

武則天篡唐而移鼎祚於大周，對超絕凡塵的神仙抱有極高興致。《全唐詩補編》收有她所寫的《遊仙篇》，很能表現她對神仙境界的企盼之情：

絳宮珠闕敞仙家，蜺裳羽斾自凌霞。碧落晨飄紫芝蓋，黃庭夕轉綵雲車。周旋宇宙殊非遠，寫望蓬壺停翠幰。千齡一日未言賒，億歲嬰該誰謂晚？逶迤鳳舞時相向，變囀鶯歌引清唱。金漿既取玉杯斟，玉酒還用金膏釀。駐迴遊天域，排空聊憩息。宿志慕三元，翹心祈五色。仙儲本性諒難求，聖跡奇術秘玄猷。願允丹誠賜靈藥，方期久視御隆周。（《全唐詩補逸》卷之一）

此詩雜用五言與七言，在錯落有致的聲調中，表現了仙境虛無飄邈的韻味，武則天想藉由對神仙虔誠崇敬之心，冀望能獲得仙靈青睞，賜予丹藥，以求能長享帝位。持此詩與其屢改年號，如「長壽」、「延載」、「天冊萬歲」、「萬歲通天」、「久視」；又在所制的新字中，以千千萬萬為年，永生久王為證，長生王為聖（一說「長正主」）等等，這一系列措施都充分展現她對不死成仙的嚮往❷。

❷ 參見《湯用彤學術論文集》大陸，中華書局，一九八三年版，三五二頁。

這位中國歷史上唯一女皇帝，對道教的神仙丹藥，也和唐代男性帝王一樣的迷戀追求。據《歷世真仙體道通鑑》卷四十一載，聖歷中，武則天曾屢次召見能「究金丹華池之事，易形煉化之術」的洪州道士張氳，予以賜官拜爵，武則天此舉的目的顯而易見，但張氳皆不領受後堅辭還山。於是武則天只好把她的願望寄託於另一洪州道士胡超之上。《朝野僉載》云：

> 周聖曆中，洪州有胡超僧出家學道，隱白鶴山，微有法術，自云數百歲，則天使合長生藥，所費巨萬，三年乃成，自進藥於三陽宮，則天服之，以為神妙，望與彭祖同壽，改元為久視元年。放超還山，賞賜甚厚。（卷五）

武則天不僅只服食胡超的丹藥而已，據《舊唐書．楊再思傳》與《舊唐書．張行成傳》所載，萬歲通天二年，太平公主薦張昌宗入侍禁中，既而昌宗啟則天曰：「臣兄易之器用過臣，兼工合煉。」因此兄弟俱侍宮中，承辟陽之寵，共為則天治煉藥石。後益自肆而奸贓狼藉，為法司所鞫當免官，卻終竟以「昌宗因往合煉神丹，聖躬服之有效，此實莫大之功」的詭辯下而復職。

武則天到了垂暮晚年，長生求仙的心念更為強烈。於是親謁仙廟，陳子昂〈窅冥君古墳記銘序〉即云：

> 神功元年，我有周金革道息，寶鼎功成，天下無事。皇帝受紫陽之道，延訪玉京；群臣從白雲之游，載馳瑤水。時余以銀青光祿大夫忝在中侍。屢從嚴祀，遙謁秘封，嘗睹眾靈如雲，

群仙蔽日。乃仰感王子晉，俯接浮丘公，行吹洞簫，坐弄雲鳳。竊欲邀羽袂，導鸞輿，求不死於金庭，保長生於玉冊，上以尊聖壽，下以息微躬。因登緱山，望少室，尋古靈迹，擬刻真容，得王子晉之遺墟，在永水之層曲。（《陳子昂集》卷六）

序中所提的王子晉為周靈王太子，被道士浮丘公引渡嵩山學道，後升天成仙。世人於其昇仙後立祠以祀，則天改號為「昇仙太子廟」。據《舊唐書・則天皇后本紀》與《資治通鑑》卷二〇七載，武則天於古稀之年，親幸嵩山，過緱氏，謁昇仙太子廟；《全唐文》卷九十八收有則天〈昇仙太子碑並序〉，記述她在聖歷元年，遣內史至王子晉廟祠祀祝禱，文中到處流露她對神仙長生的嚮往深情。如說：「元都迥闢，玉京為不死之鄉；紫府旁開，金闕乃長生之地。……管中靈藥，方演術於封君。……紫雲為蓋，見嘉貺於張陵；白蜺成質，遺神丹於崔子。……效靈官於桐柏，九丹可挹；仍標延壽之誠，千載方傳。」她表示：「棲心大道，託迹長生，三山可陟，九轉方成，……永昇金闕，恒游玉京。」並希望：「方佇乘龍使者，為降還齡之符；駕羽仙人，曲垂駐壽之藥。」這些話語都清楚地呈顯則天暮年，贊賞道教神仙長生的心態。

總之，武則天這位中國歷史上唯一的女皇帝，雖於佛教有特別獎勵之舉❸，但從她廣泛徵引道士與通丹藥者為之煉藥，可見她對神仙長生信仰之深厚。然其服藥卻能享壽至八十一歲而崩，在唐代諸帝多餌丹藥而亡中，殊為例外，所以清人趙翼懷疑說：「豈女體本陰，可服燥烈之藥？男體則

❸ 參見湯用彤《隋唐佛教史稿》大陸，中華書局，一九八二年版，二十五頁。

以火助火，必至水竭而身槁耶？」（《二十二史箚記》卷十九）。

中宗時，鄭普思、葉靜能，「或挾小道以登朱紫，或因淺術以取銀黃」（《舊唐書·五行志》），可見這位過渡武、李政權的帝王，對道士的燒煉黃白也興致勃勃。

盛唐玄宗時，道教金丹術士極得寵信。然而玄宗在何時對神仙方術有興趣？關於這個論題，宋、元的歷史學家都認為是始於開元末年。如范祖禹的《唐鑑》卷五說：「開元之末，明皇怠於庶政，志求神仙，惑方士之言。」宋之司馬光於《資治通鑑》卷二一四載開元二十二年玄宗徵張果，後果卒，「好異者奏以為尸解；上由是頗信神仙」；元之胡三省於是在此句後注云：「明皇改集仙為集賢殿，是其初心不信神仙也。至是則頗信矣，又至晚年則深信矣。」由上引述，可見三位史學家都一致認為玄宗是到開元末，才對神仙長生有興趣。

但詳細翻檢史料，我們卻可發現早在開元之初，玄宗對靈藥長生就已興致盎然、躍躍欲試了。《資治通鑑》開元四年所載的一段文字，就提供一個清楚且明顯的證據，其云：

> 有胡人上言海南多珠翠奇寶，可往營致，因言市舶之利，又欲往師子國，求靈藥及善醫之嫗。上命監察御史楊範臣與胡人偕往求之。範臣從容奏曰：「陛下前年焚珠玉、錦繡，示不復用。今所求者何異於所焚者乎！彼市舶與商賈爭利，殆非王者之體，胡藥之性，中國多不能知；況於胡嫗，豈宜置之宮掖？夫御史，天子之耳目，必有軍國大事，臣雖觸冒炎瘴，死不敢辭。此特胡人眩惑求媚，無益聖德，竊恐非陛下之意，願熟思之。」上遽自引咎，慰諭而罷之。（卷二一一）

由玄宗「命監察御史楊範臣與胡人皆往求之」的口諭，清楚展現其求靈藥之心。開元四年距離玄宗即位才四、五年光景，帝之春秋正盛，龍體尚康健，有何必要遠往異地「求靈藥及善醫之嫗」？其目的難道不是希冀長生不老？此事到最後之所以作罷，實乃楊範臣善盡監察御史的職責，而他如此曲言贊譽玄宗，也算是給君王一個下臺階，但玄宗並非從此就不存神仙長生之念，因為他擅長在臣子面前說冠冕堂皇的話，以掩蓋自己內心實際的渴望。例如《資治通鑑》載開元十三年，當張說草封禪儀獻之，玄宗與中書門下及禮官學士宴於集仙殿。「上曰：『仙者憑虛之論，朕所不取。賢者濟理之具，朕今與卿曹合宴，宜更名曰集賢殿。』」就是這一席話讓胡三省作出「明皇改集仙為集賢殿，是其初心不信神仙也」的話語。

玄宗既在早年已心萌長生之念，但在臣屬面前卻仍要表現他對神仙長生的懷疑與批評，這是因為如同玄宗自己所說的「候彼神人事，雖前載傳於方士，言固不經」❹，且事屬虛妄，自古以來歷代賢臣也時常孜孜切諫聖君勿取於此，為了樹立「去華務實」的好形像，這也難怪玄宗在他的王業奠基未久時，要先掩飾自己真正的心意了。

開元後期，面對「稻米流脂粟米白，公私倉廩俱豐實」（杜甫〈憶昔〉《全唐詩》卷二二〇）的富庶盛景，玄宗感到可以高枕無憂，安享太平，於是不再勵行以往節慾戒奢的主張，而日益追求奢靡享

---

❹ 玄宗開元十一年所寫的〈西嶽太華山碑序〉（《全唐文》卷四十一），開元十三年寫的〈紀太山銘〉（《舊唐書‧禮儀志》）與〈集賢殿書院奉敕送張說上賜燕序〉（《曲江集》卷十六）等，都表示他對神仙長生的懷疑與批評。

樂的生活，企盼長生成仙的原始慾望就全面爆發出來，《唐語林》卷五就載：「玄宗好神仙，往往詔郡國徵奇異之士。」。

為早日服食長生不死丹藥，玄宗除徵召知名道士到長安詢以道術外，當一些高道將入山修煉時，他甚至以帝王之尊作詩相贈，希望對方傳授煉丹秘訣。如〈送道士薛季昌還山〉詩云：

> 洞府修真客，衡陽念舊居。將成金闕要，願奉玉清書。雲路三天近，松溪萬籟虛。猶期傳秘訣，來往候仙輿。（《全唐詩》卷三）

此詩之前原有小序云：「鍊師初解簪裾，棲心衡嶽，及登道籙，慨然來茲。願歸舊居，以守虛白。不違雅志，且重精修。倘遇靈藥，尚望時來城闕也。」充分表達他雖身為帝王，富有一切，但伏煉丹藥、延壽保齡的心願，則有待道士們幫忙達成。

玄宗為了達到早日服丹的目的，分別在皇宮內、嵩山、茅山等地任令他寵重的道士合煉丹藥。例如孫逖〈為宰相賀合煉院產芝草表〉載：

> 道士黃河清等奏：「興慶宮合煉院內產芝草，五色分輝，六莖□□。神丹入煉而轉精，禎祥應期以如答。」。（《全唐文》卷三一一）

興慶宮位於長安城東偏北方，原為玄宗即位前的親王府，開元二年後經多次擴建，成為玄宗居住與處理政事之處；而唐代道士煉制外丹，常加以草木藥材，所以此文透露出皇宮內，有不少道士在這玄宗御用的煉丹場所，用礦物與芝草專門為帝王煉制丹藥。

在嵩山負責為帝煉丹的是道士孫太沖。孫逖〈為宰相賀中嶽合煉藥自成兼有瑞雲見表〉詳細載明此事云：

> 伏見道士孫太沖奏：「事奉進止，令中使薛履信監臣於中嶽嵩陽觀合煉。其灶中著水，置炭於灶側，對三卻回，已經數月，泥拭既密，緘封並全。即與縣官等對開門，其炭並盡，灰又別聚，不動人力，其藥已成，初乃五色發瑞，終則太陽暉於爐際。」。（《全唐文》卷三一一）

孫太沖為帝煉丹事，在宰相李林甫〈唐朝煉大丹感應頌〉裏也有所記述❺。

至於茅山一地的煉丹，則委以李含光。在〈答李含光賀仙藥靈芝敕〉中云：

> 爐開仙藥，九真示傳。院合靈芝，三茅鑒植。徵之元錄，蓋未曾聞。唯魏伯陽豫兆於前。今李越成效之於此。朕當齋心以俟，專使以迎。（《全唐文》卷三十六）

文中贊美李含光反覆燒製的九轉金丹，乃丹藥之精華，而其勤事燒煉之功，是對東漢魏伯陽煉丹的

---

❺ 李林甫〈唐朝煉大丹感應頌〉一卷，見鄭樵《通志·藝文略》〈道家·外丹〉。

發展。

總之，玄宗嗜服丹藥，煉丹道士紛紛被召至京師，宰相李林甫所撰的〈嵩陽觀紀聖德感應頌〉就有「乃時有真人方士，不召而至者」（《全唐文》卷三四五）之語，可見帝王好神仙，是此輩紛紛驅至輦下的根本原因。

憲宗仍是道教金丹服餌的熱衷者。但即位之初，也如太宗、玄宗般，否定神仙的存在。《舊唐書·憲宗本紀》載元和五年，李藩對憲宗曰：

> 神仙之說，出於道家，所宗《老子》五千文為本。《老子》指歸，與經無異。後代好怪之流，假託老子神仙之說，故秦始皇遣方士載男女入海求僊，漢武帝嫁女與方士求不死藥。二主受惑，卒無所得。文皇帝服胡僧長生藥，遂致暴疾不救。古詩云：『服食求神仙，多為藥所誤』。誠哉是言也。君人者，但務求理，四海樂推，社稷延永，自然長年也。上深然之。（《舊唐書·憲宗本紀》）

從「上深然之」一句，透露憲宗對服食成仙也是抱持不贊同的觀點。但時隔八年後，憲宗卻開始醉心於長生不死之術。這些都顯示了唐代帝王初始懷疑神仙長生，或是因王業奠基未久，為示勵精圖治；或是礙於賢臣之言，所說皆並非本心。

憲宗季年銳於服食，於是諸處頻薦藥術之士，元和十三年十一月，「以山人柳泌為臺州刺史，為上於天臺山採藥故也。」（《舊唐書·憲宗本紀》）。柳泌所以能榮膺此重任，是因李道古在鄂州以貪暴聞，懼終得罪，於是言柳泌有道術，而當時宰相皇甫鎛又方諛媚固寵，乃引薦柳泌而受重用。《舊唐書‧皇甫鎛傳》詳言君貪臣奸、各有圖謀的情狀云：

> 柳泌本曰楊仁力，少習醫術，言多誕妄。李道古奸回巧宦，與泌密謀求進，言之於皇甫鎛，因徵入禁中。自云能致靈藥，言天臺山多靈草，群仙所會，臣嘗知之，而力不能致，願為天臺長史，因以求之。起徒步為臺州刺史，仍賜金紫。諫官論奏曰：「列聖亦有好方士者，亦與官號，未嘗令賦政臨民。」憲宗曰：「一郡之力而致神仙長年，臣子於君父何愛焉。」由是莫敢有言者。

從上文可知：是柳泌「自云」能致靈藥，「志願」到天臺山採靈草，所以由徒步起為臺州刺史，這簡直是挾邪術以求官祿的伎倆，且由狼狽為奸的臣子互相引薦入宮，但基本關鍵還是憲宗欲神仙長年，因而壓制諫官非議。

李道古薦柳泌後，升官為左金吾衛將軍，宰相皇甫鎛也因進奇人異術媚上而承恩固寵。但柳泌到臺州採藥則是狐假虎威、荼毒百姓，「驅役吏民於山谷間，聲言採藥，鞭笞躁急，歲餘一無所得，懼詐發獲罪，舉家入山谷。」當浙東觀察使追捕送於京師時，皇甫鎛與李道古竟還「懇保證之，必能可致靈藥，乃待詔翰林院」。這根本就是一群不稱職的演員所演出荒腔走板的一齣荒謬鬧劇。

唐代帝王所服的丹藥，固然是由術士們煉合為藥物成品後，始進獻朝廷，但合煉所須的藥材則有賴各地入貢。唐代官吏像柳泌般為求固寵，荼毒地方百姓以采藥餌的情況，當不在少數。柳宗元

〈連山郡復乳穴記〉一文，就以良官貪吏對比的方式，描述了相同的事例，其云：

> 石鍾乳，餌之最良者也，楚越之山多產焉，於連、於韶者，獨名於世。連之人告盡焉者五載矣，以貢，則買諸他部。今刺史崔公至逾月，穴人來以乳復告。邦人悅是祥也，雜然謠曰：「甿之熙熙，崔公之來。公化所徹，土石蒙烈。」以為不信，起視乳穴。穴人笑之曰：「是惡知所謂祥也，嚮吾以刺史之貪戾嗜利，徒吾役而不吾貨也，吾是以病而紿焉；今吾刺史令明而志潔，先賴而後力，欺誣屏息，信順休洽。吾是以誠告焉。且夫乳穴必在深山窮林，冰雪之所儲，豺虎之所廬，由而入者，觸昏霧，扞龍蛇，束火以知其物，縻繩以誌其返，其勤若是，出又不得吾直，吾用是安得不以盡告？今令人而乃誠，吾告故也，何祥之為。」吾聞之曰：「謠者之祥也，乃其所謂怪者也；笑者之非祥也，乃其所謂真祥者也；君子之祥也，以政不以怪，誠乎物而信乎道。人樂用命，熙熙然以效其有，斯其為政也，而獨非祥也歟？」
>
> （《全唐文》卷五八一）

唐代有許多以賣藥為生的貧困百姓，他們歷涉千辛萬苦的採藥，只為全家上下老小的基本生活得以溫飽，因此不以等值購之而巧取豪奪的官吏，當然最為百姓們所深惡痛絕；那些不體恤民生的貪官汙吏，竟以購自他處的藥材冒充原貢地，這原本須負欺君罔上的罪刑，但若是遇上只求自我享受的昏庸帝王，他們仍然可以躲過制裁，就如柳泌般，在憲宗之時還平安無事一樣。

憲宗服食柳泌所煉丹藥後，日加躁渴，遽棄萬國。穆宗即位雖將柳泌交付京兆府決杖處死，而恣求方士，潛通奸人，上惑君王的金吾將軍李道古貶為循州司馬、宰相皇甫鎛流黜遐荒，但其後穆宗又「既而自惑，左右近習，稍稍復進方士。」（《舊唐書．裴潾傳》），於是聽道士趙歸真之說，在長慶四年亦餌金石。

敬宗也是崇道迷仙者。《舊唐書．敬宗本紀》載寶曆元年八月：「遣中使往湖南、江南等道及天臺山採藥。時有道士劉從政者，說以長生久視之道，請於天下求訪異人，冀獲靈藥。」次年五月癸未，又命內官張士清押領自稱有道術的山人杜景先，「赴淮南、浙西、江東、湖南、嶺南等道，訪求藥術之士。」（《冊府元龜》卷五十四）；八月，敬宗則又令供奉道士二十人，隨浙西處士周息元入內宮之山亭院，問以道術。

武宗踐祚，更積極從事煉丹活動。據《舊唐書．武宗本紀》載，帝在藩時已「頗好道術修攝之事」。於是仍命趙歸真為左右街道門教授先生，以其為師，學習神仙方術。武宗對趙歸真的寵重更甚於前帝，對其話語已到言聽計從的境地，因此引起諫官上疏論諫，但帝王竟云「我與之言，滌煩耳」，如此為其排除評言，卻更令趙歸真有恃無恐、呼朋引伴，遂更舉薦稱有長年之術的羅浮道士鄧元起。

會昌三年，帝築望仙觀於禁中；五年，造望仙臺於南郊壇，甚至又修造降真臺。這些都是趙歸真的建議。《劇談錄》卷下〈說方士〉云：

> 趙歸真探賾玄機，善制鉛汞，氣貌清爽，見者無不敕敬。請於禁中築望仙臺，高百尺，以為鸞驂鶴馭可指期而降。

武宗建造這勢侵羅漢的望仙臺與華麗的降真臺，目的都是希望能迎接天上神仙降臨。而其中降真臺建築之考究、內部裝設之奢靡，《杜陽雜編》詳載云：

武宗皇帝好神仙術，遂起望仙臺以崇朝禮。復修降真臺，舂百寶屑以涂其地，瑤楹金栱，銀檻玉砌，晶熒炫耀，看之不定。內設玳瑁帳，火齊床，焚龍火香，薦無憂酒，此皆他國所獻也。上每齋戒沐浴，召道士趙歸真已下共探希夷之理。由是室內生靈芝二株，皆如紅玉。又渤海貢瑪瑙櫃，紫瓷盆。瑪瑙櫃方三尺，深色如茜所制，工巧無比，用貯神仙之書，置之帳側；紫瓷盆容量半斛，內外通瑩，其色純紫，厚可寸餘，舉之則若鴻毛。上嘉其光潔，遂處於仙臺秘府，以和藥餌。後王才人擲玉環，誤缺其半菽，上猶嘆息久之。

從武宗對降真臺的堂皇建築和豪華設備，反映出他是真心誠意地做著想與天仙相會的美夢。

道士趙歸真受命為武宗煉丹，當他說飛煉中須得生銀，帝即詔使於樂平山採取，但他在禁中雖修煉至多，外人卻少知其術。武宗雖日餌金丹，然膚澤卻漸銷槁，當自覺疾病纏身時，道士們卻仍以「換骨」誑騙，終致藥躁，喜怒失常，疾篤而死。宣宗即位，遂將趙歸真杖殺❻，望仙臺院也一併被停罷。

宣宗晚年亦酷好仙道，嘗訪聞羅浮山處士軒轅集善能攝生、年齡亦壽，乃遣使迎之，希致長生。幸賴軒轅集係有道之士，故祇泛談修身養性之道，且勸帝莫求長生之想，即堅決立刻離去；然宣宗又於大中八年，復命葺修望仙臺院，十二年遣中使去魏州，令奉道之韋澳口奏藥術，凡此皆展現宣宗對於服丹鍥而不捨的精神。其後竟餌太醫李玄伯所制長生藥，病渴且中躁，疽發背而崩。

唐代道士在帝王崇道下，人數本已較前朝為多；而在李唐皇帝競相服食，冀求此輩合煉長生藥物下，自稱能制神仙不死藥的道士更眾。但那些呼朋引伴、不請自來，或透過奸佞臣屬推薦的道士，率多不學無術之輩，也由於帝王給予此輩寵幸的待遇過於豐厚，致使這些人敢於虛偽造假，這種情況以中唐以後更加嚴重，尤其是道士趙歸真，竟能縱橫來去穆、敬、武三朝，所受優禮尊寵日益寖盛；尚且更相稱引虛妄左道之流，李德裕就曾提醒武宗說：「小人見勢利所在，則奔趣之，如夜蛾之投燭。聞旬日以來，歸真之門，車馬輻湊。」（《資治通鑑》卷二四七）。詎奈武宗自恃己身聰穎，不聽賢臣苦口忠諫之言。其實早在憲宗朝，裴潾已清楚描述那些以邪道干求君祿者的真實面貌了，其云：

> 臣伏以真仙有道之士，皆匿其名姓，無求於代，潛遁山林，滅影雲壑，唯恐人見，唯懼人聞。豈肯干謁公卿，自鬻其術？今者所有夸衒藥術者，必非知道之士，咸為求利而來，自言飛煉為神，以誘權貴賄賂，大言怪論，驚聽惑時，及其假偽敗露，曾不恥於逃遁。如此情狀，豈可保信、其術，親餌其藥哉？（《舊唐書．裴潾傳》）

❻《資治通鑑》卷二四八及《東觀奏記》皆云宣宗杖殺趙歸真，但《列仙譚錄》云「乃武皇厭代，（趙）歸真與（王）瓊俱竄逐嶺表」，未提杖殺。

裴潾之言，確實深中肯綮！雖然那些所謂「輕懷佐道，上惑先朝，藥術皆妄，既延禍釁，俱是奸邪」的道士們，最後的下場仍逃不過杖殺的命運，然而諷刺的是：餌服彼輩丹藥的帝王們，不但比道士們早一步命喪黃泉，而且還死狀極慘！如此說來，那些高處魏闕、身分高貴的帝王，其生命竟與卑微的道士一樣鄙賤。

貳　信任胡僧合煉藥物

唐代帝王對異域遠地的術士與長年藥饒富興味，這大概也是受道教方士宣揚仙人遨翔於海外神島，而上藥產於遠方異境的影響吧。

從外國引進丹藥服食，是太宗開啟李唐帝王餌服胡僧方藥的首例。據《舊唐書·西戎傳·天竺國》記載，貞觀二十二年王玄策破天竺：

> 是時就其國得方士那羅邇娑婆寐，自言壽二百歲，云有長生之術。太宗深加禮敬，館之於金飆門內，造延年之藥。令兵部尚書崔敦禮監主之，發使天下，採諸奇藥異石，不可稱數。延歷歲月，藥成，服竟不效，後放還本國。

那羅邇娑婆寐為太宗合製長年藥之事，亦見載於《新唐書·西域傳》、《酉陽雜俎》前集卷七和《冊府元龜·帝王部》，另外，《資治通鑑》卷二百甚至還有太宗「發使詣婆羅門諸國采藥」的記載。

太宗雖令尚書崔敦禮率一群人，協助胡僧煉成此「中外合資」的丹藥，服後竟導致「大漸之際，名醫莫知所為」（《舊唐書・郝處俊傳》）、「暴疾不救」（《舊唐書・憲宗本紀》）的結果，可知太宗中毒之深、胡方藥性之烈。

唐代大臣及後世史學家都認為太宗是服胡僧藥而喪命的，那麼按照中國傳統律法，致君喪命者當死，那羅邇娑婆寐也理應治罪，但可笑的是，唐代大臣對這曾奪帝王生命的天竺方士，不僅不治其罪，竟還「放還本國」。《舊唐書・郝處俊傳》對此解釋說：「時議者歸罪於胡人，將申顯戮，又恐取笑夷狄，法遂不行。」依此之言，原來是出於擔心此事在天竺國被傳為笑柄，才對造方藥毒帝致死的胡僧不加刑典，不過用這樣的方式維護大唐天子的尊嚴，未免顯得太委屈、迂腐些了！

高宗李治即位後，那羅邇娑婆寐再次來到長安，王玄策又推薦其為帝製長生藥，被高宗拒絕，後客死長安。但據義淨《大唐西域求法高僧傳・玄照傳》載，麟德二年，高宗之所以派玄照法師出使羯濕彌羅，目的之一即是尋找傳說方術超過名醫的胡僧盧迦逸多。總章元年十月，高宗授此精通醫術，自言能合不死藥的胡僧盧迦逸多為懷化大將軍，「受詔合長年藥，高宗將餌之。」（《舊唐書・郝處俊傳》）；同時再派使者及傔使到西印度取長年藥。藥成後，侍郎郝處俊援引太宗服胡僧藥中毒之例，極力諫阻，始免去前朝之悲劇再次重演。

中國人常基於崇洋媚外的心理，對來自遠方異域的藥物，懷抱高度的期盼，但畢竟不明藥性而遽服之，疾病加深、甚至喪命亦有可能。所以當玄宗時，胡人建議帝遣使遠至外域師子國「求靈藥及善醫之嫗」，監察御史楊範臣即以「胡藥之性，中國多不能知；況於胡嫗，豈宜置之宮掖？」加以勸阻。自此以後，就不再有聞唐帝服餌胡僧之方藥了。

叁　皇帝親自伏煉丹藥

論起皇帝自己親手煉丹的事例，唐玄宗是中國古史上獨有的一個。這也更清楚顯示他對長生神仙的極度企盼和對丹藥迷戀之深，但玄宗確實具有自己煉製丹藥的能力與條件。首先是當他尚為太子時，即和會飛煉丹砂的王琚，「日與遊處」（《資治通鑑》卷二百一十）；及即位，以其為中書侍郎，情感更為膠固。其次是開元十一年九月，頒所撰的《廣濟方》於天下，《全唐文》卷三十二也收有其〈刊廣濟方詔〉，顯現他具備豐富的醫藥知識。當臣下遇疾時，玄宗常手疏醫方藥箋以賜之❼，這些都說明他是頗曉醫藥之道的；再加上玄宗於開元末年，數次廣召煉丹之士，經多年的耳濡目染，自然也學習了丹藥的配方，這些都讓他具備煉丹的條件。而對長生神仙的忻慕，是支持他伏煉丹藥最主要的因素。史料文獻上歷歷記載從開元末到天寶末，這位盛唐帝王時常在做長生不老、飛升成仙的美夢。《資治通鑑》卷二一五就載天寶四載，上謂宰相曰：

> 朕以甲子日于宮中為壇，為百姓祈福。朕自草黃素置案上，俄飛昇天，聞空中語云：「聖壽延長。」又朕於嵩山煉藥成，亦置壇上，及夜，左右欲收之，又聞空中語云：「藥未須收，此自守護。」達曙乃收之。

所謂聞空中神靈之語，應是玄宗過度思念長生而造成的幻覺。一篇名為〈答中書門下賀大同殿鐘鳴手詔〉，就是玄宗在天寶晚年聽到大同殿前鐘鳴有感下詔之文，其曰：

> 朕齋心大同，緬睹真蹟。豈精誠遠感，而休應薦臻。今九華之鐘，三清徹響，聲聞金石，氣含虛無。是知紫宸之宮，雲軿降集，青童之府，煙景來遊。將合律於雲璈，表同和於陰則。靈仙坐接，福壽昭然。……（《全唐文》卷三十三）

玄宗竟僅憑神殿前之鐘鳴，即揣思為仙宮天尊乘雲車下降，並想像自己彷彿會到雲軿之上，被飄飄然地接往紫宸之宮。期望飛昇成仙之念，似已走火入魔了。

為滿足長生之慾，玄宗力倡煉丹採藥。《宣室志》卷二記載：海岱之間出玄黃石，帝命地方官吏採藥進貢。當然封建君王掌握天下所有資源，在他們的心目中，社稷蒼生乃為他而存在，所以臣子採藥進貢君王，被認為是理所當然的事。憲宗不就振振有詞地向反對他的諫官說：「一郡之力而致神仙長年，臣子於君父何愛焉？」因此只要帝王一聲令下，各地方的奇稀藥石都可羅致，《黃帝九鼎神丹經訣》卷十四即云：

> 雄黃生武都山谷、敦煌山陽，採無時。好者作雞冠色，不臭而堅實也。若暗黑及虛者，不好也。敦煌在涼州西數千里，古以為藥最要奇難得也。昔與赤金同價，今聖朝一統寰宇九域，無虞地不藏珍、山不秘寶。武都崇岫一旦山崩，雄黃耀日，令馭運至京者，不得雇腳之直，瓦石同價。（《正統道藏・洞神部・眾術類・溫字號》）

---

❼ 詳見《舊唐書》〈張說傳〉、〈畢構傳〉、〈宋璟傳〉。

帝王為求己身聖壽延長，經常動輒詔令天下求諸奇藥異石，對整體社會成本造成的耗損可想而知。唐代帝王除玄宗外，另如太宗、憲宗、敬宗、武宗等帝，也都曾發使採天下奇珍異藥，以供其個人煉丹服餌使用。

天寶末年，玄宗慕長生、戀飛昇、制丹藥，成仙的企盼幾乎與日俱增。於是在驪山溫泉宮建華清池，其湯池之豪奢，《明皇雜錄》卷下載云：

> 環迴甃以文石，為銀鏤漆船及白香木船置於其中，至於楫櫓皆飾以珠玉。又於湯中壘瑟瑟及沉香為山，以狀瀛州、方丈。

玄宗把秦皇、漢武朝思暮想的三神山建到浴池裏，與貴妃於此一面沐浴嬉戲，一面祈求神仙延年益壽，這實在是非常獨特而浪漫的求仙方式。劉禹錫〈馬嵬行〉詩中有詠貴妃云：「平生服杏丹，顏色真如故。」（《全唐詩》卷三五四），下句雖不無有詩人誇大的成分在，但卻也透露出楊貴妃生前曾服丹藥的訊息。

安史亂後，玄宗退位為太上皇，實權已不在其掌握中，心愛的貴妃更早已香消玉殞，玄宗在百般無聊之際，又重操煉丹舊業，藉此以填補空虛的心靈，排遣寂寞而漫長的光陰。他親自撰寫了〈賜皇帝進燒丹灶詔〉：

> ……吾比年服藥物，比為金灶煮煉石英，自經戎寇，失其器用。前日晚際，思欲修營，一昨

早朝，遽聞進奉。有同符契，若合神明。此乃汝之因心，測吾之本意。……（《全唐文》卷三十八）

唐玄宗向皇帝兒子述說煉丹往事，並吐露想重新修營煉丹之意，肅宗還算是個孝子，派人送去一個煉丹石英金灶，滿足玄宗的需求。當然此時玄宗的煉丹已不在乎是否能煉出好丹，只是作為一種消磨時光、尋找精神寄託的方式罷了。但是唐玄宗親自煉丹之舉，卻是在中國歷史上，空前絕後的帝王。

肆　追求房中妓樂享受

道教房中術是修仙諸法之一，這種藉由男女交合，強調採陰陽以互補，從而達到長生不老，變化成仙的目的，在基本上是屬於性的養生術。由於房中術具有費用儉省、精簡便捷的優點，而且透過採陰補陽，不但可得至樂，甚至達到增年延壽，昇天成仙之目的，因此自西漢以來，其流行的層面並不僅限於宮廷，在民間的士女也相當普遍❽。

道教的房中術既是揉合性的生理、心理、醫學為一體，謹慎有節的行之，是屬於有益身心健康的一種長壽養生術。但是雖然從西漢以來有許多房中術的論著，主張在合法夫妻之基礎上實施此法，

❽ 如張衡〈同聲歌〉以新娘向丈夫傾訴之形式云：「衣解巾粉御，列圖陳枕張。素女為我師，儀態盈萬方。眾夫所希見，天老教軒皇。樂莫斯夜樂，沒齒焉可忘」；另〈七辯〉一文，再次提到女子在侍夜之夕，開展房中書觀看之情形云：「假明蘭燈，指圖觀列，纏綿宜愧，夭紹紆折」，由此可見漢時房中術已普及民間。

而且也提出過度縱容男女交接之術，不但無法長壽成仙，反而更易加速夭亡的警告[9]。但這種理性的呼籲，卻遠比不上一些「專守交接之術，以規神仙」的方士道徒利用而流為淫猥。彼輩的利器即是：緊抓住身處上層階級的帝王們，紛紛耽迷於將聲色享樂和修仙長生冶於一爐的修仙術，乘機靠獻房中術而得到高官爵賞。

唐代有關房中術的著作，載於《舊唐書·經籍志》有《玉房秘術》一卷、《玉房秘錄訣》八卷；《新唐書·藝文志》載有《葛氏房中秘術》一卷、《冲和子玉房秘訣》十卷；另外孫思邈《千金要方》卷二十七有〈房中補益〉，日人丹波康賴《醫心方》也輯有推測為唐人作品的《洞玄子》一書。

在上述諸書中，固然有主張節慾保精，勿淫逸取樂之語，但卻有更大篇幅鼓吹多御女子以採陰補陽的言論，如有道士身分的孫思邈就說：

> 昔黃帝御女一千二百而登仙，而俗人以一女伐命，知與不知，豈不遠矣。其知道者，御女苦不多耳。凡婦人不必須有顏色妍麗，但得少年未經生乳、多肌肉，益也。若足財力，選取細髮，目精黑白分明，體柔骨軟，肌膚細滑，言語聲音合調，四肢骨節皆欲足肉，而骨不大，其陰及腋皆不欲有毛，有毛當軟細。不可極於相者，但蓬首蠅面，槌項結喉，雄聲大口，高鼻麥齒，目精混濁，口頷有毛，骨節高大，髮黃少肉，隱毛多而且強，又生逆毛，與之交會，皆賊命損壽也。……數數易女則得益多。人常御一女，陰氣轉弱，為益亦少。……但能御十二女而不復施洩者，令人不老，有美色。若御九十三女而自固者，年萬歲矣。

孫思邈是唐代著名的醫藥學家，但上文宣揚御女雖不專求艷麗，而唯以年少稚嫩且多多益善的觀點，卻仍是承繼前人糟粕，玩弄女性以淫逸取樂的腐朽思想。

另一位醫藥家，也是道士的張鼎，號沖和子，《玉房秘訣》是其論述房中的專著，書裏除仍延續自漢魏六朝以來方士，強調多御女子以採陰補陽的思想外，並且繼承孫氏之說，大聲疾呼所御的女子要「顏色如童女」、「稚嫩姣好」者，處處流露對女性的輕視之意，如：

> 沖和子曰：養陽之家，不可令女人竊窺此術，非但陽無益，乃至損病，所謂利器假人，則攘袂莫擬也。
>
> 彭祖曰：夫男子欲得大益者，得不知道之女為善；又當御童女，顏色亦當如童女，女苦不少年耳。若得十四五以上、十八九以下，還甚亦佳也。然高不過三十，雖未三十而已產者，為之不能益也。吾先師相傳此道者，得三千歲。兼藥者可得仙。
>
> 欲行陰陽取氣養生之道，不可以一女為之，得三若九若十一，多多益善。採取其精液，上鴻泉還精，肌膚悅澤，身輕目明，氣力強盛，能服眾敵，老人如二十時，若年少，勢力百倍。
>
> 御女欲一動輒易女，易女可長生。若故還御一女者，女陰氣辦微，為益亦少也。青牛道士曰：數數易女則益多，一夕易十人以上尤佳。常御一女，女精氣轉弱，不能大益人，亦使女瘦瘠

---

❾ 如東晉葛洪《抱朴子·微旨》篇云：「若縱情恣慾，不能節宣，則伐年命」、《抱朴子·釋滯》篇云：「唯有得其節宣之和，可以不損」。

也。……

冲和子曰：婉娩淑慎，婦人之性，美矣。能濃纖得宜，修短合度，非徒取悅心目，抑乃尤益壽延年。欲御女，須取少年未生乳，多肌肉，絲髮小眼，眼精白黑分明者，面體濡滑，言語聲音合調；而下者，其四肢百節之骨皆欲沒肉多而骨不大者；其陰及腋下不欲令有毛，有毛當令細滑也。若惡女之相，蓬首憎面，槌項結喉，麥齒雄聲，大口高鼻，目精渾濁，口及頷有高毛四鬢髮者，骨節高大，黃髮少肉，陰毛大而且強，文多逆生，與之交會皆賊損人。

女子肌膚粗，不御；身體癯瘦，不御；常從高就下，不御；男聲氣高，不御；脛股生毛，不御；嫉妒，不御；陰冷，不御；不快善，不御；年過四十，不御；心腹不調，不御；逆毛，不御；身體常冷，不御；骨強健，不御；捲髮結喉，不御；腋偏臭，不御；生淫水，不御。……

詳看冲和子談論到選擇何種女子性交為宜時，所列出好壞分明、卻多得令人目不遐給的條件，如此挑精揀肥，似乎將男女房中之事，視為嚴苛的選美盛會，而那些稚嫩姣好之女子，竟何其無辜地成為好為採陰補陽男子極欲交接的對象？文中借彭祖與封君達（青牛道士）之口，敘述各種採陰之說，如壯男與少女交、一男與多女交、御童女且多多益善等主張，明顯表現出唐人承繼自六朝房中書的深刻影響，且更「後出轉精」地標舉出「御童稚之女」的觀念，既典型地反映了封建社會中男子以女子為玩物，視女性為性工具，摧殘少女的思想，而且也為統治者的淫逸取樂製造了理論根據，對唐代社會原本已瀰漫著浪漫狎樂的風氣，更注入一股強大的催化作用。

從方士們鼓吹御女多多益善裏，使得君王對能將聲色享樂和修煉成仙融合為一的房中術，興趣盎然，當然後宮成千上百的佳麗宮人，就是他們藉以修煉的最主要對象。白行簡〈天地陰陽交歡大樂賦〉即云：

> 若乃皇帝下南面，歸西殿，涤服引前，香風後扇，妓女嬌迎，宮官拜見。新聲欲奏，梨園之樂來庭；菱角初嘗，上林之珍入貢。於是閹童嚴衛，女奴進膳，昭儀起歌，婕妤侍宴，成貴妃於夢龍，幸皇后於飛燕。然乃啟鸞帳而選銀環，登龍媒而御花顏。慢眼星轉，羞眉月彎，侍女前扶後助，嬌容左倚右攀。獻素臂之宛宛，內玉莖而閑閑。三刺兩抽，縱武皇之情慾；上迎下接，散天子之髡鬢。乘羊車於宮裏，插竹枝於戶前。然乃夜御之時，則九女一朝；月滿之數，則正后兩宵。此乃國典備修之法，在女史彤管所標。今則南內西宮，三千其數，逞容者俱來，爭寵者相妬。矧夫萬人之軀，奉此一人之故。嗟夫！在室未婚，殊鄉異客，是事乖違，時多屈厄。宿旅館而鰥情不寐，處閨房而同心有隔。有幸花貌□□，每懇交歡；睹馬上之玉顏，常思亡耦。羨委禽於庭弊，願擲果於春陌。念剛腸之欲斷，往往顛狂；覺精神之散飛，看看瘦瘠。……（清末葉德輝《敦煌寫本殘卷》收於《雙梅景闇叢書》）

白行簡在這一段描述唐代宮闈生活的文字中，將帝王在後宮荒淫糜爛的縱慾與社會上曠男怨女、陰陽不諧的情況，透過對比方式，明顯地表達他的批判指斥。

唐自立國以來，即競為奢侈。宋．張端義《貴耳集》卷下即云：「晉人尚曠好醉，唐人尚文好狎」。唐代帝王十之八九皆好宴遊妓樂，尤其當國勢經濟日趨強盛時，諸帝的宴遊妓樂也相對頻繁。

《唐詩紀事》卷四〈長孫無忌〉條說：「中宗詔群臣曰：『天下無事，欲與群臣共樂。』於是回波豔辭，妖治之舞，作於文字之臣。」；乃於景龍四年夏四月乙未，幸隆慶池結彩為樓，宴侍臣，泛舟戲樂。（《舊唐書·中宗本紀》）。

睿宗時的狎樂較中宗更為狂歡壯觀，據張鷟《朝野僉載》卷三云：

> 睿宗於先天二年正月十五夜，於宮城西南隅安服門外做燈輪，高二十丈，衣以錦綺，飾以金銀燈，五萬盞燈望之如花樹。宮女千數衣羅綺，曳錦繡，耀珠翠，施香粉。一花冠、一巾帔皆至萬錢，裝束一妓女皆至三百貫，妙簡長安萬年少女婦千餘人，衣服、花釵、媚子亦稱是。於燈輪下踏歌三日夜，歡樂之極，未始有之。

睿宗的宴遊妓樂狂歡情景，固然可說是高祖、太宗以來空前，但根本還稱不上絕後。

在唐史中，最受歷代史論家矚目的是玄宗時代。其開元之治時期，人煙之稠密、物質之豐盈，使得王船山也發出「開元之盛，漢宋莫及焉」（《讀通鑑論》卷二十二）的贊語。玄宗於是不免一般帝王尚縱驕奢的心理，尤其宴集冶遊之多、享樂之至，皆冠於唐代諸帝，而他對道教神仙修煉之信仰與興趣，更是達到登峰造極的地步，除令道士煉丹以饜其求長生之心外，在後宮之盛方面，此期也幾乎達到頂點。杜甫詩云：「先帝侍女八千人」（〈觀公孫大娘弟子舞劍器行並序〉），白居易則說：「後宮佳麗三千人」（〈長恨歌〉）。但據《新唐書·宦者傳上》的記載：「開元天寶中，宮嬪大率至四萬。」宋人洪邁說這是自漢朝以來帝王妃妾人數最多的時代。

玄宗與後宮妃妾的尋歡作樂是極為有名的，史料中相關之記載不難檢尋，俯拾即是。《資治通鑑》多次載及玄宗宴遊妓樂之盛況，如卷二一〇云玄宗先天元年：

二月庚子夜，開門然鐙，又追作去年大酺，大合妓樂。上皇與上御門樓臨觀，或以夜繼晝凡月餘。（胡注：帝之侈心蓋已發露於此矣）

又如卷二一六云玄宗天寶十一載：

上晚年自恃承平，以為天下無復可憂，遂深居禁中，專以聲色自娛，悉委政事於林甫。

《開元天寶遺事》還載及玄宗與貴妃放浪形骸，肆意狎樂的情形云：

明皇與貴妃每至酒酣，使妃子統宮妓百餘人，帝統小中貴百餘人，排兩陣於掖庭中，目為風流陣。以霞帔錦被張之為旗幟，攻擊相門，敗者罰之巨觥以戲笑。（〈風流陣〉條）

從這幅帝妃暨妓的宮中行樂圖，可以看到玄宗的宮闈生活不僅充滿了風流香艷，狎樂時的排場也十分壯觀。

另外，《雲仙雜記》還道玄宗之荒淫云：

明皇開元初，宮人被進御者，日印選以綢繆記，印於臂上，文曰「風月常新」。印畢漬以桂紅膏，則水洗不退。

玄宗雖已擁有無數妃妾宮人，提供他在宮中的聲色享樂，但猶未知足。開元二年於蓬萊宮側置內教坊，以教習新聲、散樂、倡優之伎；同時又設立左右教坊，從太常寺獨立出來教樂機關，主要以妓樂為中心；而聽政之暇，還揀選樂妓置於宜春院以表演歌舞❿，如此的擴大宮妓組織，可說盡萃國中之色藝於宮廷了。

自古以來，帝王以其無比權威，搜羅天下女子入宮以奉其一人之享樂，是極輕易而且普遍的事。《次柳氏舊聞》曾載：玄宗幸太子李亨宮院，見「左右所用，無有妓女」，因此詔高力士下令京兆尹「亟選民間女子頎長潔白者，將以贈太子」；而德宗興元年間，曾詔取散失的內人，陸贄〈興元論賜渾瑊詔書為取散失內人等議狀〉諫曰：

夫以內人為號，蓋是中壼末流。天子之尊，富有宮掖，如此等輩，固繁有徒，但恐傷多，豈憂乏使。……備耳目之娛，選巾櫛之侍，是皆宜後不可先也。（《全唐文》卷四七一）

原本教坊內人僅只獻藝而已，但德宗詔取散失內人的目的，卻欲託以婢妾執宮中巾櫛之侍，可見當時的教坊內人已漸與一般宮嬪妃妾一樣須侍寢天子，淪為帝王的性玩伴了。李肇《唐國史補》卷下云：「長安風俗，自貞元侈於遊宴，其後或……侈於服食」；中唐詩人杜牧〈感懷〉詩云：「至於貞元末，風流恣綺靡」，確為實況之語！

又如憲宗時，「教坊忽稱密旨，取良家士女及衣冠別第妓女，京師囂然」（《舊唐書・李絳傳》）；穆宗則在承幸宮人後，特別以玄綃白書或以素紗墨書一些淫鄙之詞，送給她們為衣服，號稱「諢衣」（《雲仙雜記・諢衣》條）；晚唐之文宗即位十年後，「天眷稍迴，留神妓樂。教坊百人、二百人，選試未已。莊宅司收市，亹亹有聞！」（《舊唐書・魏謨傳》）；武宗的後宮佳嬪雖無數，卻仍未足以滿足其享樂，還曾數次幸教坊作樂，據《唐語林》卷三載其情況是「優倡雜進，酒酣作伎，諧謔於民間宴席」，當臣者請令揚州選擇妓女時，武宗且樂得順勢即「詔揚州監軍取解酒令妓女十人進入」。

中晚唐之帝王如此任意搜羅詔取女子入宮，可以想見在宮廷裏的女性人數至少也有上百數千人，《資治通鑑》卷二七三就指出直至唐懿宗、僖宗末年，國事凋零、江山殘破，仍然是「六宮貴賤不減萬人」。這樣驚人的數字，不知造成了多少曠夫怨女，難怪白行簡在〈天地陰陽交歡大樂賦〉中要批判帝王的縱慾，而唐末詩人曹鄴在〈捕漁謠〉之所以要發出「天子好美女，夫婦不成雙」（《全唐詩》卷五九二）的感歎，實亦對帝王以其淫威大量搜羅女子入宮，以奉其個人聲色之娛的一種諷刺。

唐代後宮既有成千上萬的女性以恣君王歡樂，但君王體力長期操勞，必損耗羸弱而難以負荷，此時則有賴藥物以補虛益氣，道士之丹藥就是帝王藉以持久耐力、重振雄風的房中必需品，玄宗常令道士為他煉丹藥，除了滿足長生神仙這虛幻不實的願望外，「房闈之樂」應是他服食丹藥最實際的目的。可見唐代崇道，道士以煉丹受君王寵重，往往與女色有相互關係，彼輩為皇帝所煉的就是

---

❿ 見《新唐書・百官志三》〈太樂署〉條與《資治通鑑》卷二一一開元二年所載。

房中興奮劑，用以促進荷爾蒙的分泌，滿足帝王生理上的慾求。不過道士這項干求爵祿的技術，很快就被一些佞臣學習利用，如《開元天寶遺事》〈助情花〉條載：

> 明皇正寵妃子，不視朝政。安祿山初承聖睠，因進助情花香百粒，大小如粳米而色紅，每當寢處之際，則含香一粒助情發，筋力不倦。帝祕之曰：「此亦漢之慎卹膠也」。

「慎卹膠」究是何物，今雖無從查考，但當必與春藥有關，而安祿山所以深得玄宗佞愛，獻春藥就是他的干君術之一。

又如《東觀奏記》卷下云：宣宗時，東頭醫官李玄伯先「以錢七十萬」買一絕色女子，然後：

> 致於家，乃舍之正堂，玄伯夫妻執賤役以事焉。踰月，盡得其歡心矣，乃進於上。上一見惑之，寵冠六宮。玄伯燒伏火丹砂進之，以市恩澤，致上瘡疾，皆玄伯之罪也。懿宗即位，玄伯與山人王岳、道士虞紫芝俱棄世。

宣宗狎昵好色，是李玄伯得以進丹砂餌上得寵的原因，而其為藥所誤，固然是自食惡果，進藥人李玄伯亦是諂佞邀寵之徒。

在唐代常被用來當作增進房中之樂的礦物藥，除上述的丹砂外，還有雲母和鍾乳石。這三物在孫思邈《千金翼方》裏的共同效能是安五藏、益精明目、補虛損，所以帝王常令道士煉之以嗜其慾；

其實在孫思邈《千金要方》卷十九裏，還有一滋陰養陽房中補益的複方藥，即將蛇牀子、細辛、天雄、大黃、杜仲、柏子人、菟絲子、茯苓、防風、萆薢、菖蒲、澤瀉、栝樓根、桂心、蓯蓉、署預、山茱萸、蜀椒、石韋、白朮、遠志、牛膝等二十二味藥「末之，蜜丸如梧子，酒服十五丸，日再，漸加至五十丸，十五日，身體輕，三十日聰明，五十日可御五女」。此方乃合和眾多藥材始成，服用方法又須循序漸進，最終成效僅達五十日御五女而已，對唐代帝王來說，曠日費時，遠比不上道士宣揚的服食礦物藥有快速簡便的功效，這也就是為何唐代帝王幾乎都餌食金石之藥的原因。

總之，唐帝對道教丹藥服食與房中修仙術之熱愛沉迷，比漢魏六朝有過之而無不及，史書對帝王求仙藥、寵方士、詔取女子入宮之記載也歷歷可見，在「上有好者，下必甚焉」的效應下，社會風氣日趨於淫靡狎樂，旗亭酒肆、娼樓妓館四處林立，全國充滿了濃厚的狎邪風尚。這些現象的形成，歸根究柢，唐帝信道教、寵道士，留戀神仙長生、房中妓樂是重要因素。

第二節　達官顯吏服食分析

唐代在帝王醉心於求仙餌丹的示範下，帶動了文武百官的服食風潮。不論從初盛唐的繁榮期，或中晚唐的國家衰弱、甚至社稷瀕臨滅亡時，文武百官們都還爭相與道流交往，追逐仙藥、合煉金丹、盡情妓樂，沉迷的程度較之帝王更為瘋狂。

往昔論及唐代百官的服食情形，所根據的全都是史料文獻的載記，後人僅能憑著這些書面文字資料，極力馳騁想像七、八世紀時的服食盛況，有時也不免令人懷疑其中的真實性。一九七〇年十月在陝西西安南郊的何家村，出土了大批唐代醫藥文物，其中有不少與煉丹關係十分密切的金石藥品（見插圖一）和金銀器物，提供了唐代煉丹工具的實物證據。據初步推斷這批文物的時代，下限應在盛唐晚期（約八世紀中）[11]；出土文物的地點，是在唐代長安城興化坊的邠王府宅上。邠王李守禮是唐玄宗的堂兄，開元二十九年亡後，由其子李承寧襲為嗣邠王，這一窖藏就是邠王後人的遺物，年代約在安史之亂前後。

這批與煉丹相關的藥物內容和數量如下：

在丹砂部分：

光明紫砂六六〇克（上上）、大粒光明砂七四六克（原作一大斤）、光明碎紅砂八五二克（原作一大斤）、次光明砂七二〇克、紅光丹砂一四一五克、朱砂二六八八克、井砂四四四克。

丹砂在中國第一部藥書《神農本草經》列於上品，唐《新修本草》謂：「最上者光明砂，大者如雞卵，小者如棗栗，……光明照徹。」由於丹砂是煉丹的主要藥物，所以丹家極為珍視。唐代上好丹砂其價甚昂且不易得，盧照鄰有〈與洛陽名流朝士乞藥直書〉，文云為治療疾病，須丹砂二斤，「訪知一處有此物甚佳，兩必須錢二千文，……」若依此換算，上述窖藏丹砂的價值之高，若非皇親國戚或王公貴族的身分，確實難以持有。

在石鍾乳部分：

上上乳六七八克（銀盒內墨書作一十八兩）、次上乳六〇六克（銀盒內墨書作一四兩三分，堪服）、次乳九四七克（銀盒內墨書作二四兩，須簡擇，有堪服者）。

梁．陶宏景《神農本草經集注》謂石鍾乳：「惟通中輕薄如鵝翎管，碎之如爪牙，中無雁齒，光明者為善。」上述出土之上上乳，即多虛其中而作鵝管形，可見也是價昂的佳品。

石鍾乳在《神農本草經》裏亦列於上品，唐．甄權之《藥性本草》亦有記載。自魏晉以迄唐代，貴族及士大夫皆迷信此藥有治疾長生之療效，因此大加渲染，競相使用。《金石簿五九數訣》與《丹方鑑源》二書有敘其入於煉丹之用。

在石英與黃金部分：

白石英五〇五克、紫石英二一七七克、金屑（原作黃粉）七八七克、金箔四三八八克、麩金一二六克。白、紫石英皆見於《神農本草經》之上等藥，都是服食的主要藥品，宋．蘇頌《圖經本草》謂：「古人服食，惟白石英為重。……《乳石論》以鍾乳為乳，以白石英為石，是六英之貴，惟白石也[12]。」紫、白石英俱可用於煉丹，詳見《金石簿五九數訣》與《丹方鑑源》二書，而將此二物加上石鍾乳、赤石脂和硫黃，是配制五石散的主要原料，唐代還有不少人服食五石散，從此窖藏存有石鍾乳與白、紫石英等物看來，也正說明「盛唐」時期，服五石散的風氣仍然流行於王公大臣等貴族階級中。

至於金屑本即有毒之物，服食入腸胃後，其質重墜難以承受，但古人有「食金者壽如金，食玉

---

⑪ 詳見〈西安南郊何家村發現唐代窖藏文物〉，載於《文物》，一九七二年，第一期。又參見陝西省博物館文管會寫作小組〈從西安南郊出土的醫藥文物看唐代醫藥的發展〉，及耿鑒庭〈西安南郊唐代窖藏裏的醫藥文物〉，俱載於《文物》，一九七二年，第六期。

⑫ 所謂的「六英」，指白、紫、黃、赤、青黑石英，後四者雖有名，但方家不用。

者壽如玉」之說，因此迷戀神仙長生者，常不惜戕命以求不死。但黃金以水煮煉，取汁使用則無毒矣。唐．王燾《外臺秘要》卷十八引〈紫雪方〉，其中即以水煉煮百兩黃金入藥。唐人煉丹時也常用金箔包裹朱砂，如趙耐庵《鉛汞甲庚至寶集成》即有「朱砂四兩，……醋內煮過了，以金箔子包之」，又有「用朱砂四兩，金箔裹之，入丹合內，用火養之」的記載。

除上述藥物外，尚有煉丹器具，包括蒸餾用的銀石榴罐四個，煮藥器銀雙耳鍋一個、銀提梁鍋四個，溫藥器金流鍋一個、銀鐺一個，研藥器瑪瑙臼一個、玉杵一枚，銀盛藥器盒、罐、壺、小鼎、碗、缽等共二十多個（見插圖二）。

透過這批數量龐大、品類繁多的煉丹藥物，與多種精緻貴重煉丹器具的出土實物，既見證了唐代皇親貴族奢侈糜爛的生活享受，也讓我們更具體了解唐代的服食盛況和煉丹業的發達。大致而言，唐代文武百官服食方的來源，不外乎帝王賞賜，以及結交道流之士合煉丹藥，服食的目的則是追逐聲色享樂。

壹　帝王賞賜藥物

中國歷代以來帝王對臣子的賞賜，不是以官位爵祿，就是以金銀財帛，而唐代帝王卻好以藥物賞賜臣子，尤其是服之不僅能治病療疾、且可延生長壽的藥物，更是被帝王視為奇珍異寶般賞賜給勞苦功高的大臣。

例如太宗時，太子右庶子高季輔數次上書言時政得失，辭誠切至，「帝賜鍾乳一劑，曰：『而進藥石之言，朕以藥石相報。』」（《新唐書．高季輔傳》）；又如高宗時，英貞武公李勣寢疾，帝亦嘗賜以藥餌（《資治通鑑》卷二百一）。

唐代最常以長生藥物賜臣的是玄宗。《大唐新語》卷七載：「端午日，玄宗賜宰臣鍾乳。」鍾乳久服可以延年益壽，好顏色，不老，令人有子。但醫書如《千金翼方》則有：「不煉服之，令人淋」的警語。換言之，即鍾乳必須經過燒煉後才有延長生命的功效，否則反蒙其害，《千金翼方》卷二十二就載有「煉鍾乳方」。所以《大唐新語》接著又說：宰相「宋璟即拜賜，而命醫人煉之。」玄宗對胡將安祿山更是恩寵莫比，錫賚無數，據《酉陽雜俎》前集卷之一所載，其中就有「桑落酒」、「五朮湯」、「金石凌湯」一劑及藥童昔賢子就宅煎」等等；此外玄宗還曾分賜丹藥予皇室成員如寧王憲及歧王範等，《舊唐書·睿宗諸子傳》載云：

> 昔魏文帝詩云：「西山一何高，高處殊無極。上有兩仙童，不飲亦不食。賜我一丸藥，光耀有五色。服藥四五日，身輕生羽翼。」朕每思服藥而求羽翼，何如骨肉兄弟天生之羽翼乎！陳思有超代之才，堪佐經綸之務，絕其朝謁，卒令憂死。魏祚未終，遭司馬宣王之奪，豈神丸之效也！虞舜至聖，舍象傲之愆以親九族，九族既睦，平章百姓。此為帝王之軌則，於今數千歲，天下歸善焉，朕未嘗不廢寢忘食欽歎者也。頃因餘暇，妙選仙經，得此神方，古老云：「服之必驗。」今分此藥，願與兄弟等同保長齡，永無限極。

玄宗說他從歷史教訓中，歸結出帝王以友愛兄弟為上的軌則，因此由仙經裏選擇「神方」，合成丹藥，用來親睦兄弟，融洽彼此間的情感，文中所流露仁和孝悌之性，實令人衷心感動，而從玄宗「妙選仙經，合此神方」之語，也顯示玄宗平日對道經藥方的注意，這當與他喜好丹藥服食的關係密切。

除以金石藥物賜臣外，能致長生的草木藥，也是賞賜大臣的佳品。《舊唐書．方伎傳》就載玄宗賜常春藤、作旱藕湯餅予大臣之事，其云：

> 姜撫，宋州人。自言通僊人不死術，隱居不出。開元末，太常卿韋縚祭名山，因訪隱民，還白撫已數百歲。召至東都，舍集賢院。因言：「服常春藤，使白髮還鬒，則長生可致。藤生太湖最良，終南往往有之，不及也。」帝遣使者至太湖，多取以賜中朝老臣。因詔天下，使自求之。宰相裴耀卿奉觴上千萬歲壽，帝悅，御花萼樓宴群臣，出藤百奩，遍賜之。擢撫銀青光祿大夫，號沖和先生。撫又言：「終南山有旱藕，餌之延年。」狀類葛粉，帝作湯餅賜大臣。右驍衛將軍甘守誠能詺藥石，曰：「常春者，千歲虆也。旱藕，杜蒙也。方家久不用，撫易名以神之。民間以酒漬藤，飲者多暴死」。乃止。撫內慚悸，請求藥牢山，遂逃去。

千歲虆，《千金翼方》置於草部上品之下，其功效主補五臟、益氣、續筋骨、長肌肉、去諸痺。久服輕身不飢、耐老通神明。漢魏六朝傳有服食者。《千金翼方》收錄藕實，主補中養神，益氣力，除百疾，久服輕身耐老、不飢延年。一名蓮，但不知其與旱藕關係如何。大凡草木藥之分辨頗為困難，常有外形相似實則異類，若失之毫釐則差之千里，高宗時編撰新修《唐本草》之所以有藥圖與圖經，目的就是要透過藥物圖像，減少誤認、誤食的危險。姜撫利用玄宗對有方術者的信任，推薦長生藥物，使帝采擇以賜大臣而得官祿，後在甘守誠指摘下慚悸逃遁，看來確有以方家不用之藥物，故意易名以神之，誑妄欺詐的嫌疑。但不論帝王所賜藥物究為長生良藥，抑或是催命鬼方，百官能獲得皇帝賜藥，莫不備感榮耀，因此奉觴稱壽、拜蹈謝恩自是臣子必然的禮數。

在《全唐文》裏，收錄不少臣下如張九齡、苑咸、李舟、邵說、呂頌、權德輿、令狐楚、劉禹錫、元稹等，為自己或他人謝君上賜藥的表狀⑬，清楚地展露當時官場頗為流行的賜藥風習。文中除模糊略言皇帝賞賜「方藥」外，明確指稱賞賜藥物的名目有：「小通中散」、「鹿角膠丸」、「吃力伽丸」（按「吃力伽」即朮，山精）、「紅雪」、「紫雪」、「柳湯煎驢頭方」、「金石凌并方」等。這些藥物有的屬補益養身者，如「小通中散」、「鹿角膠丸」、「吃力伽丸」等；也有的屬清毒消熱劑，如「金石凌」、「紅雪」、「紫雪」等都是。後者在《全唐文》臣下謝賜的表狀中，出現的次數最為頻繁。據《千金翼方》卷十八云：金石凌「主服金石熱發，醫所不制」，而紫雪「主腳氣毒遍，內外煩熱，口生瘡，狂叫走，及解諸石藥熱，藥毒發卒，熱黃等瘴疫毒最良方」。孫思邈將上述二方劑與七水凌、玄霜等稱為「諸霜雪方」，並說：「凡諸霜雪等方，皆據曾服金石大藥，藥發猛熱，非諸草藥所能制者則用之。」由此可證，唐代達官貴臣時常服金石藥物，因而致疾者大概

---

⑬ 張九齡〈謝賜香藥面脂表〉、〈謝賜藥狀〉，見《全唐文》卷二八八、二八九；苑咸〈為李林甫謝臘日賜藥等狀〉，見卷三三三；李舟〈謝敕書賜臘日口脂等表〉、〈謝敕書賜曆日口脂等表〉，見卷四四三；邵說〈謝賜新曆及口脂面藥等表〉，見卷四五二；呂頌〈謝賜口脂表〉、〈謝賜口脂等表〉，見卷四八〇；權德輿〈為趙相公謝賜金石凌表〉，見卷四八五；令狐楚〈謝賜臘日口脂紅雪紫雪曆日等狀〉、〈為人謝賜口脂等并曆日狀〉，見卷五四一；劉禹錫〈為淮南杜相公謝賜曆日面脂口脂表〉、〈為李中丞謝賜紫雪面脂等表〉，見卷六百二；元稹〈為令狐楚相國謝賜金石凌紅雪狀〉，見卷六五一。

不少，所以帝王為表示對臣下病體的憂軫，「以瘉沉痾」、「駐百年之命」，於是常令中使帶著皇帝的敕書手詔與藥物等前往慰問。

詳究皇帝賞賜給臣下藥物的來源，除了由宮中的醫官合藥外，應該還有出自受帝王信任的道士、佛徒之手。例如權德輿有〈代盧相公謝賜方藥并陳乞表〉一文，代宰相盧邁云：「臣自染偏風，今已彌月，將息未減，渥澤轉深，伏蒙特令供奉僧智昌醫療，并每日令中使存問。」（《全唐文》卷四八五）。智昌是朝廷的「供奉僧」，可見唐代帝王的身邊除有「供奉山人」的道士外，也有這類「供奉僧」的佛徒，充分體現唐代佛、道興盛的一面。這些得以親近龍輦的道士佛僧，除了在宮中與帝王解析教義哲理外，煉丹製藥以供帝王自用或賜臣，殆也是其任務之一。

從史料文獻的載記，也時而可見唐代帝王們常令道流方士煉造藥金、藥銀，再以此賞賜給臣下。例如武則天就曾敕賜金予鳳閣侍郎劉禕之，據《舊唐書．方伎傳》云：

（孟）詵好方術，嘗於鳳閣侍郎劉禕之家，見其敕賜金，謂禕之曰：「此藥金也。若火燒其上，當有五色氣。」試之果然。則天聞而不悅。

藥金、藥銀是用賤金屬點化煉造的假金、假銀，是煉丹術之一，稱為黃白術。由於孟詵兼擅醫藥與煉丹，因此當場以火燒之，出現五色光燄，表明只是銅合金，立刻分辨出君王賞賜給臣屬的竟然是偽金銀，這當然使得武則天很不高興。孟詵後被降官遠派邊地。（《舊唐書．方伎傳》）。

藥金、藥銀是唐代外丹黃白發展下的產物，但唐代帝王卻常將藥金、藥銀，當作長生聖藥，賞賜給達官貴臣以資服食。例如玄宗開元時中書舍人苑咸有〈謝賜藥金狀〉，其云：

> 內給事袁思藝至，奉宣聖旨，賜臣江東成金二挺。若服之後，深有補益，兼延駐者，伏以仙方所秘，靈藥稱珍，必候休明之辰，上益無疆之壽。不意復迴天眷，念及微臣，賜九轉之金，駐百年之命。且螻蟻賤質，豈能長固，蒲柳易朽，常慮先凋。竊荷生成之恩，寧酬造化之德；澤如河海，空欣羽翼之期，寵若邱山，何申灰粉之謝，不任忻忭之至。（《全唐文》卷三三三）

從此謝表的內容，清楚說明皇帝所賜的藥金，是能駐百年之命、深有補益的長生聖藥，為人臣者獲此殊榮，感激之情自是無以言表。

苑咸還有一篇〈謝賜藥金盞等狀〉，是感謝皇帝「賜藥金盞一匙，並麥花蜜餘甘煎及平脫合二；兼令中使輔朝俊親授昨所賜金方法者。」從他續言「伏以聖澤無涯，已沐九天之施，真方不秘，更示八公之法。……」（同上），可見帝王不但賜以藥金成品，甚至連造作的方法也一併賞賜。

另外，憲宗時左僕射鄭絪及嶺南節度使孔戣也都提到：「墨詔賜臣食金五挺」及「藥金一合」[14]。足見唐代內庫充斥藥金，帝王們也大量使用藥金作為珍貴稀有的藥物，只是這種點化賤金屬而成的假金銀，久服必致中毒，因此中唐以後的丹經已較少見服餌藥金可求長生的說法，當時煉造黃

---

[14] 孔戣〈謝賜手詔兼神刀藥金狀〉，見《全唐文》卷六九三；鄭絪受贈食金五挺，見《古今圖書集成·博物彙編·草木典》第二十一卷〈藥部〉。又，《全唐文》卷五一一收有鄭絪〈臘日謝賜口脂曆日狀〉，可參看。

白的目的已轉成多求財富之途了。

綜觀唐時大臣顯宦莫不對丹藥投以慕愛之情，對丹家術士更是崇信備至，但敬宗宰相李德裕則於〈黃冶論〉一文中，不信方士冶煉黃白可餌服長生，其云：

> 或問黃冶變化，余曰：未之學也，焉知無有。然天地萬物皆可以至理索之。夫光明砂者，天地自然之寶，在石室之間，生雪牀之上，如初生芙蓉，紅苞未折，細者環拱，大者處中，有辰居之象，有君臣之位，光明外徹。採之者尋石脈而求，此造化之所鑄也；倘至人道奧者，用天地之精，合陰陽之粹，濟以神術，或能成之，若以藥石鎔鑄，術則疏矣。……未若造化之鑄丹砂矣。方士固不足恃，劉向葛洪，皆下士上達，極天地之際，謂之可就，必有精理，劉向鑄作不成，得非天意密此神機，不欲世人皆知之矣。（《全唐文》卷七一〇）

李德裕認為光明砂乃天地自然造就，至人有道之士或能成之，至於方士以人工之力鎔鑄藥石，是術疏而作不成，既然如此，當然不能期望餌服神仙，所以他曾剴切勸諫帝王勿輕信道士餌服金丹，但他自己卻也「修彭祖房中之術，求茅君點化之功」，據《歷世真仙體道通鑑》卷四十四云：李德裕「好餌雄朱，有道士自云李終南，住羅浮山，曰：『相公可服丹砂』，贅皇一一驗之無差，服之。」據此之言，則李德裕也參與金丹服食的行列。但《全唐詩》仍收錄其〈憶藥苗〉詩，云：

> 溪上藥苗齊，丰茸正堪掇。皆能扶我壽，豈只堅肌骨。味演商山芝，英逾首陽蕨。豈如甘谷

士，只得香泉啜。（卷四七五）

從他對生長在大自然草木藥的贊美，可見其除餌服金丹外，也曾把養壽長生的願望寄託於植物藥餌上。

貳　結交道流煉丹

唐代達官顯吏能獲得帝王賞賜藥物的，畢竟屬少數，大多數的官吏還是依賴交往道流方士，以取得服食藥物，而且從初唐到晚唐，不分文臣武將，都汲汲於訪求金丹大藥，以服餌燒煉為時尚。例如高祖時武將杜伏威，「好神仙長年術，餌雲母被毒，武德七年二月，暴卒。」（《新唐書・杜伏威傳》）；又如太宗之名臣尉遲敬德，「末年篤信仙方，飛煉金石，服食雲母粉。」（《舊唐書・尉遲敬德傳》），他們都是喜好服食礦物藥，以求仙長生。

盛唐時，兵部侍郎張均曾向刑部侍郎房琯說：「某宿歲餌金丹，爾來未嘗臨喪」（《明皇雜錄補遺》）。餌金石丹藥不臨喪事，於此又是一例。

玄宗開元年間，潤州刺史唐若山煉丹成癮，為求金石仙藥，竟連傾家蕩產亦在所不惜。《仙傳拾遺》記載云：

> 山素好方術，所至之處，必會爐鼎之客，雖術用無取者，皆禮而接之。家財迨盡，俸祿所入，未嘗有餘，金石所費，不知紀極。晚歲尤篤志焉，潤之府庫官錢，亦以市藥。

唐若山沉迷於追求仙藥竟至挪用公款，則其求丹之篤，已是癡妄之極。

又同上書記載中山靖王之後的劉商：

> 歷官合淝令，而篤好無為清簡之道。方術服煉之門，五金八石，所難致者，必力而求之。人有方疏，未合煉施效者，必資以藥石，給其爐鼎，助使成之。

這位淮南王劉安的後代，把修道煉丹作為最大的業餘愛好，不但自己求丹藥，還極力幫人煉丹合藥。精誠所感，終於飛舉而居列真之類。

安史之亂以後，文武官吏熱衷於交結道士以煉丹合藥，欲圖羽化登仙者，人數更多而且態度也愈瘋狂。例如肅宗時竟有朝中大臣「歸田煉丹」的。《還丹肘後訣》書內有〈唐仵達靈真人記〉一篇，作者自敘其於知命之年，曾隨玄宗鑾輿西幸，「駐蹕行在掌命」。及至德二年，「銜命禋於嵩岳」，兩次均遇見青城丈人，得「真元丹訣」和「神水黃芽之要」。於是向皇帝「乞骸歸田」，與南曹郎張去非、左史程太虛「皆以故廬共製神室」而臨廬煉丹。從作者屢膺重命看來，顯然是天子寵信的近臣，其官職品位當不在張、程兩人之下。

另外，德宗時宰相李泌好神仙之道，也曾與丹家合煉丹藥（《新唐書·李泌傳》）；而顏真卿亦「嘗得方士名藥，服之，雖老，氣力健壯如三四十許人」（《唐語林》卷六）；至於出入四朝禁中的大臣鄭注，據李德裕〈文武兩朝獻替記〉也說他「精於服食」，而《舊唐書·王守澄傳》則載鄭注「嘗為李溯煮黃金，服一刀圭可愈痿弱重膇之疾，復能反老還童。愬與（王）守澄服之」（《舊唐書·王守澄傳》）。德宗朝好長生丹藥的達官，還有昭義軍節度使李抱真，他曾因久疾，好禨祥，為巫祝所惑，晚節又好方士，以冀長生，竟迷信仙丹餌服至無可救藥之地步。《舊唐書·李抱真傳》云：

> 有孫季長者，為抱真鍊金丹，紿抱真曰：「服之當昇僊。」遂署為賓僚。數謂參佐曰：「此丹秦皇、漢武皆不能得，唯我遇之，他年朝上清，不復偶公輩矣。」復夢駕鶴沖天，寤而刻木鶴、衣道士衣以習乘之。凡服丹二萬丸，腹堅不食，將死，不知人者數日矣。道士牛洞玄以豬肪穀漆下之，殆盡。病少間，季常復曰：「垂上僊，何自棄也！」益服三千丸，頃之卒。

這段生動的描述，把李抱真沉迷丹藥，至死不寤的情形鮮明地呈顯出來，印證了「自作孽，不可活」的諺語，而以丹藥害人致死的術士孫季長，則活脫似一副催命鬼的形象。

中唐官吏餌丹致死者，史料文獻記載連篇累牘，不勝枚舉！韓愈之兄，有婿名李于（一作李千），以進士為鄂州從事，遇方士柳泌，從受藥法。其法是「以鉛滿一鼎，按中為空，實以水銀，蓋封四際，燒為丹砂。」結果「服之往往下血，比四年，病益急，乃死。」（〈故太學博士李君墓誌銘〉《全唐文》卷五六四）；殿中御史李虛中，「亦好道士說，於蜀得秘方，能以水銀為黃金，服之，冀果不死」，結果「將疾，謂其友衞中行大受韓愈退之曰：『吾夢大山裂，流出赤黃物如金』左人曰：『是所謂大還者（按道人誑之得大還丹）』」（〈殿中侍御史李君墓誌銘〉《全唐文》卷五六四），最後竟因延誤治療而疽發背卒。

另外，柳宗元的姐夫，永州刺史崔簡「餌五石，病瘍且亂」（〈故永州刺史崔君流配驩州權厝誌〉《全唐文》卷五八九）、「悍石是餌，元精以渝」（〈祭姊夫博陵崔使君簡文〉《全唐文》卷五九三）；而御史中丞李適之「嘗合汞流黃丹砂為紫丹，能入火不動，以為神，服之且十年，然卒以是病。暴下赤黑，數日薨」（柳宗元〈唐故邕管經略招討等使朝散大夫持節都督邕州諸軍事守邕州刺史兼御史中丞賜紫金魚袋李公墓誌銘並序〉《全唐文》卷五八九）。

德、憲宗年間，信任道士的丹藥餌服身亡者，除上所述外，韓愈在〈太學博士李君墓誌銘〉中，更歷數與其有過從往來之七位官吏為藥所誤的慘狀云：

> 余不知服食說自何世起，殺人不可計，而世慕尚之益至，此其惑也。在文書所記及耳聞傳者不說，今直取目見親與之游，而以藥敗者六七公，以為世誡。工部尚書歸登、殿中御史李虛中、刑部尚書李遜、遜弟刑部侍郎建、襄陽節度使工部尚書孟簡、東川節度御史大夫盧坦、金吾將軍李道古，此其人皆有名位，世所共識。工部既食水銀得病，自說若有燒鐵杖自顛貫其下者，摧而為火，射竅節以出，狂痛乎乞絕。其茵席常得水銀。發且止，唾血十數年以斃。殿中疽發其背死。刑部且死，謂余曰：「我為藥誤。」其季建，一旦無病死。襄陽黜為吉州司馬，余自袁州還京師，襄陽乘舸邀我於蕭州，屏人曰：「我得秘藥，不可獨不死，今遺子一器，可用棗肉為丸服之。」別一年而病，其家人至，訊之，曰：「前所服藥誤，方且下之，下之則平矣。」病二歲竟卒。盧大夫死時，溺出血肉，痛不可忍，乞死乃死。金吾以柳泌得罪，食泌藥，五十死海上。此可以為誡者也。……後之好之者又曰：「彼死者皆不得其道也，我則不然。」始病，曰：「藥動故病，病去藥行，乃不死矣。」及且死又悔。嗚呼，可哀也

已！可哀也已！（《全唐文》卷五六四）

這是韓愈親眼目睹曾與他過從往來的官吏們服餌中毒致死的事例。一些服丹者中毒而死，卻未能使其他的人清醒，他們以為，因丹毒而死的人是沒有得到丹道的真諦所致；及至自己服丹出現中毒症狀時，則又迷信「服金丹應驗候」（詳見第四章第三節所述）一類的妄說，認為是藥動驅病，待體內諸病宿疾及三尸之類被驅除，丹藥一畢其功，必能成仙。及至臨死方纔醒悟，然悔之已晚，此怎不令人扼腕，嘆息再三？可知唐人之所以競相仿傚服食，以致死亡相繼，駢首接踵而不悟，率皆「勇於自信」、「師心自用」的緣故，一言以蔽之，仍是貪生之心太甚！

儘管韓愈記述大臣服食的弊病情狀駭人，且語語警策、諄諄告誡，但其後的達官顯吏們仍舊企求長生成仙，鍥而不捨地結交道流、合煉丹藥，其中尤以武將為多。《北夢瑣言》卷十一載〈張金吾威勢取術〉一事云：

唐金吾大將軍張直方，一旦開筵，命朝士看乾水銀，點制不謬，眾皆歎羨，以謂清河曾遇至人。良久，張公大笑曰：「己非所能，有自來矣。頃任桂府團練使，逢一道士，蘊此利術，就而求之，終不可得，乃令健卒縛於山中，以死脅之。道士驚怕，但言藥即多獻，術則不傳，唯死而已。由是得藥，縱其他適。今日奉呈，唯成丹也，非己能也。」。

武將張直方以死刑威脅道士終獲成丹，竟還沾沾自喜誇炫如此猥瑣不經的行徑，不禁令人大歎廉恥之心何在！

晚唐最迷信神仙，寵重道士的是僖宗時的武將高駢。其事例於《舊唐書·高駢傳》和《資治通鑑》卷二五四都有記載，而《廣陵妖亂志》言之尤其詳盡。其云：

高駢末年，惑於神仙之說。呂用之、張守一、諸葛殷等，皆言能役使鬼神，變化黃白，駢酷信之，遂委以政事。用之等援引朋黨，恣為不法。其後亦慮多言者有所漏泄，因謂駢曰：「高真上聖，要降非難，所患者，學道之人真氣稍窺，靈貺遂絕。」駢聞之，乃謝絕人事，屏棄妻妾，賓客將吏無復見之。有不得已之故，則遣人洗浴齋戒，詣紫極宮，道士辟除不祥，謂之解穢，然後見之。拜起纔終，已復引出。自此內外擁隔，紀綱日紊。用之等因大行威福，旁若無人。歲月既深，根蒂遂固。用之自謂磻溪真君，張守一是赤松子，諸葛殷稱將軍，有一蕭勝者，謂之秦穆公駙馬，皆云上仙遣來為令公道侶，其鄙誕不經，率皆如此。中和元年，用之以神仙好樓居，請於公廨邸北跨河為迎仙樓，其斤斧之聲，晝夜不絕，費數萬緡，半歲方就。是冬，又起延和閣於大廳之西，凡七間，高八丈，皆飾以珠玉，綺窗繡戶，殆非人工。每日焚名香，列異寶，以祈王母之降。用之公然云與上仙來往，每對駢，或叱吒風雲，顧揖空中，謂見群仙來往過於外，駢隨而拜之。用之指畫紛紜，略無愧色，左右有異論，則死不旋踵矣。見者莫測其由，但拊膺不敢出口。用之忽云：「後土夫人靈仇，遣使就某借兵馬並李筌所撰《太白陰經》」。駢遽下兩縣，索百姓葦席數千領，畫作甲馬之狀，遣用之廟庭燒之；又於五綵箋寫《太白陰經》十道，置於神座之側；又與夫人帳中塑一綠衣年少，謂之韋

> 郎。廟成，有人於西廡棟上題一長句詩曰：『四海干戈尚未寧，謾勞淮海寫儀形。九天玄女猶無信，後土夫人豈有靈。一帶好雲侵鬢綠，兩行巍岫拂眉青。韋郎年少耽閑事，案上休看《太白經》。』好事者竟相傳誦。……後於道院庭中，刻木為鶴，大如小駟，羈轡中設機棙，人或逼之，奮然飛動。駢嘗羽衣跨之，仰視空闊，有飄然之思矣。自是嚴齋醮，飛煉金丹，費耗資財，動逾萬計，日居月諸，竟無其驗。

從這一段記載，我們看到狹邪之士如何以其三寸不爛之舌，鼓吹神仙方術，將堂堂一個統領兵馬的大將高駢，恣意玩弄於股掌間，而高駢竟然對此妄誕之徒也唯命是從，信任到神魂顛癡的地步。

另外，據《北夢瑣言》卷十一還記載云：

> 唐高駢鎮成都，甚好方術，有處士蔡畋者，以黃白干之。取瓦一片，研丹一粒，半塗入火，燒成半截紫磨金，乃奇事也。蔡生自負，人皆敬之，以為地仙。燕公求之不得，久而乖露，乃是得藥於人，眩惑賣弄，為元戎笞殺之。

可見受高駢寵信的方士除呂用之等人外，還有會黃白點化術的蔡畋。而高駢得紫磨金尚不知足，欲求方術不得竟殺術士，其人之殘忍至此境地！紫磨金可增加財富，而他自己「煉汞燒鉛四十年，至今猶在藥爐前」（〈聞河中王鐸加都統〉《全唐詩》卷五九八），只可惜長生與財富這兩個大夢都還沒有真正實現，當光啟三年九月，高駢為其所屬將領畢師鐸的士兵所擒時，「數之曰：『公上負天子恩，下陷揚州民，淮南塗炭，公之罪也。』駢未暇言，首已墮地矣。」（《舊唐書·高駢傳》）。

正史載記的高駢，家世仕禁軍，以權謀勇略兼備，素為懿宗所重。其後惑於呂用之，當廣明初年黃巢陷覆兩京，天子在蜀，日夜亟待高駢勤王之師前來，高駢卻聽從呂用之邪言，終逗撓不行；當被褫奪兵柄利權後，尚且攘袂大詬，累次上章表論列，語詞傲慢不遜；其後更屏絕戎政，稱藩納賄，宴安自得，日以神仙服食為事。身為國之重臣，食君之俸祿，竟置社稷蒼生於不顧，實令人氣憤扼腕！此與憲宗時為山南東道節度使柳公綽相比，忠奸差距不啻十萬八千里之遙。據《舊唐書·柳公綽傳》云：

> 有道士獻丹藥，試之有驗，問所從來，曰：「鍊此丹於薊門。」時朱克融方叛，公綽遽謂之曰：「惜哉！至藥來於賊臣之境，雖驗何益！」乃沉之于江，而逐道士。

證驗有效的丹藥，眾人求得之且不及，而公綽也並非對此不經於心（由「惜哉」二字可知），但在得知丹藥乃於叛臣之境合和之後，就立即沉藥、驅逐道士，態度堅決果斷絲毫不遲疑。觀公綽與高駢同為人臣，並皆受餌服丹藥的時代氛圍影響，但一者以忠潔自持，另一乃怨憤滿胸，終至兩人忠奸相異，判若雲泥，《新唐書》將高駢置於「叛臣」之列，亦其宜矣！

晚唐武將與高駢情況類似的，還有昭宗朝，賜號敦睦保定久大功臣，位至成德軍節度使的王鎔。據《舊五代史·唐書·王鎔傳》云：

鎔宴安既久，惑於左道，專求長生之要。常聚緇黃，合煉仙丹。……又有王母觀，鎔增置館宇，雕飾土木。道士王若訥者，誘鎔登山臨水，訪求仙跡，每一出，數月方歸，百姓勞弊。王母觀石路既峻，不通輿馬，每登行，命僕妾數十人維錦繡牽持而上。

當左右親信為亂時，王鎔尚且焚香受籙，結果被軍士突入，斷其首，袖之而出，遂焚其府第，煙燄亙天，妻妾數百皆赴水投火而死。這也是為追求長生成仙，卻反夭壽命的可悲結局。

與王鎔同時的幽州盧龍軍節度使劉仁恭，也是一位企求神仙之徒。據《舊五代史・劉守光傳》云：

是時，天子播遷，中原多故，仁恭嘯傲薊門，志意盈滿，師道士王若訥，祈長生羽化之道。幽州西有名山曰大安山，仁恭乃於其上盛飾館宇，僭擬宮掖，聚室女艷婦，窮極侈麗。又招聚緇黃，合仙丹，講求法要。……

同一個道士，竟能使兩位節度使大做長生成仙的美夢，則道教神仙說的龐大誘惑力，對唐人產生強大的吸引也就可想而知了。

晚唐官吏燒煉丹藥雖然還是求長生成仙，但或許有見於服食外丹致死者已甚多，因此改為制黃白以謀利。據向達《唐代長安與西域文明・唐代刊書考》引唐・范攄《雲溪友議》卷下〈羨門遠〉條云：

紇于（按當作干）尚書苦求龍虎之丹十五餘稔，及鎮江西（于唐宣宗大中年間）乃大延方術士，作《劉弘傳》，雕印數千本，以寄中朝（長安）四海精心燒煉之者。夫人欲點化金銀，非擬救于貧乏，必多蓄田疇，廣置僕女，此謂貪婪，豈名道術。且玄妙之門，虛無之事，得其要旨，亦恐不成，況不得乎？悉焚《參同契》金訣，真至言也。

晚唐的雕板印刷技術才剛發明未久，紇于尚書就如此大量地雕印丹經，可見這些煉丹人士迫切長生的心情。從上文云晚唐之燒煉黃白已非全用於長生服餌，而是轉為「多蓄田疇，廣置僕女」，可見其時之點化金銀已朝向致富方向發展了。

總之，唐代的達官顯貴對丹藥服食，也一如帝王般地有「前仆後繼」勇於餌食的氣概，但除了造成煉丹術更加盛行外，所謂長生成仙之美夢，終究沒有真正實現的一天。

參　著意於聲色享樂

歷來信仰神仙服食的達官顯吏，在精神與物質生活方面都非常講究，還時常追逐於歌舞妓樂之中。例如新舊《唐書》皆載尉遲敬德晚節嗜於服食，又崇飾觀、沼，穿築池臺，奏清商樂，自奉養甚厚；《新唐書·元載傳》則云代宗時的宰相元載，於「城中開南北二第，室宇奢廣，當時為冠。……膏腴別墅，疆畛相望，且數十區。名姝異技，雖禁中不逮。」，彼輩服食求仙是希望能同時增加、並且提高生命的長度、密度與品質。

唐代貴戚顯吏餌服丹藥、追逐妓樂最享盛名的，是玄宗諸兄弟，其中尤以寧王最風流蘊藉。《開元天寶遺事》就詳載這些王公貴族的狎邪行徑云：

寧王好聲色，每至夜筵，賓妓間坐，酒酣作狂。（〈妖燭〉條）

申王每醉，即使宮妓將錦綵結一兜子，令宮妓輩抬舁歸寢室，本宮呼曰「醉輿」。（〈醉輿〉條）

申王每至冬月，有風雪苦寒之際，使宮妓密圍於坐側，以禦寒氣，自呼為「妓圍」。（〈妓圍〉條）

岐王少惑女色，每至冬寒，手冷不近於火，惟於妙妓懷中，揣其肌膚，稱為暖手，當日如是。（〈香肌暖手〉條）

看這些驕貴的皇親國戚們，既服食帝王賞賜的神丹大藥，又常將宮妓當作個人玩物，以盡其淫靡放蕩的生活享受。

代宗宰相元載好以鍾乳服食養生，又恣意於妓樂享受。《舊唐書・元載傳》云其「名姝異樂，禁中無者有之，兄弟各貯妓妾於室，倡優猥褻之戲，天倫同觀，略無愧恥。」但當他貪汙事敗後，朝廷從其家中籍沒鍾乳五百兩，君王還將藥物「分賜中書門下御史臺五品以上，尚書四品以上」的官員。

中唐以後的百官大臣好服雲母、硫黃、鍾乳等礦物性丹藥，也是為濟其聲色妓樂。李肇《唐國史補》卷中就有憲宗時方士韋山甫好「以石硫黃濟人嗜慾，多暴死者。」之事；而王讜《唐語林》

則載：「李司徒程善謔，……與石（指其堂弟相石）話服食云：『汝服鍾乳否？』曰：『近服，甚覺得力。』」，可見時人所以愛煉服硫黃、鍾乳等藥，是為了生理上的慾求。

再舉一個更明顯的例子，如穆、敬宗時大臣牛僧孺，宴集時官妓、營妓常聚筵席，而其家中之妓樂亦不少，曾自誇他前後服食鍾乳三千兩，甚為得力，於是寫詩向白居易炫耀並嘲謔其羸老，白居易在〈酬思黯（即僧孺）戲贈同用狂字〉之詩中即云：

> 鍾乳三千兩，金釵十二行。妒他心似火，欺我鬢如霜。慰老資歌笑，銷愁仰酒漿。眼看狂不得，狂得且須狂。（《全唐詩》卷四五七）

從牛僧孺向白居易誇耀鍾乳的神效，清楚的展現官吏們餌服此藥，就是為了「房幃之興」。

晚唐之王鎔、劉仁恭之流，亦喜於服餌丹藥，從其妻妾成群、聚室女艷婦之行徑看來，追求這種荒淫逸樂，是官吏們汲汲營營地務於丹藥餌服的原因之一。而也正因為鍾乳、雲母等物可以「長陰陽，益精氣」（《千金翼方》卷二），所以服食這種類似興奮劑礦物藥的人，也往往沉迷於追求女色逸樂。因此，有唐一代妓風興盛，與上階層競相服食鍾乳、雲母等丹藥，兩者之間關係十分密切[15]。唐代藥王孫思邈在《千金要方》卷二十七〈房中補益〉裏，曾說四十歲以上的人因氣力衰退，可常服鍊乳散與餌雲母等房中之藥，但他也諄諄忠告說：

> 然此方之作也，非欲務於淫佚，苟求快意。務存節欲以廣養生也，非苟欲強身力，幸女色以

縱情，意在補益以遣疾也，此房中之微旨也。……貪心未止兼餌補藥，倍力行房，不過半年，精髓枯竭，惟向死近。

鍾乳、雲母等礦物藥既能增強房事之力，服食者自是沉迷女色逸樂而不知節制。唐代達官顯吏平日家居三妻四妾猶不知足，宴集冶遊又多有官妓、營妓奉迎狎樂，清人趙翼〈題白香山集後詩〉艷羨白居易為官時能四處狎妓冶遊說：

風流太守愛魂消，到處春翹有舊游。想見當時疏禁網，尚無官吏宿娼條。

唐代官場沒有宿娼的禁令，因此官吏在服食鍾乳、雲母等房中補益的藥物後，娼妓女樂自是彼輩狎遊的最佳對象；而為了補益虧損之軀，又是服食鍾乳、雲母以強精益精，如此循環反覆而變本加厲，於是形成有唐一代服食風盛且女樂不衰的景象。

⑮ 詳見拙著《唐伎研究》第二章〈唐代狎妓風盛之背景因素〉第二節之貳「貴戚顯吏之冶遊狎邪」。臺北，學生書局，一九九五年，九月初版。

第三節　文士服食分析

唐代文士浸染於服餌養生的時代風尚，絲毫不落於帝王百官之後。而他們之所以嚮往神仙服食，則緣於其思想之細膩、感受之敏銳。處於繁華塵世則貪戀人生，為了留住美好璀燦的時光，那麼「古人得道者，生以長壽，聲色滋味，能久樂之。」（《呂氏春秋·仲春紀》），藉服食以長生是最好的一種方式；但當個人仕途艱辛受挫時，則餌丹飛昇可以離開這煩憂舛蹇的人間，自由逍遙於神仙世界。唐代文士就是在眷戀世俗歡愉與逃避失意人生這二個推力下，促使他們更熱衷於服食求仙。論起彼輩的服食方，除因侷限於阮囊羞澀，而以價廉之草木藥服食者外，其它交遊道士、煉師以問道乞藥，留意於歌妓女樂等方面，則與帝王百官並無二致。

壹　以服食價廉之草木藥爲主

唐代文士雖也企求長生成仙，但大致而言，他們的服食方多以草木藥物為主，此因唐代礦物藥的價格甚為昂貴，非人人所能問津之故。《龍虎還丹訣》卷下有云：「凡青有數種，曾青最為上。……近甚難得，價重於金。」又，韓愈有〈監察御史衛府君墓誌銘〉一文，記憲宗元和時，衛中行之兄為獲致燒煉金丹的藥物，曾曰：

我聞南方多水銀、丹砂，雜他奇藥，爊為黃金，可餌以不死。……遂踰嶺阨南出。藥貴不可得，以干容帥。帥且曰：「若能從事於我，可一日具。」許之。得藥試如方，不效。曰：「方良是，我治之未至耳。」留三年，藥終不能為黃金。（《全唐文》卷五六五）

鍊丹實非易事，須眾藥齊聚、方劑精良始能奏功。衛中行之兄沒有能力購買水銀、丹砂，尚且須依賴高官將帥才得以營聚，由此可知此類藥材價格之昂貴，不是一般文士所能輕易負擔的。

再看韓愈另一篇〈幽州節度判官贈給事中清河張君墓誌銘〉，載述長慶年間，幽州節度判官張徹為治其弟之疾病云：

> 醫餌之藥，其物多空青、雄黃諸奇怪物，劑錢至數十萬。營治勤劇，皆自君手，不假之人，妻子常有饑色。（《全唐文》卷五六四）

張徹為了治療其弟的疾病，光花費於購買藥劑的金額就高達數十萬，以致傾盡家產，妻子因不得溫飽而面有饑色。此事例再一次證明當時礦物藥材的價格至為貴重，非富豪人不能措辦。

上述的衛君、張徹僅收羅聚集空青、水銀、雄黃等藥物尚且都如此困難，那就更遑論一般的文士了。初唐四傑之一的盧照鄰就是一個典型的事例。盧照鄰曾官拜新都尉，因染風疾去官，處太白山以服餌為事。為營聚藥物，治療宿疾，四處乞求，飽嚐奔競之苦。〈寄裴舍人遺衣藥直書〉就說：

> 余家咸亨中良賤百口，自丁家難，私門弟妹凋喪，七八年間，貨用都盡，余不幸遇斯疾，母

兄哀憐，破産以供醫藥。屬歲穀不登，家道屢困，兄弟薄遊近縣，創鉅未平，雖每分多見憂，然亦莫能取給，海內相識，亦時致湯藥，恩亦多矣。……嗚乎，道惡在而奔競之苦茲，雖觀若空無常，而此業已就，不可中廢。祈獲福澤，思與士君子共之。（《全唐文》卷一六六）

盧照鄰辭官後俸少家貧，卻又追求以礦物藥餌治疾養生，高昂的醫藥費當然遠超過他的能力，於是又寫了〈與洛陽名流朝士乞藥直書〉，一副可憐相的向朝中官吏乞討銀兩和藥物煉丹。文云：

幽憂子學道於東龍門山精舍，布衣藜羹，堅臥於一巖之曲。客有過而哀之者，青囊中出金花子丹方相遺之。服之病愈，視其方，丹砂二斤，穀楮子則山中可有，丹砂則渺然難致。昔在關西太白山下，一隱士多元明膏，中有丹砂八兩，予時居貧，不得上好砂，但取馬牙顏色微光淨者充用。自爾丁府君憂，每一慟哭，涕泗中皆有藥氣流出，三四年羸臥苦嗽，幾至於不免。復偶於他方中見一說云：丹砂之不精者，服之令人多嗽。訪知一處有此物甚佳，兩必須錢二千文，則三十二兩，當取六十四千也。空山臥疾，家業先貧。老母年尊，兄弟祿薄，若待家辦，則委骨於巉嵒之峰矣。意者欲以開歲五月穀子熟時，試合此藥。非天下名流貴族、王公卿士，以仁惻之心，達枯骨朽株者，孰能濟之哉？今力疾賦詩一篇，遍呈當代博雅君子，雖文不動俗，事或傷心。儻遇晏嬰，脫左驂而見贖；如逢孔子，分秉粟以相憂，則越石原憲不辛苦於當年矣。惟當坐禪念室，以達深仁。若諸君子家有好妙砂，能以見及，最為第一，無者各乞一二兩藥直，是庶幾也。仲尼曰：有能一日用其力於仁者乎？未有力不足者。又曰：

君子無終食之間違仁，在坐則參於前，在輿則倚於衡。古人心可見矣！又曰：仁遠乎哉？我欲仁，斯仁至矣。言能苟行之，仁道不遠也。朝英貴士，博濟而好仁者，何必相識，故知與不知，咸送詩告，請無案劍，同掩體骸云爾。（《全唐文》卷一六六）

這真是一篇令人動容的乞藥佳文！先以家貧母老，己身患疾，觸發惻隱之心；再以至聖孔子的話語，許之以仁，希望朝中大臣看了他的詩作後能慷慨解囊，或者直接賜予良質的丹砂，或者資助銀兩，以供藥費。盧照鄰於文中說「金花子丹方」須丹砂二斤，而一兩丹砂須錢二千文，那麼合成此方就須六千四百文，但這還不包括其它合煉的藥物呢！考唐代進士登第者，大約僅得校書郎或縣尉之類的九品官，根據《新唐書·食貨志》之記載，校書郎的官俸為一萬六千文，由此可知唐代尚須擔負家計重擔的文士，實在難以單憑自己的財力，購置如此昂貴的礦物藥材。

然而儘管帝王公卿、高官顯吏所服食的丹藥，對經濟並不寬裕的文士而言猶如奢侈品，但這並不消減彼輩渴求神仙長生的期盼，固然仍有一些文士餌服金丹，但多數的文士則選擇服食草木藥材，於是在其詩文中，種藥、採藥、曬藥、洗藥等描述就隨處可見。

例如王績勤修服食養性，雖然他也嚮往「石鑪煎玉髓，土釜出金精。水碧連年服，雲丹計日成」（〈山中獨坐〉《全唐詩補編》）的仙藥服餌，但平日還是「蒔藥草自供」。其〈採藥〉詩云：

野情貪藥餌，郊居倦蓬蓽。青龍護道符，白犬遊仙術。腰鐮戊己月，負鍤庚辛日。時時斷嶂遮，往往孤峰出。行披葛仙經，坐檢神農帙。龜蛇採二苓，赤白尋雙朮。地凍根難盡，叢枯苗易失。從容肉作名，薯蕷膏成質。家豐松葉酒，器貯參花蜜。且復歸去來，刀圭輔衰疾。

（《全唐詩》卷三十七）

詩中所說上山採藥時特別選擇時日，帶著青龍靈寶符，手牽白犬等等，這都是道士入名山、採餌五芝時特有的裝備與行徑[16]。王績既嚮往仙藥煉養生活，於是當他上山採擇茯苓、茯神、朮、肉蓯蓉、薯蕷等這些在道書中列為草木的上品藥時，一身行囊也仿傚道士採藥方式，使得全詩充滿神秘的宗教色彩。

初唐四傑的王勃曾說「吾之有生二十載矣，雅厭城闕，酷嗜江海，常學仙經，博涉道記」（〈游山廟記〉《全唐文》卷一八一），因此常念想仙人，在〈述懷擬古詩〉裏就有「下策圖富貴，上策懷神仙」的話，於是經常尋仙訪道，〈懷仙〉詩就是透過眼前山水景物的怡人畫面，在泛江的遊歷經驗中產生遊仙之思；另在〈觀內懷仙〉詩裏，更想像入洞天後服食仙藥成仙的情景，而云「瓊漿猶類乳，石髓尚如泥」（《全唐詩》卷五十六），所以當他從長安曹元方處得秘方後，即「以虢州多藥草，求補參軍」（《唐才子傳》卷二）。

上述四傑之一的盧照鄰由於身體疾病，又自感懷才不遇、仕途坎坷，雖說曾想念佛息欲，但求仙煉丹的志願還是潛藏在內心裏；隨著疾病日篤，辭官離蜀後，「紫書常日閱，丹藥幾年成？扣鐘鳴天鼓，燒香厭地精。倘遇浮丘鶴，飄颻凌太清。」（〈羈臥山中〉《全唐詩》卷四十二）。迷戀丹藥雖然成為他生活的主要基調，但在丹藥難成的現實情況下，餌服「地精」這種草木藥還是較實際的方式。

至於倡導詩歌改革，揚棄齊梁彩麗競繁、興寄都絕而著名的詩人陳子昂，受其父「山棲絕穀，放息人事，餌雲母以怡其神」（〈我府君有周居士文林郎陳公墓誌銘〉《全唐文》卷二一六）的影響，早年在家鄉就修仙學道，自云「平生白雲志，早愛赤松遊」（〈答洛陽主人〉《全唐詩》卷八十三），因此當他在政途失意時，就「欲以芝桂為伍、麋鹿同曹」（〈喜馬參軍相遇醉歌・序〉《全唐詩》卷八十四）；並發出「常願事仙靈，馳驅翠虬駕，伊鬱紫鸞笙。結交嬴臺女，吟弄昇天行。攜手登白日，遠遊戲赤城。低昂玄鶴舞，斷續彩雲生。永隨眾仙逝，三山遊玉京。」（《全唐詩》卷八十三）的心聲，也想要「種樹採藥以為養」（盧藏用〈陳子昂別傳〉《全唐文》卷二三八）了。

在現實人生裏，陳子昂確有採藥餌食，〈觀荊玉篇并序〉（《全唐詩》卷八十三）中提到丙戌歲，他從左補闕喬公北征。夏四月，軍隊駐紮在州無草木的張掖河，見仙人杖（即枸杞）時，內心發出「豈非神明嘉惠，將欲扶吾壽也」的喜悅之情，於是除自己取食外，還推己及人地向喬公與王仲烈推薦餌食呢。

盛唐的浪漫詩人李白，幼年即已接觸道書，所謂「五歲誦六甲，十歲觀百家。軒轅以來，頗得聞矣」（〈上安州裴長史書〉《全唐文》卷三四八）。到了一般人立志於學的年齡，他卻是「十五遊神仙，仙遊未曾歇」（〈感興六首〉之四《全唐詩》卷一八三），而當司馬承禎誇讚他「仙風道骨，可與神遊八極之表」（〈大鵬賦・序〉《全唐文》卷三四七）時，就常心生遐想：「玉女四五人，飄颻下九垓。含笑引素手，遺我流霞杯。」（〈遊太山六首〉之一《全唐詩》卷一七九）、「安得五綵虹，駕天作長橋。仙

⑯ 詳見葛洪《抱朴子・仙藥》篇所述採各種芝草之法。

人如愛我，舉手來相招。」（〈焦山望寥山〉《全唐詩》卷一八〇）。如此沉迷的結果，連作夢也不例外，「余嘗學道窮冥筌，夢中往往遊仙山。」（〈下途歸石門舊居〉《全唐詩》卷一八一），於是開始遨遊山水，「五岳尋仙不辭遠，一生好入名山遊」（〈廬山謠寄盧侍御虛舟〉《全唐詩》卷一七三）。

李白雖喜仙好道，但也有遠大抱負與心中理想，曾說「奮其智能，願為輔弼，使寰區大定，海縣清一」（〈代壽山答孟少府移文書〉《全唐文》卷三四九）。當天寶初年，李白應詔入京，供奉翰林時，他「仰天大笑出門去，我輩豈是蓬蒿人」（〈南陵別兒童入京〉《全唐詩》卷一七四），得意之情，溢於言表。在此期間，李白求仙的意念似乎較為平淡，但三年後有見於「醜正同列，害能成謗，格言不入，帝用疏之」（李陽冰〈李翰林草堂詩序〉《全唐文》卷四三七），因此上書請還山，玄宗也以其「非廊廟器」，賜金放還，於是「我本不棄世，世人自棄我」（〈送蔡山人〉《全唐詩》卷一七六）的悲憤，乃自內心深處油然而生，此時他常有的心念是「歸去來兮，人間不可託些，吾將採藥於蓬邱。」（〈悲清秋賦〉《全唐文》卷三四七）、「還家守清真，孤潔勵秋蟬。煉丹費火石，採藥窮山川。」（〈留別廣陵諸公〉《全唐詩》卷一七四），他把更多的心思集中在求仙學道上，在受道籙後，就更加熱烈的追求「攀條摘朱實，服藥煉金丹。安得生羽毛，千春臥蓬闕。」（〈天臺曉望〉《全唐詩》卷一八〇）的生活。

李白第二次踏足政治，是在安史亂起、永王李璘率師東下，徵聘李白入幕。但至德二年，李璘被肅宗擊敗，李白的政治理想再度破滅，而且以「從逆」流放夜郎，其後雖僥倖在途中遇赦，得以東歸，但內心已再起「棄劍學丹砂，臨鑪雙玉童。寄言息夫子，歲晚陟風蓬」（〈流夜郎半道承恩放還兼欣剋復之美書懷示息秀才〉《全唐詩》卷一七〇）之思，於是嘗煉丹砂、採摘藥物的詩作又大量出現。如〈古風〉其四云：

……吾營紫河車，千載落風塵。藥物祕海嶽，採鉛青溪濱。時登大樓山，舉手望仙真。羽駕滅去影，飆車絕迴輪。尚恐丹液遲，志願不及申。徒霜鏡中髮，羞彼鶴上人。桃李何處開，此花非我春。唯應清都境，長與韓眾親。（《全唐詩》卷一六一）

又如〈古風〉其五亦云：

……我來逢真人，長跪問寶訣。粲然啟玉齒，授以煉藥說。銘骨傳其語，竦身已電滅。仰望不可及，蒼然五情熱。吾將營丹砂，永與世人別。（同上）

類似這種隨仙人問丹訣、煉金丹的敘述，充斥於詩集中，垂手可得。

就李白服食養生藥餌而言，雖以礦物藥為大宗，但作品中仍不乏採集菖蒲、紫芝等草木藥，其族姪僧中孚曾贈之以玉泉仙人掌茶，李白賦詩並序稱贊這種玉泉仙人掌茶的神效云：

余聞荊州玉泉寺近清溪諸山，山洞往往有乳窟。窟中多玉泉交流，其中有白蝙蝠，大如鴉。按仙經，蝙蝠一名仙鼠，千歲之後，體白如雪，棲則倒懸，蓋飲乳水而長生也。其水邊處處有茗草羅生，枝葉如碧玉，唯玉泉真公常采而飲之，年八十餘歲，顏色如桃李。而此茗清香滑熟，異於他者，所以能還童振枯，扶人壽也。余遊金陵，見宗僧中孚，示余茶數十片，拳然重疊，其狀如手，號為仙人掌茶，蓋新出乎玉泉之山，曠古未睹。因持以見遺，兼贈詩，要余答之，遂有此作，後之高僧大隱，知仙人掌茶發乎中孚禪子及青蓮居士李白也。

常聞玉泉山，山洞多乳窟。仙鼠如白鴉，倒懸清溪月。茗生此山中，玉泉流不歇。根柯灑芳津，採服潤肌骨。叢老卷綠葉，枝枝相連接。曝成仙人掌，似拍洪崖肩。舉世未見之，……。

（〈答族姪僧中孚贈玉泉仙人掌茶〉《全唐詩》卷一七八）

茗茶既能裨益於養生長壽，因此就算常以礦物丹藥餌食的李白，也要多所贊美品嚐了。

盛唐另一位耀眼的明星杜甫，也是具有唐人「好語王霸大略」的胸襟特色，曾「自謂頗挺出，立登要路津，致君堯舜上，再使風俗淳」（〈奉贈韋左丞丈二十二韻〉《全唐詩》卷二一六）、「有志乘鯨鼇，或驂鸞登天，聊作鶴鳴皋。」（〈送重表姪王砅評事使南海〉《全唐詩》卷二二三）。但這位素以儒者自居的詩人，也被葛洪、王喬煉丹成仙的事跡所吸引，到處尋討丹砂、靈芝，以求長生，歌詠著「濁酒尋陶令，丹砂訪葛洪」。他也曾與李白渡過黃河，到王屋山尋找道士華蓋君，雖斯人已亡故，在「悵望金匕藥」、「丹砂負前諾」之下，還「竟夜伏石閣」（〈昔遊〉《全唐詩》卷二一八），希望能有神仙跨鶴下降，授以金丹妙訣；又訪問隱居東蒙山的元逸人和衡陽董奉先煉師，還隨他在修行靜室煉丹爐旁參悟。

當有經綸報國大志的杜甫在仕途艱辛受挫，使他一生流離飄泊，鬱鬱不得志時，發憤世之慨，想託身世外，企求神仙長生的思想就份外明顯的表現出來，所謂「知子松根長茯苓，遲暮有意來同煮」（〈嚴氏溪放歌行〉《全唐詩》卷二二〇）；當憤邊鎮之不好士，乃有意欲和逸人偕隱，於是出現「藥囊親道士，灰劫問胡僧。……奼女縈新裹，丹砂冷舊秤。但求椿壽永，莫慮杞天崩。」（〈寄陝州劉伯華使君四十韻〉《全唐詩》卷二三〇），以及「生理衹憑黃閣老，衰顏欲赴紫金丹。」（〈將赴成都草堂途中有作先寄嚴鄭公五首〉《全唐詩》卷二二八）的想法。

雖然杜甫羨慕金丹服食，但他經濟拮据，「荒年自餬口，家貧無供給」（〈送重表姪王砅評事使南海〉《全唐詩》卷二二三），後半生更是貧疾昏老，曾一度採藥大山以換糧糊口，因此沒有足夠資財營聚丹藥，〈贈李白〉詩即云：

> 二年客東都，所歷厭機巧。野人對腥羶，蔬食常不飽。豈無青精飯，使我顏色好？苦乏大藥資，山林跡如掃。……（《全唐詩》卷二一六）

關於青精飯，又稱烏飯。陶弘景《登真隱訣》言其作法是以藥草蜜溲曝之。而唐之陳藏器則云取南燭草莖葉，擣之浸粳米，九蒸九曝，米粒緊小如珠，囊之可適遠方。李時珍說：「此飯乃仙家服食之法。今之釋家多於四月八日造之，以供佛耳。」（《本草綱目》卷二十五）。

杜甫作品中雖有所謂鼎爐、丹砂、奼女（汞）等等，但既然家資貧困，又無名師指點迷津，因此及至晚年仍有仙丹不得之憾，在他即將去世那年還在痛惜：「葛洪尸定解，許靖力難任。家事丹砂訣，無成涕作霖。」（〈風疾舟中伏枕書懷三十六韻奉呈湖南親友〉《全唐詩》卷二三三）。

杜甫雖曾希望餌丹砂以成仙，但實際「藥餌駐修軫」的服食良方還是草木藥，因此對於藥物的生長、採種、炮製等都有詳細描述。例如寫藥物分布地帶及其生長情況有：「故山多藥物，勝概憶桃源」（〈奉留贈集賢院崔于二學士〉《全唐詩》卷二二四）、「一縣蒲萄熟，秋山苜蓿多」（〈寓目〉《全唐詩》卷二二五）、「葳蕤秋葉少，隱映野雲多。隔沼連香芰，通林帶女蘿。甚聞霜薤白，重惠意如何？」（〈佐還山後寄三首寓之三〉《全唐詩》卷二二五）；寫藥物種植與採收：「幕府籌頻問，山家藥正鋤。」（〈贈李八秘書別三十韻〉《全唐詩》卷二三〇），對藥物採收的季節，杜甫也很熟悉，「寄語楊員外，山寒少茯苓。歸來稍暄暖，當為斲青冥。」（〈路逢襄陽楊少府入城戲呈楊員外綰〉《全唐詩》卷二二五）。他甚至擔憂藥物知識的傳承，「採藥吾將老，兒童未遣聞」（〈秦州雜詩二十首〉之十五《全唐詩》卷二二五），於是令子采摘蒼耳（即卷耳）：「江上秋已分，林中瘴猶劇。畦丁告勞苦，無以供日夕。……童兒且時摘，侵星驅之去。爛熳任遠適，放筐亭午際，洗剝相蒙冪」（〈驅豎子摘蒼耳〉《全唐詩》卷二二一）；另外寫藥物炮製曝曬和功用：「曬藥能無婦，應門幸有兒」（〈秦州雜詩二十首〉之二十《全唐詩》卷二二五）、「卷耳況療風」（〈驅豎子摘蒼耳〉）、「掃除白髮黃精在，君看他時冰雪容」（〈丈人山〉《全唐詩》卷二一九）等等。查考《本草綱目》云黃精具有「補中益氣，除風濕、安五臟、……單服九蒸九暴食之，駐顏斷穀。」（卷十二），既有如此補益之功，是以能烏髮；而卷耳則主療「風寒頭痛，壓溼周痹，四肢拘攣，……久服益氣，……炒香浸酒服，去風補益」（卷十五）。由此可以看出杜甫對草木藥物的知識相當充足且正確。

田園山水詩人王維雖然素衣奉佛，但也不免受時風影響地求仙學道，〈過太乙觀賈生房〉云：

> 昔余棲遯日，之子煙霞鄰。共攜松葉酒，俱簪竹皮巾。攀林遍巖洞，采藥無冬春。謬以道門子，徵為驂御臣，常恐丹液就，先我紫陽賓。……（《全唐詩》卷一二五）

這是他回憶昔年與友人攀林采藥的生涯，文中說他惟恐友人丹藥煉就，先他成仙而去。

與王維齊名的孟浩然，雖曾求仕但遭「不才明主棄」後，仕途之路較王維坎坷，為冀求逃避失意人生，他一再表示「願言解纓紱，從此去煩惱。……紛吾遠遊意，學彼長生道。」（〈宿天臺桐柏觀〉《全唐詩》卷一五九），因此時與道士交往，「從爾鍊丹液」（〈山中逢道士雲公〉《全唐詩》卷一五九），也曾「尋林采芝去」（〈疾愈過龍泉寺精舍呈易業二公〉《全唐詩》卷一五九），希望能過無憂無慮的神仙生活。

另一開元詩人儲光羲，與王、孟皆有交往。不但嚮往、並且也實際從事求仙訪道，「名嶽徵仙事，清都訪道書」（〈遊茅山五首〉《全唐詩》卷一三六），「時來農事隙，採藥遊名山」（〈田家雜興八首〉之四《全唐詩》卷一三七），就是他真實生活的寫照。

至於邊塞詩人岑參累佐戎幕，往來鞍馬烽塵間十餘載，曾說自己「早年好金丹，方士傳口訣」（〈下外江州懷終南舊居〉《全唐詩》卷一九八）；另一詩人王昌齡雖時採菖蒲養生，卻忻羨丹砂，曾向道士「稽首求丹經」（〈就道士問周易參同契〉《全唐詩》卷一四一），再三表達「拜受長生藥，翩翻西海期」（〈謁焦煉師〉《全唐詩》卷一四二）的心願。而與王昌齡同榜登科，仕途卻並不如意的常建，時常「往來太白、紫閣諸峰，有肥遯之志，嘗採藥仙谷中」（《唐才子傳》卷二），其〈仙谷遇毛女意知是秦宮人〉詩，敘述採藥的「仙遇」云：

> 溪口水石淺，泠泠明藥叢。入溪雙峰峻，松栝疏幽風。垂嶺枝嫋嫋，翳泉花濛濛。夤緣齊人目，路盡心彌通。盤石橫陽崖，前流殊未窮。回潭清雲影，瀰漫長天空。水邊一神女，千歲

為玉童。羽毛經漢代，珠翠逃秦宮。目覿神已寓，鶴飛言未終。祈君青雲秘，願謁黃仙翁。嘗以耕玉田，龍鳴西頂中。金梯與天接，幾日來相逢。（《全唐詩》卷一四四）

常建這首詩的內容虛實相參。到山谷採藥應是真實的事，至於遇見神女——如《列仙傳》卷下所說：有秦始皇宮人遇道士谷春，教食松葉，遂不飢寒、身輕如飛者，殆是作者想像之辭，主要是期待自己也能遇見仙人，得其傳授長生的仙方。

常建還有〈閒齋臥病行藥至山館稍次湖亭二首〉之詩，其二有云「行藥至石壁，東風變萌芽。……辭君嚮滄海，爛熳從天涯。」（《全唐詩》卷一四四），由此詩意看來，常建或有餌服五石散，因此才須所謂的「行藥」。

中唐信仙服餌的文士，尤較初盛唐為多。如《唐才子傳》卷二云薛據「好棲遁，居高鍊藥」；卷三載顧況全家「隱居茅山，鍊金拜斗，身輕如羽」；卷四云劉商「好神仙，鍊金骨」。《唐才子傳》所載雖屬筆記性質，但稽之唐人作品敘述，中唐確有一些文士出身的官吏餌服丹藥者，其餌丹後的結果則亦如前人般的暴疾早夭。例如白居易有〈思舊〉詩云：

閒日一思舊，舊遊如目前。再思今何在？零落歸下泉。退之服硫黃，一病訖不痊。微之鍊秋石，未老身溘然。杜子得丹訣，終日斷腥羶。崔君誇藥力，經冬不衣綿。或疾或暴夭，悉不過中年。唯予不服食，老命反遲延。況在少壯時，亦為嗜慾牽。但耽葷與血，不識汞與鉛。飢來呑熱物，渴來飲寒泉。詩役五藏神，酒汩三丹田。隨日合破壞，至今粗完全。齒牙未缺

落，肢體尚輕便。已開第七秩，飽食仍安眠。且進杯中物，其餘皆付天。（《全唐詩》卷四五二）

白氏在這首詩裏回憶、感歎昔日四位摯友因餌丹，為藥所誤而紛赴黃泉，詩中並且慶幸自己不懂丹藥，沒有餌服反而性命延長。但白氏此詩有二個問題頗值得討論。一是詩中所指的人物身分究竟是誰？二是白氏自己有無餌丹的事實。

首先，關於此詩所指四位摯友的身分，筆者認為分別是指韓愈、元稹、杜元穎、崔玄亮等四人。歷來論者對白氏「退之服硫黃，一病訖不痊」一句中，「退之」究為何人？聚訟最為紛紜⑰，或謂指韓愈，或謂指與韓愈同字之衛中立。例如清代以來的學者如錢大昕、汪師韓、盧文弨、方崧卿、李季可等人皆為韓愈辯護，其所持的理由，主要是韓愈既曾作〈李干墓誌〉，力詆六七公皆以藥敗（詳見本章第二節敘述），當不可能自己言行矛盾，服食硫黃以身試禍，因此亦否認宋代陶穀《清異錄》卷一所說韓愈晚年頗親脂粉，有聲妓而服金石藥之事。近人陳寅恪在《元白詩箋證稿·附論·白樂天之思想行為與佛道關係》一文中認為：

> 樂天之舊友至交，而見於此詩之諸人，如元稹、杜元穎、崔群，皆當時宰相藩鎮大臣，且為

---

⑰ 有關「退之服硫黃」一句，所指稱人物的身分，宋·方崧卿《韓譜增考》、清·錢大昕《十駕齋養新錄》卷十六均以為是衛中立。陳寅恪《元白詩箋證稿·白樂天之思想行為與佛道關係》、鄭騫〈古今誹韓案考辨〉（《書目季刊》第十一卷第四期）則以為是韓愈。此問題之考辨可參見羅師聯添《韓愈研究》〈退之服硫黃〉一節，臺北，學生書局，民國六十六年十一月初版。

文學詞科之高選，所謂第一流人物也。若衛中立則既非由進士出身，位止邊帥幕寮之末職，復非當日文壇之健者，斷無與微之諸人並述之理。然則此詩中之退之，固舍昌黎莫屬矣。方崧卿、李季可、錢大昕諸人意雖在為賢者辯護，然其說實不能成立也。考陶穀《清異錄》載昌黎以硫黃飼雞男食之，號曰「火靈庫」。陶為五代時人，距元和、長慶時代不甚遠，其說當有所據。至昌黎何以言行如此相矛盾，則疑當時士大夫為聲色所累，即自號超脫，亦終不能免。

陳寅恪從白詩中所提人物身分必相稱，以判斷白詩中之「退之」為韓愈，此觀點筆者甚為贊同。但韓愈究竟有無餌服丹藥？陳寅恪先生認為韓愈言行之所以矛盾，是當時士大夫「為聲色所累」造成，然而事實果真如此嗎？

韓愈有無餌服硫黃？且看韓愈自己的說法。其〈寄隨州周員外〉云：

> 陸孟丘楊久作塵，愈與陸長源、孟叔度、丘穎、楊凝及君巢，同為董晉幕客。同時存者更誰人？金丹別後知傳得，乞取刀圭救病身。周好金丹服餌之術。（《全唐詩》卷三四四）

隨州員外周君巢確實喜好金丹服餌之術，柳宗元曾有〈答周君巢餌藥久壽書〉一文，對周君巢所云「餌藥可以久壽。將分以見與」（《全唐文》卷五七四）的美意，柳宗元敬謝不敏。韓愈於此詩中明白向周君巢乞藥，至於其目的何在？韓愈說是為救治自己的病身。

然而韓愈身患何疾？其〈祭十二郎文〉云：

吾年未四十，而視茫茫，而髮蒼蒼，而齒牙動搖。念諸父與諸兄，皆康彊而早世，如吾衰者，其能久存乎？（《韓昌黎集》卷二十三）

韓愈年紀尚未四十，竟然氣血衰弱至此地步！另外在〈與崔群書〉裏，韓愈也說：

近者尤衰憊。左車第二牙無故動搖脫去，目視昏花，尋常間便不分人顏色；兩鬢半白，頭髮五分亦白其一，鬚亦有一莖兩莖白者。（馬其昶《韓昌黎文集校注》卷二）

由此二文可知韓愈本人早衰多病，再從其諸父兄叔伯皆短壽、而其侄十二郎亦曾自訴有軟腳病等等看來，可以說明韓氏家族的先天血統並不康健。

石硫黃是煉丹時使用的藥物之一，但查考自六朝已來，這種礦物藥也是治療如上所述氣血衰弱的特效藥⓲；而唐代的《千金翼方》卷二亦云石硫黃可以「堅筋骨、除頭禿，療心腹積聚、邪氣冷癖在脅，欬逆上氣，腳冷疼弱無力。……」、卷十四〈退居〉的「服藥第三」也說「伏火石硫黃，救腳氣，除冷癖、理腰膝，能食有力」等等。因此綜合上述資料看來，韓愈餌丹是事實，而其服食

⓲ 葛洪《肘後備急方》卷三，載有用硫黃治療「風毒腳弱痹滿上氣」等方，共十一種。

金石藥物，主要殆為治疾之需。然而唐人服藥，首先多以祛疾養生為目的，其後則求健身強魄、長生久壽；韓愈既感慨家族中人皆短命早夭，則吾人焉知韓愈無長生久壽之念？其餌食硫黃，既合乎治疾長生的人情常理，又何必定為之掩蓋事實。

詳究清代學者之所以齦齦然，必為這位「文起八代之衰，道濟天下之溺」的賢者辯護，殆不能接受宋人云韓愈有聲妓之說。但唐代聲妓興盛，上自帝王公卿，下至文士大夫，寄情於聲色，聽歌賞舞，是當時普遍的社會風習[19]，官吏們在筵席上有官妓、營妓勸歌侑舞，平日家中亦有妓妾奏繁弦之音，舞婆娑之樂。距唐甚近的北宋王讜於《唐語林》卷六〈補遺〉即載：「退之有二妾，一曰絳桃，一曰柳枝，皆能歌舞。」。而張籍〈祭退之〉詩云：

> 中秋十六夜，魄圓天差清。公既相邀留，坐語于階楹。乃出二侍女，合彈琵琶箏。（《全唐詩》卷三八三）

這是張籍於中秋夜訪韓愈，韓愈出二侍妾合彈琵琶箏，與張籍共同聆聽的記實之景，詩中之二侍女即柳枝與絳桃，其性質類似家妓。由此詩所述也更清楚證明聲妓是唐時士大夫平常的生活娛樂，韓愈亦是如此，何來為聲色所累？後人常以現代的制度和道德標準去衡量古人的行為，實是拘泥不通！

至於論者說韓愈既作〈李干墓誌〉戒人服金石藥，己身又餌硫黃，有言行不一的矛盾。實則唐人行事經常言不由衷，不獨韓愈如此，例如唐代帝王們初不信仙，其後熱衷神仙服食的情事所在多有（詳見本章第一節所述）；且大凡人之常情，訾議他人比反省己身容易。而考韓愈之所以言行不符，蓋與其一生際遇舛蹇有關。其四舉於禮部乃一得，三試於吏部無成，則十年猶布衣，在家境貧困的壓力下，縱為「遑遑仁義，有志於持世範，欲以人文化成」之端士（《舊唐書．韓愈傳》），也不得不向現實低頭，因此不論被貶至潮州時，上表謝恩，或三上宰相的書信裏，均可見其奴顏卑屈之詞。由於仕途之不順遂，乃由失望轉求聲色自娛，以解脫心中苦悶，而「艷姬蹋筵舞，清眸刺劍戟」（〈感春三首〉之二《全唐詩》卷三四二）、「銀燭未銷窗送曙，金釵半墮座添春」（〈酒中留上襄陽李相公〉《全唐詩》卷三四四）、「長姬香御四羅列，縞裙練帨無等差」（〈李花二首〉之二《全唐詩》卷三四〇）等詩句，於焉出現，這迥異於韓愈昔日所云：「長安眾富兒，盤饌羅羶葷，不解文字飲，惟能醉紅裙」（〈醉贈張秘書〉《全唐詩》卷三三七），對當時徵歌選舞，紅袖侑觴的奢靡狎冶風氣，深表痛惡嫉視之情。由此看來韓愈言行的轉變，實不足以稱怪。因此綜合上述，白詩的「退之餌硫黃」一句，確指韓愈無誤；而其餌硫黃、聚聲伎，也都是沾染唐人服食養生與遊樂的風習。

另外，上述白詩中「崔君誇藥力，經冬不衣綿」之句，歷來學者包括陳寅恪諸先生在內，都以為指的是崔群⑳，但查考史料文獻，當指「崔玄亮」才是。據《舊唐書．崔玄亮傳》云：「崔玄亮字晦叔，……性雅淡，好道術。」白居易〈唐故虢州刺史贈禮部尚書崔公墓誌銘〉云：「公諱玄亮，

⑲ 詳見拙著《唐伎研究》第二章所述。臺北，學生書局，民國八十四年九月初版。

⑳ 陳寅恪《元白詩箋證稿．白樂天之思想行為與佛道關係》以為是崔群；後之學者多根據其說而無質疑，如鄭騫的〈古今誹韓案考辨〉（《書目季刊》第十一卷第四期）者是；而顏進雄《唐代遊仙詩研究》頁一一〇及一三四注釋二十二所云並皆錯誤。實則白氏兩詩之崔君指崔常侍，即崔晦叔，亦即崔玄亮，《舊唐書》卷一六五、《新唐書》卷一六四俱皆有傳。

字晦叔。……夙慕黃、老之術，齋心受籙，伏氣鍊形，暑不流汗，冬不挾纊。……」（《白居易集》卷七十）。這位好道術的崔玄亮（晦叔），與居易同於貞元十九年以書判拔萃科登第，兩人友情彌堅卻早居易而亡。白氏〈哭崔常侍晦叔〉詩云：「頑賤一拳石，精珍百鍊金」（《全唐詩》卷四五二）即言其被丹藥所誤；另一篇〈感事〉詩則更明白的說：

> 服氣崔常侍晦叔，燒丹鄭舍人居中。常期生羽翼，那忽化灰塵？每遇淒涼事，還思潦倒身。唯知趁盃酒，不解鍊金銀。睡適三尸性，慵安五藏神。無憂亦無喜，六十六年春。（《全唐詩》卷四五六）

由此可知崔常侍就是崔晦叔，也就是崔玄亮，與白居易〈思舊〉詩所云之「崔君」為同一人，因此〈思舊〉詩中另一餌丹身亡的是崔玄亮而非崔群。

白居易雖然在〈思舊〉、〈感事〉等詩中，語調悲悽地感懷諸位友人餌丹亡故，而且還信誓旦旦地說自己到了六十六歲，還「不懂鍊金銀」，已開第七秩，卻「不識汞與鉛」。但這些言詞都與白居易早在三十二歲即與李建同學煉丹之術的事實[21]，大相逕庭，唐人的言行矛盾，於此又是一例。

雖然白居易對煉丹方術早有所習，但初始他仍如傳統文士般胸懷大志，積極躍動仕途，期展鴻圖。因此從德宗貞元十八年試書判拔萃科，到憲宗元和十年歷任官職的期間，白居易固然曾學習煉丹，但他大部分的心力仍是傾注在國事民生上。直到他因武元衡事件被貶謫後，從此「換盡舊心腸」，甚至後悔自己「三十氣太壯，胸中多是非」（〈白雲期〉《全唐詩》卷四三〇），為開解失意人生，他開始服食丹藥，而且結交道友，對服丹成仙的熱烈企盼，在詩文中清楚的表露無遺。元和十一年所作的〈宿簡寂觀〉詩云：

……夕投靈洞宿，臥覺塵機泯。名利心既忘，市朝夢亦盡。暫來尚如此，況乃終身隱。何以療夜飢？一匙雲母粉。（《全唐詩》卷四三〇）

又如〈題李山人〉詩云：

廚無煙火室無妻，籬落蕭條屋舍低。每日將何療饑渴？井華雲粉一刀圭。（《全唐詩》卷四三八）

由上述二詩，可知白居易服食的丹藥，是礦物類的雲母，他用早上初汲的井水，和著一湯匙的雲母粉吞食。而由白居易在江州司馬任內，與道士來往頻繁的情形看來，這些雲母粉當是道觀裏的道士所提供的。

白居易為求早遂長生的願望，不辭勞苦尋訪道士、煉師，向他們請教丹藥燒煉技術。但丹藥燒煉並不容易，即以過程而論就繁複多樣，煉丹家又多秘重不宣，居易僅憑與道士短暫的教導學習即

㉑ 長慶二年白居易詩題為〈予與故刑部李侍郎早結道友以藥術為事與故京兆尹晚為詩侶有林泉之期周歲之間二君長逝李住曲江北元居昇平西追感舊遊因貽同志〉，可知貞元十九年，居易三十二歲時已開始學習煉丹。

欲煉成丹藥，更難奏功；尤其是煉丹藥物隱名、異名、同名者多，究竟所指為何物，實令其迷惑而難考真意。〈對酒〉詩即感歎云：

漫把參同契，難燒伏火砂。有時成白首，無處問黃芽。幻世如泡影，浮生抵眼花。唯將綠醅酒，且替紫河車。（《全唐詩》卷四四〇）

「黃芽」一物自魏伯陽《周易參同契》多次提及後，就一直被歷代煉丹家視為制汞成大丹的靈異藥物。唐代的梅彪《石藥爾雅》以為是指錫精；《丹房鏡源》則謂「石硫黃又曰黃芽」；《陰真君金石五相類》則云：「采鉛之精氣為天生芽，亦名黃芽。」凡此對「黃芽」的多種解釋，確實令人感到無所適從。居易既不知「黃芽」所指究為何物，其燒丹不成，僅能聊且藉酒澆愁，落寞之情躍然紙上！

居易每當煉丹不成，就改口言金丹無益、金丹不致功。〈自詠〉詩云：

夜鏡隱白髮，朝酒發紅顏。可憐假年少，自笑須臾間。朱砂賤如土，不解燒為丹。……（《全唐詩》卷四三一）

只因燒丹不成，竟說朱砂輕賤如土的反話，可見白氏自我安慰、補償的心態。

居易此後至文宗大和、開成年間，對於丹藥的燒煉或中斷、或繼續，對道術長生服食的心思更常出現懷疑，甚至言行不一的反覆態度。例如大和二、三年的〈對酒吟〉、〈北窗閑坐〉等詩，都是抒發燒丹不成，勸人不要學仙方，自己唯有藉酒消憾。大和四年的〈不如來飲酒七首〉之五更提高聲調的說：

> 莫學長生去，仙方誤殺人。那將薤上露，擬待鶴邊雲。矻矻皆燒藥，累累盡作墳。不如來飲酒，閑坐醉醺醺。（《全唐詩》卷四五〇）

這些詩的意思都是不滿服食求仙，對仙方誤人甚且提出嚴厲的批評，與〈古詩十九首〉之八云「服食求神仙，多為藥所誤。不如飲美酒，被服紈與素」之句，似有同工異曲之妙。

大和五年，〈與諸道者同遊二室至九龍潭作〉時，居易說：「喜逢二室遊仙子，厭作三川守土臣」（《全唐詩》卷四五一），但開成二年卻又有一首〈燒藥不成命酒獨醉〉詩云：

> 白髮逢秋王，丹砂見火空。不能留姹女，爭免作衰翁，賴有盃中綠，能為面上紅。少年心不遠，只在半酣中。（《全唐詩》卷四五六）

顯然又以燒丹未成為憾，這也同時說明居易此期仍不免嘗試燒煉丹藥。而到了開成四年的〈對鏡偶吟贈張道士抱元〉詩云：

閒來對鏡自思量，年貌衰殘分所當。白髮萬莖何所怪，丹砂一粒不曾嚐。眼昏久被書料理，肺渴多因酒損傷。今日逢師雖已晚，枕中治老有何方？（《全唐詩》卷四五八）

居易面對老病纏綿之軀，向張道士求治老之方，但詩中宣稱自己一粒丹砂都不曾吃過，這真是矇眼說瞎話！同年〈戒藥〉詩曰：

促促急景中，蠢蠢微塵裏。生涯有分限，愛戀無終已。早夭羨中年，中年羨暮齒。暮齒又貪生，服食求不死。朝吞太陽精，夕吸秋石髓。徼服反成災，藥誤者多矣。以之資嗜慾，又望延甲子。天人陰騭間，亦恐無此理。域中有真道，所說不如此。後身始身存，吾聞之老氏。（《全唐詩》卷四五九）

此詩幾乎就是居易養生的過程與實錄。不過六十八歲暮年的居易似乎已較能以理性的態度，去面對人生生死的自然情況，在虛幻的丹藥服食求仙之外，他找到另一種道家老子的養生術。

只可惜這樣的清醒僅是曇花一現，會昌元年，居易對燒丹仍未忘懷。〈病中數會張道士見譏以此答之〉詩云：

亦知數出妨將息，不可端居守寂寥。病即藥窗眠盡日，興來酒席坐通宵。賢人易狎須勤飲，奼女難禁莫謾燒。張道士輸白道士，一盃沆瀣便逍遙。（《全唐詩》卷四五九）

此詩是七十一歲左右所作，居易在病中違反道家養神保身之禁忌，數會張抱元道士，張抱元勸居易應將息養神，居易卻以「賢人（美酒）易狎須勤飲，奼女（丹藥）難禁莫謾（怠慢）燒」來回答，又再度的展現他對丹藥服食的興致盎然。

綜觀白居易在七十五年的生涯裏，追求神仙長生、丹藥餌食幾佔一半以上的時光，雖然其中煉丹斷斷續續、心態反反覆覆，但此正可證明道教餌丹長生對他吸引力之大，使他在垂暮之年仍割捨不下丹藥服食，據馮贄《雲仙雜記》載，樂天燒丹於廬山草堂中，作飛雲履，曾穿著此履對山中道友說「吾足下生雲，計不久上升朱府矣」。

綜觀白居易詩文作品對服餌的敘述，草木藥餌出現次數不如金石藥多，且多伴隨以丹竈藥鑪，如「丹竈燒煙熅，黃精花丰茸」，而雲母、奼女、丹砂、參同契等煉丹名詞則大量湧現，這清楚說明白居易的服食養生方是以礦物藥餌為主。此蓋因居易早年雖家境貧窮，但元和三年任左拾遺時，錢財較為潤厚，曾說「歲愧俸錢三十萬」（〈醉後走筆酬劉五主簿長句之贈兼簡張大賈二十四先輩昆季〉《全唐詩》卷四三五），其後丁憂、貶官時雖麤衣糲食以度日，但長慶元年以後升官加級，尤其選擇擔任豐饒富庶的州郡刺史，俸祿已有餘裕㉒，且既晉身於朝廷大臣之列，自易沾染達官顯宦們以金丹為餌服的習氣。

其他大部分的中唐文士們，面對著從初盛唐以來，帝王百官們服食金丹卻都提早「仙逝」的情

㉒ 見拙著〈白居易之愁病與道家道教養生〉，第二屆海峽兩岸道教學術研討會論文集（三），《道教的歷史與文學》，南華大學宗教文化研究中心，民國八十九年七月初版。

況，因此儘管對丹藥仍存忻羨之情，但實際的服食方大多以草木藥為主。例如詩中常有學仙慕道、長生久視之句的詩人韋應物，就以種藥為樂事，其〈種藥〉詩云：

> 好讀神農書，多識藥草名。持縑購山客，移時羅眾英。不改幽澗色，宛如此地生。汲井既蒙澤，插楥亦扶傾。陰穎夕房斂，陽條夏花開。悅玩從茲始，日夕繞庭行。州民自寡訟，養閒非政成。（《全唐詩》卷一九三）

由於作者有志於藥學，因此躬親種植時一副專家架勢，看著藥草日漸成長，可收修身養性於一，其喜悅之情溢於言表。

雖然大多數的煉丹家較強調礦物藥的神奇功效，但也有道士合和植物性的仙藥，韋應物就曾獲道士所贈的松英丸，高興的吟賦〈紫閣東林居士叔緘賜松英丸捧對忻喜蓋非塵侶之所當服輒獻詩代啟〉詩云：

> 碧澗蒼松五粒稀，侵雲采去露沾衣。夜啟群仙合靈藥，朝思俗侶寄將歸。道場齋戒今初服，人事葷羶已覺非。一望嵐峰拜還使，腰間銅印與心違。（《全唐詩》卷一八七）

葛洪《抱朴子．仙藥》篇曾載服食松樹之脂、葉、實、子，或可顏色豐潤、身輕體健，甚至長生不死。韋應物於是想像摘採的艱辛，服食後覺神清氣爽，因此對身纓世俗雜事頗有遺憾。

大歷十才子之一的錢起，認為種藥、采藥有許多樂趣，所謂「逍遙不外求，塵慮從茲泯」（〈自終南山晚歸〉《全唐詩》卷二三六）、「種藥幽不淺，杜門喧自忘」（〈閒居寄包何〉《全唐詩》卷二三八）、「忘情同息機」（〈天門谷題孫逸人石壁〉《全唐詩》卷二三六）等等；其〈鋤藥詠〉詩詳細寫他辛勤耕耘藥田的愉悅心情云：

> 蒔藥穿林復在巘，濃香秀色深能淺。雲氣垂來裛露偏。松陰占處知春晚，拂曙殘鶯百囀催。縈泉帶石幾花開，不隨飛鳥緣枝去。如笑幽人出谷來，對之不覺忘疏懶。廢卷荷鋤嫌日短，豈無萱草樹階墀？惜爾幽芳世所遺。但使芝蘭出蕭艾，不辭手足皆胼胝。寧學陶潛空嗜酒，積齡捨此事東菑。（《全唐詩》卷二三六）

在錢起的筆下，栽種藥草既可聽鳥鳴、聞藥香，又可看自然山水美景，是一種充滿聽、視、嗅、觸覺的人生享受，難怪他樂此不疲。因此時常「山下復山上，將尋洞中藥」（〈獨往覆釜山寄郎士元〉《全唐詩》卷二三六）；而他去野外採摘的藥物，則多為苓、芝之屬，例如〈自終南山歸〉云「采苓日往還」」（《全唐詩》卷二三六），〈登覆釜山遇道人二首〉之一云：「采芝仍滿袖」（同上）。其它詩作如〈幽居春暮書懷〉（《全唐詩》卷二三九）、〈仲春宴王補闕城東小池〉（同上），等也都描述到種藥的情景。詩人們種藥、洗藥等工作固然辛苦，但錢起也不吝相送，如〈月下洗藥〉詩就大方的說：「寄言養生客，來此共提筐」（《全唐詩》卷二三七）。

另一中唐詩人張籍，「身病多思慮，亦讀神農經」（〈臥疾〉《全唐詩》卷三八三），原本就頗為留意養生的他，曾云「自收靈藥讀仙書」（〈憶故州〉《全唐詩》卷三八六），所以他對當時社會上流行服食養生之說，基本上持贊同態度，但有見於餌丹致命者多，如好友丘長史「曾是先皇殿上臣，丹砂久服不成真」（〈哭丘長史〉《全唐詩》卷三八五），因此他反對服食礦物藥，其〈學仙〉詩云：

> 樓觀開朱門，樹木連房廊。中有學仙人，少年休穀糧。高冠如芙蓉，霞月披衣裳。六時朝上清，佩玉紛鏘鏘。自言天老書，祕覆雲錦囊。百年度一人，妄洩有災殃。每占有仙相，然後傳此方。先生坐中堂，弟子跪四廂。金刀截身髮，結誓焚靈香。弟子得其訣，清齋入空房。……爐燒丹砂盡，晝夜候火光。藥成既服食，計日成鸞凰。虛空無靈驗，終歲安所望？勤勞不能成，疑慮積心腸。虛羸生疾疹，壽命多夭傷。身歿懼人見，夜埋山谷旁。求道慕靈異，不如守尋常。……（《全唐詩》卷三八二）

休糧，又稱辟穀，是道士修仙方術之一，而休糧前要先服礦物丹藥。詩述學仙者又是剃度、又是發誓，獲得秘訣煉丹後，不但空耗時日，且服食無效，反致病早夭，所以詩中極力撻伐丹藥殺人。

對張籍來說，服餌求長生的最佳良方是服食草木藥餌，其〈寄菖蒲〉詩云：

> 石上生菖蒲，一寸十二節。仙人勸我食，令我頭青面如雪。逢人寄君一絳囊，書中不得傳此方。君能來作棲霞侶，與君同入丹玄鄉。（《全唐詩》卷三八二）

傳說上古仙人韓終服菖蒲十三年，身生毛，日視書萬言皆誦之，冬袒不寒。葛洪《抱朴子・仙藥》篇曾云：「菖蒲須得生石上，一寸九節以上，紫花者尤善。」而張籍詩中之菖蒲一寸十二節，是葛洪所言仙藥之善者，因此他想借著服食菖蒲的妙用與友人共享遐齡。

在張籍的心目中，除菖蒲是不錯的養生藥物外，「開州午日車前子，作藥人皆道有神」（〈答開州韋使君寄車前子〉《全唐詩》卷三八六），當他看到王侍御的紫閣峰時，還想「移居相近住」，甚至提出「有田多與種黃精」（〈寄王侍御〉同上）的建議，他也曾「分採紫芝苗」（〈贈同溪客〉《全唐詩》卷三八四）送給近鄰，這些都顯示張籍對藉草木藥餌養生情有所鍾。

綜觀中唐以後文士最常採服的草木藥，除上述的黃精、菖蒲、芝以外，還有一名山精的「朮」。據《淮南萬畢術》說：「朮草者，山之精也，結陰陽精氣，服之令人長生，絕穀致神仙。故《神農藥經》曰：『子欲長生，當服山精；子欲輕翔，當服山薑。』」，唐人殆受此說影響，詩文裏時常可見食朮的敘述，例如王季友〈滑中贈崔高士瑾〉有：「實腹以芝朮」之句（《全唐詩》卷二五九）；盧綸〈藍溪期蕭道士採藥不至〉云：「春風生百藥，幾處朮苗香」（《全唐詩》卷二七八）；柳宗元更曾從山上採摘朮的藥根移種藥田，其〈種朮〉詩云：

> 守閒事服餌，採朮東山阿。東山幽且阻，疲苶煩經過。戒徒斲靈根，封植閟天和。違爾澗底石，徹我庭中莎。土膏滋玄液，松露墜繁柯。南東自成畝，繚繞紛相羅。晨步佳色媚，夜眠幽氣多。……（《全唐詩》卷三五二）

採藥雖然辛苦，種藥亦多勞力，但從詩中愉悅的語氣，可見柳宗元是樂在其中的。

另外「茯苓」也是唐人的最愛。詩人戴叔倫曾「日日澗邊尋茯苓」（〈贈鶴林上人〉《全唐詩》卷二七四）；李洞有「入雲晴斸茯苓還」（〈山居喜友人見訪〉《全唐詩》卷七二三）；李益也有〈罷秩後入華山採茯苓逢道者〉之詩云：

……左右長松列，動搖風露零。上蟠千年枝，陰虬負青冥。下結九秋霞，流膏為茯苓。取之沙石間，異若龜鶴形。況聞秦宮女，華髮變已青。有如上帝心，與我千萬齡。始疑有仙骨，鍊魂可永寧。……（《全唐詩》卷二八二）

這是李益入華山採茯苓，逢道者授以畫有茯苓圖之奇書後，有所感悟而頓生求仙之心。茯苓乃依附松樹根生長，傍松根而生，為松根靈氣所結成，多產於太山、華山山谷，其形狀以人形、鳥獸形為善，而作龜形者尤佳。據《史記·龜策傳》載：「伏靈者，千歲松根也，食之不死。」傳言武則天之侄武攸緒以藥餌為務，「隱居中岳，服赤箭、茯苓。晚年肌肉殆盡，目有紫光，晝見星月，又能辨數里外語。」（《廣群芳譜》卷一百），這些傳說都增加了茯苓的神秘色彩，因此唐人都寄望餌食茯苓以治病養生。吳融〈病中宜茯苓寄李諫議〉詩即云：

千年茯菟帶龍鱗，太華峰頭得最珍。金鼎曉煎雲漾粉，玉甌寒貯露含津。南宮已借徵詩客杜工部有寄楊員外茯苓之什，內署今還託諫臣。飛檄愈風知妙手，也須分藥救漳濱。（《全唐詩》

（卷六八七）

茯苓可以單餌，也可和蜜為酥，或合白菊花、桂心、朮等制為散丸，皆可收補益之效。

與茯苓相近者有茯神，係圍繞松根生長者。《玄中記》云：「松脂淪入地中，千歲為茯苓、茯神」，兩者都具有安魂魄、養精神、開心益氣的功用，本無分別。《本草綱目》云：「《神農本草》止言茯苓，《名醫別錄》始添茯神，而主治皆同。」（卷三十七）。然草木藥常有外形相類似，其實異物者，誤食之、非但沒有補益之功，甚且加深疢疾。柳宗元就曾病痞且悸，醫者告之須服茯神為宜，他從市場購得後滌濯釁烹，餌之結果竟致昏憒憑塞，病情加劇，原來宗元誤食「中虛以脆兮，外澤而夷」的老芋，因此特撰〈辨茯神文〉以敘此事，並贊美茯神的功效曰：

> 茯神之神兮，惟餌之良。愉心舒肝兮，魂平志康。毆開滯結兮，調護柔剛。和寧悅懌兮，復被恆常。休嘉訢合兮，邪怪遁藏。君子食之兮，其樂揚揚。（《全唐文》卷五八二）

可見服食養生的首要在分辨藥物，並求其精良。草木藥時有異名同物、同名異物者，彼鬻藥於宗元者，猶唐玄宗之世的方士姜撫以土鼓藤充千歲藟，二者都同是欺妄之輩。但若得藥物之真者，則服之皆有補養之效。段成式在《酉陽雜俎》就曾自云：

> 成式曾見道者論枸杞、茯苓、人參、朮，形有異，服之獲上壽，或不葷血、不色欲，遇之必

能降真為地仙矣。

另一種唐代文士常取食者是枸杞。此物或名仙人杖，李時珍說枸杞是因其棘如枸之刺，而莖如杞之條，故兼名之；至於道書則說，千載枸杞，其形如犬，故得枸名。白居易〈和郭使君題枸杞〉詩即有：「不知靈藥根成狗，怪得時聞吠夜聲」（《全唐詩》卷四四八），此是幽默之語。

關於枸杞的形貌與功用，劉禹錫〈楚州開元寺北院枸杞臨井繁茂可觀群賢賦詩因以繼和〉一詩敘之甚詳，曰：

翠黛葉生籠石甃，殷紅子熟照銅瓶。枝繁本是仙人杖，根老新成瑞犬形。上品功能甘露味，還知一勺可延齡。（《全唐詩》卷三六〇）

將此詩中對枸杞外貌的描述持與醫書藥典並比而觀，可見劉禹錫敘述得相當逼真。孫思邈《千金要方》卷二十六云枸杞葉「補虛羸，益精髓」，製酒服用更能「益顏色，肥健人」，孟郊〈井上枸杞架〉即云：

深鎖銀泉甃，高葉架雲空。不與凡木並，自將仙蓋同。影疏千點月，聲細萬條風。迸子鄰溝外，飄香客位中。花杯承此飲，椿歲小無窮。（《全唐詩》卷三八〇）

可見唐人對枸杞的藥效、制作方式十分了解，因此常採食製作以求長年永生。

總之，唐代文士們的求仙長生之念，絲毫不比帝王百官遜色。而由於彼輩的資財不若前者富裕，對價昂的礦物丹藥較無力負擔，因此其服食方多以植物性草木藥類為主，然於餌服煉製金丹也並不完全釋懷，關於這方面，文士們就多與道流交往，以期盼能獲得金丹，達成長生不老，遨遊仙境的心願。

貳　交遊道士煉師以問道乞藥

唐代由於帝王尊崇道士、喜好金丹餌服，因此不少道士紛紛被徵召入宮，或問以治國之理要，或詢以金丹煉製之方，如此舉動，促使達官顯貴、文人墨客群起仿效；或與道人交往，表示自己的清高脫俗，或與煉師交遊，訪求金丹，以服食燒煉為時尚。茲就唐人詩文集中提及曾與交遊或謁訪之道門人士，或隱遁山林的處士、山人之流，稍加歸納列舉，以觀當時之盛況：

王績：程道士。

盧照鄰：李榮道士。

王勃：王道士。

駱賓王：紫陽觀道士、陸道士。

沈佺期：司馬承禎、劉道士。

宋之問：司馬承禎、田道士。

李嶠：司馬承禎。

崔湜：司馬承禎。
薛曜：司馬承禎。
沈如筠：司馬承禎。
陳子昂：司馬承禎、楊仙翁、馮太和、賈上士、田遊巖。
張九齡：司馬承禎、楊道士、王道士。
張說：司馬承禎、劉道士。
李頎：焦煉師、張果、王道士、盧道士。
王昌齡：焦煉師、朱煉師、開元觀黃煉師、龍興觀黃道士。
孟浩然：雲公、參寥子、梅道士、王道士、太乙子。
劉長卿：謝太虛、許法稜、洪尊師。
李白：元丹丘、紫陽真人、賀知章、許宣平、高如貴、蔡山人、范山人、楊山人、王山人、吳筠、華蓋君、焦煉師、趙叟之、戴天山、褚三清（女）、李騰空（女）。
杜甫：元逸人、董煉師、司馬山人。
王維：方尊師、王尊師、焦煉師、張道士、李山人。
儲光羲：辛道士、韋煉師、李處士。
岑參：谿奐道人、厤道士、張山人。
錢起：焦煉師、張道士、劉道士、溫處士。
顧況：葉道士。

戴叔倫：韓道士、徐山人、李唐山人。

李益：毛仙翁、王屋道士常究子、紀道士、蕭煉師、許煉師。

韋應物：裴處士、韋道士（其侄）、吳筠、劉尊師、黃尊師、東林道士、全椒山中道士。

盧綸：朱道士、王山人、李尊師、郄彝素、蕭道士、賈尊師、韓山人、柳處士。

韓愈：張道士、劉尊師、韓湘（其侄）。

張籍：徐道士、時道士、任道士、許處士、梅處士、太白老人、殷山人、李道士、不食仙姑。

白居易：王道士、李道士、郭煉師、韋煉師、蕭煉師、毛仙翁、張抱元、施山人、李煉師、鄭處士、蘇煉師、朱道士、韓道士、陳山人。

王建：李山人、王屋道士、盧道士。

孟郊：王煉師、尹真人、殷山人、蕭煉師、嵩陽道士。

賈島：楊道士、溫觀主、胡道士、牛山人、鄭山人、劉山人。

李賀：吳道士。

施肩吾：張煉師、王煉師、徐煉師、劉道士、施仙姑、鄭玉華（女）、李山人、龍池山人、田道士。

皮日休：周尊師、顧道士、史拱山人、魏處士、葉尊師。

陸龜蒙：高道士、丁隱君、史拱山人、謝遺塵、何道士、華陽道士。

李商隱：永道士、玄微先生、彭道士、劉先生、宋華陽姐妹。

許渾：韋處士、孫處士、周煉師、王山人、蕭煉師（女）、張道士、梁道士、鄭處士。

上述唐代文士所交往的道流人士，有些是道名遠播，同時與多數文士互有來往者，而文士們也常拜訪友朋所交往的道士，透過這些多重交際關係的脈絡，於是就共同形成一個彼此交流，激蕩神仙思想、分享道術仙方的求仙、服餌大團體。換言之，文士與道流的交往，不但延續自帝王百官與道士的互動作用，而且還將長生求仙的服食風氣再往社會中下階層延伸，唐代服餌養生就如連環扣般的綿密熾盛。

就目前所見有關唐代文士與道人交往的記錄而言，與唐代文士交遊最多且廣泛的道士，分別是初盛唐的司馬承禎、賀知章與中晚唐的毛仙翁。

司馬承禎字子微，據《舊唐書・隱逸傳》載：「少好學，薄於為吏，遂為道士。事潘師正，傳其符籙及辟穀、導引、服餌之術。」承禎嘗遍遊名山，最後乃止於天臺山，自號白雲子，與陳子昂、盧藏用、宋之問、王適、畢構、李白、孟浩然、王維、賀知章為「仙宗十友」（《續仙傳》卷下）。其後因盛名遠播，先後受武則天、中宗、玄宗召至京都，每次固辭還山，帝王皆賞賜豐厚、遣使送之，而「朝中詞人贈詩者百餘人」，《雲笈七籤》卷一一三云：「常侍徐彥伯撮其美者三十餘篇，為制序曰『白雲記』」，今就現存《全唐詩》所收寄贈、尋訪司馬承禎的詩作，可發現作者的身分多為文士出身之臺閣大臣，例如沈佺期、宋之問、張九齡、李嶠、張說等，其中尤以宋之問三篇為最多。茲舉沈佺期與宋之問各一首，以見司馬承禎在文人學士眼中的形象。

沈佺期〈同工部李侍郎適訪司馬子微〉：

紫微降天仙，丹地投雲藻。上言華頂事，中問長生道。華頂居最高，大壑朝陽早。長生術何妙，童顏後天老。清晨朝鳳京，靜夜思鴻寶。憑崖飲蕙氣，過澗摘靈草。人非塚已荒，海變田應燥。昔嘗遊此郡，三霜弄冥島。緒言霞上開，機事塵外掃。頃來迫世務，清曠夫云保。崎嶇待漏恩，怵惕司言造。軒皇重齋拜，漢武愛祈禱。順風懷崆峒，承露在豐鎬。泠然委輕馭，復得散幽抱。柱下留伯陽，儲闈登四皓。聞有參同契，何時一探討。（《全唐詩》卷九十五）

宋之問〈寄天臺司馬道士〉：

臥來生白髮，覽鏡忽成絲。遠愧餐霞子，童顏且自持。舊遊惜疏曠，微尚日磷緇。不寄西山藥，何由東海期。（《全唐詩》卷五十二）

二詩之共同特色，都在贊美道人因善於修煉而常保的童顏，並期待能知曉煉丹方術或直接獲致靈藥。

賀知章，字季真，據《舊唐書．文苑傳》云「少以文詞知名，舉進士。初授國子四門博士，又遷太常博士。……開元十三年，遷禮部侍郎，加集賢院學士，又充皇太子侍讀。……天寶三載，知章因病恍惚，乃上疏請度為道士，求還鄉里，仍捨本鄉宅為觀。……御制詩以贈行，皇太子已下，咸就執別。」唐玄宗〈送賀知章歸四明〉詩之〈序〉中云：

天寶三年，太子賓客賀知章，鑒止足之分，抗歸老之疏，解組辭榮，志期入道，朕以其年在遲暮，用循挂冠之事，俾遂赤松之遊，正月五日，將歸會稽，遂餞東路，乃命六卿庶尹大夫

供帳青門，寵行邁也。（《全唐詩》卷三）

可見賀知章亦如司馬承禎般，同受帝王百官的尊寵敬重。據王楙《野客叢書》卷十七云：「僕尋考《會稽集》（按當即是《會稽掇英總集》），得明皇所為送賀老歸越之序與詩，及朝士自李適之以下三十七人餞別之作。」從有如此多位士大夫為之賦歌送行的情形看來，賀知章交遊之廣闊可窺見一、二，今在《全唐詩補編》裏尚有王鐸、嚴都、李慎微等三位晚唐人的擬作㉓，詩中敘述之真實，語氣之留戀不捨，恍若係與賀知章往來甚久的好友。至於真正參與當時賦詩送行之文士大夫的作品，茲舉收錄於《全唐詩補編》中之三首〈送賀秘監歸會稽詩〉以觀：

送君青門外，遠詣滄海汜。鳧舄遊帝鄉，羽衣飛故里。術妙焚金鼎，丹成屑瓊蘂。追餞會群僚，屬文降天旨。秦吳稱異域，少別猶千祀。黃鶴寓遼東，應明城郭是。（辛替否、《全唐詩續拾》卷十二）

軒冕朝恩盛，霓裳祖帳榮。倏然謝時客，高步尚遺名。魏闕鴛行斷，稽山鶴駕迎。相期下鳧舄，謁帝會承明。（崔璘、同上書）

錫鼎昇天幾萬春，裔孫今復出囂塵。姓名當繫上清籙，齒髮不知何代人。暫應客星過世主，旋歸吳市作遺民。遼東駕鶴忽飛去，揮手無言辭紫宸。（何千里、同上書）

詩人多運用陶潛《搜神後記》丁令威的典故，將賀知章別京之舉，視為如漢朝的丁令威學道成仙，後駕鶴歸遼東，並期盼賀知章能如東漢葉縣縣令王喬，乘坐鞋子變成的仙鳧般，再期相會。

相對於司馬承禎、賀知章等人曾涉足於魏闕，聲名蜚動朝野，另一位高道之士毛仙翁似乎較活動於鄉井之間，且以其修煉眾術的神通，彰顯他傳奇不凡的一面。宋．計有功《唐詩紀事》卷八十一引杜光庭言其童顏鶴髮的外貌與特立超凡之形止云：

> 毛仙翁者，名干，字鴻漸，得久視之道，不知其甲子，常如三十許人。其齠容稺姿、雪肌玄髮，若處子焉。周遊湖嶺間，常以丹石攻疾，陰功救物，受其賜者，不可勝紀，……蒙其澤者多矣。

這樣的不老容顏，已令人心生嚮往之情，而文中還歷歷記述毛仙翁不少救人的神異事蹟，而且這些獲救者的名姓都詳實可考，於是眾口騰傳，使得一些原本對神仙之事抱持半信半疑態度的人，也不禁趨之若鶩，競相與之交往，想要一窺這位仙客的形貌，例如李宗閔即由先前的「囁嚅持疑於唇間」，到最後發出「信乎異人也」的贊歎；再如牛僧孺「嘗病仙者能上升」，及見毛仙翁「雙眸炅然，紅膚若花，迅駛無羈，竦步飄飄然」後，始信神仙上昇之事，且曰：「予安謂其非至人乎？」

㉓ 嚴都、王鐸、李慎微等三位晚唐人擬作〈送賀秘監歸會稽詩〉分別見《全唐詩補編》卷三十一、三十三以及三十五。

（同上書）。

中晚唐之宰臣學士與毛仙翁有交往者多矣，據杜光庭言，如：

> 裴晉公度、牛公僧孺、令狐公楚、李公程、李公宗閔、李公紳、楊公嗣復、楊公於陵、王公起、元公稹，當代之賢相也。白公居易、崔公郾、鄭都澣、李公益、張公仲方、沈公傳師、崔公元略、劉公禹錫、柳公綽、韓公愈、李公翱，當代之名士也。望藹寰區，名動海島。或師以敬之，或兄以事之，皆以師為上清品人也。或美其登仙出世，或紀其孺質嬰姿，或異其藏往知來者，或敘其液金水玉，霞綺交爛，組繡相宜，蓋玄史之盛事也。自元和洎大中戊子，五十餘年，容色不改，信非常人矣。（《唐詩紀事》卷八十一）

這真可說是一段盛況空前、難得一見的達官名士與毛仙翁交往實錄。而從眾多著名的宰臣文士爭相為詩文記其人、詠其事，既可見毛仙翁交際之廣闊，更顯現當時社會掀起競相和道士、煉師交往的風潮。

唐代文士由於與道流煉師過從甚密，因此在唐人詩文集中，有關贈答、送別、尋訪、追憶彼輩的作品，就屢見篇什，不可勝數；而這些道士煉師的形貌，在文士筆下幾乎都是超然人世，擁有千年長壽，卻又童顏鶴髮，不見老態。如李頎〈謁張果先生〉云：

> 先生谷神者，甲子焉能計。自說軒轅師，于今幾千歲。寓遊城郭裏，浪跡希夷際。應物雲無

心，逢時舟不繫。餐霞斷火粒，野服兼荷製。白雪淨肌膚，青松養身世。（《全唐詩》卷一三二）

又如白居易〈贈毛仙翁〉云：

> 仙翁已得道，混跡尋巖泉。肌膚冰雪瑩，衣服雲霞鮮。紺髮絲並緻，齠容花共妍。方瞳點玄漆，高步凌飛煙。幾見桑海變，莫知鶴龜年。所憩九清外，所遊五嶽巔。軒昊舊為侶，松喬難比肩。……（《全唐詩》卷四五九）

唐代文士大夫之所以熱衷與道流、煉師交往，目的之一是期待能獲致仙藥，達成長生神仙的希望，王昌齡〈謁焦煉師〉詩即云：

> 中峰青苔壁，一點雲生時。豈意石堂裏，得逢焦煉師。爐香淨琴案，松影閑瑤墀。拜受長年藥，翩翻西海期。（《全唐詩》卷一四二）

在文士的心目中，道士煉師最擅長的技能當然就是煉丹，因此直接向他們求取丹藥，是讓自己不死成仙的終南捷徑，所以詩人楊嗣復與李紳也同樣的向毛仙翁表達企盼「九轉琅玕必有餘，願乞刀圭救生死」、「願贈丹砂化秋骨」的心聲。而如果神鼎飛丹不易一時獲致，那麼向他們請益修煉妙要，尤其是素有「萬古丹經王」的《周易參同契》，也是另一種「拜受長年藥」的變通方式。

唐代文士對《周易參同契》這本與道教煉丹有極密切關係的書籍，可說抱著相當濃厚的興趣，從初唐的沈佺期云「聞有參同契，何時一探討？」（〈同工部李侍郎適訪司馬子微〉《全唐詩》卷九十五），到盛唐王昌齡〈就道士問參同契〉（《全唐詩》卷一四一），一直延續到中晚唐的白居易「欲問參同契中事，更期何日得從容。」（〈尋郭道士不遇〉《全唐詩》卷四四〇），這些都顯現文士們想要從彼輩處獲得丹砂燒煉的秘訣。

大致而言，在唐代與道士煉師交往最密切、次數最頻繁的文士，是盛唐的李白與中唐的白居易。李白的作品言及仙藥、道士、煉師者不下百餘篇；至於白居易則光他在被貶為江州司馬時所交往的這類人物，就有六、七人之多，當然這都與兩人沉迷、寄望於煉丹服食有關。

李白在天寶三年三月上書請求還山後，曾前往安陵乞道士蓋寰為其造真籙，其後則由道士高如貴於濟南郡紫極宮授其道籙，正式加入道教，開始「名在方士格」的道士生涯，於是李白此後或與道士大談成仙羽化的秘訣玄旨，或親自動手煉制丹藥，如〈草創大還贈柳官迪〉云：

天地為橐籥，周流行太易。造化合元符，交媾騰精魄。自然成妙用，孰知其指的。羅絡四季間，綿微無一隙。日月更出沒，雙光豈雲隻。姹女乘河車，黃金充轅軛。執樞相管轄，摧伏傷羽翮。朱鳥張炎威，白虎守本宅。相煎成苦老，消鑠凝津液。彷彿明窗塵，死灰同至寂。擣冶入赤色，十二周律歷。赫然成還丹，與道本無隔。白日可撫弄，清都在咫尺。北酆落死名，南斗上生籍。……（《全唐詩》卷一六九）

李白這一篇長詩，簡直就是《周易參同契》丹道理論的縮寫，整篇運用藥物隱名以煉制丹藥的方式也與傳統丹經如出一轍。詩中的「奼女」指水銀（汞），「河車」、「白虎」指鉛，「朱鳥」為丹砂。他說將上述主要藥物擣治、煉製、經過火候進退控制等繁雜工夫後，果真「天人合道，理契自然」地煉成大還丹。由「赫然」兩個字，生動的顯現其驚喜之情，「草創大還」即能獲致如此成就，可見李白對《周易參同契》艱深奧妙的理論似乎頗有心得，但是王昌齡也曾〈就道士問參同契〉，卻因「披讀了不悟」而感歎自己「無道骨」（《全唐詩》卷一四一），此殆因各人領悟力不同所致。

《周易參同契》一書確實不易了解，其用藥皆隱名，蓋為「委曲其事，令上士勤而習之，使下士棄而笑之。」因此舉凡煉丹的口訣、眾石之異名、藥物之調配、火候的控制等等，都非常艱深複雜。李白殆天資聰穎，加以勤訪道士，刻苦以成。但縱使煉成大還神丹，卻並沒有達成他「鸞車速風電，龍騎無鞭策，一舉上九天」（〈草創大還贈柳官迪〉《全唐詩》卷一六九）的心願，最後還是隨著生命結束，自然消逝於人間。

至於白居易在「飽諳榮辱事，無意戀人間」（〈尋李道士山居兼呈王明府〉《全唐詩》卷四三九）後，也不辭辛勞尋訪道士、煉師，詢問方術。如其〈送毛仙翁〉詩就有：「……丹華既相付，促景定當延。玄功何可報，感極惟勤拳。霓旌不肯駐，又歸武夷川。……」（《全唐詩》卷四五九）之句，可見毛仙翁自武夷川來與居易論道時，曾付以「丹華術」（即煉丹術）。

居易除向毛仙翁問煉丹術外，也曾向郭虛舟請益《周易參同契》之事，〈尋郭道士不遇〉詩云：

> 郡中乞假來相訪，洞裏朝元去不逢。看院祇留雙白鶴，入門唯見一青松。藥鑪有火丹應伏，

雲碓無人水自春。廬山中雲母多，故以水碓搗煉，俗呼為雲碓。欲問參同契中事，更期何日得從容。

（《全唐詩》卷四四〇）

詩云白居易特地請假，主要目的就是想向道士郭虛舟請教《周易參同契》中有關煉丹之事，詎料此次撲空造訪不遇。但居易在江州司馬任內，郭道士必曾授予《參同契》之方，因為寶曆元年，〈同微之贈別郭虛舟煉師五十韻〉一詩裏就明白追述在廬山，郭虛舟曾教授居易《參同契》之事：

我為江司馬，君為荊判司。俱當愁悴日，始識虛舟師。師年三十餘，白皙好容儀。專心在鉛汞，餘力工琴棋。……嗟我天地間，有術人莫知。得可逃死籍，不唯走三尸。授我參同契，其辭妙且微。六一閟扃鐍，子午守雄雌。我讀隨日悟，心中了無疑。黃牙與紫車，謂其坐致之。自負因自歎，人生號男兒。若不佩金印，即合翳玉芝。高謝人間世，深結山中期。泥壇方合矩，鑄鼎圓中規。鑪橐一以動，瑞氣紅輝輝。齋心獨歎拜，中夜偷一窺。二物正訢合，厥狀何怪奇。綢繆夫婦體，狎獵魚龍姿。簡寂館鍾後，紫宵峰曉時。心塵未潔淨，火候遂參差。萬壽覬刀圭，千功失毫釐。先生彈指起，奼女隨煙飛。始知緣會間，陰騭不可移。藥竈今夕罷，詔書明日追。……（《全唐詩》卷四四四）

這一篇把煉丹時，根據《參同契》的方法，用六一泥作鼎鑪、合丹藥（水銀、鉛丹），注意火候等情形，描寫得相當詳細。居易或許對煉丹服食、改變生命自然現象感到好奇與難以相信，於是在仍煉製之際即打開鑪鼎以探究竟，結果火候不齊，導致此次煉丹功虧一簣。

白居易既動手煉丹失敗，就向道士直接乞討丹藥。〈尋王道士藥堂因有題贈〉云：

> 行行覓路緣松嶠，步步尋花到杏壇。白石先生小有洞，黃牙奼女大還丹。常悲東郭千家冢，欲乞西山五色丸。但恐長生須有籍，仙臺試為檢名看。（《全唐詩》卷四三九）

此詩充分流露居易企盼王道士能給予丹藥，但同時他也很宿命的認為成仙須有緣命。

長慶年間，居易對丹道仍甚注意，也涉獵道書，如〈味道〉詩有：「七篇真誥論仙事」（《全唐詩》卷四四六）之句，而〈贈蘇煉師〉云：「擕將道士通宵語，忘卻花時盡日眠」（《全唐詩》卷四四三）之語，可見他熱衷煉丹與道士通宵談論。居易還曾向一位杜錄事乞討丹藥，〈天壇峰下贈杜錄事〉詩云：

> 年顏氣力漸衰殘，王屋中峰欲上難。頂上將探小有洞，小有洞在天壇頂上。喉中須嚥大還丹，時杜方煉伏火砂次。河車九轉宜精鍊。火候三年在好看。他日藥成分一粒，與君先去掃天壇。（《全唐詩》卷四五〇）

居易也許有感於當年與郭虛舟煉丹，在最後關頭火候失敗的事，因此在詩中特別叮嚀注意火候以精煉丹藥，可見他對此事一直耿耿於懷。但不論白居易對煉丹有多精誠不倦，終究還是抵擋不住生命洪流的大限，而在會昌六年卒逝人間。

叁　留戀於歌妓女樂

唐代以科舉掄才的制度，為不少貧寒子弟開創仕途的新契機。從太宗起為網羅英彥，並欲藉進士科所拔擢的寒俊子弟抑制高門貴族，維護李唐皇權的獨尊，於是特別拔擢重用進士，不但提昇其地位，也奠定進士興盛之根基。高宗即位後，永徽二年詔停秀才科，進士科遂成獨盛之局面，風氣所被，不僅士人舉子競集於此科，甚至產生「搢紳雖位極人臣，不由進士者終不為美」（《唐摭言》卷一〈散序進士〉）的觀念，於是連朝臣顯貴也認為若非出身於進士，則視為終身憾事，可見進士在此時已受時人推崇與忻慕的程度。

玄宗繼統，開元之治海內晏然，四方無事，文人更失去立功獻策等入仕機會，雖然玄宗開元二十五年立玄學博士，每歲依明經舉的「道舉」制度，為奉道之人提供仕宦機會，但受限於身分及名額，因此絕大多數的士人還是爭相奔赴京師，以參加科舉為仕祿之正途。

至於少數士人如李白則不屑參加科考，以隱逸方式再藉由持盈法師（玉真公主）的推薦而被玄宗召見，在追求仕宦的路程得意之際，再加上身處長安浪漫狎樂風氣瀰漫的環境，因此李白時與酒徒耽飲於市，留戀於胡姬酒肆之中。〈白鼻騧〉詩中即云：

銀鞍白鼻騧，綠地障泥錦。細雨春風花落時，揮鞭直就胡姬飲。（《全唐詩》卷一六五）

長安的胡姬酒肆之所以受人歡迎，除西域名酒的吸引力外，更因胡姬們「妍艷照江頭，春風好留客」（楊巨源〈胡姬詞〉《全唐詩》卷三三三），所以當李白為裴圖南送行，正為「何處可為別」而發愁時，忽然看見「長安青綺門，胡姬招素手，延客醉金樽」（〈送裴十八圖南歸嵩山二首〉之一《全唐詩》卷一七六），兩人就在胡姬酒肆中開懷痛飲。這種在胡姬酒肆聽歌賞舞的情事，又見於〈醉後贈王歷陽〉詩：「舞袖拂雲霄，雙歌二胡姬，更奏遠清朝」（《全唐詩》卷一七二）的作品中。

當李白連遭二次仕途失意後，更在醇酒、歌妓、丹藥中尋求精神的寄托。被流放夜郎時，尚且回憶「昔在長安醉花柳，五侯七貴同杯酒。氣岸遙凌豪士前，風流肯落他人後」（〈流夜郎贈辛判官〉《全唐詩》卷一七〇）的生活，於是時而攜妓遊玩，如「美酒尊中置千斛，載妓隨波任去留」（〈江上吟〉《全唐詩》卷一六六）、〈攜妓登梁王棲霞山孟氏桃園中〉（《全唐詩》卷一七九）、或「攜妓東土上」（〈東山吟〉《全唐詩》卷一六六）等皆是，而觀妓歌舞之作亦紛紛出現，如〈南都行〉：

> 南都信嘉麗，武闕橫西關。……麗華秀玉色，漢女嬌朱顏。清歌遏流雲，豔舞有餘閒。（《全唐詩》卷一六六）

又如〈邯鄲南亭觀妓〉云：

> 歌妓燕趙兒，魏姝弄鳴絲。粉色豔日彩，舞袖拂花枝。把酒顧美人，請歌邯鄲詞。清箏何繚繞，度曲綠雲垂。《全唐詩》卷一七九）

以及〈出妓金陵子呈盧六四首〉云：

安石東山三十春，傲然攜妓出風塵。樓中見我金陵子，何似陽臺雲雨人。（其一）

南國新豐酒，東山小妓歌。對君君不樂，花月奈愁何？（其二）

小妓金陵歌楚聲，家僮丹砂學鳳鳴。我亦為君飲清酒，君心不肯向人傾。（其四《全唐詩》卷一八四）

「金陵」是李白家中的歌妓，而李白更稱其家僮為「丹砂」，由此可見這位盛唐文士耽迷於求仙嗜酒、煉丹妓樂的生活。

中唐以後的仕途愈形壅塞，但參加科考的人數卻日益增加，因此科舉競爭也日趨劇烈，在這種情形下，進士愈成為稀有珍寶，廣受人們的重視。頂著「頭上七尺燄光」（《封氏聞見記》卷二）的及第進士，既備受朝野之尊重與榮寵，於是逐漸形成彼輩驕矜浮薄的心態。當他們懷抱經綸大志得以馳騁魏闕時，則以拯物濟世為熱望；但若遭逢政治挫敗、理想破滅後，潛藏於內心深處的狂傲、浪蕩不羈之情性，就具體的表現為留戀舞榭歌臺的女樂，白居易是此中最典型的例子。元和十年被貶為江州司馬後，一面積極求仙訪道煉丹，一面縱情於狎妓冶遊，就是其後調升為蘇州、杭州刺史，甚至重回朝廷中央任中書舍人、秘書監、刑部侍郎等高階官位，白居易仍是耽溺於丹藥、放意於妓樂，詩集中此類作品俯拾即是[24]。清人趙翼由白氏詩文提及其與娼妓狎樂的部分，詳細評論說：

香山出身貧寒，故易於知足。……然其知足安分在此，而貧儒驟富，露出措大本色，亦在此。纔謫江州，遇李、馬二妓，即贈以詩。廬侍御席上，小妓乞詩，輒比之雨中神女月中仙。迨歷守杭、蘇，無處不挾妓出遊。李娟、張態、商玲瓏、謝好、陳寵、沈平、心奴、胡容等，見於吟詠者，不一而足。遊虎丘則云：「搖曳雙紅旆，娉婷十翠娥。」遊洞庭則云：「十隻畫船何處宿？洞庭山腳太湖心。」……其後歸朝、歸洛，並有自置妓樂，如菱角、谷兒、紅綃、紫綃、樊素、小蠻等，嘗親為教演，所謂「新樂錚鏦教欲成，蒼頭碧玉盡家生」，則歌舞多奴婢矣。教而未成則云：「老去將何遣散愁？新教小玉按梁州。」答蘇庶子云：「不敢邀君無別意，管絃生澀未堪聽。」教成後則云：「管絃漸好新教得，羅綺雖貧不外求。」又云：「等閒池上留賓客，隨事燈前有管絃。」又云：「三嫌老醜換蛾眉。」以色衰而別換佳麗，則更求精於色藝，非聊爾充數者。甚至與留守牛相公（按即牛僧孺）家妓樂合宴云：「兩家合奏洞房夜，八月連因秋雨時。」又向裴令公借南莊，攜家妓讌賞云：「擬提社酒攜村妓，擅入朱門莫怪無？」可見其家樂直可與宰相、留守比賽精麗，而見之詩篇，津津有味，適自形其小家氣象。所謂「不得當年有，猶勝到老無」者，固暮年消遣之一事耶！（《甌北詩話》卷四）

趙翼於此文指出白氏好與倡妓遊樂讌賞，乃是出身貧寒的士人在仕宦不得意下，聊勝於無的心態所

㉔ 參見拙著《唐伎研究》第二章第三節所述。臺北，學生書局，民國八十四年九月初版。

致。但觀白氏一生之狎妓宴遊，並不僅於其仕宦不得意時，且亦非只是「暮年消遣」而已。

在唐代像白居易這樣「貧儒驟富，露出措大本色」的士人有不少，而檢視造成之原因，則應是唐代士人獵取功名利祿之心太重，又缺少儒家德育薰陶的緣故，不獨白居易如此，盛唐的李白亦然。當他蒙玄宗召見時，神氣高朗，軒軒然若霞舉，上不覺忘萬乘之尊而命納履，李白遂展足與高力士曰：「去靴」。當李白走出後，玄宗指白謂高力士曰：「此人固窮相」（《酉陽雜俎》前集卷之十二）。蓋昔日孟子雖曾云：「無恆產而有恆心者，惟士為能。」（《孟子·梁惠王》篇）；但是對唐代士人來說，功名利祿能提高身價，改善經濟生活，廣受朝野尊崇，這些就是他們的財產，所以在功利思想濃烈的影響下，士人莫不努力求取功名。當躋身官宦之列，則競相仿傚上層服食求仙、房中妓樂，盡情追求塵世享樂而唯恐不及；但當人生目標或理想破滅，那麼餌服仙藥、狎妓冶遊，又是他們解脫苦惱最方便的方式，所以時常可見文士耽迷於服餌、妓樂。牛僧孺服鍾乳，大加誇讚益精益氣、補不足的功效，自己在盡享妓樂：「玉管清絃聲旖旎，翠釵紅袖坐參差。……歌臉有情凝睇久，舞腰無力轉裙遲。人間歡樂無過此，上界西方即不知。」（白居易〈與牛家妓樂雨後合宴〉《全唐詩》卷四五七）之餘，還向白居易炫耀；而白居易餌雲母，則「攜觴領妓處處行」（〈題靈巖寺〉《全唐詩》卷四四四），過著徵歌逐舞、陶情風月的生活；元稹煉秋石，每到一地就和當地官妓來往密切，例如監察使蜀時，「則聞西蜀樂籍有薛濤者，……即常悄悒於懷抱也。……及就除拾遺，府公嚴司空綬知微之之欲，每遣薛氏往焉。」（《雲溪友議》卷下〈艷陽辭〉條）；當他仕宦越州時，又聞杭州名妓商玲瓏色藝雙絕，乃以重金邀去，月餘始還（《堯山堂外紀》）。如此的狎遊行徑與他在〈誨姪等書〉中說自己「未嘗識倡優之門，不曾於喧華處縱觀」（《元稹集》卷三十）相較，無異是判若雲泥！唐人言行不一的情況，尤以文士特多，而他們追求長生神仙的風潮、跟隨帝王百官服食、妓樂的行跡，卻永遠不會落於他人之後。

第四節　道士佛徒服食分析

道教倡言性命雙修，欲得長生不死，羽化登仙之道，且以生為樂，以長壽為大樂，以不死成仙為極樂；佛教則以人生無常，緣起性空，涅槃則往極樂世界。兩教的信念本來差距頗大，但兩教在發展過程中，彼此的關係既互相競爭影響，又互相吸收學習對方的思想、方術。從文獻資料看來，在宗教修煉的方術上，佛教學習、仿效道教者為多，南北朝時之佛徒也講長生、外丹服食；而唐代的僧徒更從事丹藥的冶煉與黃白的點化，尤其於盛唐始傳入的佛教密宗，則是受到道教長生藥餌的深刻影響，在術儀上也時與道教相似。茲從道士和佛徒在長生藥的來源、合和、術儀、目的等方面，分析比較兩者之間的異同。

壹　道教服食方與宗教術儀

唐代道教的服食方以礦物性的丹藥為主。煉丹術士所須的金石礦物原料，除了憑靠己力，攀山涉水歷盡千辛萬苦的採集外，若欲縮短時間精力，那麼為帝王、高官效力煉丹，則是獲得冶煉藥物最快速的方式。杜光庭《仙傳拾遺》、張讀《宣室志》、段成式《酉陽雜俎》與李昉《太平廣記》

都記載了孫思邈託夢求雄黃事。如後書即記云：

玄宗避羯胡之亂，西幸蜀，既至蜀，夢一叟鬚鬢盡白，衣黃襦，再拜於前，已而奏曰：「臣孫思邈也，廬於峨嵋山有年矣。今聞鑾駕幸成都，臣故候謁。」玄宗曰：「我熟識先生名久矣，今先生不遠而至，亦將有所求乎？」思邈對曰：「臣隱居雲泉，好餌金石藥，聞此地出雄黃，願以八十兩為賜，脫遂臣請，幸降使齎至峨嵋山。」玄宗諾之，悸然而寤。即詔寺臣陳忠盛挈雄黃八十兩，往峨眉，宣賜思邈。忠盛既奉詔，入峨嵋，至屏風嶺，見一叟貌甚俊古，衣黃襦，立於嶺下。謂忠盛曰：「汝非天子使乎？我即孫思邈也。」忠盛曰：「上命以雄黃賜先生。」其叟僂而受。既而曰：「吾蒙天子賜雄黃，今有表謝，屬山居無翰墨，天使命筆札傳寫以進也。」忠盛即召吏，執牘染翰，叟指一石曰：「表本在石上，君可錄焉。」忠盛目其石，果有硃字百餘，實表本也。遂謄寫其字，寫畢，視其叟與石，俱亡見矣。……。（卷二十一）

武都的雄黃是煉製金丹的上品藥物，素為丹家術士所企求。孫思邈距離盛唐早去世已久，冒名的道者充分利用玄宗夢境，僅略施左道小術，就輕而易舉地獲取八十兩昂貴的雄黃（《酉陽雜俎》前集卷二記雄黃為十斤），高明的騙術不禁令人刮目相看。

唐代道士的服食方中，草木藥亦佔有重要地位。而道士們栽種、採擇草木藥的用途之一，是取以單餌養生。如道士田仕文「居常餌服白朮、茯苓」（《歷世真仙體道通鑑》卷二十九）、王遠知「食芝餌朮」、潘師正「服松葉飲水」（《舊唐書·隱逸傳》）、黎瓊仙「恆服茯苓、胡麻」（顏真卿〈撫州臨川縣井山華姑仙壇碑銘〉《全唐文》卷三四〇）、王希夷「嘗爾松柏葉及雜花散」（《舊唐書·隱逸傳》）、王旻「多植芝朮藥苗，……每日蔬饌多是粉芝」（歷世真仙體道通鑑》卷三十二）、田鸞服食柏葉達七、八年，世稱『柏葉仙人』（《原化記》）、尹君「不食粟，常餌柏葉」（《宣室志》）等等。

在《全唐詩》裏也時常可見道士闢藥圃種藥或採藥的描述，例如：高適〈宋中遇林慮楊十七山人因而有別〉云：「蘿徑垂野蔓，石房倚雲梯。秋韭何青青，藥苗數百畦」（《全唐詩》卷二一二）、許渾〈題勤尊師歷陽山居〉曰：「雞籠山上雲多處，自斸黃精不可尋」（《全唐詩》卷五三三），又李頻〈題陽山顧煉師草堂〉云：「前峰自去種松子，坐視將來取茯神」（《全唐詩》卷五八七）；以及陸龜蒙〈寄茅山何道士〉曰：「蜂供和餌蜜，……圃暖芝臺秀」（《全唐詩》卷六二三）、玄宗時威儀道士白元鑒〈藥圃〉詩亦有：「黃精宜益壽，萱草足忘情。候採靈芝服，還應羽翼生」（《全唐詩補編》，頁二九九）。可見道士們服餌的草木方不外芝、朮、茯苓、茯神、松柏、胡麻（巨勝）、黃精等等，這些在道書裏都是屬於能長生不老、延年不死的仙藥。

道士所栽種或採擇的草木藥，還有另一個功用是配合煉丹使用，以草木藥解金石之毒。唐代有兩本道家專用的本草著作，分別是《白雲仙人靈草歌》與《蓬萊山西竈還丹歌》㉕；其中《白雲仙人靈草歌》裏所載的草藥圖，可說是現存最早的草藥圖譜（見插圖三）。

《白雲仙人靈草歌》一卷，收於明《正統道藏·洞神部·眾術類·如字號》，書中共有草藥圖

㉕ 二書俱見臺北，新文豐民國七十四年十二月再版之《正統道藏》第三十二冊。

五十五幅。作者是曾隱居天臺山玉霄峰，有服餌之術，自號「白雲子」的司馬承禎。此書文末有歌一首，云：

> 七十二草總有靈，各伏丹砂并通神，不是上方留下界，凡世俗流少聽聞。

今本實有草藥名共五十五味，不足七十二之數，且五十五味藥中，有四味藥只存其名而內容闕如，可知今所見非全本。書的體例是先錄藥名，次敘花葉顏色以及草藥圖，再者五言或七言詩一首，詠其在外丹黃白術中的作用，最後記其生長地帶、性味。茲舉一、二例以觀：

> 合穗草，分心花紅淺紫蘂莖葉青。
>
> 天降神櫃草，無過訪合穗。燒藥實堪誇，不與凡草揆。眾草經霜軟，此藥不憔悴。寒暑不相侵，燒藥添智慧。
>
> 此草能櫃大藥。

> 白珠草，黃花綠葉。
>
> 大道與仙同，須向草中功。金石能飛走，靈草自相通。但依真仙草，致向鉛汞中。欲得金丹就，採取草山紅。
>
> 此草生於高崗之內、或於土山之上，花葉紅綠。味甘，人服之延命一千歲。

由於《白雲仙人靈草歌》書中有：「十年學仙術，靈草少知音。」之句，可見它只流傳於煉丹術士之手，不僅本草學家無從得知，而且就是道教中人也不能輕易得到此書，所以書中所說的藥物名稱，既不見於《唐本草》，連明朝的《本草綱目》也幾乎未見著錄。

《白雲仙人靈草歌》一書所載的草藥，雖然主要用於煉丹術，但也兼可服食治病。例如「青金草」偏治惡瘡；「銀線草」大治風疾之病，「磨羅草」，能延年壽；「水紅草」，大治水氣之病；「龍泉草」，服之者令人身輕無病；「萬通草」，服之令人長壽無病；「寶峯草」，服食令人一生無病，身輕駐顏；「宜男草」，採服之，壽命五百歲；「金羅草」，服之千年不死等等。在這些敘述中，煉丹術士誇大吹噓藥物的口吻又清楚展現出來。

另一本道家專用的本草是《蓬萊山西竈還丹歌》，據陳國符先生的考查係唐代作品㉖。此部丹經收於明《正統道藏·洞神部·眾術類·斯字號》。其首為石藥黃芽歌一首，五言；其次藥歌一百七十二首，以五言或七言形式表達。所說的藥物絕大多數屬草部，只有少數為木部；每味草木藥先敘其俗名、書名、藥性氣味、產地、形狀、收採時節、主治的疾病，次歌一首，言其在外丹黃白法的用途。茲舉一、二例以觀：

露容草第二

㉖ 有關《蓬萊山西竈還丹歌》之時代考證，見陳國符先生《道藏源流續考》〈中國外丹黃白法經訣出世朝代考〉一文，臺北，明文書局，民國七十二年三月初版，頁四十六。

俗為地錄，書云石錄。莖花赤，性毒惡，理求體脈，生巖石，出河南，生甲乙死戊己甲寅。葉圓，春分後二十日採。上治惡瘡，應春分節。

歌曰：此藥人間有，河南出最珍。拈來和汞點，一夜應天真。

萬年春第七

俗名水藍，書為地鏡。性冷，生江南道，如藍小青老赤，生戊丁死甲乙。治小兒疳，應大寒節春分後十日採之用。

歌曰：青色尖赤樣如藍，亦在高山亦在潭。先共還丹為舍宅，亦能性冷味能甘。

從《蓬萊山西竈還丹歌》載錄的一百七十二味藥名看來，並非醫家常用藥方，也不是藥商收購或出售的藥物，因此既不見於《唐本草》，亦未著錄於《本草綱目》，而是外丹黃白師與其弟子秘傳自採、專用於煉丹的草木藥，其性質與上書相同。

煉丹是道士所擅長的技術，但自漢魏六朝以來，術士方家都隱秘其事，論及丹書來源多託言神人授予，傳承丹法時，必也齋戒沐浴，以示虔敬，又築壇立盟約誓，秘之不洩，否則「宣洩寶文身考三官，死為下鬼，摙濛山之石，填積夜之河。」（〈太極真人青精乾飯石迅飯上仙靈方〉《雲笈七籤》卷七十四）；或是「如妄傳，天殃將罰」（〈太上肘後玉經方八篇〉同上）等等，可說極盡神秘之能事。

道士煉丹著重宗教術儀，除上述之不洩天機，依傳口訣外，對丹房的要求也頗有一番講究或忌諱。《黃帝九鼎神丹經訣》卷七云：

欲合神丹，當於深山大澤窮里曠野無人之處。若人中作，必須作牆厚壁，令中外不相見聞。其間亦可結侶，不過二人或三人耳。先齋七日，沐浴五香，致加精潔，勿經穢污喪葬之家往來耳。（《正統道藏・洞神部・眾術類・溫字號》）㉗

丹房即煉丹者的實驗室，最忌諱煩囂、污穢和誹仙謗道者的窺視，所以要選擇環境清幽之處營建，當然這對丹家心志的專一也有些幫助。

至於丹房的修建，要注意選擇所謂的「旺方」。《丹房須知》載司馬承禎曾論及丹房之建造曰：

煉丹之室，歲旺之方擇地為靜室，不可太大，不可益高，高而不疏，明而不漏，處高順卑，不聞雞犬之聲，哭泣之音，瀨水之響，（遠離）車馳馬走及刑罰決獄之地。唯是山林、宮觀、淨室皆可。（《正統道藏・洞神部・眾術類・似字號》）

另外在安爐時，也要清心潔齋。《鉛汞甲庚至寶集成》卷二第九云：

㉗《黃帝九鼎神丹經訣》及本節其後所引之《太清石壁記》、《張真人金石靈砂論》、《大洞鍊真寶經修伏靈砂妙訣》、《大洞鍊真寶經九還金丹妙訣》、《丹房須知》、《鉛汞甲庚至寶集成》、《陰真君金石五相類》、《玉洞大神丹砂要訣》等丹經，俱見臺北，新文豐民國七十四年十二月再版之《正統道藏》第三十一冊。

> 凡欲修鍊先須選擇名山大川，或觀宇或淨室，方可安藥。若所居處在昔屠坊、囚獄、墳墓、產室及有伏屍鬼魅，人足常到處，虛用心力，不可安爐，次有魔也。凡安爐須先嚴淨，齋潔淨室三日或七日，先祭醮所在神祇、供養太上真容，若此則鬼魅亦來護助，仍須逐日持念經呪，無缺香火，此乃養藥之先要不可不知也。（《正統道藏·洞神部·眾術類·馨字號》）

道士煉丹之所以要齋戒、潔淨、持經念呪等神秘性的道門作法、宗教禁制，都是緣於燒煉工作的困難與情況充滿著不確定性，因此欲藉由戒慎的禮拜儀式，以增強其信心，希望以精誠禱告、感動神靈，求得煉丹順遂而採行的一種法術行為。換言之，這一切舉措的目地就是滿足煉丹者的心理需要。所以鍊丹前固然要齋戒沐浴，鍊丹進行中也要符籙坐鎮丹竈上，以助成藥物。如《太清石壁記》之〈五石丹方〉云：

> 曾青者，東方青帝木行青龍之精，丹砂者，南方赤帝火行朱雀之精，白礬石者，西方白帝金行白虎之精，磁石者，北方黑帝水行玄武之精，雄黃者，中央黃帝土行黃龍之精。右五味，並屬太微五帝，火神之精主之，欲合此丹之時，五味各十兩，並擣篩為末，酢拌之如八神丹法。又須得五帝神符，鎮丹竈上，乃可飛之，不得此符終不能成。符在別秘傳中，老子三部符中亦有也。（《正統道藏·洞神部·眾術類·興字號》）

道教以為「符者，三光之靈文，天真之信也」（〈秘要訣法〉《雲笈七籤》卷四十五），因此神符可以召引鬼神，求仙致真。以神符鎮丹竈，即意欲藉此助成丹藥。當丹成取藥、服藥時，還要持呪念經。《大洞鍊真寶經修伏靈砂要訣》云：

欲服此丹砂丸，先須潔齋七日，然以晨朝東向，虔心叩請，告三清紫微真君太一真人先師仙官水火之靈，得服此靈砂丹於五內，永保形神，合其至真。呪畢，禮七拜，然後服之。自服此丹砂，不得喫臭穢沉積之物，及諸生血豕屬之肉，生死之穢尤不可觀。故經云：陽經好潔，陰尸好穢。常須虛和其志，洗雪其形，以助陽靈之真氣也，自然神悅體清，而神仙殆可得耳。（《正統道藏・洞神部・眾術類・清字號》）

此段文字清楚地說明：煉丹者所採行的宗教法術行為，都與適應其心理功能有密切關係。

至於煉丹時須選擇名山或人跡罕到之處，除「遠避腥羶，而即此清淨」、「止於人中，或有淺見毀之有司，加之罪福。或有親舊之往來，牽之以慶弔」（《抱朴子・明本》篇），因此莫若幽隱，一切免於世俗繁雜。而絕跡幽僻確實有益於專心致意煉丹外，在道士眼中，小山多鬼魅之精，名山則有正靈福佑，山神相助。這種說法當然還是出自煉丹者的心理因素。但自仙經列舉華山、泰山、恆山、嵩山、少室山、太白山、九疑山、天臺山、羅浮山、青城山、峨嵋山、王屋山、地肺山、括蒼山、終南山等地，可以精思合作仙藥以來，直至唐代，上述名山仍是高道隱居，術士聚集煉丹之處。元結〈宿無為觀〉詩即云：

九疑山深幾千里，峰谷崎嶇人不到。山中舊有仙姥家，十里飛泉達丹竈。如今道士三四人，茹芝煉玉學輕身。霓裳羽蓋傍臨壑，飄飄似欲來雲鶴。（《全唐詩》卷二四一）

這些名山、丹房本是道士煉丹之地，其後蒙上一層神秘的面紗，成為文士歌詠的題材，與民間附麗各類神祇傳說的來源。

另外，在道士的宗教術儀作法中，常有用及童男童女者，例如《三品頤神保命神丹方》之〈開性閉情方第三〉云：

胤丹三十二分、萱草根二十四分、女貞實二十四分、龍葵子二十四分、青木香二十四分，苦參十八分、白瓜子十分、乾蒲桃二十八分、菰首二十分、寄生實十八分、杜苦根十二分、蓮子三十二分，右十二味合治如法，淨室中清潔，童子擣篩之，諸子有脂潤者共處擣，如膏令細乃合散，更擣令極細調。若春月合者，以櫻桃實汁和丸，非此時者，以大麻子汁煎細麵糊，以丸之如梧桐子大，一服二十九丸，二服以酒，若蜜湯薑飲等下之，忌五辛血味陳屍之物。（《雲笈七籤》卷七十八）[28]

這種取童男、不取成人的方式，據蕭登福先生說，「那是因為童子易使，不生雜念，較易與鬼神感應交通」[29]的緣故，是以從周秦兩漢以來，道士入海求僊人或神藥，必以童男童女求之；而唐代道士煉丹以童男擣篩，當亦基於此理。

唐代道士在煉丹術法中，也常用及刀、劍，以辟除邪惡。如託名陰長生所撰的《金石五相類》云：

……凡修至藥，古之忌諱。祛其鬼魅邪魔，亦須取相類物而成利器，常置爐邊，日移一方，名大要寶金之器物為用。其器取鬼鑌鐵出白為刀，可長一尺二吋，下至五吋亦得。如無此鐵，純鋼亦得。其次銅刀，亦須有雄雌之龍虎者，始得有靈。切須人未曾用者，用者即不堪近爐。凡以器制氣，須假雄雌之物制之，諸器不入也。且水銀與鉛自稟雄雌之類，以合成其氣者，假龍虎之質，相衛而行。龍虎是大道之質，所以邪魔鬼魅不敢近其爐鼎。此刀若不燒藥時，長在頭邊。一年一度出之，以香水沐浴磨洗供養。燒藥即出巡行爐，則諸惡鬼魅遠而畏之。

（《正統道藏．洞神部．眾術類．似字號》）

道教常用劍以斬妖除邪，進行各種術儀，更認為劍有陰陽雌雄龍虎等之分，其在煉丹時的功用就是護衛丹藥，證道成仙。

道教服丹的術儀，還要設仙人座位、服藥人存思並呪語祝禱等。例如《通玄秘術》〈服醽神驗〉

㉘ 見臺北，新文豐民國七十四年十二月再版之《正統道藏》第三十八冊。

㉙ 詳見蕭登福先生《道教與密宗》第二章〈道教與密宗術法中之童男女〉壹「道教經籍所見之童男童女」，臺北，新文豐出版，民國八十二年四月臺一版，頁一二九。

云：

> 凡服醽法，取雞鳴時，於東方鋪五色綵為太玄老君座，其服藥人著道士衣，執簡在西，立面向東，望太陽出處，想上帝玉女如在目前。燒香啟請云：「大道天尊，願垂聖護，使藥山神王，并甘露海神，持赤瓊花盃，添弟子醽飲，使弟子服之，延壽還童，即大濟蒼生，忠孝君父。」啟請訖，即取白茅七束分為七座，座上各敷絳繒七尺，取銀盃子七個，共盛醽九合，分置七座上，呪云：「上清妙醽，太玄降精，我今勤服，令我長生。」呪訖，即各取盃醽盛一大五尊中，分為三，服之。……（《正統道藏．洞神部．眾術類．松字號》）㉚

上述「想上帝玉女如在目前」就是指專心一意，心無旁念的去冥想神仙形貌，而稱名啟請，則是祈求神靈降壇，目的在加持藥力，助其得願長生。

道教煉丹術儀還有除存思、稱名啟請之外，再加以叩齒呪語者，如《龍虎還丹訣》云：

> 修藥發爐之日，乃修一狀，具鄉里名氏年月生日名位訖，云：「某濁俗小人，願續餘生，願結正丹，今備藥君臣求告靈君，求啟靈神太一帝君，四方大神降臨，菲薄請四方神從午起，各呼其名，質色依本方。」存神叩齒二十四遍，呪曰：「我結靈丹，靈君降壇，主覆藥君，不散飛天。」又呪曰：「我結靈丹，靈神降壇，保固藥神，不失於泉。」呪之畢，任意啟告，如得藥服，須修行仁義禮智，兼外其身心。……（《正統道藏．洞神部．眾術類．蘭字號》）

叩齒，是以口內上下排牙齒相互敲擊。據《雲笈七籤》卷四十五〈叩齒訣第十三〉引《九真高上寶書神明經》云：「若存思念道，致真招靈，當鳴天鼓」，其法為「閉口緩頰，使聲虛而深響」，至於其作用，對道教術儀研究甚深湛的蕭登福先生說：「除了使人丁壯齒堅外，旨在降真致仙、伏魔去邪㉛。」。

由於道教認為呪語是天上「神聖要語」（《太平經》），既是天上神仙所口宣，因此可以召喚、役使鬼神，治病祈福外，還能固衛丹藥。至於呪畢的任意啟告，倒是有些凡人祝禱神仙助其服藥靈驗，則相對投桃報李的意味。

道流之士服用丹藥，除用水、酒外，常以井華水吞服之。如蘇遊《三品頤神保命神丹方》言服胤丹：「一服七丸，酒服或井花水皆任意服。」所謂的井花水，亦稱井華、井水，是清晨最先由井中打起的水。明．李時珍《本草綱目》卷五〈井泉水〉云：「穎曰：井水新汲，療病利人，平旦第一汲為井華水，其功極廣，又與諸水不同。」唐代不僅道流之士好以井華水服藥，一般文人亦甚愛用之。如前舉白居易〈題李山人〉詩有：「每日將何療饑渴，井華雲粉一刀圭」者即是。

由於煉丹一事的神秘性，唐代道士煉丹書籍稱呼煉丹之藥物，仍承繼六朝隱名的方式，如礦物

㉚《通玄秘術》、《龍虎還丹訣》、《真元妙道要略》等丹經，俱見臺北，新文豐民國七十四年十二月再版之《正統道藏》第三十二冊。

㉛詳見蕭登福先生《道教與密宗》第四章〈道教潠水叩齒咽津等術法對佛教密宗之影響〉，臺北，新文豐，民國八十二年四月臺一版，頁二三三。又本節承蒙蕭先生提供頗多資料，尤其是道教與密宗術儀部分受益於蕭先生指導處甚多，謹致萬分謝意。

類的紫石英稱紫陵文君，水銀稱玄水龍膏，雄黃稱太一旬首中石，酢稱玄水玄明，丹砂稱赤帝精等等；運用草木藥時，則知母呼為地參龍芽，菖蒲呼為天刃龍芽，或其隱名就與石藥隱名相似，如烏頭、禹餘糧等等；與動物藥合煉時亦然，如所稱蠶蠕漿是牛乳，靈薪是馬糞，玄精是人尿，陰龍肝是狗血或狗糞，黑膏孫肥是豬脂等等。如此隱密稱呼都讓人在辨識上增加許多困難。憲宗時雖有梅彪撰《石藥爾雅》上、下卷，較真實地解說各種煉丹用語及諸藥隱名，但當面對帙多卷雜的煉丹書籍，仍常令人有難以捉摸之感。《酉陽雜俎》前集卷之二〈玉格〉，就收有數十種動、植、礦物藥草的異號，茲錄於下，方便了解。

丹山魂：雄黃。青要女：空青。靈華汎腴：薰陸香。北帝玄珠：消石。東華童子：青木香。五精金：陽起石。流丹白膏：胡粉。亭炅獨生：雞舌香。倒行神骨：戎鹽。白虎脫齒：金牙石。靈黃：石硫黃。陸虛遺生：龍骨。章陽羽玄：白附子。綠伏石：母慈石。絳晨伏胎：茯苓。七白靈蔬：薤白華、守宅、家芝。伏龍李：蘇牙樹。上述名稱於丹經或文士詩文中亦時常可見。

唐代外丹術臻於極盛，道流術士所知丹名，見於梅彪《石藥爾雅》卷下「諸有法可營造丹名」者有：太一金丹、太一玉粉丹、太一金膏丹、太一小還丹、還魂駐魄丹、召魂丹、太一玉液丹、華陽玉漿丹、華漿太一龍胎丹、太一三史丹、光明麗日丹、熱紫粉丹、黃丹、小神丹、安期先生丹、大一足火丹、真人蒸成丹、硫黃液丹、裴君辟祭丹、無忌丹、主君雞子丹、東方朔銀丹、石湯赤烏丹、冷紫粉丹、太一小玉粉丹、太一小金英丹、韓眾漆丹、雄黃紫油丹、劉君鳳駐年丹、五嶽真人小還丹、紫遊丹、太一赤車使者八神精起死人仙丹、太一一味硇砂丹、太一八景四蘂紫漿五珠絳生丹、四神丹、艮雪丹、八石丹、八神丹、硫黃丹、龍珠丹、龍虎丹、龍雀丹、五靈丹、紫蓋丹、三奇丹、朝霞丹、肘後丹、凌霄丹、羨門丹、日成丹、穀汁丹、七變丹、太黃丹、葂血丹、日丹、酒丹、棗丹、蜜丹、乳丹、椒丹、太一琅玕丹、杏金丹、紫金小還丹、石腦丹、赤石脂丹、紅槿丹、紫霞丹、石膽丹、紫蓋丹。等共六十九種。

另外，「諸大仙丹有名無法者」有：黃帝九鼎丹（此實有法可營）、大仙昇霞丹、紫青仙童丹、太和龍胎丹、張真人靈飛丹、太一八景丹、馬鳴生白日昇天丹、金液華丹、茅君白靈丹、白雲赤雪丹、絳陵垂壁丹、七精辟惡丹、三昧消災丹、九光神景丹、流霞鮮翠丹、金暉吐曜丹、太清五色丹、北帝玄珠丹、神光散馥丹、凝霜積雪丹、奔星卻月丹、墮月驚心丹、感靈降真丹、通神役使丹、九變丹、大還丹、九成丹、紫精丹等，共二十八種。此外，《雲笈七籤》卷七十一孫思邈《太清丹經要訣》中也有〈初陳神仙大丹異名三十四種〉、〈次陳神仙出世大丹異名十三種〉、〈次陳非世所用諸丹等名有二十種〉。

上述各種丹藥的命名頗為奇特，有依開丹釜或丹鼎時所見的顏色、形狀，如絳陵垂壁丹、流霞鮮翠丹、金暉吐曜丹、墮月驚心丹、凝霜積雪丹；有出自煉丹術士想像其奇靈神效，如還魂駐魄丹、通神役使丹、招魂丹、太一赤車使者八神精起死人仙丹；有據師門傳授或依託神仙命名，如為馬鳴生白日昇天丹、安期先生丹、羨門丹、茅君白靈丹；有根據所用藥物配方命名者，如石膽、赤石脂、蜜、棗、雄黃紫油丹等；或據其燒煉操作過程及出現的反應現象命名者，如九變丹、九成丹、大還丹等，後二者命名較為實際。其他有言珍貴寶秘如繫於肘後者。凡此多樣化的命名，饒富興味。

另外，在《酉陽雜俎》前集卷之二〈玉格〉也錄有道教三十二種仙藥名稱為：鍾山白膠、閬風石腦、黑河蔡瑚、太微紫蔴、太極井泉、夜津日草、青津碧荻、圓丘紫奈、白水靈蛤、八天赤薤、高丘餘糧、滄浪青錢、三十六芝、龍胎醴、九鼎魚、火棗交梨、鳳林鳴醅、中央紫蜜、崩岳電柳、玄郭綺葱、夜牛伏骨、神吾黃藻、炎山夜日、玄霜絳雪、環剛樹子、赤樹白子、徊水玉精、白琅霜、紫漿、月醴、虹丹、鴻丹。上述這些奇特的命名方式，從字面上很難找出它是運用何種藥物合和而成，這當是道士們有意隱諱，故意造成令人高深莫測的效果。

道士對金丹大藥的功效，都宣稱得相當神通廣大。而且所服食的丹藥時間越長，功效就愈大。例如《太清丹經要訣》〈太山張和煮石法〉云：「食之五日後，萬病愈，一年壽命延永，久服白日昇天矣。」、〈造金丹法〉云：「旦以井華水，向日服一丸，七日，玉女來侍，二百日行廚，至三百日，壽與天地齊。」又如〈太一餌瑰葩雲屑神仙上方〉云：

> 服藥一年，目明耳聰，強志而通神；二年愈勝；三年瘢癗皆滅，四年體休氣充，五年行步如飛，六年白髮還黑，面有童嬰之色。（《雲笈七籤》卷七十一）

又如服食之量愈多，功效亦更增強。《太清石壁記》卷上〈黃帝九鼎大神丹方〉云：「一服一丸，服五萬丸，萬病皆除，一千丸改形易體，久服仙矣。」、〈艮雪丹方〉云：「一服四五丸，加至六七丸，萬病皆愈。」等等皆是。

還有一種則是所服食的丹藥歷經伏煉的次數愈多，則功效也愈大。例如《玉洞大神丹砂真要訣》之〈造大丹訣〉，云煉合神水聖石與光明砂後：

養一周年，……若服之一兩，百病去除，邪魔不染，身生光澤，行如奔馬，顏色悅紅，神氣安暢。將此藥依前卻入鼎，又運火一年，開看其砂外白內紅，光瑩璀燦，若服之一兩，身體清合，返老歸童也。又依前將藥卻入鼎，運火一年，開看其砂內外具白，通透光明，輕虛瑩徹，一似真雪輕舉，服此藥一兩，顏如少女，寒暑不侵，五災不害，與日月同光，永離衰老，便住於世，長生不死也。更依前法運火，直至九周年畢，即成名曰神符白雪丹。服之，即奇功莫測，造化無窮。鳥餐成鳳，蛇餌為龍。人服神仙，坐致於風，立致於雨，玉女來侍，致給行廚，水陸畢備，畫地成江河溪谷，擁土為山嶽丘陵，握土為金，變枯朽為生榮，懵俗比為賢哲，在意所欲，無所不為。服之當日沖天也，土石五金爍之化成寶也。（《正統道藏・洞神部・眾術類・清字號》）

說此丹不僅是人類服食後可以變化自己的形體、資質，還能長生不死，而且服食運火愈多年的丹藥，功力越強大，甚至可參天地之化育，就連其他動物餐食後也迥異凡畜。這種伏煉次數愈多，服食成效愈可觀的論調，同樣出現在《大洞煉真寶精修伏靈砂妙訣》之〈序〉中：「得其座中心主君砂一枚，伏煉入於五藏，則功勳便著，名上丹臺，正氣長存，超然絕累。更服至七返九還，自然魂化尸滅，神夷體清，陰氣都銷，則舍形而輕舉，永為上真之飛仙也。」。

上述各種金丹大藥的組成藥劑，基本上以石藥為主，煉制過程相當複雜，以之內服，則絕大部分會導致中毒，常見的汞中毒、砷中毒都是服食此類丹方所致。

唐代外丹發達之際，黃白術也很流行。在孫思邈《太清丹經要訣》〈伏雌雄二黃用錫法〉中，就有用雄黃、金屬錫煉制藥金的方法：

> 雄黃十兩，末之；錫三兩。鐺中合熔，出之，入皮袋中揉使碎。入坩堝中火之。其坩堝中安藥了，以蓋合之，密固，入火爐吹之，令堝同火色。寒之，開，其色似金。（《雲笈七籤》卷七十一）

「其色似金」並非真正得黃金。其功用據《諸家神品丹法》卷三、卷四引孫真人丹經內五金八石章，云五金：朱砂、雄黃、雌黃、硫黃、白上黃（一作水銀）；八石：曾青、空青、石膽、砒霜、白鹽、白礬、馬牙硝「皆可成寶」，換言之，即皆可成藥金。又云此種藥金，大多可服餌成仙。《張真人金石靈砂論》就說：「藥金服之，肌膚不壞，毛髮不焦而陰陽不易、鬼神不侵，故壽無窮也。」。

太宗時有成弼用赤銅造黃金，亦即藥金，《太平廣記》卷四百引宋戴君孚《廣異記》即云：

> 隋末，有道者居于太白山，鍊丹砂，合大還成，因得道。有成弼者，給侍十餘歲，而不告以道。弼後以家艱辭去，道者遺之丹十粒，一粒丹化十斤赤銅，則黃金矣，足以辦喪事。弼乃還，如言辦喪訖。弼有異志，復入山見之，更還求丹。道者不與。弼乃持白刃劫之。既不得丹，則斷道者兩手；又不得，則刖其足，道者顏色不變。弼滋怒，則斬其頭。及解衣，肘後有赤囊，開之，則丹也。弼喜，持丹下山。忽聞呼弼聲，回顧，乃道者也，謂弼曰：「汝終如吾矣。」弼大驚，因不見。弼既得丹，多變黃金，家遂殷富，則為人所告，云弼有奸，捕

> 得。弼自列能成黃金，非有他故也。唐太宗聞之，召之造黃金。金成，帝悅，授以五品官，敕令以造金，要盡天下之銅乃已。弼造金，凡數萬斤而丹盡。其金謂大唐金是也。百鍊益精，甚貴之。弼既藝窮而請去，太宗令列其方，弼實不知。帝謂其詐，怒，脅之以兵。弼猶自列，遂為武士斷其手。又不言，則刖其足。弼窘急，且述其本末，亦不信，遂斬之。而大唐金遂流用矣；至今外國傳成弼金，以為寶貨。

這一則故事很能說明黃白術的擴散過程：制作藥金、藥銀是丹家的「絕招」、「秘道」，非獨門弟子不予傳授。成弼遭遇家艱，道者念在他曾侍候多年的份上，乃予化赤銅之丹藥以助其辦喪事。孰知成弼心貪而殺道者，最後在化赤銅之丹盡，自己則技窮且不知化丹之真正秘方下，終於被殺得到報應，而大唐金乃流傳國外，成為寶物。因此黃白術的流傳，就是藉由這些唯利是圖的商人與貪得無厭的統治者而加速、擴大其傳播的途徑。

唐代丹家相當重視黃白的冶煉，因為他們認為黃白煉成的藥金，可服食成仙。《張真人金石靈砂論》云：

> 若修金液，先煉黃白。黃白得成，乃達金石之理；黃白若不得，何修金液乎？石金（按即真金）性堅而熱，有毒，作液而難成；忽有成者，如面糊，亦不堪服食，銷人骨髓。藥金若成，乃作金液，黃赤如水，服之冲天。（《正統道藏．洞神部．眾術類．清字號》）

道士煉黃白本為服食長生，但在初唐時，已有道士化黃白，以規財利。《歷世真仙體道通鑑》卷三十三載：

> 蕭靈護，……十五好道，壯遇至人傳金液丹胎息。……後居招仙觀，煉火鼎之術，化黃白而鬻之，用以修理觀宇，觀宇為之一新。……五年創尋真閣，六年於桂州鑄銅鐘一口，重五百斤，歸觀。後選幽勝，煉神丹於山北，凡經三壇，方始煉就，後服之。（《正統道藏．洞真部．記傳類．鹹字號》）[32]

蕭靈護煉黃白以建觀宇，則其時之藥金已變成另一種財富。

至武則天時，以金賜鳳閣侍郎劉禕之，孟詵以火燄試之，證明只是藥金。但尋繹孟詵之言，其意似以為藥金不及真金，這與晉人的觀念又有所不同。然而從此情事，可見唐初藥金流佈已較廣，且已有人能加以識別了。

在唐代外丹術發達的盛唐之時，當時的道士燒煉外丹，雖名為求長生，但製造黃白以謀財富的情形益形普遍。宋陳葆光《三洞群仙錄》引《神仙傳》（按神仙傳有多種，此所指非葛洪所撰者）：

> 唐王處士者，洛陽尉王琚之侄四郎也。琚起調入京，過天津橋。四郎布衣草屨，形貌山野。琚初不之識。四郎曰：「叔今起選，侄少物奉獻。」即出金五兩，色如雞冠。「可訪金市張蓬子計之，當領錢二百千。某比居王屋小有洞，今將家往峨嵋山。」琚往訪之則已行矣。金

市果有蓬子，出金示之，驚異，此道者王四郎所化金也，且無定價。因如數酬之。（《正統道藏・正乙部・筵字號》）㉝《歷世真仙體道通鑑》卷三十五於此後又云：「西域胡商專此伺買。」可見初唐的成弼藥金與盛唐王四郎的藥金都售往外國或西域。

盛唐以後，外丹黃白術發展更形興盛，而道士們煉制藥金藥銀也日益寖多。例如張果纂《玉洞大神丹砂真要訣》，雖是兼述外丹黃白，但所述實為藥金銀的製法，僅附記所成藥金銀服之可以長生。如其云：「可得黃花銀十三兩，色漸黃明也。如要服之，勿斷翠，但出毒，一兩可以棗肉丸為三百六十丸也。」其他兼述外丹黃白之書亦然，可見道士煉化的主旨已不在外丹，而是在黃白。還有道書更羅列數十種藥金的名目。例如張九垓在《金石靈砂論》僅上金的部分就列舉有：

> 老聃流星金、黃帝婁鼎金、馬君紅金、陰君馬蹄金、狐剛子河車金、安期先生赤黃金、金婁先生還丹金、劉安馬蹄金、茅君紫鉛金、東園公上田青龍金、李少君黃泥金、范蠡紫丹金、徐君點化金。（《正統道藏・洞神部・眾術類・清字號》）

㉜《歷世真仙體道通鑑》見臺北，新文豐民國七十四年十二月再版之《正統道藏》第八冊。

㉝《三洞群仙錄》見臺北，新文豐，民國七十四年十二月再版之《正統道藏》第五十四冊。

丹經云此「皆神仙藥化，與大造爭功，洞神明之旨，契黃白之妙。」可以看出上述這些名目特殊的藥金，都是以神仙身分來命名。

另外《鉛汞甲庚至寶集成》卷四，摘引《本草金石論》也列舉十五種藥金名：

雄黃金、雌黃金、曾青金、硫黃金、土中金、生鐵金、鍮石金、砂子金、土碌砂子金、金母砂子金、白錫金、黑鉛金、朱砂金、熟鐵金、生銅金。以上十五件，唯只有還丹金、水中金、瓜子金、青麩金、草砂金等五件是真金，餘外並是假。（《正統道藏·洞神部·眾術類·馨字號》）

上述藥金的命名則以點化劑，或以被點化的廉賤金屬命名。而文中所謂的真假，意思是說雖然都是藥金，但以物理性質而言，一則與真金較為接近，另一則和真金甚不相同。

當唐代黃白術全盛時，道書記載各式各樣煉金銀的方法。例如《真元妙道要略》云：

凡曾青、石膽砂子之柜亦成上色黃金也，絕勝點諸物。夫曾青給砂子，先研青令極細，水飛其夾石令盡，乃結水銀，忌冷水。好曾青一兩，結得四兩水銀，結出停之宿，硬如堅石，其色如黃金。（《正統道藏·洞神部·眾術類·如字號》）

另外《陰真君金石五相類》也有煉金銀法：

> 波斯鉛如著水銀，於猛火中煉如金色。若未至金色，須百煉至金色。（《正統道藏·洞神部·眾術類·似字號》）

凡此皆可見唐代黃白術之興盛。

唐代煉丹家雖專精煉丹，實亦兼修醫藥。其原因，除本草原就兼蓄礦物、植物及動物性醫藥外，這些也同屬於養生之技，皆是方術之一。此觀念自《漢書》即已如此，所以〈藝文志〉將房中八家、神仙十家與醫經七家、經方十一家，總名為方技三十六家，且認為「方技者，生生之具」。再就醫療觀點言，金丹難求，但草木養生之方則可自療、療人，況且道教本有積善增算的信仰，醫藥的運用正可救急濟貧，對於民間社會有其貢獻。因此從魏伯陽以下，葛洪撰《玉函方》、《肘後方》；陶弘景撰《神農本草經集注》；孫思邈的《千金要方》、《千金翼方》等書，至今仍為醫藥界珍視的中醫書籍。因此煉丹可為醫療上之良藥，孫思邈在《太清丹經要訣·序》中曾有如下之言：

> 但恨神道懸邈，雲跡疏絕，徒望青天，莫知升舉。……研習不已，冀有異聞，良以天道無私，視聽因之而啟。……豈自炫其所能趨利世間之意，意在救疾濟危。（《正統道藏·太玄部·政字號》）

「救疾濟危」正是孫思邈煉丹目的，所以他煉制的丹藥多用於治疾療病，例如太一玉粉丹、小還丹、艮雪丹、赤雪流珠丹等均是，尤其是《千金要方》卷十二所載之〈太一神精丹〉，功效殊凡：

> 余以大業年中，數以合和，而苦曾青、雄黃難得，後於蜀中遇雄黃大賤，又於飛烏玄武大獲曾青。……遂於蜀縣魏家合成一釜，以之治病，神驗不可論。宿癥風氣，百日服者，皆得痊癒。

「太一神精丹」實由丹砂、曾青、雄黃、雌黃、磁石、金牙組成。雄黃、雌黃乃含硫砷化物，磁石之作用在氧化前者二物，從中制取砒霜的丹方。因此原本是煉丹的產物，孫思邈則把它變成以砒霜治病的良方。而為減輕砒霜的毒性，孫氏強調在燒煉過程中要先將雄黃、雌黃用油煎九日九夜，「乃可入丹，不爾有毒」，並規定其服食數量，如說：

> 其瘧病積久，百方不差，又加心腹脹滿，身面足節並腫垂死者，服一丸，吐即差，……若不吐復不差者，更服一丸半，仍不差者，後日增半丸，漸服無有不差。……因其瘧而脅下有癖塊者，亦當消除。……若患瘧日近，精神健，亦可斟酌病人藥性，并與兩丸作一丸頓服之。……若患瘧不汗，……足冷者，服一丸。……若患瘧無顏色者，服藥後三日即有顏色。……但作黍米大服之為始，漸加以知為度，藥力驗壯，勿并多服。

由孫氏敘述之語氣，明顯可見醫者療病的謹慎態度，此迥異於前述煉制金丹大藥的方家術士籲人多服、常服，誇炫功效之虛幻不實。

孫思邈的「太一神精丹」，在中國煉丹史上具有兩大意義：一是它第一次明確地將煉丹術與醫學合流，並重視藥性、藥量對服食者產生的功效，使煉丹的產物，通過醫者的流傳和自身的醫療活動，實踐於現實生活中；二是孫氏用砒霜治瘧疾，比歐洲到十八世紀才使用，在時間上足足提早了一千年，這顯現中國醫藥方技的先進發達，足以光耀世界。

孫思邈還有合和動、植、礦物藥，以達到益心智、聰明不忘的醫療目的。例如《千金要方》卷十四之〈孔子大聖知枕中方〉乃以龜甲、龍骨、遠志、菖蒲合為丸，「常服令人大聰」；又如《千金翼方》卷十五之〈草寒食散方〉以鍾乳、附子、牡蠣、桔梗、桂心……等十二味藥煉製而成，「治恍惚喜忘」。

由於中國丹家也兼修醫藥，因此藥劑的製作方式也呈現多樣化，除加白蜜、白蠟摶丸成形狀如梧桐子、麻子、粟子的「丹」（或名「圓」、「丸」、「元」）方外；還有將藥材擣杵，研成細末或粉狀的「散」；將藥物煎煮成濃稠狀的「膏」；以及用水、酒煎煮浸釀藥物而喝其湯汁的「漿」、「酒」等，技術皆精進詳實。至於「丸」的服用方式，是計粒而服；「散」則以錢、匙或刀圭來計算，其數量《千金要方》卷一〈合和〉云：「拾分方寸匕之一，準如梧桐子大也。方寸匕者，作匕正方一寸抄散，取不落為度。」上述丸、散、膏、湯四者，即為道教藥餌常見的處理方式。

唐代佛道互相競勢時，兩教互相吸收對方思想、方術，孫思邈著《千金》二方就在陰陽五行和道家學說之外，更參以佛家學說，如說：「凡四氣合德，四神安和，一氣不調，百一病生，四神同作，四百四病，同時俱發。」佛教認為人由「地、火、水、風」四大物組成，每一種都能生一百零一種病。從孫氏於其著作中引用佛教內容，用以說明修身行事和健康之間的關係，可見受佛教影響之深。

但有一個饒富趣味的現象是：在孫思邈的《千金翼方》卷十二中，錄有一名為〈正禪方〉的方藥，其用藥與功效，孫氏敘之如下：

> 春桑耳、夏桑子、秋桑葉。右三味，等分擣篩，以水一斗煮小豆一升令大熟。以桑末一升和煮微沸，著鹽鼓服之，日三服，飽服無妨。三日外稍去小豆。身輕目明無眠睡，十日覺遠智通初地禪，服二十日到二禪定，百日得三禪定，累一年得四禪定，萬相皆見，壞欲界、觀境界，如視掌中，得見佛性。

此方的來源孫氏並無注解是否來自佛家，若是出自道教方藥，而言服食之可漸進四種禪定、見佛性等等，則隱約透露道教勝於佛禪之意。

綜而言之，道士服食求仙乃承繼自先秦方士，歷史相當久遠。發展至唐代，不論服食方的材料種類、目的、宗教術儀等都較前期更踵事增華，充滿神秘的宗教色彩。服食求仙固屬虛妄，但服食養生則甚為科學，道教於前者的目的雖然破滅，卻開啟醫藥生命科學璀燦的光輝。

貳　佛徒服食方與密教術儀

道士服食求仙乃承繼自先秦方士，歷史相當久遠；而佛徒的服食求仙則多取自道教。

佛教自西元前六世紀釋迦牟尼創教以來，先是歷經初期的小乘佛教，主張無常、苦、空、無我，當時經典中並不言藥物、長生；到了中期大乘佛教逐漸傳入中國後，其內涵、主張產生相當大的變化。為了要與道教搶奪宗教傳播陣地和思想文化領導權，兩教競爭逐漸強烈。

佛教在中國歷經數次帝王的廢佛、汰僧後，使佛僧們更了解融合中土學說與學習道教方術，是擴大信仰層面與深度的最佳方式。因此佛教在內涵上已漸轉變為常、樂、我、淨的追求，擺脫苦、空，而塑造出西方極樂世界——一個與道教神仙境界相似的一個永生不滅之常樂世界。當時佛教大師龍樹 Nagarjunaru 就是以擅長生術著稱，而印度醫學八種方術中的 Rasayana，就是論長年法，如化學製藥長命液（Elixir）、講永久、健康、息災、長生之道等等，佛教這些改變當是受到道教思想與方術的深刻影響所致。因此當北魏文成帝時，沙門曇靖撰《提謂經》，其中就有「欲得不死地，當佩長生之符，服不死之藥，持長生之印。」之句，而淨土宗初祖與天臺宗三祖慧思等佛徒，也都明顯學習、仿效道教的思想和修煉方術，此可詳見本書第一章第一節之貳所述。另外，創立天臺宗、慧思的弟子智顗在講止觀禪法時，也曾說：「金石草木之藥，與病相應，亦可服餌。」（《修習止觀坐禪法要》）。

唐代佛、道興盛，在與道教融合儒、釋的同時，儒、釋也融合道教。而在宗教修煉養生方術上，此期的佛教還是吸收道教藥餌之說。例如唐代天臺宗的中興人物湛然在《止觀輔行傳弘訣》卷十，講道教外丹五石、草木藥時就說：

> 天老曰：「太陽之草名曰黃精，食可長生；太陰之精名曰鉤吻，入口則死。鉤吻者，野葛也。若不信黃精之益壽，亦何信鉤吻之殺人？金丹者，圓法也，初發心時，成佛大仙，准龍樹法，飛金為丹，故曰金丹。」（《大正新修大藏經》卷四十六，諸宗部三，頁一四一）

神仙長生、金丹服食本是道教流行已久的修煉法，唐代竟有佛徒欲轉奉道教者，文士許渾就有〈聞釋子栖玄欲奉道因寄〉一詩云：

欲求真訣戀禪扃，羽帔方袍盡有情。仙骨本微靈鶴遠，法心潛動毒龍驚。三山未有偷桃計，四海初傳問菊名。今日勸師師莫惑，長生難學證無生。（《全唐詩》卷五三三）

其實唐代佛教受道教神仙長生說之深刻影響，佛徒也煉丹、求長生，在這方面已與道教近似無別。例如在佛教文獻中談及長生、藥餌之處就很多。例如在敦煌抄本方面，伯希和三〇九三號的《佛說觀彌勒菩薩上生兜率天經講經文》裏，自「經云：如是處兜率陀天」至「五十六億萬歲」，有如下一段言及長壽的文句：

若說天男天女，壽量大，難算數，全勝往日麻仙，也越當時彭祖。人人咸盡天年，個個延經劫數。朝朝長處花臺，日日不離寶樹。天人個個壽難思，長鎮花臺沒歇時。王母全成小女子，老君渾是孩兒。

文中說在彌勒兜率天界的人，每一個都比《神仙傳》卷七裏的仙女麻姑和有七百餘年長壽的彭祖還長命，並說即使是西王母與之相比形同小娘，而老君也像一個小孩子。可見此文極力宣揚、強調彌勒經的長生勝於道教，這種出於護衛宗教的佛優道劣說法，競爭較勢的意味相當濃厚。而它之所以如此講解經文，當是意識到聽眾對現世長生不老具有強烈的願望，因此抓住道教關於長生的教義，採取與其說法相同的表現方式，想以此滿足民眾的希求。

而在煉丹方術上，斯一四四一號和伯二八三八號等，錄有唐人寫本《雲謠集》曲子詞，其中在〈內家嬌〉裏有如下一節：

> 絲碧羅冠，搔頭斜鬢。□寶妝玉鳳金蟬，輕輕浮粉。深長□畫眉綠，雪散胸前，嫩臉紅唇，明如刀割，口似朱丹，渾身挂異種羅裳，更熏龍腦香烟。
>
> 屐子齒高，慵移步，兩足恐行難，天然有靈性，不妨□□。教招事無不會。解烹水銀，煉玉，燒金。……

在描繪美人的形象時，也出現如此煉丹用語，可見當時長年養生、煉丹服食風氣的普及，所以連在佛教的民間俗文學也出現燒金、煉玉的願望。

佛家藥餌受道教影響的情形，還可從《大正藏》圖像部十一，所收錄諸多道教常用長生植物藥草名裏更明顯的看出。此部書載錄了《香要抄》、《藥種抄》、《香藥字抄》、《香字抄》、《藥字抄》、《諸香藥功能形體等》、《香藥抄》、《香要抄》、《香要記》、《香抄》、《藥抄》等多種藥物書籍，記述其香名、藥名、藥性、主治病症、形狀，有的還附有圖形及梵名可供參照（見插圖四）；諸書中多稱引《本草》、《神仙傳》、《抱朴子》、《齊民要術》及陶隱居之說，因此其書之性質與中國的《本草》相似。而就書中所收香料藥物，如人參、茯苓、茯神、黃精、甘草、遠志、枸杞、天門冬、麝香、雞舌香、留黃香……等情形看來，這些道教常用的長生藥，在諸書中都是供佛家作法、合藥時使用，由此頗可看出佛教藥餌受道教影響的一斑。

有唐一代，佛道互相交融影響的情形不僅限於二教經書典籍，道教用語與修行方術亦時見於僧人行止中。因此在《全唐詩》所收錄的初唐僧人作品中，既有如貞觀年間寒山子云：「今日得佛身，急急如律令」（〈詩三百三首〉之一、卷八〇六）、「仙書一兩卷，樹下讀喃喃」（之十六）、「可來白雲裏，教爾紫芝歌」（之十九）等等道教語彙；至於如道士般種藥、採藥、洗藥、曝藥等，也經常可見。如僧人拾得自言：「閑入天臺洞，訪人人不知。寒山為伴侶，松下噉靈芝。」（〈詩〉卷八〇七）、「一入雙谿不計春，鍊暴黃精幾許斤。鑪灶石鍋頻煮沸，土甑久烝氣味珍」（同上）；另外唐代文士們也常描寫佛僧在藥圃種藥、野外採藥、溪邊洗藥的詩句。例如李頎〈題神力師院〉：「階庭藥草徧，飯食天花香」（卷一三二）、孟浩然〈還山貽湛法師〉：「禪房閉虛靜，花藥連冬春」（卷一五九）、杜甫〈太平寺泉眼〉：「餘潤通藥圃，三春溼黃精，一食生羽毛。」（卷二一八）、韓翃〈題龍興寺澹師房〉：「卷簾苔點淨，下筯藥苗新。」（卷二四四）、李紳〈題法華寺五言二十韻〉：「藥草經行徧，香燈次第燃。」（卷四八二）、許棠〈題甘露寺〉：「滿欄皆異藥，到頂盡飛橋。」（卷六〇四）。

另外，皮日休有〈重玄寺元達年逾八十好種名藥凡所植者多至自天臺四明包山句曲叢翠紛糅各可指名余奇而訪之因題二章〉之詩，記述佛僧種植大片藥草云：

雨滌煙鋤傴僂齎，紺牙紅甲兩三畦。藥名卻笑桐君少，年紀翻嫌竹祖低。白石靜敲蒸朮火，

> 清泉閒洗種花泥。怪來昨日休持缽，一尺彫胡似掌齊。
> 香蔓蒙蘢覆昔邪，桂煙衫露溼袈裟。石盆換水撈松葉，竹徑穿林避筍芽。藜杖移時挑細藥，
> 銅缾盡日灌幽花。支公謾道憐神駿，不及今朝種一麻。（《全唐詩》卷六一三）

由上詩內容，可見這位元達寺的和尚在藥田種植多種草木藥。佛僧們種如此多的藥，除自用外，也施捨給需要的人，所謂「訪僧求賤藥」（王建〈原上新居十三首〉之三，卷二九九）、「諳山草木靈，人來多施藥」（同上）者，即是此類。

《全唐詩》裏還收錄唐代文士對僧人採藥、洗藥的記述，如劉商〈酬濬上人采藥見寄〉：「玉英期共采，雲嶺獨先過，應得靈芝也，詩情一倍多。」（卷三〇四）、李端〈與蕭遠上人遊少華山寄皇甫侍御〉：「尋危兼採藥，渡水又登山。」（卷二八五）、姚合〈題僧院引泉〉：「洗藥溪流濁」（卷四九九）；孟郊〈贈道月上人〉也有：「飯朮煮松柏」（卷三七七）之句，看來佛僧在草木藥的種植、採集以及所服食的種類等方面，與道士並沒有什麼不同。

唐代佛僧不僅只服食草木類藥餌，也有從事丹藥的煉制者。戴叔倫〈遊清溪蘭若〉詩云：

> 西看疊嶂幾千重，秀色孤標此一峰。丹竈久閒荒草宿，碧潭深處有潛龍。靈仙已去空巖穴，
> 到客唯開古寺鐘。遠對白雲幽隱在，年年不離舊衫松。（《全唐詩》卷二七三）

蘭若是寺院，從「丹竈久閒荒草宿」一句，可見此寺之僧曾有煉丹藥之舉。

僧徒除煉丹藥外，也有點化黃白者。例如《北夢瑣言》卷十一云：

> 何法成者，小人也，以賣符藥為業。其妻微有容色，居在北禪院側，左院有毳衲者，因與法成相識，出入其家，令賣藥銀，就其家飲啗而已。法成以其內子餌之，而求其法，此僧秘惜，遷延未傳。乃令其妻冶容而接之，法成自外還家，掩縛欲報巡吏，此僧因謬授其法，并成藥數兩，釋縛而竄。……

此則記載指出僧徒也擅長於點化金銀的道術。這種僧侶受道教長生說的影響而煉制黃白丹藥的風氣，到宋初依舊存在。陳國符先生《道藏源流續考》附錄〈北宋時已公認藥金銀為假金銀〉云：

> 宋仁宗景祐二年，亳州僧人福清上言：臣僧徒不務祖風，悖毀本教，皆慕長生久視之道，希望飛昇天闕，乃傳黃老之道。今雖有坐禪之名，實非有觀心究性之旨。內則皆竊道家煉身中之鉛汞，以求長生久視，外則修青金黃白之術，貪其財利。原其所為，皆是勾庚、點茅、乾汞、縮貨（賀），為假金銀，騙許世人，取獲財利，與賊無異，不懼天譴，不畏王法，不避人誅。豈是出家修行之事。其丹道之事，本道士為之宜也，而道家知其丹經之禁戒，天律甚嚴，故不敢為，獨臣僧家竊而為之，操心險惡，陷害世人，破家廢產者多矣。先儒所謂道家寶藏，盡為釋氏偷去，正為此也。悉宜禁革。乃下令：道士敢有勾引僧徒，貪其財物，傳授道法，及僧敢有不務祖風，竊修道教，私造假金銀、點茅、勾庚、乾汞、縮貨者，悉皆徒遼西邊戍，

以備契丹。

上文中所謂的點茅、勾庚、乾汞、縮貨都是道教提煉黃白的方法。如《靈砂大丹秘訣》第十八有抽茅法，是以綠石一兩、餤硝二兩半、硼砂一錢、明石二錢半及豬脂煎炒而成；所謂的勾庚，依《參同契五相類秘要》說，是以金（庚）屑與水銀混合提鍊；而縮賀法，據《庚道集》卷六第二十七頁〈神仙縮賀白神丹法〉，乃取賀（錫）十兩，用點藥白神丹一兩，點化為藥金；乾汞法者，則依《諸家丹法》卷三第三頁云：「即取水銀坐於甘堝內，以丹砂為末糝之，其汞立乾成銀。」（《道藏源流續考》·中國外丹黃白法詞誼考錄）。

由僧人福清上書給皇帝，希望帝王下令禁止僧徒從事丹鼎黃白藥餌修煉的條文看來，可知當時此情況之盛行與普遍。

唐代不僅中土僧徒求長生、鍊外丹黃白，胡僧亦然。據《金石簿五九數訣》云：

唐麟德年（按即高宗時）甲子歲，有中人婆羅門支法林負梵甲來此翻譯，請往五臺山巡禮。……行至澤州，見山茂秀，又云：「此亦有硝石，豈能還不堪用。」故將漢僧靈悟共採之，得而燒之，紫烟烽烟，曰：「此之靈藥，能變五金眾石。」得之，盡變成水，校量與烏長，今方知澤州者堪用，金頻試鍊實表其靈。……（《正統道藏·洞神部·眾術類·似字號》）

從胡僧以硝石為能變五金眾石的靈藥而與漢僧共採的情形，可見唐時胡、漢的僧徒皆有鍊外丹黃白之舉。

唐時中外交通十分繁榮發達，中國與外國間物資交流密切。例如中國煉制外丹黃白時，就常使用由西域所輸入之藥物，例如《金石簿五九數訣》論及石硫黃、石腦、絳礬、雞屎礬、天明砂、黃花石、不灰木、胡同律等藥物時，言以出自波斯國為良，而在《黃帝九鼎神丹經訣》裏，亦時常提及使用西域諸國所產的藥物；另外西域胡商對中國的藥金藥銀，也有高昂的興趣，例如太宗時的「成弼金」，婆羅門稱為「別寶」，憲宗時王四郎所點化的藥金，成為「西域商胡，專此伺買」的商品，這充分顯現道教黃白曾盛行於西域彼邦。而近世在新疆吐魯番出土文物中，發現用來鎮守墓舍的桃人木牌，內有「急如律令」的道教常用語，而用桃人鎮墓祈福，也是為道教所常見，這顯示道教曾一度傳至西域。

西域諸國與唐朝交往最密切頻繁的是印度，不僅印度僧人知道來華的路線，甚至就如遠慕太宗威名的戒日王（玄奘《大唐西域記》卷五），也都知道前往中國的道路不止一條，唐・慧立本、彥悰箋的《大唐大慈恩寺三藏法師傳》卷五就記載玄奘法師欲歸國，而戒日王堅留不住時，云：

> 弟子慕重師德，願常瞻奉，既損他人之益，實懼於懷，任師去住。雖然，不知師欲從何道而歸？師取南海去者，當發使相送。（《大正新修大藏經》卷五十，史傳部二，頁二十九，上）

既然連印度帝王都知道前往中國的道路有多條，那麼印度僧人經常東來也是必然的事。唐代長安這個世界大城，就不斷的吸引兩國商旅僧徒往來，而隨著印度僧侶東來與中土僧人西去，不但帶進印度的醫藥方術，同時中土的佛經也曾有反譯回印度的情況，例如根據唐・道宣《續高僧傳・玄奘傳》載，印度原無《大乘起信論》，玄奘則「譯唐為梵」，可見印度佛經有從中土翻譯過去者。

唐代帝王對來自印度的術士或方藥，有強烈的喜愛與迷戀。如太宗就曾命印度方士那彌邇娑婆寐合製長年藥丹；而高宗派玄照法師出使羯濕彌羅，也就是為了要尋找長生不老、精通醫術的盧迦逸多，令其合長年藥，又派使者與傔使到西印度取長年藥；而唐代一般的文士大夫也信任印度醫方術士的治療能力，例如唐人患眼疾時，常可見借助於隨佛教傳來的醫藥文獻《龍樹論》來治療，白居易就曾「案上謾鋪龍樹論，合中虛撚決明丸。」（〈眼病二首〉《全唐詩》卷四四七），也曾「爭得金篦試刮看」，其〈病中看經贈諸道侶〉詩中注云：「金篦刮眼病，見《涅槃經》。」；又，劉禹錫〈贈眼醫波羅門僧〉詩中云：「師有金篦術，如何為發蒙。」（《全唐詩》卷三五七），也是描寫印度眼醫以金針治療白內障的「金篦術」，從二詩所述，想必當時在長安可能就有印度的眼科醫師。

在唐代的醫書文獻裏中，時常有印度長生方的記載。例如在《千金翼方》卷十二〈養性〉中，孫氏言服菖蒲方的造作、功用後，有如下之文句：

> 服一劑，壽百歲。天竺摩揭陀國王舍城邑陀寺三藏法師跋摩米帝，以大業八年與突厥使主至，武德六年七月二十三日為洛州大德護法師淨土寺主矩師筆譯出。

可見在道教術士眼中屬長生藥物的菖蒲，在印度也認為是可致長壽的方藥。

又如《千金要方》卷十二，孫氏收錄〈耆婆萬病丸〉云：

治七種癖塊、五種癲病、十種疰忤、七種飛尸、十二種蠱毒、五種黃病、十二時瘧疾、十種水病、八種大風……。此藥以三丸為一劑，服藥不過三劑，萬病悉除，說無窮盡，故稱「萬病丸」，以其牛黃為主，故一名牛黃丸，以耆婆良醫，故名耆婆丸方。

牛黃是道教用以治驚癇寒熱、除邪逐鬼，久服可輕身增年、令人不忘的動物藥，而印度亦用此藥治病療疾，隱約可見兩教在藥物運用上有不少相似之處。另外，王燾《外臺秘要》卷三十一所收，能治療一切風、耳聾眼闇、生髮變白、堅齒延年的婆羅門方〈近效蓮子草膏〉，所用藥物原料如蓮子草、巨勝（即胡麻）、甘草等，也是道教常用的藥材。

再如《千金翼方》的卷二十二〈飛鍊〉裏，孫氏還收錄〈耆婆大士治人五藏六腑內萬病及補益長年不老方〉，其云：

紫石英研一兩日、白茯苓、麥門冬去心、防風、芍藥、甘草炙各七兩，右六味，治擇擣篩為散，麥門冬擣另如飴，和散更擣千杵，又內少許蜜，更擣一千杵，令可丸如梧子，酒服七丸，日二服。服之一年，萬病皆愈。二年骨髓滿實。三年筋化為骨，肉變為筋，身輕目明，除風去冷，辟鬼神良，服之不絕，則壽年千歲，不老不衰而致神仙。然服忌慎須持五戒十善，行慈悲心，救護一切乃可長生。……

從耆婆大士使用與道教常用的礦、植物藥，合煉成補益長生不老方的情形看來，清楚顯現印度僧人受道教藥餌的影響。

事實上，在印度長年煉養術法的用藥中，最常見道教黃白服餌影子的，莫過於佛教密宗的經典。佛教密宗也稱「密教」、「真言宗」、「金剛乘」等，因自稱受法身佛大日如來深奧秘密教旨的傳授，為真實言教，原是印度七世紀以來大乘佛教部分派別與婆羅門教（印度教）相結合的產物。這個以禁咒法術作為修習特徵的宗派，重壇儀、護摩，其起源據湯用彤《隋唐佛教史稿》第八節〈真言宗〉所述，以為密教之成為教派，約在中土唐玄宗時代的八世紀。

玄宗開元年間梵僧善無畏、金剛智和不空先後東來，深受唐代帝王如玄宗、肅宗、代宗的高度禮遇，三人翻譯出多部卷的密教經典，密宗就自玄宗起盛行至唐末。

這個吸取民間禁咒術法、佛教義理及性樂思想三方面組合而成的密宗，從它的典籍裏隨處可見受中土文化及道教思想、方術的影響。尤其是對長年藥的重視、藥餌種類的使用、服食術儀等等，都與道教的情形相同或相近。

例如，密宗在藥物的來源方面，除自己研合諸種藥材，配製合成者外，還有在山中求萬年仙藥者，如不空譯《佛說金毘羅童子威德經》云：

> 又法，欲求萬年仙藥者，取前三昧藥燒於山間，燒之，誦咒百遍，一切萬年精、雲芝仙草、千年松公及九雲仙、駕鶴應草、瑞草、芝雲，並總自出現其人所。世尊！若欲採之，正月一日二日，二月八日，四月八日，此等三日，一切諸藥草之精並在人間，餘日多化，不在本所。
>
> （《大正新修大藏經》二十一冊，密教部，頁三七三，中）

另外有作法後於夢中得藥者。例如唐・善無畏譯《七佛俱胝佛母心大准提陀羅尼法》云：

> 佛言：若人欲長生，於古塔及深山中，或淨房內，衣鏡為壇，具滿二四六十萬遍，青蓮花和安悉香燒，於睡夢中夢食仙藥，或授仙方，或於鏡中有五色光，光中有藥，隨意取食，即得長生。（《大正新修大藏經》二十冊，密教部，頁一八七，上）

還有山中作法，得鬼神賜藥者。如善無畏譯《大佛頂如來放光悉怛多般怛羅大神力都攝一切咒王陀羅尼經大威德最勝金輪三昧咒品》云：

> 若山谷中林中空閑處，燒香散花，誦呪，一切諸佛菩薩、天龍、鬼神，悉來現身，為說妙法，乃至授與神仙之藥。（《大正新修大藏經》十九冊，密教部，頁一八四，中）

在密教經典中，得藥場所除山中、夢中外，海邊河洲沙灘等亦可。如金剛智譯《佛說七俱胝佛母准提大明陀羅尼經》就云：

> 於大海邊或河渚間沙灘之上，以塔形像印印沙灘上……隨其心願皆得滿足，或見授與仙神妙藥，或見授與菩之記。（《大正新修大藏經》二十冊，密教部，頁一七四，中）

另外有以生人血肉與大黑天神交換長年藥者，如唐．神愷《大黑天神法》云：

有大黑天神，是摩醯首羅變化之身，與諸鬼神無量眷屬，常於夜間遊行林中，有大神力，多諸珍寶，有隱形藥，有長年藥，遊行飛空，諸幻術藥，與人貿易，唯取生人血肉，先約斤兩而貿藥等。（《大正新修大藏經》二十一冊，密教部，頁三五六，上）

這種以生人的血肉，秤斤論兩的與大黑天神交易得藥的方法殊令人毛骨悚然！而文中所說各藥效之名，可以清楚看出有道教藥餌隱形，飛昇登仙，變化自在等說的影子。

另外有進入修羅宮，降服藥精，並吃下藥精而成仙者。例如唐．菩提流志譯《不空羂索神變真言經》云：

若入修羅窟者，……至宮路中，忽見化出清淨無垢藥精味神，狀如天形，眾寶衣服備莊嚴身，手便執持俱延枝果。無垢藥精有大毒威，一踰膳那睹目人者，力能吸奪人精氣。若見之時，怒心無畏，左手執輪，右手執索，當前立住，大瞋怒聲，大稱「𤙖」字二三七聲，降伏藥精，又大瞋聲誦奮怒王真言二三七遍，遙降藥精。是時令其無垢藥精，面悶於地，遍體流汗，如泉涌流，……身出甘露，持真言者取塗二眼二腳掌上，遍塗身上，即得昇空。……加持輪索三遍，旋擲輪，其藥精頭上頂上血現霧流。持真言者取血塗身，則得變成金剛之身，刀杖水火悉不能害。又取藥精眼精血淚，塗點眼中，證淨天眼。析骨取髓服噉喫之，即得壽延七千大劫，證大智慧，廣大如海，識知過去百千大劫所受生事。取心噉食，即得騰空。又取肝血塗點額上，即得隱入大地地下。取舌執持，即得折伏地下一切藥叉、羅剎、毘那夜迦。（《大正新修大藏經》二十冊，密教部，頁二五一，中）

文中說藥精存在於修羅窟宮洞，此頗類似道教名藥出於名山洞府的說法，而藉藥物以騰空、長壽、伏鬼神、知未來之說，也顯然受道教影響。蕭登福先生認為「佛經中言藥精化為天神之形，喫食藥精可以飛昇，得壽七千大劫；這種說法跟道教《抱朴子·仙藥》篇說肉芝化為小人乘馬車，行山中，吃之，可以成仙。千歲栝木……服近十斤，則千歲；兩者說法相近。直至近世，民間仍流傳長白山千年野參，會化為小兒之形，採參者發現後，須以紅線圍之，防其化形遁逃。（筆者按唐·李珣《海藥本草》即載有人參「新羅國所貢者，有手足狀，如人形，長尺餘，以杉木夾定，紅絲纏飾之說」）。密宗吃食藥精以求長生之貌，或是由道教將上藥付以靈性，可以化形為人，有以啟之。」（《道教與密宗》第五章〈道教藥餌·避穀·食氣及黃白治鍊對佛教密宗之影響〉）。只是取食藥精之心肝、骨髓、血淚等以成就自己的長生之願，作法未免太殘忍血腥。

密宗在服藥的目的方面，有治病療身，排除臟腑不淨者。例如不空譯《佛說金毘羅童子威德經》云：

若有修行人求見世辨才智者，取訶梨勒七顆，白檀香一大兩，燒作灰，當顆各別燒白蜜和，每顆復作七丸，七七四十九丸，將藥向釋迦像前呪一千八遍，平旦時服一丸，於七七日間服盡，身所有三十六藏，髮毛爪齒，皮革血肉，筋脈骨髓，心肺脾腎，肝膽胞膶大腸小腸，屎尿涕唾，涎沫汗痰，肪𦙶膜䐈膟，身中如是不淨之物，並皆除斷，身如琉璃膶，內外明徹。辨才天中及諸天羅漢，六通神仙皆作導首，其藥惟忌五辛及酒肉女色等。（《大正新修大藏經》二十一冊，密教部，頁三六九，中）

除常見的治病療身、長壽外，還能宿殖德本、令人愛敬。如唐・智通譯《千眼千臂觀世音菩薩陀羅尼神咒經》云：

若有女人臨當產時，受大苦惱，呪酥二十一遍，令彼食之，必定安樂，所生男女，具大相好，眾善莊嚴，宿殖德本，令人愛敬，常於人中受勝快樂。（《大正新修大藏經》二十冊，密教部，頁八十七，上）

此外還可使人聰明、變化飛行、起死回生，取伏藏寶物等等，茲舉善無畏所譯《大佛頂廣聚陀羅尼經》卷二〈延年藥品法第六〉以觀，其云：

牛乳、牛蘇（酥）、天門冬，取前藥相和為丸，每日服三丸，至七日以來，如常壽命復加百年。若服一周年，如前七日，壽命復加千倍，身力如大龍王，少年如十歲小兒，頭有螺髻，髮紺青色。……若服一年者，戒根清淨，為五仙尊，種種變現，乘空而行，壽命千年，於虛空中作轉輪聖王，於閻浮及中道之中，遊行最勝。若命欲終時，服之七日，更延百年之命。若已終者，內藥口中，即卻活。（《大正新修大藏經》十九冊，密教部，頁一六二，中）

又如卷四〈召請諸佛品第十三〉云：

若日月食時，即取好赤牛蘇及菖蒲，各取一兩於銅缽中，……即須服之，即得大聰明。早麻子、莨菪子、曼陀羅子、蔓菁子、暮羅、藥乞沙、暮羅麻子、支得勒迦甘麗。右以上十味藥，等分，蜜和為丸，誦嗔怒金剛呪一千八遍，其藥能療八十四千種鬼神病。（《大正新修大藏經》十九冊，密教部，頁一六七，下）

上述密教經書還說，呪師每日要飲食五味物：「一乳二酪三酥四水尿五牛糞汁。一日一迴觸并飲一掬。」以為服此煉製之藥物，依法修持，則可以入修羅宮取伏寶物，能隱形不見，騰空自在，聰明大力，長壽千年，貌如少年，而且能令新死者復生，也可以鍊鑄黃金、白銀等等。總之服食密宗所說之物，能預知未來之事、不食不飢、延年益壽、降雨止雨、變化萬物、成就金剛不壞軀、證菩提等等，功效之大，幾乎無所不能。

在密宗服食的藥材方面，有煉合礦物性藥如朱砂、雄黃、雌黃、硫黃、水銀、慈石、白石、赤石脂、白石英、禹餘糧等，茲舉善無畏譯《慈氏菩薩略修愈誐念誦法》卷下第九品之例以觀：

其藥物者，一朱砂，二牛黃，三雄黃，四龍腦，五水銀。上件藥等皆具三種悉地。若得火焰現，飛空自在者，得馱囉尼仙，證入五地菩薩之位；若得煙者，隱形仙中為王。若得煖者，得世間一切所求善事，無不隨意；多聞辯才，他心道眼，無所不通。若求長生不死，喚神仙索仙藥喫，亦得如意自在。（《大正新修大藏經》二十冊，密教部，頁五九八，下）

此經除礦物藥外，又合和動物藥材。

在植物性藥物上有菖蒲、芥子、白檀香、天門冬、黃精、朮、桂、人參、蔓菁子、薑等等，如同上卷下第十品云：

復有一法，欲求悉地。……是故我今略說辟穀服藥，而求悉地速得成就。其藥名曰桑耳、天門冬、棗肉、豆黃、白朮、桂心，又加人參。右如上等藥，各二兩，皆作細末，以白蜜和之，空腹頓服三彈丸；明日減服兩丸；後日即減，但常服一丸。以棗湯及蜜、人參等湯，皆須煎熟湯下之。服藥一劑，神仙三十年。再服妙藥兩劑，得四百五十年。第三劑服，得五千五百年。第四劑服，得四萬四千年。第五劑服，得五億五千年。第六劑服，與天地齊畢，此即名為服藥悉地。（《大正新修大藏經》二十冊，密教部，頁五九九，中）

觀此品所言及辟穀服食之藥材、調制方式等皆與道教相同，尤其辟穀說出自道教，其歷史由來已久，如《莊子．逍遙遊》有藐姑射山神人不食五穀，餐風飲露的記載，《史記．留侯世家》云漢代張良，學辟穀導引輕身，《史記·孝武本紀》云李少君「以祠竈穀道卻老方見上。」，又《三國志·華陀傳》裴松之注引曹丕《典論》以及曹植《辨道論》都言及郗儉「絕穀百日」之事。因此由此經所說辟穀服藥物可與天地齊畢者，不難發現乃仿傚自道教方術。

在使用動物性藥物方面，密宗最常使用的是牛黃及牛五淨。例如金剛智譯《佛說七具胝佛母准提大明陀羅尼經》云：

> 若欲得見一切鬼神，取牛黃念誦，令煙火出，即塗目，並服之，即見。（《大正新修大藏經》二十冊，密教部，頁一七四，中）

善無畏譯《蘇悉地羯羅供養法》也載食用牛五淨云：

> 牛五淨者，謂黃牛尿及糞未墮地者，乳、酪、酥等，茅香水，一一持誦經一百遍，然後相和，更復持誦一百八遍，於十五日，斷食一宿，以面向東，其牛五淨置於蓮荷等葉之中，默飯三兩，十五日中所犯穢觸及不淨食，皆得清淨。（《大正新修大藏經》十八冊，密教部，頁七〇三，下）

這種服食牛尿、牛糞以去除不淨之說，已令人不可思議，而不空所譯《聖賀野紇哩縛大威怒王立成大神驗供養念誦儀軌法品》之卷下，更有以牛糞中之麥粒洗淨煮粥，做為持法者服食及祭供之用，可謂極粗鄙不潔；而白馬屎、動物血肉、貓兒毛及以人血合藥者亦時而可見，如阿質達霰譯《大威力烏樞瑟摩明王經》卷上就以毒藥末、芥子、己血，配合呪語，祈求長生延壽成仙。

除上述《大正藏》所收錄佛教密宗經典，時常可見受道教藥餌修煉的影響外，在敦煌寫卷部分也有此情形。例如伯二六三七號《佛說停廚經》以餌食人參、茯苓之方式，達到避穀不飢，進而證無生法忍，入佛境界；又如伯二六三七號《觀音菩薩最勝妙香丸法》文中所言避穀之方，以及所用藥材、合藥方式，避穀後復食之法和禁忌等等，都與道教相同。今略錄下以觀：

> ……我為人說妙香丸法，令此比丘永得解脫，不遭水火之難，大小便利，息比斷絕，得如來大圓鏡海，壽千萬歲，獲五神通。妙香丸法，但依經修合：毘夜那（防風）、諾迦多（人參）、必屑（狗脊）、摩那（朱砂）、達多夜松脂練過、菅眾、禹石餘、朱藤、茯苓、白蜜，右件藥各一兩，新好者，細搗為末，練蜜為丸，丸如彈子大。若要服時，於佛前禮拜，發至願當度眾生。用糯米一升、杏仁一合、白臘壹兩，相合煮粥，飽食一頓，後更吞大豆一合、一丸，後用乳香湯下一丸，得八十日。後又服一丸，三十二個月。後更吞一丸，得終身也，永脫飢渴之苦。至須誡貪嗔、五辛、酒肉等物。若力怯時，可餐煮三七顆助之，一月已來，定無疑也。……，若要開食……念諸真言及服藥，一年後，身輕目明；二年，諸根通利，大藏經一轉無遺；三年後，疾如風；五年後，水上不沒；七年後，入火不燒；十年，萬病不侵；十年五，肉眼變為天眼；二十一年，知一切眾生心念，如來大圓鏡海，壽命無量，一切無礙，是真沙門也。

持上述密教經文與道經〈驪山老母絕穀麥飯術〉（《雲笈七籤》卷七十七），及〈尹真人服元氣術〉（卷五十八）並比而觀，可清楚顯現佛密說法是抄襲自道教經典。

其它如伯二六三七號《湧泉方》、《休糧方》，伯二六三六號《喫草方》、《又喫草方》等所說的避穀觀念和藥餌，也都與道教十分相近。

由於佛教密宗興起既晚，其時道教藥餌成仙說盛行已久，因此在藥餌喫食時所注重的宗教術儀，也幾乎和道教相近得僅是換湯不換藥。例如道教煉丹重視名山、場所清淨、齋戒、忌房事、酒肉等等，這些亦見之於不空譯《如意寶珠轉輪祕密現身成佛金輪咒王經》求長年仙藥中，其云：

> 佛告曼殊師利童子言：若有善男子善女人欲飛空鉢行佛聖道，利益眾生者，先撰高山及以深谷，若如覆鉢，若如仰鉢，寂寞無人最勝境界，作造菴室，唯好獨住此清淨道場所，斷語無言，斷五穀粒，飡食松葉，呑水吸氣，禪定靜思，誦八大龍王陀羅尼及龍王名號，莫為異緣，若過三百日，取粳米一斛，一百日乾之，能持齋戒，不犯威儀，一心稱念寶勝佛名，次誦多寶佛名，次取空鉢召請諸龍王及迦樓羅鳥王，各呪一萬三千遍，沒於空中而起大風輪，爾時金翅鳥王及婆伽羅大龍王等，乘其風輪，頂載空鉢，臻於天上諸龍王宮及阿修羅宮，即取長年仙藥施與行人，行者服已，住壽一千歲，神通如意，能堪修行佛妙法道。若親近女色及食肉類，不得飛鉢，神力頓止。是則先佛修行要術神仙秘法。（《大正新修大藏經》十九冊，密教部，頁三三〇，下）

這種擇山立壇、齋戒斷食及仙人長壽之說，也可見於不空所譯《持呪仙人飛鉢儀軌》（《卍續藏經》第一〇四冊）中。另外，智通譯《觀自在菩薩隨心咒經》與善無畏譯《大佛頂廣聚陀羅尼經》所記密宗合藥、用藥的禁忌，如選擇時日、避俗人見，不能見喪家、產婦、經女、六畜以及戒五辛等，都是道教藥餌禁忌說的翻版。

其它如道教煉丹、服丹時須行符籙呪印等法術，佛教密宗亦然。如不空譯《一字奇特佛頂經》云：

> 以白芥子護摩一千八遍，藥叉女即來隨意，告彼與我長年藥，得藥服已，壽命一劫。（《大正新修大藏經》十九冊，密教部，頁二九六，下）

密宗相當注重真言加持，以成就藥法。如不空譯《菩提場所說一字頂輪王經》卷四云：

> 於荷葉上置牛黃或雄黃，結跏趺坐，護身加持藥，念誦乃至三相成就：若暖相現，一切眾生皆得調伏歸敬；煙相現，安怛那成就；若光相現，取身上塗，身如初日暉，年二十八相，髮拳旋如螺紺青色，無量持明仙圍繞，即成大持明仙，住壽一大劫。
>
> 又喫穬麥飲乳，誦三十萬遍，得長年藥。又月蝕時，加持乳一百八遍，成大長年藥。
>
> 又取摩努沙心，和牛黃作丸，以三金裹，或黑月分，或白分，加持念誦，藥有聲，置於口中，安怛但那。

又日月蝕時，取牛黃酥，置於熱銅器中，以熱銅筋攪，念誦，取三相現，若沸，服得聞持不忘；煙得安怛但那。燗飛騰虛空。如是雄黃黃丹成就，餘物等皆現三種相成就。（《大正新修大藏經》十九冊，密教部，頁二一五，中）

上述持呪誦藥至產生三相：暖、煙、焰，再服食或塗抹，即可飛昇、長生、貌美等之敘述在其它密教經典中，頗為常見，其目的與道教相同，都在獲得仙人護衛、加強藥效。

又如道教齋壇有稱名啟請諸神蒞臨加被，在唐·中天竺國尸羅跋陀羅譯，慧琳筆受的《大聖妙吉祥菩薩說除災教令法輪》作以下的記述云：

每持誦時，應發願啟白眾聖，手捧香爐，至誠虔恭長跪，向佛作如是言：弟子某甲，我今歸命佛法僧寶海會聖眾，仰啟清淨法身遍照如來，普告十方三世一切諸佛大菩薩眾，一切賢聖聲聞緣覺，五通神仙，九執大天，十二宮主，二十八宿，眾聖靈祇，四大明王，護世八天并諸眷屬，土地三川護法善神，業道冥官，本命星主，今遇此災難變，某事相陵，遊空大天，願順佛教敕，受我迎請，悉來赴會，嚮此單誠，發歡喜心，為我某甲除滅如是急厄災難。（《大正新修大藏經》十九冊，密教部，頁三四七，上）

觀其儀法與口吻，多仿效自道教。

另外道教用井華水服藥，佛教密宗也有相同的作法。如善無畏譯《童子經念誦法》云：

有眼病者，呪花水二十一遍，飲之洗之。（《大正新修大藏經》十九冊，密教部，頁七四三，下）

又唐·伽梵達摩譯《千手千眼觀世音菩薩治病合藥經》曰：

若有人等，患腹中病痛者，取井華水和印成鹽二顆，呪三七遍，服半升即差。（《大正新修大藏經》二十冊，密教部，頁一〇四，中）

道教以童男女擣藥的術法，亦見於不空譯《聖迦柅忿怒金剛童子菩薩成就儀軌經》之卷中：

欲得成就藥丸者，取羯柅迦羅華蕊、龍花蕊、白檀香，此等細擣熟研。又取象脂，取此脂和上件藥為丸。和此藥時，取鬼訴日，命童女沐浴，著新淨衣，擣篩香藥及丸作七丸，丸如梧桐子。……即得安怛但那，滅影藏形。（《大正新修大藏經》二十一冊，密教部，頁一〇九，上）

考佛教大小乘經典都沒有重視童男女的記載，而密教獨重之，對於此現象，蕭登福先生以為「疑密教係受道教影響而來。童男女之使用，當是出自中土先秦陰陽調和，萬物化生，而童子易與鬼神交通之觀念而來。」（《道教與密宗》第二章〈道教與密宗術法中之童男女〉）。

在佛密經典裏，也有黃白點化術。例如善無畏譯《大佛頂廣聚陀羅尼經》卷四〈造珍寶品第十一〉文云：

作金方及藥：銅百兩、合灰一分、延壽藥一兩、訶利多羅、堅故瑟吒一兩、摩吒羅娑一兩、蜜二兩、膏油一兩，並向土堝中，取前膏油及延壽藥，塗銅上及諸藥上，取前呪竟，……呪師著新淨衣裳，壇前誦呪守之。婦人、孝、六畜、狗等，病不得見，見即不成。慎之大吉。欲熟之時，即點延壽藥少許。欲熟時，狀如日色，即出向鬱金汁中寫著，變金色如日，即成紫磨金，作任意所用，千鍊不壞。

作白銀方及藥：錫百兩、銅三百兩、延壽藥三兩、螺貝五兩、油王三兩、金鑛三兩、銀鑛二十兩、合灰三兩、阿迦吏羅三兩、羅娑嚩吒二兩、多羅二十兩。右以上准前合，欲熟時，光如月色，即知是熟，……（《大正新修大藏經》十九冊，密教部，頁一六五，中）

這種點藥成金的敘述，還見於《不空羂索神變真言經》：「若藥一兩，點化赤銅百兩成金」（《大正藏》第二十冊）；又如《觀自在菩薩隨心呪經》：「用前樹王木柴燒之，駁駁呪雄黃，擲著火中燒之，其火變作金色，亦如藥色，如是七日，大得金用。又云只此藥成金也。」（《大正藏》第二十冊）；密教點化金銀的目的，據《慈氏菩薩略修愈誐念誦法》說：「所點銅鐵鉛錫皆成為金，貧乏眾生，廣施利益。」看來密教對藥金、藥銀的運用方式，也與道教如出一轍。

總之，密教在避穀、藥餌等方面，其觀念多出自道家說法。在術儀作法與藥餌製作上，則常出現粗鄙可笑、殘忍荒謬的情形，甚至所採擇合煉的藥物也甚為不潔不經，如將牛的排洩物洗淨而食，云喫食此物可延壽長生，這種怪誕的行事方式，實在令人作嘔！但在唐．中天竺沙門般剌蜜帝所譯的《大佛頂如來密因修證了義諸菩薩萬行首楞嚴經》裏，卻意有隱諷的說：

其魔或時化為畜生，口銜其珠及雜珍寶，簡策符牘諸奇異物，先授彼人，後著其體，或誘聽人藏於地下，有明月珠照耀其處。是諸聽者得未曾有，多食藥草，不飡嘉膳。或時日飡一麻一麥，其形肥充，魔力持故，誹謗比丘，罵詈徒眾，不避譏嫌。口中好言他方寶藏，十方聖賢潛匿之處，隨其後者，往往見有奇異之人；此名山林土地城隍川嶽鬼神，年老成魔。或有宣淫破佛戒律，與承事者潛行五欲；或有精進，純食草木，無定行事，惱亂彼人……。（《大正新修大藏經》十九冊，密教部，頁一五〇，中）

觀此文似將道教避穀及餐食藥物、好居山洞之士，視如妖魔鬼怪，隱然含有排詆異道之意。這種取法他教，卻又顯弄勝於別教的法術，是出自心虛好強的護教態度。而姑且不論兩教長生藥餌的優劣如何，兩者的服食術儀都充滿神秘的宗教色彩，則是一致共同的特色。

第四章　唐代外丹黃白之特色與評議

李唐皇朝特別提倡道教，又注重丹藥養生，百官大夫嚮然景從，對道士之煉丹予以大力支持與資助，道士們既免去食衣住行的後顧之憂，於是有時間、耐心，也有探索的精神，可以從容不迫、隨心所欲地研究各種煉丹方法；再加上唐代國力強盛、經濟穩定、社會生產力擴增，不但促使煉丹設備從漢際以來所用的竹筒、土釜，發展到特製的鐵質上下釜、水火鼎、火水鼎等，也提供更充足多樣的煉丹藥物，這些因素使得唐代煉丹術能站在前期積聚了數百年經驗的雄厚基礎上，更進一步發展而達到最高峰。此期煉丹流派之多，著名術士方家之眾，丹道理論之繁榮，經訣之豐富，對社會產生影響之大，都是中國煉丹史上之冠，可說歷代無出其右者。

唐代丹家所煉的「還丹」，其意義已較六朝時更為擴展。《抱朴子・金丹》篇云：「凡草木燒之即燼，而丹砂燒之成水銀，積變又還成丹砂，其去草木亦遠矣；故能令人長生。」這是「還丹」的本誼。而唐代張九垓《金石靈砂論》〈釋還丹篇〉云：

言還丹者朱砂生汞，汞反成砂，砂返出汞。又曰白金黃石，合而成金，金成赤色，還如真金，故名還丹。《龍虎經》曰：『金來返本初，乃得稱還丹。』汞與金石相貫而成赤金，是曰還丹之正名。從黃金而轉之，成紫金，名曰紫金還丹，其道畢矣。石流相注，成金色正赤，亦名金液還丹。（《正統道藏・洞神部・眾術類・清字號》）

由此所述，可見唐時「還丹」之誼，已較其初誼為廣大。甚至「還丹」之意與「黃白術」也有關，金陵子《龍虎還丹訣》卷上云：

夫大還七返者，異名而同體。返者砂化為金，還者金歸於丹。……自古還丹有黃帝九鼎丹、老君還丹、琅玕、曲晨神符白雪、二十四丹等。亦有從西國來者。（《正統道藏・洞神部・眾術類・蘭字號》）

唐代諸家丹派所煉成的還丹，用藥多味，製鍊經多轉，所得的成品自較前時更加豐盛。以下茲就唐代煉丹的特色、各家流派的主張、相互之爭辯與交融作一分析，企圖藉此盛況的展現中，透顯其中的共相與個別差異性；並且從唐人對丹毒說解與處理方式，評議其丹藥服食的迷惘。

第一節　外丹黃白之特色

壹　大量運用草木藥物煉丹

唐代煉丹術發達，術士們各顯神通，以不同的藥物調製而成的丹方為數眾多，可謂林林總總，數不勝數。《真元妙道要略》在批評服餌誤生時，言及眾丹家合和藥物之盛況云：

有用凡朱汞、鉛銀取抽臺水銀，號為天生芽，服而死者；有用硫黃炒水銀為靈砂，服而頭背破者；有以密陀僧、鉛黃花，號黃芽者；有炒黑鉛為水鉛，服成勞疾者；有燒桑木為六八四十八，淋煎取灰霜，號為秋石者；有燒金鎖草及糞灰取霜，號為鉛汞者；有用胞衣，號河車者，亦云紫芳也；有以九煉硝石於葫蘆內，以水精、玉環採月水、日火，號為大藥者；有燒砂錫錢取鉛珠，號為丹中真鉛者；有以銀雞子養朱砂及汞，伏火礬，為張果老龍虎丹者，即伏火死水銀一色者；有以鹽、硇砂啖十六歲童男、童女，取大小便澆淋取霜為鉛汞者；有以四黃八石都合燒為大藥者；有以豬牙、皂莢十一月採之燒煉，取灰霜，號天生牙者；有以葫蘆盛硝石並白石英，號紫石英，為一物含五彩之道者；有煎霜雪並百草上露，號神水華池修煉者；有燒煉姜石、雲母、硫黃及土為至藥者；有認鐵鋥、銅綠為自然之藥，便指陰真君訣云金花生，天地寶者；有以桑椹子並蠶沙、赭石子，號為大小聖石、自然丹砂者；有燒薰松烟，號為一子真黑鉛者；有燒絲紬取灰淋煎為大藥者；有燒煉硝石，並二江水及青鹽三年，擬為至藥者；有以水火鼎燒赤、白二樟柳根，號玄牝者；有以曾青、空青結水銀燒伏火，號真金者；有以硫黃、雄黃合硝石並蜜燒之，焰起燒手、面及燼屋舍者；有以水火漏爐櫃九遍燒水銀、青砂子，號九轉七返靈砂者；有以黃丹、胡粉、朴硝燒為至藥者；有合燒雄黃、雌黃，號為知雄守雌之道者；有以煉黑鉛一斤、取銀一銖，號知白守黑，神明自來為真鉛銀者；有以盆於十一月合地土，取陰氣，認為真水者；有燒火糞灰以臘水淋汁煎霜，號大藥者；有以黑鉛一斤，投水銀一兩，號為真一神符白雪者。（《正統道藏．洞神部．眾術類．如字號》）

上述這些丹方雖然都僅是一、二味藥材的組合，但名目之繁雜多樣，已足以令人眼花撩亂。

唐代丹方用藥，也有複雜的合和數十種藥材者。例如《太清石壁記》收錄的〈造大還丹方〉共使用空青、光明砂、雄黃、雌黃、金、白石英、鍾乳、硇砂、水銀、石硫黃、水銀霜、玉屑、石膏、朴硝、特生礜石、雲母、降英、太陰玄精、磁石、鉛丹、石膽、青石、陽起石、芒硝、蛇牀子、錫、礬石等二十七種藥物原料合煉。

唐代丹方用藥不論簡單或繁複，都顯現煉丹術士們使用的原料範圍相當廣泛，舉凡動、植、礦藥，有機物或無機物，皆可拿來煉製仙丹大藥。

唐代以前中國煉丹術所用的基本原料是礦物藥，即所謂的「五金八石」，漢魏六朝的煉丹著作如《太清金液神丹經》、《周易參同契》以及《抱朴子》等，都絕少用草木藥於煉丹。因為當時的神仙方士認為草木歲歲枯榮，容易腐爛，不如金玉礦石類藥，埋之畢天不朽，服之令人長生。雖然

《抱朴子・仙藥》篇記載了靈芝、茯苓、白朮、黃精、胡麻、菖蒲等延年益壽的藥物數十種，但又言「小丹之下者，猶自遠勝草木之上者也」（《抱朴子・金丹》篇），更遑論比起「金丹大藥」，其效果則差之甚遠，這顯露了早期煉丹術士對草木藥不重視的心態；雖然在《抱朴子・金丹》篇曾有掘菟絲之根，「剋其血和丹，服之立變化，任意所作」、又「和以朱草，一服之，能乘虛而行」，或取千歲蔂汁、礬桃汁、柠木、赤實、竹汁、白梅、白菊花汁、地楮汁、樗汁等和為丹藥服食，但這類草木藥都僅是被作為「藥引」配合服丹，因此可以說從漢魏六朝，在中國煉丹術發展的早期，草木藥並未作為煉丹的原料來使用。

就目前所見的煉丹文獻裏，最早將草木藥用於煉丹的是存於《庚道集》中的隋〈青霞子十六轉大丹〉，其中使用的草木藥多達十幾味，且多載於《本草經》的常用藥物，例如癸項「草匱」用川椒、貝母、知母、玄參、苦參、黃蘗、大黃、甘草、杏仁、南星、草龍膽、山梔子等，這些藥物大多具有清熱、瀉火、解毒的功效，丹家或許有見於魏晉以來服丹中毒者不絕如縷，因此就將草木藥加入丹方，目的在制伏金石藥的毒性。

唐初丹方運用草木藥，有孫思邈的《太清丹經要訣》，其〈煉太陽粉法〉是將石亭脂以鹽花、左味合和伏龍肝鍛煉，孫氏言餌此藥：「若兼餘草藥為丸服之，益佳也。」其述〈太山張和煮石法〉則用章柳根、杏仁、酸棗仁、槐子等草木藥合製為太一神水，再以煮沸河中青白石，候石熟而服之，可萬病愈、壽命延永，甚至白日昇天。可見孫氏所用都是一般常用的草木藥。另外在依託孫思邈撰的《孫真人丹經》中，也曾用皂角子以伏火硫黃。

高宗開耀二年蘇遊撰《三品頤神保命神丹方》，在大力提倡服食胤丹（即鐵胤丹）時，也明確指出此丹必須與草木藥配合，並說如此服食，始既無硫黃、雲母、乳石等之藥發時的「背穿腦裂，夏則重裘、熱酒未解其戰，冬則處泉、寒食寧釋其溫，……翻令夭壽」的弊病，而且能收體氣壯勇，千日可行及奔馬的功效，其論曰：

> 凡鐵胤丹，體性沉緩，若欲純服，獲驗多遲，蓋由臟腑先虛故也，若本充實，寧有是乎？麤藥服之，其效必速。……故以草藥先導之，冀相宣發也。又草性速發而易歇，鐵性遲效而長久，是以服藥之人暫餌便獲驗者，此皆藥力，非關鐵功也。……故三品方中，皆兼草木以相軒佐耳，是以本經云上中藥並堪久服。今制三品兼而用之，若姬后之獲太公，濟巨川而須舟楫者矣，鐵丹雖與金丹同類，而長服者終無發動之期。（《雲笈七籤》卷七十八，《正統道藏．太玄部．政字號》）

盛唐以後，草木藥加入煉丹的情形愈為普遍。在《白雲仙人靈草歌》中，時常提到靈草的功用，如白祿草、海寶草皆能「軟五金」、合穗草能「匱大藥」、仙人欽草「偏伏白硫黃」、寶劍草「偏伏獨體朱砂、作汁拒火」、林泉草「能伏獨體雄黃」、大道草「大制砂子抽汞」、地焦草「不但抽真汞，兼伏石中硝」等等，這些敘述說明了當時方士在煉丹術使用草木藥的過程中，已經累積相當豐富的經驗，且經過大量的臨爐驗證，對近百種草藥有所認識始撰成歌訣，專供煉丹術士們使用。另一本煉丹本草專著《蓬萊山西竈還丹歌》之序云：「其石藥等，并須上好草藥，勿令錯誤。」此歌所敘的草木藥，皆能與石藥共生化學變化而形成還丹。值得注意的是，這兩本歌訣所載的草木藥不論用於煉丹或用以治病，絕大部分都未被本草著作載錄，不失為本草學的珍貴資料。

除上所述外丹黃白的著作大量使用草木藥外，唐代還有數本煉丹書亦是如此，例如《太上聖祖金丹秘訣》、《軒轅黃帝水經要法》、《丹方鑒源》、《黃帝九鼎神丹經訣》、《龍虎還丹訣》、《太古土兌經》、《湧泉匱法》、《修煉大丹要旨》、《通玄秘術》等等。

比較初唐至晚唐使用草木藥煉丹的丹書，可以發現煉丹術中使用草木藥有其階段性的演進，草木藥的功用也扮演著不同的角色。早期煉丹都是在選定藥物後，直接進行燒煉，當時煉丹術士們發覺一些藥物如汞、硫黃、雌黃、雄黃、砒霜、胡粉等，很容易在加熱的過程中昇華（即丹家所謂「飛走」），使得煉丹反應無法按理想進行，因此煉丹失敗者居多而成功者少，丹藥又具有毒性，以至於道士們在丹藥煉成後也不敢輕易服用；而當他們在嘗試用草木藥制伏丹藥毒性的同時，竟發現草木可以使原來易於飛走的藥物被制伏，於是逐漸將草木類藥物運用於煉丹原料的初步加工，此所以丹經中時常有凡用石藥，須用「草伏住火者」的記述。再經過大量的煉丹實驗後，草木藥對各種礦石藥的獨特作用逐漸被認識，而草木藥又有價廉易得的優點，於是使用就越來越廣泛，這個演變過程大概從初唐到中唐就已完成，而草木藥也就由少量運用到廣泛使用；從最初用來制伏丹藥毒性的角色，演變成為煉制五金八石的材料之一。

晚唐以後煉丹術士大量使用草木藥的情形，可以從五代人所撰《金液還丹百問訣》（又稱《海客論》）中窺見一般：

……切見世上之人，多求草藥，將結水銀。指嶺南不是遠途，言塞外只是戶外。遍求蘂卉，散採茅枝。赤芹萵苣之徒，盈諸兜籠；章柳瓦松之類，盡滿篋箱。或擣末油煎，水煮多時。或用地膽，杵自然之汁。採田公草，則洗了除根。人莧與馬莧相兼。龍膽共菟絲共使，未成砂子，早望黃金。如此之流，如麻如蟻。至使資財散蕩，役心力以荒狂；究竟無成，卻怨天而恨地。……（《正統道藏．太玄部．別字號》）❶

這一則記載，既顯現世人餌丹求長生的急迫心情，也說明當時外丹黃白術師已普遍且廣泛使用草木藥的景象。

儘管自唐代以來大多數丹經中使用的草木藥，絕少見載於本草書籍，但李時珍在編撰《本草綱目》時，於引用的書目裏曾提到《庚辛玉冊》，他說：

宣德中，甯王憲取崔昉《外丹本草》、土宿真君《造化指南》、獨孤滔《丹房鑒源》、軒轅述《寶藏論》、青霞子《丹臺錄》，諸書所載金石草木，可備丹爐者，以成此書。

由此可見外丹本草對本草學也具有一定的影響與貢獻。又如《修煉大丹要旨》中云「朮律草」為：「此草與天南星相類，一葉如大麻葉一般。七瓣一花，如鈴鐸一般，倒垂花，紫心黃者是也。」如此形象生動的描述，補充了本草書籍的不足。

外丹黃白師用草木藥煉丹，為了隱秘其術，往往故弄玄虛地使用隱名。《軒轅黃帝水經要法》在水法煉丹中使用草木藥，序中言及作者隨一仙人學道，數年不得要領，「後見古仙指草為龍，方知其道矣。」現所見丹經裏，常稱草木藥為「龍芽」，龍為神明之物，極善變化，芽為鮮嫩草木之意。外丹家以隱名或異名稱呼草木藥，造成後人在使用或辨識上不少困難。

分析唐代丹經所用草木藥的品類，大概有二類：

一是醫家常用藥，如澤瀉、甘草、知母、地榆、益母草等。這些藥物大都具有清熱解毒的功效，性味偏於寒涼，所以煉丹家用此類藥物即意在通過煮制，解除丹藥的火毒。而此類藥既可治病，又能用於煉丹，為醫家與丹家通用藥，歷代本草有收載。

二是丹家專用藥，如水田翁草、紅焰草、鐵扇草、骨律蔓、朮律、萓女草。這類藥是丹家專用藥，向來隱密內傳，一般不用於治病，僅在煉丹術中有特別專門的用途。

唐代將草木藥用於煉丹術中，較具有代表性的使用方式與劑型如下：

一、鮮草木

以特定容器如磁合子，將草木藥鋪在底層，中間放置石藥，再蓋上草木藥，密封後鍛燒，此稱「匱法」。《白雲仙人靈草歌》常言所收之草木藥依此法以煉丹。

二、草木汁

以鮮草木絞搾取汁為用，稱為自然汁，用以煮制石藥。《丹方鑒源》錄有十九種草木汁，如五枝草、猪皮草、七結草、銀線草、柳膠，用以結砂子；天鈒草、水田翁草，用以煮汞；五色仁莧、虎耳草，用以煮砂子；章陸，以拔錫；蒼耳，抽錫暈；獨麥草，以淬錫；梔子，以淬金；馬鞭草，

❶ 《金液還丹百問訣》見臺北，新文豐民國七十四年十二月再版之《正統道藏》第三十九冊。

縮錫砂；海芋，以伏硇；五倍子，用以枯鉛等等。

三、草木灰

草木燒灰，或入缸內作灰池，用以養火，如《鉛汞甲庚至寶集成》載竹葉、茅草、桑葉皆可作灰池。或草木燒灰化水以煮制石藥，謂之灰霜。《丹方鑒源》錄有十七種草木灰與其功效，如不灰木灰、婆羅門灰，用以煮汞；仙娥草灰、益母草灰、芹槿灰、桑灰，用以制硫黃；紅心灰藋，用以煮粉霜；紫葛灰，用以制硝；冬瓜蔓灰，用以煮汞、丹砂、淬鋼錫等等。

綜上所述，煉丹家使用草木藥，或希望能達到去除、減少金石藥物的毒性，如《鉛汞甲庚至寶集成》卷一〈神仙養道術〉載水銀的修治法，曰：「先以紫背天癸并夜交藤自然汁，二味同煮一伏時，伏，其毒自退。」此即以草藥解水銀之毒；或使含有雜質的物質得到提存，如前舉「抽」、「煮」、「拔」、「枯」等；終極目標是為了服食後長生成仙，雖然這個夢想最後以幻滅收場，但草木藥用於煉丹，豐富了煉丹術的內容。從不用草木到大量使用，標誌著煉丹家對丹藥的毒性、煉丹反應的控制與操作過程，有更進一步的認識，這在煉丹史上，無疑具有相當重要的意義。草木藥在煉丹上竟能產生如此大的功效，這應是漢魏六朝對草木藥抱著鄙夷、輕視心態的神仙道士所始料未及的。

貳　宗奉易學陰陽五行之說

唐代外丹黃白興盛，丹道流派林立，各派在丹道理論建構上多所發展。然而從各種丹道學說紛然競陳中，可以發現唐代煉丹術士熱衷於形而上的玄學義理思辨，采用易學陰陽及五行之說，以解釋其金丹黃白之術，而這可以說都是從《周易參同契》導引出來的。

《周易參同契》的作者是東漢魏伯陽，此書以漢代易學理論、黃老內養功夫、爐火外丹燒煉，三者契合一貫為思想的基礎，但此學說在當時、甚至是魏晉南北朝並不流行。到了隋，自號「青霞子」的蘇元朗，大力推崇、倡導《周易參同契》的丹道學說，於是這部丹經逐漸在唐代煉丹術中盛行，不少丹家潛心研究，為它作注，如收在《正統道藏》映帙，托名「長生陰真人注」和收在《正統道藏》容帙，題為「無名氏注」的兩種《周易參同契》注本，都是唐代丹家從外丹的角度予以注解。唐代有很多煉丹術的著作如《張真人靈砂論》、《通幽訣》、《陰真君金石五相類》等等，都紛紛徵引《周易參同契》，或宗奉此書而在其基礎上更加以擴充發展，形成一個比較完整的理論體系。

《周易參同契》在唐代受到高度的重視。不僅是煉丹家張九垓的《張真人金石靈砂論》於〈釋還丹篇〉引有當時流傳歌謠一首云：「紫雲頂上生，白虎含真氣。自外閑文書，不及《參同契》。」；就是帝王如唐玄宗也關切地向李含光說：「參同如有旨，金鼎待君燒」（〈送玄同真人李抱朴謁〉《全唐詩》卷三）；至於文士如沈佺期、李白、王昌齡、白居易等，更是經常於其詩文中提及此書（見本書第三章一、三節所述），可見不論在初盛或中晚唐的時期，《周易參同契》都被公認為煉丹術的經典著作，甚至幾乎成了金丹術的代名詞。

唐代煉丹家奉《周易參同契》為圭臬，以易學陰陽五行學說指導金丹燒煉，主要表現在下列三點主張：

一、自然還丹說

古人普遍認為天然金石物質，會隨著漫長時間的推移，逐漸自然進化成為更精美完善的物質，甚至生成自然的仙丹，因此煉丹術士所謂的自然還丹，也就是「天生還丹」之意。這種說法早在西漢劉安所撰之《淮南子・墜形》篇已出現：「正土之氣也御乎埃天，埃天五百歲生砄，砄生五百歲生黃埃，黃埃五百歲生黃澒，黃澒五百歲生黃金，黃金千歲生黃龍。……」的論述，劉宋時建平王所著的《典術》也有「天地之寶藏於中極，命曰雌黃，雌黃千年化為雄黃，雄黃千年化為黃金」等金石自然進化的觀念。

唐代煉丹術士對這種金石自然進化的信念，相當深厚，而且認為經歷百千萬年演進生成之礦物，是仙人之食，非下仙之藥。陳少微在《大洞煉真寶經修伏靈砂妙訣》就論曰：

丹砂者，自然之還丹也。世人莫測其原。只如玉之砂，世人總知之。如金座、天座是太上紫龍玄華之丹，非俗人凡夫之所見知也。其玉座則俗流志士積功修煉，服之致仙。其金座則宿有仙骨，清虛鍊神，隱之岩穴。神仙採與食之，便當日羽化昇騰。其天座則太上天仙真官所收採服餌，非下仙之藥也。其玉座砂受得六千年陽靈之清精，則化為金座。……金座受一萬六千年（陽靈之清精）則化為天座。天座則座碧，……常有太一之神護持，上元之日，真官下採。……後世人不可取採之也。（《正統道藏・洞神部・眾術類・清字號》）

另外唐人所撰《陰真君金石五相類》，在言及水銀生成與演進過程時，仍持相似的見解云：

玄水是水氣初胎，一千年後成結，似凝未凝，似胎未成胎，不堪為用。玄珠流汞是水光之氣，二千年名玄水流珠，已成水銀，尚未堪修鍊為丹。河上奼女是三千年水氣，已成水銀，如飛鍊對陽，被火氣影著即走，亦未禁火，未堪燒鍊。太陰是四千年水銀，已過三千年，故名太陰，是老水銀，始堪用也。赤帝流汞出自離宮赤水，含陽氣，赤色成朱砂。……如拒火不飛，銷瀉不折分毫，即合大造化之力，其中有長生出世之大功。（《正統道藏．洞神部．眾術類．似字號》）

是百年也好，說須千年也罷，煉丹術士們認為礦物越經歷長期的日月精華照耀演進，越是自然還丹的好材料。《丹論訣旨心鑒》就云：

有上仙自然之還丹，生太陽背陰向陽之山。丹砂皆生南方，不生北方之地。自然還丹是流汞抱金公而孕也。有丹砂處，皆有鉛和銀。四千三百二十年丹成。（《正統道藏．洞神部．眾術類．松字號》）❷

根據《還丹肘後訣》卷上的說法，這種上界仙人才能食用的自然還丹，是「天符照耀」而形成的。這種陽氣潛運結化之精可化為丹砂，從精氣丹砂，而朱砂，而天然還丹，到最後形成的天鉛自然還

---

❷《丹論訣旨心鑑》及其後所引之《通幽訣》、《太古土兌經》、《玉清內書》、《上洞心丹經訣》等丹經，俱見臺北，新文豐民國七十四年十二月再版之《正統道藏》第三十二冊。

丹等，必須歷經四個演變階段，每個階段又各須耗費一千八百年的進化。《通幽訣》詳述云：

精化為砂，色稟南方丙丁火，外陽而內陰，主男，日之陽魂。日月之華氣照耀天地，太陽、太陰、沖和之氣交騰受氣一千八十年，結精氣丹砂。天符照耀又一千八十年，成丹砂，名朱砂也。陽中陰，號曰太陽朱雀石，主水，元和之氣未足。……天符運動照耀丹砂，養育又一千八十年，天火化為太陽造化，陽氣受足。陰氣衰，陽氣盛，滿流溢回而自生，色稟北方壬癸水，外陰而內陽，主女，月之陰魂，非人間之凡物。故之赤水中自生者流為陽汞，名曰天鉛之精，黃芽之祖，是日月之華氣，化為天然還丹。天符又照耀一千八十年，合四千三百二十年，元氣足，……成天鉛自然還丹。（《正統道藏·洞神部·眾術類·蘭字號》）

這樣漫長的年歲推論，塑造了自然還丹乃珍貴難得產物的效果。

天生還丹既須時四千三百二十年之久，煉丹家們則以為其臨爐煉丹，即是以人間之火，仿效天地陰陽造化的原理，於鼎爐中靠著其它藥物的作用，補之以水火相濟的促進，再加上祈求神仙之護佑，甚至符籙呪語的運用，便可濃縮礦物演進時間、加速進化過程，而得到服之可以成仙不死的靈砂神丹。因此《通幽訣》又云：

金丹是日月運動自然成丹。因燧人改火，後聖用之，同於天火造化。……後聖用火喻爻象，月計三百六十時，年計氣候四千三百二十時，合四千三百二十年。（氣候）喻合天符、自然還丹。（同前）

也就是說，煉丹者將其所使用的鼎爐器具，想像成一個縮小的宇宙，再以其所理解的宇宙來設計、安排鼎爐與火候，陳少微《大洞鍊真寶經九還金丹妙訣》即云：

夫大丹爐鼎亦須合其天、地、人三才五神而造之。其鼎須是七反，中金二十四兩，應二十四氣，內將十六兩鑄為圓鼎，可受九合，八兩為蓋，十六兩為鼎者，合一斤之數，受九合，則應三元陽極之體，蓋八兩應八節，鼎搧蓋則為二十四兩，合其大數。其鼎須八卦十二神定位，然後將其合了。……，壘土為壇，壇高八寸，廣二尺四寸，壇上為爐。爐亦高二尺四寸為三臺，下上通氣。上臺高九寸為天，開九竅，象九星；中臺高一尺為人，開十二門，象十二辰，門門皆須具扇，下臺高五寸為地，開八達，象八風。……夫用火之訣亦象乎陰陽二十四氣、七十二候。五日為一候，三候為一氣，二氣為一月，十二月為之一周年，陰陽運數足矣，而丹成。……（張果《玉洞大神丹砂真要訣》第十四品〈鼎火候訣〉所記與此相近。）（《正統道藏．洞神部．眾術類．清字號》）

丹家認為在這個仿照天地宇宙的鼎爐裏，只要火候應節度，炭數斤兩應爻卦，乾坤運轉逐日，火候自然相邀，則一時可當一年，而在丹鼎中一年，就可當作是自然界的四千三百二十年，因此「今修者象而成之大千之數，下界神仙修鍊鉛汞一年成，服之亦長生羽化，與天同功」（《丹論訣旨心鑑》）。從這些理論的建構，可以看出煉丹術士欲「奪天地造化之功，盜四時生成之務」的強烈企圖心，展現了他們豐富的想像力與創發力。

二、直符火候說

爐鼎既然象徵宇宙天地，煉丹家將金石丹砂等物置於其中，還希望能縮短化成自然還丹的時間，那麼「火候」就是成丹的重要「加速」、「濃縮」利器。煉丹術士都相當重視火候的進退掌控，丹家常謂「凡修丹最難於火候也。火候者，是正一之大訣。修丹之士，若得其真火候，何憂其還丹之不成乎？」、「萬卷丹經秘在火候。」（《金丹秘要參同錄》），白居易昔日與元稹、郭虛舟煉師臨爐煉丹，就是因「火候遂參差」而「奼女隨烟飛」。所謂火候，即為丹爐溫度的控制，在古代是依靠人工按時添減燃料來達成，唐代煉丹術士講究火候變化喻合天符運行就是「直符」。《通幽訣》云：「日月四時，直符循環，一如車腳，轉運陰陽，成數造化，載運萬物，故在律紀。」所謂的「用火喻爻象」，就是一年十二個月通於十二消息之卦，而一卦有六爻，因此一月分為六候，每候五天，每月爐火即按卦爻變化，以控制進退火的溫度，如此神丹即可大功告成。

唐代丹經較流行的直符理論，是以十一月為丹爐舉火的第一月。《還丹肘後訣》卷上云：「初候發火，用二十四兩（銖）火，為一爻也，以法二十四氣。守至二日半加一爻，至五日為一候也。以次用火加爻。每月有六候，常至第三候六十時下與第四候三十時上並武火處，其火斤兩進退日夜須別添熟（火）炭，常令露火面，即候本斤兩（數）也。其直符九個月半畢後，則常取第九月火候爻象法則進退斤兩為定，不論年月遠近也。」如此繁雜的運火方式，不禁令人眼亂目眩；而陳少微《大洞鍊真寶經九還金丹妙訣》言其煉還丹的火候，更從子門運火至亥門，周旋十二門，陰門、陽門之火炭橫豎也相異；如添加藥物時又依前運火，歷經數轉，所用炭數並皆不同。這種為生成自然還丹而使用之直符理論，是丹家精心玄思構想出來的，但除了令人覺得隱深玄奧外，由於並非基於經驗總結，因此往往缺少科學根據，而這也許就是煉丹術士口中的「天機」、「秘訣」吧。

三、藥物相類說

唐代煉丹術中的藥物配合相類說，同樣是以陰陽五行為理論基礎。魏伯陽《周易參同契》首先把此說引入煉丹，認為煉丹須陰陽交配：「乾剛坤柔，配合相包，陽稟陰受，雄雌相須，須以造化，精氣乃舒」、「欲作服食仙，宜以同類者」、「若藥物非種，名類不同，分劑參差，失其紀綱」。到了唐代，陰陽學說在煉丹術中形成一個比較完整的理論體系，煉丹術士們強調「洞達陰陽，窮通爻象」，力圖透過陰陽學說指導金丹術的藥物反應。丹家認為只有相類物質之間，才能發生聯繫和作用。《張真人金石靈砂論》於〈釋陰陽篇〉云：

> 大道沖融而包天地，驅策陰陽成乎宇宙。天形陽而左旋，地質陰而右轉；日為陽精而晝行，月為陰靈而夜流。日月垂耀而人生乎其中，抱陽而負陰，聖人法象，天地辨列，陰陽外合，造化以成還丹。（《正統道藏‧洞神部‧眾術類‧清字號》）

又〈成金篇〉云：

一陰一陽曰道。聖人法陰陽，奪造化，故陽藥有七，金二石五。黃金、白銀、雄、雌、砒黃、曾青、石硫黃，皆屬陽藥也。陰藥有七，金三石四。水銀、黑鉛、硝石、朴硝，皆屬陰藥也。陰陽之藥各稟其性而服之，所以有度世之期，不死之理者也。（同前）

凡人服藥之所以能成仙，就是陰陽藥性相配合的緣故。

唐代另一本煉丹著作《太古土兌經》也對陰陽藥物相類，提出其理論云：

學道之士，先辨礦石，次審爐火，三明藥性，四達制伏，不曉四事，徒勞神思。金銀銅鐵錫謂之五金，雌雄硫砒名曰四黃，朱汞鵬硇硝鹽礬膽命云八石。或陽藥陰伏，或陰藥陽制，明達氣候，如人呼吸，皆有節度。學道之人，先調氣，次論藥物，二者相扶，是曰道真。（《正統道藏．洞神部．眾術類．之字號》）

又如《陰真君金石五相類》云：

假如金石用作，數有七十二石。石之出處，地厚藏伏，各有陰陽性格。陰山出陰石，諸青之類也；陽山出陽石，是硫黃之類也。若解陰陽相配，即如夫唱婦隨。若高下不和，用藥乖謬，即何以配合？……相類成品，造化者不虛其道。……相類制伏，各取其功。乃知曾青合水銀之性易之云青龍膏、青龍翅者，因水銀而生二名。水銀如龍，見火即走，曾青膏伏制得住，

號龍虎丹五相類，了知曾青有駐水銀之功，又能駐生靈之命。（《正統道藏．洞神部．眾術類．似字號》）

上述言及曾青、水銀相互作用和反應之例，目的無非在說明陰陽藥性相類者，始能奏功達效。

唐代藥物相類學說不僅講陰陽，也強調五行，使煉丹更充滿神秘的色彩。如《太清石壁記》敘〈五石丹方〉，以藥味上應天上星宿，認為是其精氣所結，故服之能令人成仙。云：「五石者，是五星之精。丹砂太陽熒惑之精，磁石太陰辰星之精，曾青少陽歲星之精，雄黃后土鎮星之精，礜石少陰太白之精。右以此五星之精，其藥能令人長生不死。」在又方中更云：「曾青者，東方青帝木行青龍之精，丹砂者，南方赤帝火行朱雀之精，白礜石者，西方白帝金行白虎之精，磁石者，北方黑帝水行玄武之精，雄黃者，中央黃帝土行黃龍之精。……五石者，五星生氣，服其真精氣，可以天地齊壽。」這種將五金五行配合在一起的說法，普遍存在於唐人煉丹書中。例如王燾《外臺秘要》載錄〈范汪飛黃散〉云，「取丹砂著瓦盆南，雄黃著中央，慈石北，曾青東，白石英西，礜石上，……各二兩，以一盆覆上，作三隅竈，燒之一日成。」即規定五種原料在瓦盆中的安放位置，依五色與五行相對應來煉製此藥方。其它如《陰真君金石五相類》之丹書，也是將金石之物與陰陽五行配合而論。這些都是唐代煉丹家從《周易參同契》為基礎所發展出來的煉丹理論，指導丹藥冶煉的原則，神秘主義之色彩相當濃厚。

總之，晉時葛洪述金丹，不用陰陽五行之說，不提龍虎，真鉛、真汞之名；南北朝之陶弘景煉九轉神丹、撰《真誥》或《登真隱訣》亦是如此。因此唐代宗奉易學陰陽五行以言丹藥冶煉，可說是此期丹經的特色。

叁　精進的鼎爐製造

煉製所謂神丹是靠人工的手段，以天然物質為原料，仿天地造化之功，於丹鼎神室中通過修煉，富集其精華，促成其轉化，製造出可使人長生度世、羽化神仙的大藥，因此鼎爐的製造，對煉製丹藥的成敗，居於重要的關鍵地位。

漢際，煉丹術尚處於初期時，煉丹設備十分簡陋，藥鼎不過是土釜，置於爐火上以馬糞、糠皮或葦荻等燃料加熱，透過調節土釜距離火苗的遠近，以掌握溫度，對丹爐的建造似乎尚無特別規制。但至東漢後期，藥鼎已移入丹竈內部加熱，魏伯陽《周易參同契》的〈鼎器歌〉云：「圓三五，寸一分，口四八，兩寸唇，長尺二，厚薄勻。腹三齊，坐垂溫。陰在上，陽下奔。」可見當時煉丹的升華器外形下部為盆狀，上大下小，底部圓形，直徑一尺五寸，厚一寸一分，盆上部直徑約一尺二寸，如此充裕的空間可在頂部聚集升華物。底部有三支腳，中間放置加熱熱源。這是漢魏時煉丹的鼎器，雖有固定的尺寸，但製造得相當簡單。

到了唐代，煉丹術士們對丹爐的建造就十分講究，顯得精緻而複雜。例如《大洞鍊真寶經九還金丹妙訣》〈爐鼎火候品〉曰：

> 夫大丹爐鼎亦須合其天地人三才五神而造之。其鼎須是七反。中金二十四兩，應二十四氣，內將十六兩鑄為圓鼎，可受九合，八兩為蓋，十六兩為鼎者合一斤之數，受九合則應三元陽

極之體。蓋八兩應八節。鼎並蓋則為二十四兩，合其大數。其鼎須八卦、十二神定位。……
……取淨土，先壘土為壇，壇高八寸，廣二尺四寸，壇上為爐，爐亦高二尺四寸，為三臺，下上通氣。上臺高九寸為天，開九竅象九星；中臺高一尺為人，開十二門象十二辰，門門皆須具扇；下臺高五寸為地，開八達象八風。其爐內須一尺二寸，然致鼎於爐中，可懸二寸，下為土臺子承之。其臺子意高二寸，大小令與鼎相當。然則運火燒之。（《正統道藏・洞神部・眾術類・清字號》）

爐鼎在丹家心目中，象徵宇宙乾坤，因此製作的規格也仿效天地陰陽節氣的運轉，由上述可見唐代丹家仍一貫依照天地三才陰陽五行的原則以建爐造鼎，其用心可謂良苦。

另外，在孫思邈《太清丹經要訣》裏，還談到其他型制的丹竈：「右其門高六寸，闊五寸，以鐵為之，其竅勿令向上，宜下開之，可高三寸半許，闊二寸半。若向上開者，火則微翳，向下開之為佳也。」。

至於藥鼎，早期僅用「赤土釜」，其壁內外塗「玄黃」；到了唐初則已演進為上下鐵釜，用「六一泥」固濟及塗抹釜之內外。尤其在制作「六一泥」上，唐代丹經並不拘泥於晉時《抱朴子・金丹》篇所載的以戎鹽、鹵鹽、礬石、牡蠣、赤石脂、滑石、胡粉等以此七種藥物制成，孫思邈《太清丹經要訣》〈造六一泥法〉就說：「凡作六一泥者，只為固濟，欲使牢固。今只二種藥為泥，又加一二種意損者，何煩多種。」可見唐代丹家不侷限於傳統的實際作風。

在「鼎」的材質上，唐代的製作呈現多樣化，有使用砂合子、鐵瓶、瓷合子、銀合子、金合子、滑石合子等等；此外還有一種由上下釜組合而成，形如雞卵的藥鼎，稱為「神室」，又稱作「混沌」。唐代丹經《玉清內書》〈金鼎銘〉有用朱砂所造的神室，其云：

> ……但取所生朱砂下土，或如黃蠟膩，或青黑色，取一二合，研淘，……此土力大，擣篩訖，但以和作泥熟為妙，便固作鼎，形如雞子，長七寸，圓五寸，趁潤截兩斷，造丸所。曝乾。鏇中心各闊三寸，漸漸底尖，各深二寸。神室明裏與外並如雞子形。兩扇唇口，並鏇作雌雄，不得參差。……（《正統道藏．洞神部．眾術類．松字號》）

唐代除上述之砂混沌外，《紅鉛入黑鉛訣》還提及以「真金鑄神室，雞子其形容。紅鉛藏室中，封固入鼎內」之下鼎用本土、上釜用真金的神室。而《上洞心丹經訣》則更述及以雞蛋殼作神室，形狀小巧精緻又饒富趣味，其作法如下：

> 用好雞彈（蛋）八個，醋浸略去蛋皮。頂上微開一小竅約小姆指大，慢慢傾去黃白。洗淨控乾。然後磨上等京墨，濃磨墨汁，傾入雞蛋中，搖轉令上下皆偏。微於火上炙乾，令遍黑。……此即崑崙紙法也。選四個好者作裝藥者，餘作蓋。迺用鞋底針於四個雞蛋周圍匀針七個針孔，以象心之七竅也。四個殼蓋亦如前墨汁塗之。凡雞蛋色白，神不可居。墨色染黑，故神可安藏，故號神室也。（《正統道藏．洞神部．眾術類．之字號》）

如此精心造作之神室，猶如雕刻一項藝術精品。由此可見唐代丹家在藥鼎製作上，傾注大量心血，鑽研出新奇考究的結構與外形，這是遠勝於前朝的特色之一。

唐代也有丹家將「鼎」稱作「匱」者，如趙耐庵撰《見寶靈砂澆淋長生湧匱泉法》，載有兩種湧泉匱，一者用於溫養靈砂；另一者是未濟卦的養火匱，屬水火鼎。凡此皆可見唐代煉丹術士的精心巧思。

肆　升煉技術的提昇

唐代是中國煉丹術的鼎盛時期，丹家術士在煉丹過程中，對藥料的要求嚴格，因此有各種類型的預處理方法，例如對原料進行殺毒和精煉提純的「煉」法，丹書裏就時常可見〈煉曾青法〉、〈煉石鹽法〉、〈煉鍾乳法〉、〈煉礬石法〉等等；還有製作自然界不存在，或當地不易取得原料的「造」法，諸如〈造金銀粉法〉、〈造朱砂霜法〉、〈造粉霜法〉、〈造輕粉法〉、〈造黃丹法〉等等；此外還有促使原料改變其助燃性、可燃性和昇華性的「伏」法，其含義已較初期更為廣泛，例如〈伏硝石法〉、〈伏硫黃法〉、〈伏雄黃法〉、〈伏玄珠法〉、〈伏硼砂法〉等等。上述原料的預處理法中，「煉」與「伏」法的出現，是由於服食丹藥後卻普遍發生中毒現象以及爆炸燃燒的事故，而引起方家術士的警覺，所以採用的伏煉火法也比前朝多而複雜。諸如養火、頂火、燠、炮、煿、煅等等，名目繁多。茲舉二例以觀：《太上衛靈神化九轉丹砂法》第一轉〈化丹砂成水銀法〉載，藥入反應器後：

> 卻以一小瓶子蓋之，後用六一泥固濟……然後下火，初先文火養之一日一夜訖。後漸漸加武火燒之，經兩日夜，候藥爐通赤了，便止火。（《正統道藏·洞神部·眾術類·清字號》）[3]

上文中的「文火」指溫火，乃相對於「武火」而言，所以用文火燒煉就稱為養火。也有道教丹經把文、武火交替使用，只要保持燃燒加熱都稱之為養火。

另外，在《龍虎還丹訣》卷下裏有〈赤鳥砂子方〉云：

> 以藥頭汁煮砂子，四伏時，數數攪，切勿令著底。火須武，每一伏時，須略淘去稠惡舊汁，更添新汁煮。煮日數滿後，煿令干，稱知兩數。（《正統道藏·洞神部·眾術類·蘭字號》）

此中所謂的煿，即是用火熬乾之意。其它方法的運用，都可見於唐代丹經，茲不贅述。從這些情況可見唐代方士在煉丹技藝、新藥物的製造、化學實驗操作等諸方面，都有更進一步的提升。

在藥物的合煉技法方面，唐代丹家也較漢魏六朝時更為純熟進步。以硫黃和水銀合成朱砂為例，即可看出唐代煉丹家的技術日益精進的過程。例如《太清石壁記》將藥物置於瓷瓶，加蓋泥封後，待「爐漸熱，加火，初文後武，令稱瓶上火色紫焰出時，聲動其火，令心虛，稍稍添炭，如此百夜」，漸退火，直至爐溫冷卻，始得產物。但因瓷瓶不可能達到完全密封的程度，而藥物合成朱砂時會有紫焰冒出，不斷自瓶中泄逸，經過「如此百夜」長時間的操作，藥物泄逸的自然更多。在《九轉靈砂大丹》與《九轉青金靈砂丹》的操作方法相同，所以也無法有效地防止加熱過成中藥物的泄逸。

到了陳少微的《九還金丹妙訣》在鍊汞時，操作手法就較之精密純熟多了，其方式如下：

> 汞一斤，硫黃三兩，先擣研為粉，致於瓷缽中，下著微火，續續下汞，急手研之，令為青砂後便將入於瓷瓶中。其瓶子可受一升，以黃土泥泥緊其瓶中外，可厚三分，已蓋合之緊密，固濟，致之爐中。用炭一斤於瓶子四面養之三日，瓶子四面長須有一斤炭，三日後便以武火燒之，可用炭十斤，分為兩分，每一上炭五斤，燒其瓶子。忽有青焰透出，即以稀泥急塗之，莫令焰出，炭盡為候，候寒開之，其汞則化成紫砂，分毫無欠。
>
> 即取黑鉛一斤，將其黑鉛先於鼎中鎔成汁，次取紫砂細研，投入鉛汁中，歇去火，急手炒，令和合為砂，便致鼎中，細研鹽覆蓋，可厚二分，緊按令實，固濟，武火飛之，半日，靈汞即出，分毫無欠。（《正統道藏．洞神部．眾術類．清字號》）

從這一段詳實的化學實驗記錄裏，可以看出丹家已懂得防止瓶中藥物逸泄，又能摒棄用火百夜之說，縮短時間，先以文火養瓶三日，後用武火，待焰出封塗，炭盡候寒開啟，如此所得到「分毫無欠」的反應產物，就比前者更為科學精密。由上述從丹砂抽汞的方法裏，也可見到唐代煉丹家已熟練地掌握了汞的制取與還原知識。

唐代丹家升煉技術比前代進步，還可以從利用「上火下凝」的「竹筒式」抽砂煉汞法中顯示出

---

❸《太上衛靈神化九轉丹砂法》見臺北，新文豐七十四年十二月再版之《正統道藏》第三十一冊。

來。唐以前對升煉水銀記載的文獻很少，西晉張華《博物志》卷四僅說：「燒丹朱成水銀」；東晉葛洪《抱朴子・金丹》篇也只有說：「丹砂燒之成水銀」。都未提及升煉的具體方法和設備；狐剛子《五金粉圖訣》用下火上凝法煉汞，缺點是凝結在上釜內壁的水銀聚集多了會墜落，重又回到下釜，甚至「放火之後，不得在旁打地、大行、頓足」，因此產率較低，還要不斷的開釜掃取，間斷生產。

唐代陳少微《大洞煉真寶經九還金丹妙訣》〈抽砂出汞品第一〉，則改善煉製方法，云：

> 訣曰：先取筋竹為筒，節密處全留三節，上節開孔，可彈丸許麤，中結開小孔子，如筋頭許大，容汞溜下處。先鋪厚蠟紙兩重致中節之上，次取丹砂，細研入筒中，以麻緊縛其筒，蒸之一日。然後以黃泥包裹之，可厚三分，埋入土中，令筒與地面平，筒四面緊築，莫令漏泄其氣，便積薪燒其上一復，令火透其筒上節，汞即流出於下節之中，毫分不折。忽火小汞出未盡，尚重而猶黑紫，依此更燒之，令其汞合火數足。……餘別訣飛抽者損折積多，而筒抽訣最妙。（同前）

這種竹筒式的上火下凝法，具有工序簡便，生產率高的優點，因此至宋代仍為煉丹家所使用。

另外在鉀鹽的鑒定上，唐代丹家也較前人更進一步。南北朝時的陶弘景利用火焰試法，《黃帝九鼎神丹經訣》卷十六則將此技術更加精確化：

朏朏如握鹽雪，不冰。強又燒之，紫青煙焰起，仍成灰，不沸，無汁者，是硝石也；若沸而有汁者，即朴硝也。（《正統道藏·洞神部·眾術類·溫字號》）

以水合物加熱有汁而沸的情況，區別硝石與朴硝的不同，呈顯唐人敏銳的觀察力與精進的操作技術。

唐代煉丹技術的精進，還表現在對藥物精確的定量上。晉代葛洪《抱朴子》〈金丹〉、〈仙藥〉等篇所記煉丹的丹方，原料用量皆以斤為單位，而且動輒數十斤或水銀百斤之多，不但毫無精確可言，而且用如此多的原料在當時的經濟能力上，是不夠實際的；書中有許多配方甚至不標明藥物的用量，由煉制者任意調配，對煉丹的藥物用量沒有特別具體的要求，顯示操作方法甚為粗糙。

唐代煉丹家如陳少微、金陵子則是講求藥物的定量，不但在煉藥用量以兩為單位外，還能仔細分析原料丹砂的含汞量，《龍虎還丹訣》卷上云：

其光明砂每一斤只含石氣二兩，抽得水銀十四兩；其白馬牙砂一斤含石氣四兩，抽得水銀十二兩；紫靈砂含石氣六兩，抽得水銀十兩；如上色通明溪砂一斤，抽得水銀八兩半，其石氣七兩半；其雜色土砂之類，一斤抽得水銀七兩半，其石氣八兩半。石氣者，火石之空氣也。如水銀出後，可有石胎一兩，青白灰耳。（《正統道藏·洞神部·眾術類·清字號》）

這是對不同來源、品質的丹砂所含的汞量，作一精密的分析記錄，實屬難能可貴；此外，在《大洞煉真寶經修伏靈砂妙訣》裏也有一樣的記載，說明了唐代煉丹家已運用到了物質守恆的原理，並且也知道燃燒金石所生成的氣體（石氣），不但有質量，更是丹砂組成的一部分。

唐代丹家的主要任務除煉制金液還丹外，點化黃白亦是其中之一。初盛唐時已有試五金真偽之法，如《太古土兌經》卷下〈金石抄錄・明性靈〉云：「又五金有不真物，但投硇砂，則真偽自見，亦能均色也。」這種鑑別金屬、提昇成品純度的方法，頗受後人稱讚。《重修政和經史證類備用本草》卷五引宋・寇宗奭《本草衍義》也因襲指出：「硇砂，金銀有偽，投熔窩中，其偽物盡消散。」

總之，唐代方家術士煉丹時採用的方法繁多複雜。雖然有的方法於今已難以完全明瞭，而其原因，一則是多用隱語，記載不明，或者文獻闕如；二者是有些方法本身就是宗教神祕之物，因此往往十分詭譎怪誕而不可解，除了這些缺點外，從唐代丹經對方士在升煉各種神丹大藥與黃白術點化的翔實記載中，仍然可以看出其技藝的進步與成熟，而所創造出諸多的化學實驗操作，對後世新藥物的製造，有其不可忽略的貢獻。

第二節　外丹黃白之流派及其爭辯與交融

流派產生的原因，蓋源於中國煉丹術士都以金丹的燒煉事涉機密，因此講究師承傳授，謹慎將事，因為他們認為：「道家之所至祕而重者，莫過乎長生之方也。故血盟乃傳。傳非其人，戒在天罰。」（《抱朴子・勤求》篇）而立壇盟誓、師徒相授的結果，就形成了各自不同的傳承派系。

唐代外丹黃白的流派眾多，煉丹術士們在重大原則問題上時常看法分歧，例如以什麼藥物作為還丹的原料，採用什麼爻卦以直符火候，合藥的陰陽理論、君臣佐使等等，主張不同，見解各異，於是就形成了不同的丹道流派。歷來論者多舉其犖犖大者而略分為金砂、鉛汞、硫汞三大派別。茲亦依此敘述各派代表人物、主張、流派之爭論與交融等等。

壹　三大丹道流派及其主張

一、傳統之金砂派

此派的歷史淵源流長，是以「傳統」稱之。其思考模式乃基於「假求外物以自堅固」的理論，崇奉黃金或丹砂能令人長生不死，代表人物有孫思邈、張九垓、陳少微、張果等。

中國煉丹術士信仰黃金、丹砂的靈妙，其歷史可謂源遠流長。《史記・封禪書》已載方士李少君曾向漢武帝提出化丹沙為黃金，制為飲食器則益壽的建議；而在《抱朴子》〈金丹〉、〈仙藥〉等篇中也收錄有漢代以來流傳的丹方，如《黃帝九鼎神丹經》的九丹法等數十種丹方、丹法，用動植物和丹砂服之以益壽。

魏伯陽在《周易參同契》中形容「丹砂入火，化為水銀，能重能輕，能神能靈，能黑能白，能暗能明，五行之性也。」如此描述，賦予丹砂極濃厚的神秘色彩，足以激發服藥求仙者豐富的想像力。

丹砂成為仙藥，大約在淮南王時代，以丹砂為主而煉制成的〈五石丹方〉（《太清石壁記》所收錄），因「以五星之精，其藥能令人長生不死」。

至於服食黃金的最早記載見於《孝經援神契》。其中載及「仙藥之上者丹砂，次則黃金，……」、「石潤包玉，丹精生金」。到了漢魏之際，又有「食金者壽如金，食玉者壽如玉」之語流傳，金玉與丹砂在人們心目中更增強其仙藥地位。葛洪在《抱朴子・金丹》篇云：「丹之為物，燒之愈久，變化愈妙；黃金入火，百煉不消，埋之畢天不朽。服此二物，鍊人身體，故能令人不老不死。」同書的《黃白》篇更指出丹與金的密切關係說：「《仙經》云：『丹精生金』此是以丹作金之說也。故山中有丹砂，其下多黃金。」這樣的思想在唐代成書的《黃帝九鼎神丹經訣》卷十三中，被煉丹術士吸收發揮出來：

殊不知丹砂色赤，而能生水銀之白物，變化之理頗易為證。土得水而成泥，埏之；山下有金，其上多有丹砂，變轉不已還復成金，歸本之質，無可怪也。（《正統道藏・洞神部・眾術類・溫字號》）

唐代的金砂派相信上述的變化過程，可以在鼎爐中實現，因此此派術士既重視煉制金丹大藥，也重視點化金銀的技術。

金砂派在初唐時的重要煉丹家是孫思邈。由於其幼年遭疾，罄盡家產，使他立志於習醫療疾，因此舉凡動、植、礦物藥材皆採而治煉，所著《千金要方》、《千金翼方》等醫書藥籍，固然都具體記述丹方內容，注重治病療疾的功效，就是煉丹專著《太清丹經要訣》亦是如此。〈序〉中清楚表達他的初衷本意說：

> 余歷觀遠古方書，僉云身生羽翼，飛行輕舉者，莫不皆因服丹。每詠言斯事，未嘗不切慕於心，但恨神道懸邈，雲跡踈絕，徒望青天，莫知昇舉。始驗還丹伏火之術，玉醴金液之方，淡乎難窺，杳焉靡測。……此來握翫，久而彌篤，雖艱遠而必造，縱小道而亦求，不憚始終之勞，詎辭朝夕之倦，研窮不已，冀有異聞。良以天道無私，視聽因之而啟，不違其願，不奪其志，報施功效，其何速歟？豈自炫其所能，趨利世間之意，意在救疾濟危也。所以撰二三丹訣，親經試鍊，毫末之間，一無差失，並具言述，按而行之，悉皆成就。（《雲笈七籤》卷七十一）

由孫思邈自述其撰丹經要訣的始末，可見他重於實驗，不事誇張，雖然仍具有濃厚的煉丹色彩，但也同時富有醫家實事求是的精神。今觀其丹經所述藥方，如〈赤雪流朱丹〉、〈紫精丹〉、〈流珠丹〉等等，多用於療疾，當孫氏在敘述這些丹藥的臨床效果時，絕無「百日成仙」、「萬病皆癒」、「玉女來侍」、「從神而飛」等虛妄不實之詞；甚至在飛煉礦物藥時，還時時發出「皆須重轉三兩度，然可堪用」、「雜石稍堪服食，實為非久」的警語，充分展現醫家理智、實用的行事作風。

孫思邈之弟子孟詵，既修服餌養生，也有《食療本草》之作，其以火燄法分別藥金，即是承襲孫氏實驗、理智的精神；孟詵後傳劉道合，道合為高宗煉丹，深受帝王尊禮，但前後賞賜，皆散施貧乏，未嘗有所蓄積，迥異偽欺詐騙之徒，可見也是有道之高士。

金砂派原本主張各種藥物兼服並用，煉丹的用藥範圍也十分廣泛，雖以黃金、丹砂為最上品之大藥，可是對二者並無高下之別。但到了張九垓《張真人金石靈砂論》則極力推崇黃金為「日之精」、

「太陽之正氣」；而陳少微於《大洞鍊真寶經修伏靈砂妙訣》與張果《玉洞大神丹砂真要訣》則云丹砂是「萬靈之主，造化之根，神明之本，而居九清玄播總御，動之以离體，定之則乾成，能變化者，故號曰赤龍，若翱翔而名為朱鳥」。張、陳等人雖都強調了黃金、丹砂的重要，可惜各執己見，互相攻擊，唐代的金砂派一分為二，氣勢就遠不及於其後興起的鉛汞派了。

二、時興之鉛汞派

此派因於唐代最流行興盛，故以「時興」稱之，其傳承自魏伯陽《周易參同契》，以鉛汞為至寶大藥的思想，又吸收了隋·蘇元朗重新發揮《周易參同契》的太易丹道，「只論鉛汞之妙、龍虎之真，去四黃之大非，損八石之參雜。要在鉛汞，合天地之元紀，包日月之精華，上冠於乾，下順於地，總七十二石，統天地之精光，修煉成丹，服之延駐。」（《大還心鏡》）。

唐代丹經著作中，推崇鉛汞大丹的為數眾多。例如金竹坡《大丹鉛汞論》云：

> 夫大丹之術，出乎鉛汞，而鉛汞之藥，乃大丹之基。……蓋鉛汞者，日月之精，出於天而光照四表。……丹者何也，鉛汞真精感化而為還丹者也。（《正統道藏·洞神部·眾術類·如字號》）❹

又如《通幽訣》載：

> 鉛汞者，本是七寶之良媒，五金之筋髓，解則百事俱通，迷則百途並塞。然鉛制汞能伏，鉛汞汞相成，合為黃白之道。（《正統道藏·洞神部·眾術類·蘭字號》）

又如依托陰長生的《周易參同契注》序文云：

此之二寶，天地之至靈，七十二石之尊，末過於鉛汞也。感於二十四氣，通於二十四名，變化為丹，服者長生。（《正統道藏・太玄部・映字號》）❺

上述這些都認為鉛汞是還丹大藥，甚至《金丹秘要參同錄》更明確宣揚說：

一切萬物之內，唯有鉛汞可造還丹，餘皆非法。

如此肯定堅決的語氣，頗有論及還丹者，唯我鉛汞獨尊，其他萬般皆下品的磅礡氣勢。其它如金陵子的《龍虎還丹訣》、《太古土兌經》、《鉛汞甲庚至寶集成》等也都主張鉛汞大丹。

唐代鉛汞派相當隆盛，不少與文士有來往的丹道術士，如曾授《參同契》於白居易的道士郭虛舟、王道士、張道士、蘇煉師、韋煉師、柳泌；以及有專門著述的玄真子孟要甫、金竹坡、金陵子、樂真人等都屬於此派，由於丹家眾多、著作豐富，因此在唐代產生的影響也最深廣。

---

❹《大丹鉛汞論》見臺北，新文豐七十四年十二月再版之《正統道藏》第三十二冊。

❺依託陰長生《周易參同契注》及《容字號》《周易參同契注》見臺北，新文豐七十四年十二月再版之《正統道藏》第三十四冊。

鉛汞派的特色是擅長於玄學思辨，創說頗多，其說雖枝蔓繁蕪，但都不離二儀、三才、四象、五行等理論，最富有神秘色彩。

所謂的二儀是乾天坤地。容字號《周易參同契無名氏注》云：

乾，天也；坤，地也；是鼎器也。設位，是陰陽配合也。易者，是日月，是藥。藥在鼎中，居乾坤之內。坎為月，是鉛；離為日，是汞。上日下月，配而為易字，喻於日月在其鼎中，故曰：易行其中。乾為天上鼎蓋，坤為地下鼎蓋。鼎唇作雄雌，相合陰陽，是雌雄配合也。設位者，是爐上列諸方位、星辰度數，運乾坤，定陰陽也。（《正統道藏．太玄部》）

這是承襲自魏伯陽乾坤鼎器，以及鉛汞配坎離二用的說法。

所謂的三才，《鉛汞甲庚至寶集成》云：「水、火、藥三者，應天地人三才也。」（卷三）。而《陰真君金石五相類》則云：

假如用鉛，鉛是陰中有陽，陽是鉛中有銀，兼銷成水，采黃華，黃華是鉛之氣，銀是鉛中之精，三物為命，合其一體。……鉛黃華為氣，鉛精銀為骨，鉛質是肉。三才全用，不失純元之體。（《正統道藏．洞神部．眾術類．似字號》）

這是以鉛為主，其氣、骨和肉為三才之說。

另外還有以鉛、汞、銀為三才者。如《大丹鉛汞論》云：

> 嘗聞異人曰：天盜地，地盜人，人盜萬物，三才相盜之道，外丹之術莫不由是乎？……鉛盜天之炁，銀盜鉛之炁，汞盜銀之炁，互相盜竊，其理一也。其外丹欲以變化，生生而不窮，非得此三才相吞、相盜、交和之理，其何以知外丹相生、相養、相吞、相合之妙也。（《正統道藏．洞神部．眾術類．如字號》）

由此看來此派的丹道術士對三才定義分歧，各有不同的說解。

所謂的四象，依照《道樞．參同契上篇》注云：「四象者，青龍也，白虎也，朱雀也，玄武也。在易為四象，……在藥為四神。」唐代所謂的四神，有的指白金、朱砂、墨鉛、水銀等四藥。如《大丹鉛汞論》云：

> 鉛屬陰，墨色而為玄武，其卦為坎，位屬北方壬癸之水，水能生金，水中有金，其色白而為白虎，其卦為兌，西方庚辛金也。汞（砂）屬陽，色青而為青龍，其卦為震，位稟東方甲乙之木。木能生火，故砂中有汞，其色為赤而為朱雀，其卦為離，南方丙丁火也。以是論之，則坎為水、為月、為鉛；離為火、為日、為汞，當無一毫之差可也。……抱太一之氣為八石之首者，朱砂也；砂中有汞，汞乃砂之子也，抱太一之氣為五金之首者，鉛也，鉛中有銀，銀乃鉛之子也。……鉛汞相合，煅鍊成至寶，此神仙簡秘之妙。（同前）

煉丹術士認為鉛能生銀，猶如汞生於朱砂一般，而鉛、銀、汞、砂分別與北方玄武、西方白虎、南方朱雀、東方青龍四象對應，此即所謂四象齊全。另外《太古土兌經》則主張以鉛、汞、曾青、雄黃等，「煉此四神之藥，服之而得長生」。

至於五行，即金、木、水、火、土五者是也。然而鉛汞派中對四象分配五行，獨缺中央土一行，則又各有不同說解。

總之，鉛汞派是唐代丹道流派中，煉丹術士最多，實力較強，同時丹道著作也出現最多家爭鳴者，由於緒承自《周易參同契》的煉丹理論，因此也較其他流派更富有神秘色彩。

三、晚起之硫汞派

此派興起稍晚，因此以「晚起」名之。主張以硫黃、水銀轉煉合成神丹大藥，仍是以易學陰陽之說為理論基礎。早在晉代的葛洪就曾發出：

> 夫大丹，兩物共成，不入雜藥。若用五金八石，各別有用處，並不入大還丹。緣世人不會，錯用合煉以充點化。此是小術，不得為大丹，良有所以，其硫黃是太陽之精，水銀是太陰之精，一陰一陽合為天地。（《太清玉碑子．大還丹歌曰》）（《正統道藏．洞神部．眾術類．如字號》）❻

認為以硫黃、水銀是煉製大還丹的材料。

唐代丹經《太清石壁記》卷上〈太一小還丹〉方即曾以水銀和石硫黃合煉，並云：「細者色過光明砂，紅赤非常，藥成細研和粳米飯丸之如小胡眼，每日服五丸至五百丸，萬病除矣。」唐人呼此為「靈砂」，據唐人黃休復所撰《茅亭客話》記載，此因傳言猴子食後能學人說話，故而增添其靈異色彩，於是煉丹術士們傾注大量心血，鑽研技藝，將硫化汞煉成水銀，再把水銀與硫黃合煉返回成硫化汞，如此多次反覆（如「九轉七返」之說），變化愈妙，愈具靈異奇秘的功效。

另外，唐大曆方士趙耐庵所撰〈見寶靈砂澆淋長生湧泉匱法〉，基本要點也是以硫黃、水銀煉成靈砂，再與銀末一起入合封固，變煉成銀（藥銀），並以此藥銀打成匱。

硫汞派的興起雖較晚，但到宋代，還有丹家傳承此派的理論主張。《靈砂大丹訣秘》即云：「硫黃本太陽之精，水銀本太陰之氣，陽魂死而陰魂亡，乃夫婦之合情，陰陽之順氣。」因此以之煉成之靈砂，是「丹竈之統轄，修養之領袖，大藥之祖，金丹之宗。」。

唐代的丹道流派極為繁盛，合藥煉丹家數之多，不可勝數，上述三家僅是舉其影響較大者。以唐代外丹黃白術的發達，居於中國各朝代之冠的情勢而言，這應是眾多丹家互相爭鳴的共同成就。

貳　流派間的爭論與交融

在外丹黃白鼎盛的唐朝，煉丹術士們都以己派為上，各丹家流派彼此間的門戶之見是很深的，不僅時與他派因見解不同而爭論不休，就是同屬一派，內部也常出現因觀點對立而各執己見的情況。如以金砂派而言，其內部存在著煉成還丹的主要原料即黃金與丹砂二者，究竟以何者為主，何者為從的爭議。

❻《太清玉碑子》見臺北，新文豐七十四年十二月再版之《正統道藏》第三十二冊。

張九垓《張真人金石靈砂論》主張以金為主，所以列〈黃金篇〉為全書之首，並對黃金極盡贊頌、神化之能事云：

黃金者，日之精也，為君，服之通神輕身，能利五藏，逐邪氣，殺鬼魅，久服者皮膚金色。……黃金者，太陽之正氣，日之魂，象三魄也。（《正統道藏．洞神部．眾術類．清字號》）

這位自云「自開元間二十餘年，專心金鼎，頗悟幽微」的煉丹術士，相當推崇黃金的功用，甚至連各種點化藥金也認為「皆神仙藥化，與大造爭功，洞神明之旨，契黃白之妙」、「藥金服之，肌膚不壞，毛髮不焦，而陰陽不易，鬼神不侵，故壽無窮也」。在大力贊揚黃金之餘，對世人服餌光明砂、紫砂為七返靈丹，卻無不夭橫者，感到憂心忡忡，於是極力反對服食上述二物，在〈朱砂篇〉大聲疾呼說：

光明砂、紫砂，昔賢服之者眾，而求度世長生者，未之有也。余明其理。夫光明砂、紫砂，以火服之，逐邪氣，治熱病，未能童顏紺髮，何者？光明砂一斤，飛淘得汞十二兩，火煉得黑灰一抄。黑灰者，朱砂本質，入爐飛，精英為汞，餌之延年，不可以黑灰為藥服之得度世，故知服光明紫砂者，未經法度制鍊，則灰質猶存，所以不能長生者也。……世人若純服光明砂、紫砂，別無配合制度，以求不死，去道彌遠。靈砂九轉，父不傳子，化為黃白，自然相使。夫光明砂、紫砂，服之不得度世，何也？還丹者，取陰陽之精，法天地造化之功，水火

> 相濟，自無入有，以成其形。豈若砂汞獨陰為體，無陽配生，不能合四象、運五行，所以孤陰不育，寡陽不生。陰陽配合，方成還丹。（同前）

從上文除可見張九垓諄諄告誡世人，切莫服食未經制煉的光明砂、紫砂外，也可明顯嗅出唐代流行以陰陽五行統攝藥性的理論。

張九垓另外在〈真汞篇〉還引《龍虎經》說：「『丹砂木精，得金乃并』。真人云，不貴黃白而重還丹，所以度世不死，必基於汞合煉黃白，飛伏成丹，神仙變化皆猶砂汞添貫三金，傍通四石者矣。」的話語，以再度表示他堅持以黃金煉制還丹的立場。

在金砂派中，張果與陳少微則主張服食丹砂。陳少微在《大洞鍊真寶經修伏靈砂妙訣》裏，把丹砂立於獨尊之位，說：

> 丹砂者，太陽之至精，金火之正體也。通於八石，應二十四氣。丹者是金感於火名之為丹，汞者是火去於金而名之為汞；丹受陽精而候足，汞即離本質而體不全。故丹砂是金火之精而結成形，含玄元澄正之真氣也，此是還丹之基本，大藥之根源。……經曰：「陽精赫赫得之，可以還魂反魄。」故知餌陽精者，所以長生。……且金石之中，至靈至聖至神至明而無過於丹砂者也。懷袖致之一兩，尚且辟去邪魔，況乎伏鍊入於五臟者哉？且如七返九還異名而同體，返者是砂化為金，還者是金歸於丹。經曰：「返我鄉，歸我常，服之白日朝玉皇」。……七返靈砂之金而含積陽真元之精氣足矣，而將紫金變化為砂，運火燒之一周，迴然通徹洞耀，

名曰紫金還丹，得服之者，形神俱合，當日輕舉。……只如第一返伏火丹砂服餌一兩，即去萬病，服之二兩，即鬚髮青綠，服之三兩，即顏悅色紅，服之四兩，即延年益壽。第二返藥服之一兩，即體和神清、返老歸童，第三返藥服之一兩，即虛夷忘情、心合至精，第四返藥服之一兩，即身體明徹、通於表裏，第五返藥服之一兩，入水不能溺、入火不能焦，第六返藥服之一兩，即造化不能移、鬼神不能知，第七返藥服之一兩，即超然於九天之上，逍遙乎宇宙之間，更服至紅英九丹，便居金闕，功位真人。故知丹砂之力，昭然而可觀乎。（《正統道藏．洞神部．眾術類．清字號》）

文中再三強調丹砂的神力遠勝於他物，所以還丹的基本大藥，應是丹砂莫屬。

陳少微為宣揚丹砂的靈妙，於〈靈砂七返篇〉分別丹砂的品類後，再作出：上中下品的丹砂，「皆緣清濁體別，真邪不同，降氣分精，感通金石，受正氣者服之而通玄契真為上僊矣，受偏氣者服之，亦得長生留世」的結論。

至於對《張真人金石靈砂論》中期期以為不可服食光明砂、紫砂的論調，陳少微更是大力的護衛說：

丹砂是正陽之主，赤帝之君，據於南方火之正位也。只如丹砂之體數種，受氣不同，唯三種堪為至藥，上者光明砂，中者白馬牙砂，下者紫靈砂。……光明砂者，受太陽清通澄朗正真之精氣降結而紅光曜曜，名曰光明砂；白馬牙砂者，受太陽平和柔順之精氣降結而白光燦燦如雲母色者，名曰白馬牙；紫靈砂者，半受山澤之靈氣結而色紫紅，名曰紫靈砂。……高上賢明之士，先揀其砂，次調火候，在意消息而成七返九還，……得服之者，形神俱合，當日輕舉。（同前）

陳少微除了立場堅定的肯定光明砂、紫靈砂的神聖外，在《大洞鍊真寶經九還金丹妙訣》的〈陽金變通品〉裏，更進一步指出金精乃內含於丹砂，其云：

陽金者，所稟陽之精，五神吐符會氣，託形為丹砂。丹砂外包八石，內含金精。（同前）

而在同上書的〈中三品陳五石之金品〉裏，則是集中火力，全面貶抑、排斥金銀等五金：

夫五石之金，各皆稟五神之陰氣，合於山澤異氣結而為魄。且鐵所稟南方陰丁之精結而成形，銅所稟東方乙陰之氣結而成魄，銀稟西方辛陰之神結精而為之質，鉛錫俱稟北方壬癸之氣，錫受壬精、鉛稟癸氣，陰終於癸，故鉛所稟於陰極之精也。金則稟於中宮陰已之魄，性本至剛，服之傷腸損肌；銀性戾，服之傷肝；銅性利，服之傷腎；鐵性堅，服之傷肺；鉛性濡滑而多陰毒，服之傷其心胃。其五金陰毒之甚，服之久皆傷肌敗骨，促壽損命。凡見之士，本求長生，不明五金之性，擅意將礦石之金，轉轉修鍊，且其礦石之金，皆受五行陰濁之氣結而成質，質體沉頑，雖遇四黃能變易其體，陰毒之性終不輕飛，縱令鍊化為丹，服之亦乃傷

於五臟，知其本性則至理殊乖，欲服求僊，與道彌遠。（同前）

說金銀等五金都是陰濁有毒之氣結成，服之傷五臟，這樣的論調明顯與張九垓針鋒相對，可見陳少微雖然和張九垓同屬金砂派，但兩人各持服丹、食金之說，壁壘分明、互不相讓，甚至彼此貶抑、排擠對方。

再以鉛汞派而言，其內部的爭論更多。雖然該派主張以鉛汞煉制還丹大藥，但這二者之間誰主誰從，也是出現丹家看法各異的情況。

主張鉛主汞從的，如《太古土兌經》卷下〈明君臣篇〉云：「鉛汞為金石之主。鉛為君，汞為臣。」；又如《大丹鉛汞論》云：「大丹以鉛為祖，以銀為母，以汞為婦。」其他在《陰真君金石五相類》、《丹論訣旨心鑑》〈明辨章〉中亦是以鉛為主，以汞為臣。

而主張汞主鉛從的，如《參同契五相類秘要》云：「水銀用鉛為妻，亦如子母君臣也。」；《潛通訣》亦云：「水銀生萬物，聖人獨知之。水德最尊，汞是水之母。」類似這樣截然相對的主張，不僅止於上述所舉的丹家，這都清楚展現術士們固守己見，絲毫不相妥協的堅定立場。

由鉛汞主從的問題，又衍生出真鉛、真汞的爭議。《諸家神品丹法》卷二載孟要甫之言云：「鉛者銀也，謂銀從鉛中得，故以聖銀為真鉛，感月之精氣而生，是太陰之水精，……真鉛決定用銀，更無疑誤。」這是以銀為鉛之精華，所以是真鉛；此外也有取鉛與山澤銀燒煉後，取二者之氣化物的混合品為真鉛的。

至於真汞，主張從丹砂中煉出水銀者較多，例如金陵子《龍虎還丹訣》云：「真汞者，則上品丹砂中抽得汞，轉更含內水、內火之氣，然後名為真汞。」孟要甫亦云：「汞者，水銀，從朱砂所得。有形而無質，吸銀氣而凝體，故號曰真汞。感日之精氣而生，是太陽之真火也。……真汞者必用水銀，更無他說。」（《諸家神品丹法》卷二）。

鉛汞派最重玄學思辨，雖然主張二儀、三才、四象、五行配合，則還丹大藥可得，但在四象如何與五行相比附的論題上，該派丹家的意見又各不相同。原本鉛汞派沿襲魏伯陽說法，以四黃八石為雜藥而極力排除之，但四象僅與金、木、水、火相配，獨缺五行中之土，因此有煉丹術士乃加入雄黃一味，作為中央戊己土，例如《金碧五相類參同契陰長生注》卷上云：「雄黃者，是中宮而長在戊己之內。戊己屬土，四象生於戊己，戊己者為尊，四象得戊己而成，若無戊己，四象不成，五行無主。……鉛汞與雄黃相合燒成大藥，返見乾坤，……謂之還丹大藥。」。

另外，也有不取雄黃而用硫黃者。例如《大丹鉛汞論》云：「且四象五行不可缺一。此一者何也？土也。土者何也？硫黃是也。」。

還有斥雄黃、硫黃，而以鼎器為正解者。例如《丹論訣旨心鑑》〈明辨章〉就批評用雄黃為土者，是「果非大藥之妙，只是罔象尋文自為」；也批評用硫黃為土者，是「並非正解，傳處誤也。」而認為所謂中央戊己土者，應是鼎器也。

鉛汞派的內部歧見既如此之多，以致當時的煉丹術士們自己也承認：「今四象定本各有解者，則從性而和之。悟者易，迷者難。」但即使是「從性而和之」，也不過帶有極大的主觀與隨意性。所以其他流派的丹道術士就批評此派說：「以鉛汞變色不正，以陰陽取予不理」（《靈砂大丹秘訣‧抱一聖胎靈砂》）、「世人枉煉五金，調合八石，呼鉛作虎，喚汞為龍，妄配陰陽，錯排水火，……總是憑空造作、非理修持。」（《大還丹金虎白龍論》）。

唐代丹道流派繁榮興盛，彼此門戶成見既深，對他派的批駁自然不遺餘力；然而由於唐時各派多宗奉易學陰陽五行之說為時代風氣，因此在義理或操作方式上，各派之間也有交互影響或彼此參融吸收的情形。

例如：當鉛汞派的內部為真鉛、真汞爭論不休時，金砂派的陳少微也提出他認為的真鉛是：「含其元氣，從礦石燒出未經幡抽抽鍊者，為之真鉛也。」（《大洞煉真寶經九還金丹妙訣·成丹歸真章》）；至於「真汞」，「則上品光明砂中抽得汞，轉更合內水火之氣，然名為真」（〈證品含元章〉）。另外在〈抽砂出汞品〉裏，陳少微也詳細描述了由丹砂中抽取汞的方法。

對於硫汞派以硫黃、水銀煉金丹大藥，陳少微批評說：

> 且世人多誤取石硫黃，呼為太陽之至精，合汞而燒七返。且硫黃受孤陽偏石之氣，汞又離於元和，二物俱偏，如何得成正真之寶？切見世人伏鍊眾多，終無成者，蓋緣於迷迷相傳至於後世，余甚哀之。（《大洞煉真寶經九還金丹妙訣·序》）（《正統道藏·洞神部·眾術類·清字號》）

陳少微雖然批駁硫汞相合，但在《大洞煉真寶經九還金丹妙訣·煉汞添金出砂品》裏，載有以一斤的汞和三兩硫黃合煉，「其汞則化成紫砂，分毫無欠」，然後再用此紫砂與黑鉛合煉，如此七度「燒抽變煉，則含其內水火之精氣，亦合於七篇之大數，自然水火金三光稟氣相會合精而化靈證真也。」可見在批評之外，仍有採其作法者。

另外如鉛汞派雖只以鉛、汞為大藥，但也有人主張燒煉時，仍需用硫黃、雄黃、曾青等藥「借為傍助」；而金砂派中也有人主張飛煉七返靈砂，需要用鉛等等。

總之，唐時煉丹術士不論內部或外部的百家爭鳴與相參互融，都是煉丹事業繁榮的一種標誌，各丹道流派義理或技術上的交流，也往往帶來另一種發展的新契機。

第三節　外丹黃白之檢討評議

唐代丹家流派雖然出現百家爭鳴的熱鬧景象，但若以煉制丹藥品類的豐富性而言，則當屬金砂派的孫思邈，因為他注重博採眾家之長，丹方使用藥材廣泛，所以煉製的產物相對豐富；而鉛汞派或硫汞派則因執守鉛、汞或硫、汞為煉丹原料，所得的丹藥產物自然較為簡單。

雖然我們從唐代丹道流派眾多的現象，可以視作是煉丹繁盛的象徵，但由於唐代煉丹道士們性格上的孤癖，使他們多高傲自大，不願取長補短。這種過分清高好強的心態，妨礙了彼此之間的交流學習。能博採眾家之言如孫思邈者絕少，大多數煉丹道士是如張果與陳少微般，雖為同門師兄弟，卻反而暗中較勁、互爭高低。這種好強心態雖可激發個人的上進心，但對技藝的普遍提昇卻毫無助益，中國有許多古方秘法失傳，就是這種不事交流、老死不相往來的結果，也因此產生同屬一派，彼此卻鬩牆攻擊的情形，如此互相削弱勢力，阻礙了更進一步發展的空間，這對丹派勢力的發展與擴充而言，卻也可說是一種缺陷。

檢討唐代發展達於鼎盛的外丹黃白，可由三方面評議其得失。一是為煉丹之需所撰寫的工具書，提供當時與後人實驗研究無比的便利。二是唐代的丹道理論固然繁榮，卻也充滿玄學與任意性。三是唐人對丹毒雖有理性的覺醒，但所提出的說解與處理方式卻仍迷誤不智，以致外丹黃白雖盛，然餌丹喪命，白骨相撐的情形也較前朝更為嚴重。

壹　便於檢索的煉丹工具書撰作

隨著中國煉丹術的發展，所採用冶煉的藥物品種也日益增多。以金石礦物而論，漢代時的李少君與現存《淮南萬畢術》所提及的不出丹砂、澒、鉛、銅、硫黃、胡粉、硇砂、雲母等數種；但至晉之葛洪撰《抱朴子・內篇》時，所使用的金石類藥物已達二十多種。唐代丹經的金石用藥，則比上述為數更多，而且越到後來，礦物用藥愈減少、草木藥卻有更形增加的趨勢。

儘管唐代已有些丹家或丹經，以藥物本名敘述丹法用藥，（如《丹方鑒源》）；有些不僅不用隱名，甚至還揭示若干藥物隱名所指，（如《太清石壁記》）。但在丹家心中，煉丹畢竟是天機不可洩露，因此仍沿襲著魏晉以來，用隱名稱呼藥物以秘其道的時習。

唐元和中，方士梅彪有鑒於丹家多用藥物隱名，況且同一藥物又有多種隱名，往往各派丹家各行其是，頗令研習者深感困擾，因此撰寫《石藥爾雅》一書，序中闡述其著作旨意云：

> 余西蜀江源人也。少好道藝，性攻丹術。自弱至於知命，窮究經方，曾覽數百家論功者，如同指掌，用藥皆是隱名，就是隱名之中又有多本，若不備見，猶畫餅夢桃，遇其經方與不遇

無別。每噫嗟此事，悵恨無師由何意也。因見《參同契》云：未能悉究，當施直義，其理盡矣。經曰：吾欲結舌不言，恐畏獲罪誅，寫情於竹帛，恐泄天之符，故知聖賢至道玄妙之法，不欲流俗偶然之所聞解也。故委曲其事，令上士勤而習之，使下士棄而笑之，理昭然也。但恐後學同余苦心，今附六家之口訣、眾石之異名，象《爾雅》之詞句，凡六篇，勒為一卷，今疑迷者尋之稍易，習業者誦之不難。……（《正統道藏．洞神部．眾術類．似字號》）❼

這本煉丹者的工具書，其性質類似煉丹術的小辭典。梅彪敘其分為六部分的內容與功用說：

「釋諸藥隱名」，約一六三種，常用名和諸多隱名并列，很有用。

「載諸有法可營造丹名」，羅列名六十九種。

「釋諸丹中別名異號」，列舉二十四種丹之名，很有用。

「敘諸經傳歌訣名目」。

「顯諸經記中所造藥物名目」，有用。

「論諸大仙丹有名無法者」，可參考。

此書名雖以「石藥」名之，但所論並非僅限於石藥類，尚有其它如「白項蚯蚓汁」、「白狗胆」、「白僵蚕」、「鯉魚眼睛」、「牛胆」、「羊脂」等動物類藥，也有如「葱涕」、「桑木」、「桑汁」、「白茅」、「五茄皮」、「天門冬」等植物類藥。藉由此書共收載三百六十二種丹藥的各種

---

❼《石藥爾雅》見臺北，新文豐民國七十四年十二月再版之《正統道藏》第三十一冊。

隱名、異名，不但可提供後人煉丹或研究煉丹術的參考，而且從他所收覽、排比的丹經裏，也可以了解唐代及前朝煉丹術發展的情形，有助於對煉丹原著的斷代。

梅彪花費畢生精力，編成此丹藥辭典，其貢獻與辛勞值得贊賞和肯定。但可惜當中所記仍有不足、缺憾之處。例如他尚保留「至藥，元君不許妄傳，為盟誓重，此不敢載矣。」由這部分的諱而不載，充分顯示要丹家們敞開胸襟、放棄隱秘作風，確實艱困不易。

再如他列舉「黃帝九鼎丹」為有名無法者，但實際上在《太清石壁記》和《黃帝九鼎神丹經訣》裏就有記載，陳國符先生謂「『黃帝九鼎丹』有法可營，《道藏》流佈不廣，梅彪未見之耳」[8]。

另外《石藥爾雅》中的隱名也並不完整，例如「汞」，梅彪列舉二十二個名字，李約瑟則又補充十六個名字[9]，孟乃昌根據丹經再繼續補充二十二個名字[10]，因此梅彪所釋藥物隱名，也只是部分，並非全貌；而且古代方士也缺乏現代嚴謹的化學及礦物學知識，常把外形類似的天然物質，如消石、寒水石、鹵鹹、玄精石、鉛、錫等，不論其為單質、混合物還是化合物，都混為一談。再加上有唐一代約三百年的歷史，於是出現不同煉丹階段有不同的隱名，而且不同流派所稱呼的隱名也相異，有的是從別解轉化成正解，所以研究者固然可以參考梅彪解釋的隱名，但此書也並非是放諸四海而皆準的絕對標準定本，因此檢閱丹書時應慎加斟酌。

另一本也是屬於煉丹的辭典，是晚唐獨孤滔所撰的《丹方鑑源》。在此書共二十五篇的內容裏，前二十篇依次是論述：金銀、諸黃、諸砂、諸礬、諸青、諸石前、諸石後、諸霜、諸鹽、諸粉、諸硝、諸水、諸土、雜藥、雜藥汁、諸油、諸脂、諸鳥獸、諸灰、諸草汁；後五篇是雜要、藥泥、辨火、造銅銀鉛砂與雜論。可以說是對煉丹藥物的類別、性質、反應和運用作全面且專門的大分類，代表了當時人對煉丹藥物的整體認識。而從如此廣泛的藥種、藥源論述中，既反映出唐代煉丹術規模的宏大，且因其分類方法不受唐時所盛行的陰陽五行之約束，所以相對提高其合理性，具有高度的參考價值。

總之，從《石藥爾雅》與《丹方鑒源》這些煉丹辭典、工具書的相繼出現，說明當時的煉丹術有很大的社會需求。

貳　丹道理論的玄學性與任意性

唐代煉丹術士宗奉易學陰陽五行思想，以為其煉丹的最高指導原則，但有諸多說法是向壁虛構，不符合科學嚴謹客觀的精神。例如：中國丹家注意到自然界中的礦物有共生關係，《管子・地數》篇就有「上有丹砂者，下有黃金；上有磁石者，下有銅金；上有陵石者，下有鉛錫、赤銅；上有赭者，下有鐵」的記載，但他們也就僅憑眼前所見自然界礦物生成之景象，就臆測出數千萬年之後必然發展的情形，所以進一步把它錯誤推論成「丹精生金」，從而產生「以丹砂作金」之說，於是建構出一套深奧的玄學理論，將這一切濃縮於有限的時空內完成。他們在鼎爐中透過水火相濟，煉造

❽ 詳見陳國符《道藏源流續考》附錄五〈中國外丹黃白考論略稿〉，臺北，古亭書屋，民國六十四年三月臺一版，頁三八八。

❾ 見李約瑟《中國科技史》第三卷，一九七六年，頁一五一至一五八。

❿ 見孟乃昌《道教與中國煉丹術》第三章〈《道藏》外丹術的重要著作〉，北京，燕山出版社，一九九三年六月第一版。

出服食後能成神仙的「自然還丹」即是如此。

又如丹家們在塑造、張結其理論時，為使主張具有廣博自洽性，更是常將兩類本質相異的現象完全等同為一，就如說南方丹砂生東方汞，北方鉛生西方金，然後再結合中央土的雄黃（或硫黃），如此四象齊備，五行圓滿，則一定能煉出神丹大藥。

這樣的思維方式，未免太過流於機械式的推理，除了使丹道術士們獲得一種思辨上的滿足和陶醉外，實在不具有科學上的意義。

再如丹家們在煉丹時，強調藥物配伍須講究陰陽，認為運用陽藥與陰藥間的兩性交媾、消長變化、彼此共濟和相互制約，能夠煉製神丹大藥，所以說「取陰陽之精，法天地造化之功，水火相濟，自無入有，以成其形」。但他們往往又對藥物陰陽的屬性劃分籠統而含糊，始終沒有明晰的定義可以遵循。他們通常將可以燃燒、顏色赤黃、「見火易飛，去質輕化」者，屬天，隸屬陽性；而不能燃燒、好伏不動，出於陰山水旁，或「形質頑狠，志性沉滯」者，則屬地，歸於陰性。所以如黃金因是「日之精，為君，積太陽之氣薰蒸而成」；硫黃為「火石之精氣」，見火起焰；丹砂生於炎方，稟離火之氣而色赤；雄黃生於向陽之山，燒之其烟上著，乃少陽之精，這些藥物屬性為陽。而黑鉛，好伏不動，色黑；硝石乃秋石、陰石，從積寒凝霜之土地而生；硇砂「其物出於陰山，積水凝之，結水變成」，因此它們藥性屬陰，功能可制極陽之金石。

陰陽相須、相制的觀點，雖有其部分合理因素，然而煉丹時僅以此簡單、籠統化的二分法，卻難以概括眾多藥物複雜的化學變化；更何況各丹派間對藥物的陰陽屬性，並沒有明確且嚴謹的判斷原則，相互間也缺乏統一完整的說法，以致時常出現歸類不一的情形，在主張上具有很大的任意性。

唐代就有許多丹書像《大洞煉真寶經九還金丹妙訣》、《太清石壁記》一樣，強行將五行、五色、五石、五臟、天干等，以類比的方式相互對應統一，把它生硬地附會於藥性相生、相剋的規律上，如說「赭（代表鐵）色赤，故屬南方火；曾青（代表銅）色綠，故屬東方木；銀色白，故屬西方金；鉛色黑，故屬北方水；金色黃，故處中宮土」。又說「銀（金行）性戾，服之傷肝（木）；鐵（火行）性堅，服之傷肺（金）；鉛（水行）性濡滑而多陰毒，服之傷其心（火）。」這種說法的荒謬離奇，就如同葛洪在《抱朴子・仙藥》篇裏，提及服食藥物時說「藥色須有禁有宜」、「若本命屬土，不宜青色藥」一樣的令人費解，這除了讓煉丹戴上更加濃厚的宗教迷信色彩外，我們實在無法對各種的丹方配伍及其制伏關係，總結出一個完整合理的解釋。而既然丹家們都以陰陽五行言其丹藥製作，因此當他們在解釋服食水銀卻導致死亡時，也不言其懷毒其中，而謂「砂汞獨陰為體，無陽配生，不能合四象、運五行，所以孤陰不育，寡陽不生。」（《張真人金石靈砂論》〈朱砂篇〉），如此一味地以陰陽不合，歸結還丹之所以未成、餌服不能長生的原因，欠缺理性客觀的處理態度。

另外各派的「控時造丹」，雖有玄妙的象徵作用，但丹家們以為吞服「濃縮」了幾千年的還丹之後，時間就會在人體內慢慢「釋放」，使人長命萬歲，達到「洞中方一日，世上已千年」的神仙境界，這樣的想法也顯得太過天真而不切實際了。

總之，儘管唐代煉丹發達，丹道流派眾多、理論更是豐富繁榮，但在社會上出現不論服食何種丹藥求神仙長生，卻往往夭折壽命的情形下，外丹黃白也就漸被內丹養生所取代了。

叁　丹毒說解與處理方式的迷惘

「人生如朝露」、「壽無金石固」是人們在感歎生命無常、人生短暫時，常用的兩個形容詞句，前者是比喻生命的轉瞬即逝與往者難追；後者的比喻以否定的語氣，舒發人生難如金石長久的悲哀，體現了一種源自本能的欲望和冀求。

唐代外丹黃白臻於極盛，從帝王百官、文士僧道等，無不對金石丹藥的餌服趨之若鶩。當時人看到餌丹者紛紛出現中毒致病，甚至命喪黃泉的慘狀時，也促使他們加以檢討反省，其歸納餌丹失敗的原因大致有二：一為藥石麤疏不良。

燒煉金丹所費不貲，葛洪就曾指出：「九丹誠為仙藥之上法，然合作之，所用雜藥甚多，若四方清通者，市之可具。若九域分隔，則物不可得。」（《抱朴子・金丹》篇）。唐代雖國土一統，交通較前期更暢達，藥物獲致比以往方便，但並非各地所產的金石礦物都適合作為冶煉丹藥的原料，而丹家對藥物的挑選尤其嚴格。此所以唐代的州道雖眾多，物產雖豐饒，但孫思邈《千金翼方》〈藥出州土〉僅列一百三十三州，合五百一十種藥材，且謂：「其餘州土皆有不堪進御，故不繁錄。」而丹書如《金石簿五九數訣》亦云：「夫學道者欲求丹寶，先須認識金石，定其形質，知其美惡」；另外如《丹方鑒源》、《玉洞大神丹砂真要訣》等等，也相當注重辨別品類。此蓋因金石藥物若不良，以之治煉，服食入腹，則更易導疾致命的緣故。孫思邈《千金要方》云：

石藥為益，善不可加。……其乳石必須土地清白光潤，羅紋鳥翮一切皆成，乃可入服，其非土地者慎勿服之，多皆殺人，甚於鴆毒。紫石、白石極須外內映徹光淨皎然，非此亦不可服。（卷二十四）

這是發自煉丹術士兼醫家的警告。

另外，中唐文士柳宗元撰〈與崔饒州論石鍾乳書〉一文，也諄諄告誡服食鍾乳，當求精良粹美者，其云：

> 宗元白，前以所致石鍾乳非良，聞子敬所餌與此類，又聞子敬時憤悶動作，宜以為未得其粹美，而為麤礦慘悍所中。懼傷子敬醇懿，仍習謬誤，故勤以為告也。再獲書辭，辱徵引地理證驗，多過數百言，以為土之所出乃良，無不可者。是將不然。夫言土之出者，固多良而少不可，不謂其咸無不可也。草木之生也，依於土然，即其類也，而有居山之陰陽，或近於水，或附於石，其性移焉；又況鍾乳直產於石，石之精麤疏密，尋尺特異，而穴之上下，土之薄厚，石之高下不可知，則其依而產者，固不一性。然由其精密而出者，則油然而清，炯然而輝，其竅滑以夷，其肌廉以微，食之使人榮華溫柔；其氣宣流，生胃通腸，壽善康寧，心平意舒，其樂愉愉。由其麤疏而下者，則奔突結澀，乍大乍小，色如枯骨，或類死灰，淹頓不發，叢齒積纇，重濁頑樸，食之使人偃蹇壅鬱，泄火生風，戟喉癢肺，幽關不聰，心煩喜怒，肝舉氣剛，不能和平。故君子慎焉！取其色之美，而不必唯土之信，以求其至精，凡為此也。……，是故經中言丹砂者，以類芙蓉而有光，言當歸者，以類馬尾蠶首，言人參者似人形，黃芩似腐腸，附子八角、甘遂赤膚，類不可悉數。若果土宜乃善，則云生某所，不當又云某者良也；又經註曰：始興為上，次乃廣連。則不必服正為始興也。今再三為言者，唯欲得其英精，以固子敬之壽，非以知藥石角技能也。……（《全唐文》卷五七四）

土地肌理不同，所產物種品類有別，此為不易之理；而且就是同一產地所出產的藥物，也並非都屬上品。所以柳宗元認為餌服石藥，以精品粹美為第一優先，不必過度拘泥產於某所的次級品。因此鍾乳雖以始興所產為上，但廣、連、邵等州之英精者，餌之亦佳。由上論述，可見柳宗元對藥物具有相當豐富且正確的知識，因此文中所謂「非以知藥石角技能」，實是謙虛之言。

唐代丹家們對藥物的品類相當重視，咸認為會影響丹藥的功力，因此煉丹術士無不講究藥物的檢選，以分別品類為第一要件，而丹經中對於藥物的產地、性狀、品級和效力的敘述，更是連篇累牘。

以丹砂而論，《龍虎還丹訣》即云：

> 丹砂雖是正陽之精靈於萬物，然為所出州土、山谷受氣不同，而有數十種，大須精鑒。只如凡人靈性尚乃不等，鳥獸肉血亦有不同，須明辨之。上品者生於辰錦州石穴之中而有數色，中品者生於交桂，亦有數類，下品者生於衡邵數種，品類皆因清濁體別，真邪不同。……上品光明砂者出於辰錦山石之中，白交石床之上，十二枚為一座者。十二枚、九枚最靈，七枚、五枚生者其次。……如座生者是最上品之砂，得其座中心主君砂一枚，伏治入於五藏，則功動便著，名上丹臺，正氣長存，超然絕累，更服至七返九還，輕舉也。……此既辨其丹砂品位，即知水銀高下。夫修至藥，切忌水銀雜，此是真訣。（《正統道藏·洞神部·眾術類·蘭字號》）

另外陳少微在《大洞煉真寶經修伏靈砂要訣》裏，也再三反覆指稱：

上者光明砂，中者白馬牙砂，下者紫靈砂，餘有溪土雜類之砂，不中入至藥服餌所用；且光明砂一兩服之力，敵白馬牙砂四兩，白馬牙砂一兩服之力，敵紫靈砂八兩，如溪砂、土砂之力，不可比量也。……溪土雜類之砂，俱受濁滯不真之氣結而成砂，即混沌無精光，故不中入至藥所用。（《正統道藏·洞神部·眾術類·清字號》）

這些敘述都表達了藥物產區不同，體數有別，受氣不一，則餌服之效力亦相差甚遠。

然而品類高的上等藥材價格甚為昂貴，非富貴豪家資財眾多者，不能措辦；可是沒有足夠金銀又無法獲致精良品級。但當唐人汲汲遑遑於服食求仙，唯恐落於他人之後時，大多抱持著聊勝於無的心態而餌食次級品，又有多少人會在意藥石麤疏不純所帶來的嚴重後果？盧照鄰因家貧，未能取得上好丹砂，而以不精者充用，結果導致「每一慟哭，涕泗中皆藥氣流出，三四年羸臥苦嗽，幾至於不免」的慘狀，這是唐人餌服不良藥物而病發的典型事例，因此如柳宗元所說：時人存著「以為土之所出乃良，無不可者」的觀念，乃取而服食卻致命者當亦不少。

唐人服食金丹大藥，本欲成仙不死，卻又往往因丹而命喪黃泉，如此慘痛的教訓，使得時人認為餌丹失敗的第二個原因，是金石藥性烈毒的緣故。

金石藥性烈毒，其實是唐人普遍的認知。所以中唐文士韓愈曾於《李干墓誌銘》中義正辭嚴地大加批判；憲宗時的起居舍人裴潾曾向君王切諫曰：「金石含酷烈之性，加燒煉則火毒難制。若金丹已成，且令方士自服，一年觀其效用，則可進御也」（《舊唐書·憲宗本紀》）；宣宗時的韋澳也曾向帝王進言：「方士殊不可聽。金石有毒，切不宜服食。」（《舊唐書·韋貫之傳》附〈韋澳傳〉）；而醫家陳藏器更嚴正指出：「水銀入耳，能食人腴至盡，入肉令百節攣縮，倒絕陰陽。人患瘡疥，多以水銀塗之，性滑重，直入肉，宜謹之，頭瘡切不可用，恐入經絡，必緩筋骨，百藥不治也。」（《本草綱目》卷九引）。

金石礦物的藥性烈毒，不僅是有識之士的體認，丹家更了解此一事實。《黃帝九鼎神丹經訣》云：

五金盡火毒，若不調煉其毒，作粉，假令變化得成神丹大藥，其毒未盡去者，久事服餌，少違戒禁，即返殺人。（卷三）

然金之為物，雖稱上寶，優劣之品，損益不同。一者金帶毒，生成必傷人也；二者礦金之本性剛毒，亦損人也；三者丹金神化妙力致延年，但上品諸石多含毒氣，成物必致傷人。……有金而不知去毒，而不解成金，縱其有成，成亦無用。（卷六）

水銀有毒。鉛配太陰，終不獨行，行必有偶，若無制伏，二毒難消。（卷十三）（《正統道藏・洞神部・眾術類・溫字號》）

另外金砂派的張九垓在《張真人金石靈砂論》〈黃金篇〉亦云：

金生山石中，積太陽之氣薰蒸而成，性大熱，有大毒，傍蒸數尺，石皆盡黃化為金色，況煅煉服之者乎？……百步而生者金芽，若以此金作粉屑服之，銷人骨髓，焦縮而死也。（《正統

道藏・洞神部・眾術類・清字號》）

其他於〈雄黃篇〉、〈砒黃篇〉、〈釋金液篇〉、〈朱砂篇〉裏，也都說及金石之性，堅而至熱有大毒，因此不堪服食。

晚唐時之丹經《雁門公妙解錄》則藉由神仙與劉泓的問答方式，不僅謂諸石藥有毒性，甚至連經點化的藥金、藥銀也不堪服食。茲詳錄如下云：

> 九霄君謂劉泓曰：夫學鍊金液還丹，并服丹砂、硫黃並諸乳石等藥，世人苦求得之，將為便成至藥，不得深淺，競學服餌，皆望長生不死者也，並不悟金丹並諸石藥各有本性，懷大毒在其中，道士服之，從羲軒以來，萬不存一，未有不死者矣。……世人所造金丹服餌，皆求長生，愚者即竭力以資俗事，又欲將至藥求點化金銀，榮其行尸，以養僕妾，但一起心即是必死之兆。……泓又問曰：變化銅鐵之藥並不堪服，何也？君曰：緣點化藥法，多用礬石、硝石、硇砂之類，共結成毒，雖能乾汞及化銅鐵，其用火時候亦與金丹藥不同，緣毒成結在其中，縱千消萬化，毒終不出。……其點化之道，本毒在內，各受其性，色目法作不同，氣遞相生，各懷毒性，雄雌硝硇雜類相助，其火候不依天時地理之法，或近或遠毒者，蓋不稟天道而成，則知古往仙人不服此藥明矣。緣有大毒，造化之力不足也。泓又問曰：點化之藥為有雜石眾毒，固不堪服。常聞換頭紫粉、七返丹砂無礬硇所雜，可以服否？九霄君曰：此二藥世人千百中無一人解者，縱能為之，亦不堪服，何也？且換頭紫粉是仙人所修以為宮室

所用，緣有硫黃在其中，水銀入硫，含大毒，豈可服哉？……泓又問曰：世人修丹砂，顆塊不破，顏色如故，大火燒之不動者復如何？九霄君曰：凡朱砂凝結之初，皆於砂石中成質，縱是光明砂，飛之，每一斤只得十二兩汞，其四兩即是山澤滓漬之物，懷其大毒，道士若不解出滓，便相和服之者，則澀人氣脈、乾人血液，豈得益乎？（《正統道藏·洞神部·眾術類·松字號》）[11]

綜合上述九霄君之言，其意謂舉凡金石、礬硝、硫黃等，以及變化銅鐵之藥，皆因本性懷毒，即使以他物相制，欲去其毒性，亦不能全解，若服食之則致疾而死。這雖是依託神仙家言，但能有如此理智的思考、清晰的論述，實屬難能可貴。

儘管唐人知道金石藥物有毒，但仍然無法抵擋藉餌丹，以長生成仙的誘惑。於是煉丹術士就運用殺、煉、伏、制等手法，希冀能去除或減輕丹毒，增加金丹大藥的安全性，以達成神仙不死的願望，《黃帝九鼎神丹經訣》即云：「凡服金銀，金銀多毒，必須煉毒盡，乃可服之」（卷九），《玉洞大神丹砂真要訣》也再三表明丹藥「須出火毒」，始可服食而長存於世。

唐代煉丹術士們為了繼續實現成仙不死的願望，在服丹前所採取的去毒方法，大致有三種：一伏火煉制殺毒法，二陰陽相制去毒法，三加入草木藥物解毒。

在伏火煉制殺丹毒法方面，所謂「伏火」，乃加熱制伏之謂，煉丹家或黃白師將金石藥物入火中燒煉（伏火）至一定程度，可精煉提純原料或消除、減少原藥毒性。各丹書中經常提到的伏硫黃法、伏雄黃法、伏玄珠法、伏硼砂法、煉曾青法、煉石鹽法、煉鍾乳法、煉礜石法等等皆是。若欲知是否伏火，可加以試驗，《真元妙道要略》〈黜假驗真鏡第一〉云：「硝石伏火了，赤炭火上試，成油，入火不動者即伏矣」。

唐代煉丹家相當講究伏煉火法，所運用的手法名目眾多，諸如養、熜、炮、炙、煆、炒、煮、抽、飛等等，這些伏火法有的作用是殺丹藥之毒。《黃帝九鼎神丹經訣》一書卷十九中，保存若干流傳下來〈上聖殺丹毒法〉的具體內容，其中例如〈殺丹陽銅毒法〉云：

> 用鹽膠百遍炮銅令淨訖，鑪此銅精為屑。用硝石水一斗煮令盡，又用青礬石水一斗煮令盡，又用戎鹽水一斗煮令盡，又用真酥一斗、胡椒末更煮之令盡，又用赤黍米一石，布裹屑和胡椒末調均，甘蔗水汁合蒸之三日夜，出取其毒皆盡。如此用藥，得殺十斤丹陽銅。（《正統道藏·洞神部·眾術類·溫字號》）

這是用炮、煮等方法殺丹毒。上述丹經所錄〈殺鍮石毒法〉與此相同。而〈殺鐵鏵精毒之法〉也與之相似：

> 亦依上卷鹽膠淨訖，必加百遍，惡氣方淨。鑪此鐵精十斤，都並為屑，用左味煮之三日夜，

---

⑪ 《雁門公妙解錄》及其後所引之《軒轅黃帝水經藥法》、《懸解錄》等丹經，俱見臺北，新文豐七十四年十二月再版之《正統道藏》第三十二冊。

又用雌黃水三斗煮之令盡，復用戎鹽，必作戎鹽水也。水煮之一日夜。又用磁石水，鐵鉡一斤，著淨鐺中，布令平均，上加末鹽，堅抑之，鐺下猛火一日，冷卻。鹽取鉡精。又用磁石水煮一日夜，其毒皆盡矣。以此無毒鐵精，方可入粉及變化等用。（同前）

又如《千金翼方》卷二十二〈錬鍾乳法〉亦云：

鍾乳無問厚薄，但令顏色明淨光澤者即堪入錬，惟黃赤二色不堪用。一斤置金銀器中，可鎮心益氣，無者用磁器亦得。大鐺中著水，置乳器於水令沒煮之，常令如魚眼沸，水減更添，若薄乳三日三夜，若鴈齒及厚肥乳管者七日七夜，候乳色變黃白即熟，如疑生，更煮滿十日為佳。煮訖，出金銀器，其鐺內水盡黃濁，棄之勿令人服。……更著清水，還內上件乳器煮之，半日許出之，其水猶清不變即止，乳無毒矣。

此方也是再三以水煮煉，以去鍾乳之毒。

又如《龍虎還丹訣》卷上，敘述煉製〈金花還丹方〉時云：

鉛八兩、水銀八兩。右二物相和，以左味細研令相入，以甘土堝泥包裹為毬令乾，入鐐爐用以灰擁其下，著文火養六十日，出之，又以左味重細研依前入毬，又火養六十日，日滿後，即每十日一度添二兩銀，都八度添計用八十日都成二斤藥，如本藥是半斤，每度添一兩都成一斤藥，伏如希汞漸有神用也。又入火養一百六十日藥成，都三百六十日火一周氣足也。一刀圭可乾一斤水銀，如日服一粒，壽逾萬劫。（《正統道藏・洞神部・眾術類・蘭字號》）

這是用文火（即溫火，相對於武火、猛火）燒煉，以防止藥物昇華、令丹毒散盡的方法。《龍虎還丹訣》卷下還載有〈煉出砂子紅銀暈法〉，用暖鹽漿水或糯米漿或陳年壁土為漿、濃米醋煮淘，再以低溫加熱而得成真寶。另外在《大洞鍊真寶經修伏靈砂妙訣》煉制金丹大藥時，亦以「飛伏法」伏火，云「伏火丹砂出寒泉了，可便鎔鼓，令見真寶」，服餌後，「自然神悅體清，而神仙殆可得耳」。

以今日科學的眼光來看，上述這些去毒法並不能真正達到去毒的目的，只是呈顯出丹家術士為了成仙不死，付出不少的心血，費時費力於這些繁複的操作，令人感佩其用心罷了。

中、晚唐以後，術士們有見於餌丹失敗者日多，因此更加著意於丹毒的去解。唐末懿宗咸通五年，金鵝山布衣沈知言纂《通玄秘術》一書，總結了二十七個丹方，這類丹方的特點是丹藥的劑量小、配伍少、重視伏火去毒，方法較前述丹書來得簡便些。如其煉製〈太陽流珠丹〉時云將太陽、馬牙硝、鹽花、北庭等同研如麵入瓶、固濟後，入灰爐中，以火養令鎔、加火煅似赤，「冷取出如琥珀色，以寒泉內出火毒」；另外在煉製〈勝金丹〉時，則朱砂、雌黃、太陽等並研如泥，「以甘草湯、餘甘子瓷器中煮一日，出火毒了」，更研令極細以粟米飯丸如綠豆大服之；又如〈陰伏下元丹〉以汞太、敗鐵，燒、煮、煅、淘，「曬乾入地埋三日，出火毒了」，再以伏火北庭同研服食。

從上述丹經的去毒法，可見唐人好以伏火煉製丹藥，甚且加之以寒泉、地埋等方式，可說為了餌丹的安全性而無所不用其極地想方設法，其耐心與努力實令人動容。

用陰陽相制去毒法，是唐人丹道理論建構在陰陽五行與易學的框架下，必然採取去丹毒的方式。《黃帝九鼎神丹經訣》卷十載〈伏水銀去毒法〉曰：

要用陽月、陽日、陽時，假得餘法失此，是即毒亦不盡。但問三陽，雖失小法，其毒亦盡。（《正統道藏・洞神部・眾術類・溫字號》）

又同上書的〈伏鉛汞去毒法〉云：

鉛汞者，陰陽之精也。若不得此三陽時、日、月，陰氣之精不可制也。……用三陽之氣味以制鉛汞，萬無不盡。俗不解此耳，和合服即煞人，不可不慎。直用醋煮之，去道愈遠矣。此并陰陽相制之義也。（同前）

唐代這種以陰陽相制去藥毒的論述，在丹書中隨處可見。例如張果的《玉洞大神丹砂真要訣》言及各類石藥功效云：石鹽乃陰極之氣結成，因此其「功能伏制陽精，銷化火之毒力」；馬牙硝「亦是陰精形如凝水，石生於蜀川，其功亦能制伏陽精，銷化火石之氣」；北庭砂「稟陰石之氣，含陽毒之精，功能銷化五石之金，力頗並於硫黃，去穢益陽功甚大」；而在〈四黃制伏變化訣〉裏，更認為此四黃能銷火毒而成就變化丹藥，其云：

雄、雌、砒、硫，其質皆屬於中宮戊己土之位也，性含陽火之毒，然咸易變轉五金之質而不易本，光有汁流通者，功能轉五石之精銅而化成黃金也。如伏火色變白，如輕粉津液通利者，五金化成白銀也。且四黃功力各稟本氣變化其五金也，雄黃功能變鐵也，雌黃功能變錫也，砒黃功能變銅為銀、為金，轉轉變化也，其硫黃功力最高，然且添陽益精，返濁歸清，是七十二石之將也。其四黃遇赤鹽、大鵬砂、石膽則伏，質歸本不易其色；若遇石鹽、馬牙硝、硝石、石膽亦入於火則變返而為白色也，是以大洞真經中七十二石制伏訣，皆須合胞胎也。若以土碌等分，和鉛粉及石腦作鼎伏之，則土碌與四黃同類也，又能銷火毒而成變化也。（《正統道藏·洞神部·眾術類·清字號》）⓬

唐代丹經中這種以陰陽相制、相伏的去毒法，明顯呈顯其一貫重玄學思辨的特色。

另一種去丹毒法是加入草木藥，用砂合子或磁合子，以炭火高溫加熱煮制，唐代的煉丹術士們認為如此可去除丹藥的「火毒」，即制伏丹藥的毒性。所以《白雲仙人靈草歌》常言靈草的功用是「軟五金」、「匱大藥」、「干汞」、「伏朱砂」、「伏獨體雄黃」等。唐時以水法煉丹的經書《軒轅黃帝水經藥法》，就大量運用草木藥，而且還附有〈龍芽易名辯證〉，茲錄數則以觀：

天焰龍芽：蓮花　耐凍龍芽：夏枯草　中央龍芽：黃草　青龍龍芽：葛根蔓　永青龍芽：松

⓬《玉洞大神丹砂真要訣》見臺北，新文豐七十四年十二月再版之《正統道藏》第三十一冊。

金精龍芽：大戟　纏樹龍芽：凌霄花　禽位龍芽：舍松　金色龍芽：兔絲子　玉英龍芽：柳絮　地丁龍芽：車前子　赤爪龍芽：波菜　帖索龍芽：半甲　味棠龍芽：杜梨兒

以上伏製汞法朱砂九轉成大藥

玉瓶龍芽：蘿蔔　五葉龍芽：馬齒　烏石龍芽：黑苣　淨土龍芽：獨穗箒　金花龍芽：椒　萬丈龍芽：藤蘿　圓葉龍芽：仙靈脾　地參龍芽：知母　甘露龍芽：甘草　紫背龍芽：油點葉

鹿茸龍芽：藍葉

以上並伏朱砂精英留連伏成寶

金鉤龍芽：酸棗　金花龍芽——　五鳳龍芽：管仲

以上並伏五金八石成大藥

詩曰：龍芽花發正當時，採取根苗連葉枝。依法製成真大藥，金石得見立降之。（《正統道藏．洞神部．眾術類．如字號》）

唐代使用草木藥的丹經與草木藥在煉丹的型態、功用等，可詳見本書第四章第一節〈外丹黃白之特色〉的敘述。

唐人本以為丹藥既經去毒後，長生成仙的願望指日可待，詎料餌丹之後仍頻傳暴疾疽發，甚至死亡相繼，朽骨相撐的情事，於是丹家術士們又發明了不少服丹後減輕、解毒的方法。而解毒的材料種類，有礦物性藥物者，例如《外臺秘要》卷三十一〈解金鐵等毒方〉云：

《集驗》療服金屑，死未絕者，知是金毒方。以水銀一兩瀉口中，搖動令下咽喉入腹，金則消滅成泥即出。可三與服則活。

《千金要方》卷二十四〈解百藥毒第二〉云：

金銀毒：服水銀數兩即出。

鐵粉毒：磁石。

《千金翼方》卷二十二〈解石及寒食散并下石第四〉云：

治金石發熱及諸熱朴消方：朴消成鍊者一斤，研令成粉，以白蜜和調作丸如梧子，每食訖，以蜜水服三十丸。

除上述諸礦物藥解金石毒外，還有以秋石解之者，但《懸解錄》的作者對此存疑曰：

> 假如先賢鍊秋石，秋石以地霜結為石，能引生汞，亦能制金石毒。如有服者，中路毒發，不可禁止，必見死矣；縱不死者，亦卒患惡瘡，此為先兆也。秋石云解毒，且見朱砂及粉霜并硫黃等被秋石制伏，豈能解毒矣？

上述丹經的作者大概認為秋石乃由地霜結成[13]，本身既為礦物藥，因此不信其具有解毒功能。

另一種唐人最常用來解丹毒的，是動、植物性藥材。王燾《外臺秘要》云「服諸石藥過劑者，白鴨矢水和服之，差」，在卷三十七與三十八則載錄多種鍾乳、石藥發動的救治方法。而孫思邈《千金要方》卷二十四〈解百藥毒第二〉也列出數種解、治毒藥方，如：

> 解一切毒藥發，不問草石，始覺惡即服此方：生麥門冬、葱白、豉。
> 百藥毒：甘草、薺苨、大小豆汁、藍汁及實汁根汁。
> 石藥毒：白鴨屎、人參汁。
> 雄黃毒：防己。
> 礬石毒：大豆汁、白鵝膏。
> 金銀毒：雞子汁及屎白燒豬脂和服，水淋雞屎汁煮葱汁。
> 治腹中有鐵方：白折炭刮取末，井花水服三錢，不過、再服。
> 解諸毒雞腸草散方：雞腸草、薺苨、升麻、芍藥、當歸、甘草、藍子、坌土。

另外，在其〈解五石毒第三〉云若鍾乳動，則服葱白豉湯：由葱白、豉、甘草、人參合和而成；若服此不解，再服甘草湯，其方由甘草、桂心、豉、葱白組成；若服此已解，然肺猶有客熱餘氣者，復服桂心湯，其以合桂心、麥門冬、人參、甘草、葱白、豉等六味藥合成。

孫思邈又於《千金翼方》卷十八，列出金石凌、七水凌、紫雪、玄霜等解金石與諸石藥之方劑，其用藥採動、植、礦物藥複方合和而成。例如解諸石草藥熱毒最良方的「紫雪」，乃先以水煮金、寒水石、石膏、磁石後，與升麻、玄參、羚羊角、青木香、犀角、沉香、丁香、甘草諸味相合，再加消石、朴消煎，朱砂粉、麝香粉攪令相得而成，一劑可十年用之。

上書卷二十二，還有其它解毒法的記述。如：治一切雜石發動方為麥門冬、人參、甘草；而治石發，身如火燒，則用靳邵黃芩湯，此方由黃芩、枳實、梔子、栝樓、厚朴、芍藥、甘草共同和合煮而成。

從上述《千金要方》與《千金翼方》所列解、治毒的藥方中，可以發現孫思邈的解毒方中，幾乎都有「甘草」這一味草藥。《千金要方》卷二十四〈解百藥毒第二〉，贊美甘草解百藥毒的良好功效云：

---

⑬ 「秋石」一物所指為何物，各丹經說法不同。有以硝石為秋石者，如《陰真君金石五相類》云：「硝石自名秋石。……其秋石者，三黃屬春，太陽王氣殺于秋石，故硝石能制石藥」；有以桑木灰為秋石者，如《真元妙道要略》云：「有燒桑木為六八四十八，淋煎取灰霜，號為秋石者」；《懸解錄》則以地霜為秋石。而唐以後「秋石」一物，主要從小便中煉得，被當作一種具有滋腎壯陽、延年益壽作用的藥物使用。

> 甘草解百藥毒，此實如湯臥雪，有同神妙。有人中烏頭巴豆毒，甘草入腹即定。中藜蘆毒，蔥湯下咽便愈，中野葛毒，土漿飲訖即止。如此之事，其驗如反掌。……方稱大豆汁解百藥毒，余每試之，大懸絕不及甘草，又能加之為甘豆湯，其驗尤奇。……

由於甘草解毒效果佳，因此孫氏的解毒方裏經常出現此味草藥。

另外，在丹經《太清石壁記》卷中，也載錄一〈治丹發動〉的解藥方：

> 若覺丹發，即用生熟湯沐浴，蔥豉酒一盞同薰黃法飲。若不定，取露蜂房、甘遂、萎蕤、麻黃等分煎，取飲子一服立愈。（《正統道藏．洞神部．眾術類．興字號》）

除上述諸種解毒方外，《懸解錄》還錄有能制一切丹砂及解諸石毒，永不發動的神方妙藥：〈守仙五丸方〉，並說如有人先服丹砂及乳石、硫黃、紫粉毒發者，急造此方救解，可存性命；甚至曾服諸石藥，雖未發動，但「能防備預服〈守仙丸〉尤妙」。

關於〈守仙五丸方〉解毒方的來歷，據《懸解錄》載是九霄君傳告劉泓，泓乃於山中刻石書記，後有道士見而錄之，遂傳於世。唐開元中，通玄先生張果以此方進於玄宗，帝秘於禁中。由此可知此方為唐代諸餌丹皇帝所沿有。藥方的合和取餘甘子、覆盆子、兔絲子、五味子、車前子等五味草藥，加枸杞嫩莖葉、蓮子草、杏仁、地黃等擣汁，合真酥、鹿角膠炙煎，「服之百日，先服金石藥毒並盡，亦益金丹氣流通於五藏，潤澤血肉，萬毒悉除，髭鬢如漆，返老成少。皆因制其丹，陰陽兩性彼此相備矣。」張果曾製〈五子守仙丸歌〉以贊其妙，歌曰：「反老成少是還丹，不得守仙亦大難。要見鬢斑令卻黑，一日但服三十丸。松竹本自無艷色，金液因從大制乾。五子可定千秋旨，百歲如同一萬年。」又說：「陰真人論三品大丹之靈效，亦云五味守仙之草藥尚能守生相助，如不得上昇，且為地仙永不死矣。為其制一切丹砂及解諸石毒，永不發動；又益靈丹之功，大行於榮衛也。」。

另外《懸解錄》還提及若有人誤服神符上仙上丹、白雪中仙上丹與九轉下仙上丹等三大至藥，忽覺發動不安時，「但急喫伏龍肝汁，并甘草湯、生菉豆汁」，就能收到「立定（解）」的效果。由上述諸多解毒方看來，唐人（尤其是中、晚唐以後）對金丹藥毒的處置，在態度上較趨向用草木藥類來救解。

唐人抵擋不住服丹成仙的誘惑，因此在煉丹時極盡能事地選擇良品佳質，運用各種去除、解脫毒性的方法，以煉製成神丹大藥，繼續勇敢地向長生不死的路程邁進。但即使用罄各種方式，仍難敵餌丹者病痛死亡駢首接踵的事實。

唐代對於服丹未死前的種種中毒症狀，煉丹家與丹經的解釋是「丹動」，而且還說這是丹藥所產生的功效。《太清石壁記》〈服丹覺觸〉云：

> 服丹後，覺身面上癢如蟲行，身面手足浮腫，見食臭喫食嘔逆惡心、四肢微弱、或痢或吐、頭痛腹痛，並請不怪，此是丹效，排病之驗也。（《正統道藏·洞神部·眾術類·興字號》）

明明是中毒的癥候，丹家卻將它解釋成「丹效，排病之驗也」，徒然延誤救治時機，可見仍未從丹藥的迷惘中清醒過來。

另外晚唐五代的丹經《真元妙道要略》，更將中還丹毒的症候說是丹的神力驅祛了體內諸邪惡、三尸及各種病痛宿疾的證驗，說法甚為荒謬詭異。如其云：

> 凡初服丹之時，心意鈍悶，夢寐不祥者，此是三惡被靈砂所侵，故惑亂人心。如此旬日即止。
>
> 或夢嘔吐鼠糞及亂髮茅聚淤泥，身手之上有大瘡，內有蜘蛛、蜥蜴走出；又夢陰莖朽落，并大便惡物者，勿疑，此是三尸出去之兆。
>
> 又經百日之後，時時聞腰背間如日炙，及手掌內真珠影，及身內像嬰兒嫩肌，或被拂觸著易破損，後相次自堅，又肉色赤，是丹砂行血，除宿患之狀。如體有小瘡子，不痛不癢，亦漸自退落如麩片乾落，後即肌膚瑩，又漸目明，夜黑之處，在目中有黃花光一條，長三尺，已來出現，筋許大。身上凡有缺損瘢痕，漸漸平滿不見。又多涕鼻，中清水及多噴涕，目中淚出，勿怪，此是邪所出之候。
>
> 四肢輕緊，又時時聞兩腿膝通如日炙而熱；又大便有黃膿黑血，一兩日自止，是趁五臟內宿患。喜怒漸滅，力作不倦，更有諸般，不及一一備述。
>
> 此上應候，皆師傳口訣，餘候皆然。恐同道君子，有服此丹，不得審細應候，宜記此訣。……先聖皆訣應候，試凡人之志，故少有傳得矣，唯此訣真說相濟，切須秘之，勿傳不道之人。……

（《正統道藏·洞神部·眾術類·如字號》）

依上所述癥候，有些明顯是病態、有些則是幻覺，但丹家們或以丹效通行為脫詞，或氣定神閒地勸人勿怪，或者以仙人試凡人之志推諉，或者要服藥者適應之（即「應候」），總之就是不願承認服丹中毒，甚至到最後還搬出真訣秘而不傳的詭譎說辭，讓整個事件充滿濃厚的宗教神秘色彩，這種欺騙中毒者，令其至死不怨，實是欺矇妄談。而當他們如簧的巧舌，掩蓋不了餌丹中毒的痛苦和以致斃命的慘烈情狀時，則丹家們往往又編織「尸解」的神話，使世人對服丹而死者，不敢輒加輕議謾侮。

這樣不正視問題與迷信的態度，竟然也出現在「固願攻其未悟耳」的《懸解錄》中。此書之作者自云其少抱疾，乃專意修養，「至於金石服餌亦嘗勤求」，因有見於「時之好事者，不顧貨財，大修鑪鼎，謂河車立成，可變土石；謂金沙立化，可壯筋骸，然而往往有為藥所誤者」，於是乃作《懸解錄》，「冀觀覽之時，疑撓盡釋，雖未達金液守身之術，當必免毒丹傷命之虞。」可見作者是有意要指點餌丹者的迷津，於是藉著九霄君與劉泓的對答，明確地說出金石藥與藥金俱皆含藏大毒而不堪服食，這些忠言表現出理智的覺醒，但文中卻又以「四象五行筋骨血肉，陰陽氣不全」和硫黃「緣是純陽氣不全」為由，來解釋服食七返丹砂與伏火丹砂未有不死之因；換言之，仍是以陰陽五行等易學理論，分辨藥物堪服與否。如引九霄君說：

> 我仙人所錬至藥，例皆日魂月魄，四氣為象，日魂不離日裏，月魂不離月中。假如至藥亦不

> 離從木而生，何也？木帶青以象水銀，內含其火，火為陽以象朱砂，朱砂屬離，離南方火之位，火為朱砂，亦同木中有火矣。配木入中宮之土，土能剋水，火能生土，而道乃成。……至藥服之不死者，蓋為不參雜諸味無毒銷成汁，為器或方或圓，並皆赫然通徹，晝夜光明，然始堪服，去人昏沉，定人神思，除邪魅、耐寒暑，皮膚潤澤，髭鬢不白，返老成少，千日可驗，故服之不死。……至藥……有三焉，一曰神符上仙上丹，二曰白雪中仙上丹，三曰九轉下仙上丹。……夫至藥若不受四氣混沌，豈能號曰龍虎之丹？……神符、白雪、九轉未經太一宮者，四象未全不可服，……緣此三藥並無雜類相撓，只空火毒，乃不至死。除此三般，其餘丹砂之流，雖然一朝一夕強餐亦能益色，如忽發動，命危之矣。（《正統道藏·洞神部·眾術類·如字號》）

由上所述，可見作者本欲為救溺之人，卻一樣落入丹家常犯的玄學迷思中。既然金丹、藥金皆有毒，何以其強力推薦且亦由眾藥合和而成的三大神丹至藥，獨有延駐之功？而且竟然還說「只空火毒，乃不至死」，是其說充滿矛盾。然而也或許是作者有意貶抑其他金丹大藥而獨以神符、白雪、九轉等三丹為上的心態。

其實形成金丹有毒的因素有很多。首先，金石礦物類本身就具有辛熱的性質，但並非每一種的毒性深淺相同，而毒性大小不同，發作的時間亦快速緩慢有異。術士們燒煉的神丹大藥種類繁多，有的丹藥燒煉時間僅二三日即可，有的丹藥則須燒煉兩三年、甚至更長的時間；再加上煉丹的原料和數量的多少也千差萬別，而且不同的師承、不同煉丹者的方劑也各不相同，如此就造成了餌丹者所服食的雖是同一種丹藥，但因劑量不同，致死的時間也就有差異的結果。

其次，金石礦物藥經火燒水煉後，會結合成毒性更烈的致命化學物質，唐人就誤把氧化汞當作丹砂服食，以致中毒。甚至連「藥王」孫思邈也認為〈七返丹砂法〉所升煉出來的氧化汞「堪服」。元人陽子修撰《還丹金液歌》載：

> 張果先生云：昔有二男契為兄弟，各將水銀一斤，入陽城山中燒。燒三年，水銀伏火如紅玻璃色，光彩可愛，呼為大丹。各服二兩，行履之間須人扶持，不逾百日而死。

「水銀伏火如紅玻璃色」，這顯然是氧化汞。明．李時珍《本草綱目》卷九〈丹砂〉條引宋．葉石林《避暑錄話》，謂林彥振、謝任伯皆服伏火丹砂，「俱病腦疽死」，由此可見伏火除毒並不可靠，唐人餌丹卻死於氧化汞中毒的，當為數不少。

另外，若丹中有雄黃與雌黃，在合子中養火，由於合子中的空氣會在養火時，將上述二物逐漸氧化為含有劇毒的砒霜；而其它煉丹的主要藥物如水銀、鉛、砷等化合物，在高溫下也會分解出劇毒物質，如氯化汞就有很強的毒性和腐蝕性。這些問題古人認識得並不如此詳盡，加上當時所用藥物也甚少純粹者，而丹家術士們又多僅憑經驗和推斷去判別，所以服丹中毒之事也就不足為奇了。

就生理的醫學角度而言，人體也是需要少數金石礦物的元素，例如鐵、鋅、銅、錳、鈷、碘、鉬、硒、鉻、鎳、矾、硼、氟等，以維持身體的健康，所以若缺鐵會導致貧血；而適量的砷則有激活、強健神經，促進消化機能，造血、補血等作用；但所謂的「適量」，則相應於每一個人不同的體質、年齡，有不同的需要。孫思邈《千金要方》卷二十四〈解五石毒第三〉就論曰：

> 人不服石，庶事不佳。惡瘡疥癬瘟疫瘧疾，年年常患，寢食不安，興居常惡，非止己事不康，生子難育。所以石在身中，萬事休泰。……人年三十以上可服石藥，若素肥充亦勿妄服；四十已上必須服之；五十已上，三年可服一劑；六十已上，二年可服一劑；七十已上，一年可服一劑。……人年五十已上，精華消歇，服石猶得其力，六十已上轉惡，服石難得力，所以常須服石，另人手足溫暖，骨髓充實，能消生冷，舉措輕便，復耐寒暑，不著諸病，是以大須服。石皆熟煉用之。……如法持心，將攝得所，石藥為益，善不可加。余年三十八九，嘗服五六兩乳，自是以來深深體悉。至於將息節度，頗識其性，養生之士宜留意詳焉。

又卷二十七〈房中補益第八〉云：

> 人年……四十已上，即頓覺氣力一時衰退。衰退既至，眾病蜂起，久而不治，遂至不救。……是以人年四十已下即服房中之藥者，皆所以速禍。慎之慎之！……人年四十已上，常服錬乳不絕，可以不老。又餌雲母，足以愈疾延年。

孫思邈能享年百餘歲之高壽，蓋緣於知醫理、善養生之故。上述勸人依年齡服石、服鍾乳之語，大致符合人體生理強衰、所需亦不同之理。

孫思邈雖然呼籲服石有益於身，但是時人在餌服確覺神清氣爽之後，往往就會盲目地大量服用，接踵而來的則是藥物中毒。例如人體吸收少量的鉛後，其餘的鉛因不易排出而積聚在體內，就導致慢性中毒，其表現的癥狀是性格改變、神經錯亂、癱瘓等；至於汞對人體的毒性更是強烈，中毒者先是知覺遲鈍、手腳痲痺壞死，繼而中樞神經系統受損，出現肌肉抽搐、痙攣與平衡失調等一系列伴生症狀。唐代盛行以鉛、汞煉製還丹大藥，而鉛汞雙管齊下，則其中毒之慘狀可想而知，看看文獻資料所載記之帝王、百官文士大夫等等的毒發情況，與上所述確是相符不悖。

此外，丹家在燒煉金丹時，除常用鉛汞二味外，還要使用所謂的「四黃八石」與之合煉。這些藥物在合煉時容易產生硫和砷的有毒氧化物質，特別是屬劇毒的含砷氧化物。丹家術士欲靠伏火法不但不能去毒，反而在高溫加熱的情況下，再與其它礦物的化學性結合，有時還會產生更大的毒性；而若是加入草木藥合煉，則丹方中既有石藥，又有草木藥，這就涉及更複雜的化學變化，所以長期服食金丹，中毒無法完全避免，病發只是早晚的事。

唐人不僅好食煉製的金丹，曾流行於魏晉南北朝而死亡相藉的五石散，唐代服食者亦不少。柳宗元之姊夫—博陵崔簡晚年即「餌五石，病瘍且亂」；至於文人學士服此者更多，《全唐詩》時有此輩行散的記述，如常建：「行藥至石壁」（〈閒齋臥病行藥至山館稍次湖亭二首之二〉卷一四四）、李嘉祐：「行藥寄名花」（〈奉和杜相公長興新宅即事呈元相公〉卷二〇七）、杜甫：「行藥病涔涔」（〈風疾舟中伏枕書懷三十六韻奉呈湖南親友〉卷二三三）、耿湋：「流水知行藥」（〈贈韋山人〉卷二六八）、于良史：「行藥至西城」（〈閒居寄薛華〉卷二七五），另外盧綸也有一首〈行藥前軒呈董山人〉詩（卷二七八）等等。

「五石散」的成分，除白石英、紫石英、赤石脂、石鍾乳四種石藥無明顯毒性外，本有礜石（又稱毒砂）一味，因此五石散對人體的毒害作用主要來自這種含砷礦物。孫思邈曾諄諄告誡時人「要不可服五石也」，《千金要方》卷二十四〈解五石毒第三〉云：

> 寒食五石更生散方，舊說此藥方上古無此，漢末有何侯者行用。自皇甫士安已降，有進餌者，無不發背解體而顛覆。余自有性已來，親見朝野士人，遭者不一。所以寧食野葛，不服五石，明其大猛毒，不可不慎也。有識者遇此方即須焚之，勿久留也。……其方以從煙滅，不復須存，為含生害也。

由孫氏之言，可見唐代仍有不少人重蹈前朝覆轍，勇於服食五石。

從六朝以來，餌服五石者都認為只要「明節度」，就可以避免中毒。如皇甫謐曾云：「寒食藥得節度者，一月輒解或二十日解。堪溫不堪寒，即已解之候也」。而唐．王燾《外臺秘要》卷三十七亦持相同看法，云：

> 寒食諸法，服之須明節度。明節度則愈疾，失節度則生疾。愚者不可強，強必失身。智者詳而服之，審而理之，曉然若秋月而入碧潭，豁然若春韶而泮水積，實謂美矣。

若依其說，則服寒食散之所以會病發，都是因為失節度所導致，若服而不失節度，則一月之後藥性自解。但據史籍所載的事實卻是：凡服寒食散者，無不散發；其所以不散發，是因為所服之散不得力之故。因此《醫心方》引〈潘師房救解法〉說：

> 凡石一度發，即一倍得力；如不發者此石無益。若一發後更無諸病，必是石發也。

所謂「發」，即是服散後，由於藥力在體內運行，使身體發熱的現象。

一般而言，五石更生護命諸散都是以性辛熱的草石藥治療虛損勞傷。所以用「五石散」治病，必須發熱才有效，凡是服寒食散者沒有不發熱的，因此服後常要「行散」、「行藥」、寒食冷飲、熱酒。然而「散發」實際上就是病發，它與服食的「節度」關係不大，只要服散，「散發」就是遲早的事；即令是精心配制，節度得當，不失分寸，也難免不「發」，「發」則沒有不病的，只是明節度者其病可治，不致轉生其它病變罷了。

從服餌五石散病發的症狀看來，中毒者多因含砷化合物引起。而根據研究，少量的砷化合物在初期會產生一種溫和的血管舒張，但這只是微血管中毒的癥候前兆，其後即惡化為慢性中毒，伴有局部滲出、水腫、食欲不振、惡心、多發性神經炎、肌肉萎縮及皮膚、頭髮和指甲病變等症狀⑭。但是由於含砷物質初期會有興奮作用，因此自古以來一直被作為媚藥使用，而這也許就是服食者餌食的真正動力和用意所在。

---

⑭ 參見李約瑟《中國科學技術史》第五卷第二分冊，劍橋一九七四年版。

隋唐時代，特別為解寒食散而設的方書達十二種八十卷之多。而唐人解五石毒，大多使用複方的草木類藥物，這在《千金》二方與《外臺秘要》兩部醫書中尤其明顯，而且孫思邈於方中必用甘草。孫氏好用此味草藥，是因其有「通經脈，利血氣，解百藥毒，為九土之精，安和七十二種毒，一千二百種草」之功效，而檢閱李時珍的《本草綱目》也以甘草「普治百邪」、「可謂藥中之良相也」，可見孫氏下此藥物有其醫理根據，非如一般丹家以陰陽相制那套虛幻玄學用藥。另外孫氏解治五石散毒態度亦十分精詳、謹慎，應對於病發之不同藥物、症狀、部位等，用藥、功效亦有分別。如言治石發煩熱脹滿，身生瘡，年月深久治不差者，用大黃、麥門冬、黃芩、芒消、甘草、梔子六味藥合和；而若是治石發熱，熱結生腫堅起始作腫者，則用升麻、枳實、芍藥、大黃、當歸、黃芩、甘草等，凡諸種種皆見載於《千金要方》卷二十四與《千金翼方》卷二十二中。從方中的用藥情形，充分顯示出醫家解毒方的務實與術士的虛妄，兩者之間的差異是十分明顯的。

總之，所謂的還丹大藥多有毒性，但也不必因其有毒，即必對所有的礦物藥敬而遠之。例如現代的醫學研究認為丹砂屬低毒物質，雖長期服食會產生一定程度的慢性中毒，但在中藥裏只要合理適量使用，仍不失為一味療效顯著和安全的藥物。《周禮・天官・冢宰》「凡療瘍，以五毒攻之。」東漢鄭玄注曰：「五毒，五藥有毒者。今醫方有五毒之藥，作之，合黃堥，置石胆、丹砂、雄黃、礜石、慈石其中，燒之三天三夜，其烟上著，雞羽掃取以注瘡，惡肉敗骨盡出。」可見至遲在漢時，丹砂諸藥已運用於瘍瘡的殺毒治療。中國煉丹術中的「丹」，其最初含意即為丹砂。由於《神農本草經》將之列為上品藥的首位，云能「久服，通神明不老」，又因色澤鮮紅而被稱作丹，術士們就進而認為凡燒煉所得的紅色物質都有長生的功效，於是煉制長生大藥的活動便稱作「煉丹」，正所謂「丹者赤色之名」也。

歷來的本草對丹砂是否有毒，說解紛紜。李時珍《本草綱目》卷九即云：

> 丹砂，《別錄》云無毒，岐伯、甄權言有毒，似相矛盾。按何孟春《餘冬錄》云，丹砂性寒而無毒，入火則熱而有毒，能殺人、物，性逐火而變。此說是也。

文中說丹砂「入火則熱而有毒」是很正確的，因為丹砂在高溫的燒煉下與氧化合成為紅色氧化汞，這種化合物具有明顯的毒性，所以沈括的《夢溪筆談》卷二十四也說：「朱砂至涼藥，初生嬰子可服，因火力所變，遂能殺人。」據此，則丹家術士以本來無毒之丹砂入煉，但懼其毒性傷人，又用伏火法欲去其毒，殊不知如此反增其毒性，而他們卻欲餌食此「伏火丹砂」以求長生永壽，這不啻是緣木求魚！

當丹家們驟然發現他們所辛勤煉製而成的丹藥，竟不堪服食成仙時，則由先前贊頌丹砂的靈妙，回過頭來懷疑其性質。《黃帝九鼎神丹經訣》卷十三云：

> 丹砂之為物也，是稱奇石，最為上藥，細理紅潤，其質貞固堅秘，積轉愈久，變化愈妙，能飛為粉，能精為雪，能為真汞，能為還丹，能拒火，能化水。消之可以不耗，埋之可以不壞。靈異奇秘，我難以稱。然而得要則全生，失法則傷壽。人見《本草》「丹砂無毒」，謂不傷人，不知水銀出於丹砂，而有大毒。故《本草》云「水銀是丹砂之魂，因丹而出」。末既有

毒，本豈無毒？（《正統道藏．洞神部．眾術類．溫字號》）

丹家以「水銀出於丹砂，而有大毒」，推論出「末既有毒，本豈無毒」的結語，這種結論顯然是建立在直覺的邏輯思考方式，它沒有必然的因果關係，而是錯誤地將燒煉過的熟丹砂之屬性，附著於生丹砂之上，從而得出熟丹砂有毒，則生丹砂亦必然有毒的結論；而且非唯丹砂有毒，服丹者因求仙不成，更進而認為所有的藥物皆有毒，如《黃帝九鼎神丹經訣》載：「按五金、三汞、九鉛、八石皆有毒」，如此的斷語似乎有過度推論之嫌。

在科技發達的現代，我們固然可以揚棄虛妄不實的餌丹求仙夢想，但對礦物藥以及經由煉丹術士所煉製出來、具有醫療功效的藥物，人們盡可以善用之，而非一味地全面否定其功能，甚或棄之如敝屣。

第五章　唐代服食養生之貢獻與影響

唐人希冀藉服食各種仙藥以長生成仙的願望固然破滅，但在醫藥化學上卻有不少卓越的貢獻和深遠的影響；而時人雖然盲忙於信神求仙與財富的生活，但求之不得所故作的反語與補償心態，卻是對唐代道術由外丹轉向內養的發展有促進之功，且唐人服食訪道的生活經驗與神人仙境的幻想，更充實了文學創作內容，為唐代作品注入繽紛多彩的風貌。

第一節　對醫藥化學之貢獻與影響

前賢論及唐人盛行的服食行徑，多認為帶來的都是負面的影響。但若仔細深入的稽察，卻可發現有不少治療效果良好的內、外科藥物，實是產生於唐人煉製的丹藥，或經由其方法的觸發；而唐人煉制石藥的方法，也深深影響中藥的炮制，這說明煉丹成仙的目的雖是荒謬不經，但其技術與方法卻是科學的。另外，唐人煉丹時所作的化學試驗，也製造出不少奇特的化學合金，尤其火藥的發明更是促進人類文明的一大推手。

壹　在醫藥上的貢獻與影響

唐代的服餌是在長生不死的神仙思想下，希望達到成仙不死的願望，雖然此夢想並沒有實現。但煉丹家們所製造出來的丹藥，很多在內服或用於外塗上，都具有良好的醫療功效，因此也達到不少養生健身的目的。

例如在《唐本草餘》中有「銀膏」，其法用「白錫和銀箔及水銀合成之，凝硬如銀」（參看《證類本草》），這種銀膏在唐代時已用於補牙，一直到近世仍有沿用。

另外，唐代「藥王」孫思邈《太清丹經要訣》所煉製服餌的丹藥，如「小還丹」可「去心忪、熱風、鬼氣、邪疰、蠱毒、天行、瘟瘧，鎮心，益五臟，利關節，除脹滿、心痛、中惡，益顏色，明耳目」；「艮雪丹」則「主鎮心、安藏、除邪瘴、惡氣、疰忤、風癲、風癇等疾」；「赤雪流朱丹」之效用則是：「若有卒暴之病及垂死、欲氣絕及已絕者，以藥灌之，令藥入口，……藥氣流散，須臾即甦。其治鬼邪之病，小小瘧疾，入口即愈。」由於孫氏對礦、植物藥都有深刻的了解，自然可以配成各種藥方治療疾病，其《千金》二方是當時民間社會流傳實用的醫療手冊，大有裨益於民生日用，而《太清丹經要訣》則是深入研究煉丹術並將其精華引向醫學之先導，因此其煉丹服食確實具有「養生」的積極作用。

王燾《外臺秘要》詳載有粉霜的制取方法，清朝稱此為「白降丹」，是廣泛應用的瘍科藥；《千金要方》裏的〈飛水銀霜法〉與《太清石壁記》裏的〈造水銀霜〉、〈朱砂霜〉所得的氯化汞，就被用於瀉下利尿以及「治疥癬、丁疱內痈、久瘻痔、蛇咬、牙痛」等藥劑；另外卷三十〈唐玄宗開元廣濟散方〉，載用曾青、雌黃、白礬石、磁石、雄黃、丹砂等各一兩制成「療諸惡瘡腫方」，這也是用煉丹術的方式所生產出的外科藥。

晚唐時金鵝山道士沈知言撰《通玄秘術》，此書所收丹方幾全為治病之醫方。據其序云，文宗太和初年，專治「神符白雪丹」的道士馬自然將丹道秘訣和「玄通如意丸」五解之法傳給他。而咸通五年春，又得故友滎陽鄭公示其神丹諸家秘要，「皆是濟世治療人間一切諸疾延駐之門，并制伏五金八石、點變造化、辟除寒暑、絕粒休糧……，有造化之神功。」因此將之編次勒成為《通玄秘術》，「以奉好尚君子養生之本」。如〈抵聖固陽丹〉治「男子陽道衰弱不興，水藏積冷腰腳煩疼，行步無力」；〈青花丹〉治「霍亂、肚脹、冷氣、小子疳痀腸風、女子血氣、一切冷疾」；〈紫金丹〉治「丈夫五勞七傷，……駐顏延年，補益精骨」；〈太陽紫粉丹〉治「反胃痃癖，一切冷病」；〈陰伏紫金丹〉能治「女子血氣、暖子宮，駐顏悅色」；還有傳為奉懿宗敕旨修合而成的〈辟暑丹〉，「服食後有神效」，並且能「夏月衣裘無炎氣」，另一方則餌服後「一冬不寒，可以赤體入水行坐」；其他如〈鹿茸散〉治「男子五勞七傷，補益筋血，添精起陽，……」等等。

唐代丹家也努力於鉛霜、鉛粉的製造。例如《玄霜掌上錄》是專言鉛粉的丹經，其中有〈修陰丹白雪玄霜法〉，記載造鉛粉法甚詳；另外，《黃帝九鼎神丹經訣》卷十七與沈知言《通玄秘術》，都有用醋與鉛製造鉛霜、鉛粉的翔實載記。鉛霜在丹經中初時被呼之為「玄白」，其名最早見於《抱朴子．金丹》篇中，但當時或許恐因「莫輕以其方傳之也」，是以並未介紹作玄白及此丹之要訣。《黃帝九鼎神丹經訣》卷十七則以醋酸與鉛、真金、水銀合煉，而得到白色結晶粉末。這種上好鉛粉的製作方式，改進了古法製鉛的工藝，產量也比前時提高許多；《通玄秘術》所載的〈華蓋丹〉更將鉛霜的煉製進一步簡化，只用黑鉛一物，與醋產生化學變化後，「每鉛霜一兩，入龍腦半分，同研如粉，以天露水為丸」。據云此丹是烏髮之劑，「如未白者常隔日含之，一生不白；如已白者，含此丹至二十日後，拔卻白者即生黑者，不逾六十丸或至一百丸，鬢髮盡黳，黑色光潤如漆，或拔卻白者，一毛孔內生兩莖黑者。……久而含之，延駐顏色，年五十人，如童兒之貌，兼偏去熱毒、風筋骨疼痛」。可見此時鉛霜已進入醫藥行列。而從唐代《新修本草》與《外臺秘要》等醫書不見錄鉛霜，說明當時此物還未入藥用，然而在煉丹著作中卻已經常可見鉛霜，由此物為丹家所專用制作的情形裏，清楚顯示中國煉丹術是制藥化學的先驅。

鉛霜、鉛粉既是唐代常用藥物，也可以用作化妝品。《全唐文》裏收錄不少臣屬謝賜口脂面藥的表狀，例如有李嶠〈謝臘日賜臘脂口脂表〉，文中就拜謝君王賞賜的「新調鉛粉」（卷二四六）[1]。大抵唐人仍延襲六朝以面貌白皙為美的觀點，而盛唐時期的幾位帝王也喜好妝飾，因此不但宮中眾多嬪妃與臣屬女眷為美麗容貌之需，且唐代男子在社會崇尚姿容健美的要求下，為了美容或掩疾的需要，唐代鉛粉的需求量相當龐大，而此時的丹家術士們能製造出量多質好的鉛粉、鉛霜，正切合人們生活所需。

另外，唐人在煉制丹藥時，為去除藥物毒性所採取各種炮制的方法，更推動了中國制藥學的發展，對中藥的製作具有深遠影響。漢晉之際的本草如《神農本草經》、《名醫別錄》等書中，對藥物的采摘、產地的記載文字較多，而罕言其制法，張仲景的《傷寒論》等書所記也不過「㕮咀」等法。到了唐代孫思邈的《千金方》則記載最多中藥的炮制方法，諸如炒、炙、炮、煅、蒸、煮、水飛等，而這些都是煉丹術中常用的方法。據陳國符先生的研究，煉丹術中所用的炮制方法多達數十種，除上述諸法外，還有煥、制轉、飛、升、抽、溲、浸、煞、飛淘、研淘❷等等。由於術士們在煉丹時，幾乎都需要對所有的藥物先進行初步的加工處理，而此一過程與方法，提高了中藥的炮炙技術，可見煉丹術與中藥制藥學之間關係的密切。例如《雷公炮制論》是中國歷史上第一部總結制藥學的炮制專書，其序文中有「豈溺仙人之要求」的文句，說明此書著述目的是發揮仙人長生之術，可供醫、道兩家使用，根據尚志均先生的研究，此書中有些藥物是為煉丹服食而炮制的❸，足見《雷公炮制論》與煉丹術確有關聯；至於其年代則祝亞平先生從此書所用制藥方法、制藥器具、文字風格、丹砂名稱品類、與草木藥煉丹的關係等方面，考證出《雷公炮制論》成書於唐武后垂拱至唐代宗寶應年間，傳抄於唐末宋初，與煉丹術的時代背景有密切關係❹。

另外我們從兼具醫家與道士身分的孫思邈《千金》二方的諸藥制作中，也可看出唐代不但在制劑水準有所提高，劑型種類也有增加。例如《千金要方》卷二十七〈養性〉篇有「黃精膏方」，這種膏煎劑型優點為濃度大、體積小，不易發酵，便於長期保存；且成分較純、雜質較少，因而便於機體吸收，奏效迅速。又如「煮散」之名，亦首見於《千金方》，即將湯劑的成方配成粉劑，臨用

❶ 詳見拙著〈唐代宮廷的美容養生與官場賜面脂香藥之風習探究〉，臺中技術學院學報第四期，民國九十二年六月出版。

❷ 詳見陳國符《道藏源流續考》一〈中國外丹黃白法詞誼考錄〉，臺北，明文書局，民國七十六年十一月再版。

❸ 尚志均〈雷公炮制論〉的年代，《哈爾濱中醫》，一九六一年五月，二十六期。

❹ 詳見祝亞平〈雷公炮制論〉著作年代新證，《中華醫史雜誌》，一九九二年，四月。

時酌取所需劑量，經水煮後去渣內服。此劑型具有制備簡單，不論使用、攜帶或保管都方便，而且也節省藥材。五代時因戰亂頻仍，藥材生產不足，運輸困難，於是醫家廣泛應用「煮散」；到宋代就更加盛行，如《太平惠民和劑局方》中就收載四百餘種散劑，約佔全書方劑一半以上，可見唐時藥物方劑制作與調配方式對後世醫療影響之大。

總之，中國的醫用丹藥是從煉丹家的金丹術衍化而來的。煉丹術士們認為金丹煉製成功，人們服食可以長生不死，羽化成仙，還可以用它點化其他的金屬成為黃金或白銀。雖然這些都沒有真正的實現，但他們在丹藥的煉製過程中，卻意外製造出許多新的化學物質，獲得了很多提取、精煉和製造藥劑的經驗與技術，也研究了這些藥劑的生理效應和醫療作用，這些有科學價值的成果，為後世醫學留下珍貴的遺產，尤其是外科久不康癒的慢性頑症，多由丹藥得到解決。張覺人先生著《中國古代煉丹術》即是收集丹藥中，在中醫臨床上確有醫療實效的丹藥方劑數十種，諸如唐代丹家煉成氯化汞類的輕粉與粉霜、硫化汞類的九轉靈砂、太乙小還丹……等等，驗證了中國醫用丹藥是從古代煉丹家的金丹術衍化而來的論點[5]。因此丹藥雖絕大多數不宜內服，但對外科瘡瘍方面卻有它不朽功效，在中醫外科方藥中，丹藥實佔有相當大的比重，所以截至目前為止，任何中醫外科文獻中，都少不了丹藥這一部分，而它也確能將其優越性發揮出來；另外，煉丹術不但為炮制醫用的藥物提供方法與技術，而且煉丹術所使用的各種器具，也被大量轉用於中藥的製造，如丹經中使用瓷（磁）器是在孫思邈以後，《諸家神品丹法》所收的〈孫真人丹經〉裏，就有使用該器物，而《雷公炮制論》一書在研制金石藥與草木藥時，也與唐代煉丹術士使用完全相同的器物，這些都明確的證明：唐代外丹術的興盛對醫藥有其卓越貢獻，因此說唐人緣於服食之故而達到不少「養生」實效，應是客觀合適的評價。

貳　化學成就與火藥的製造

唐代黃白術的煉制發達，冶煉了不少金黃或銀白的金屬，豐富了煉製合金的經驗。例如《太清丹經要訣》的〈伏火雄黃〉，用雄黃與錫制取金黃色的「白錫金」。大陸學者趙匡華等人對此丹方作模擬實驗，證明確可得到一些金黃色閃亮的鱗片狀「彩色金」❻。

另外，在《太清丹經要訣》中的〈造赤雪流珠丹法〉，實際上就是煉制單質砷的方法。孫思邈描述其形成物是：「煥然輝赫，並作垂珠色絲之狀，又似結網張羅之勢，光彩鮮明，耀人目睛」，這種昇華的雄黃可應用於冶金技術。金陵子《龍虎還丹訣》有〈點丹陽方〉，是歷代丹經中關於煉製銀白色砷銅合金的最翔實記載，方法是：

> 取前卦爐霜（即砒霜），每二兩點一斤。……丹陽（指丹陽縣所產之善銅）可分作兩堝，每堝只可著八兩，……每一兩藥分為六丸，每一度相續點一丸。待金汁如水，以物直刺到堝底，待入盡，即以炭攪之，更鼓二十下，又投藥。如此遍遍相似，即瀉入華池中。看色白未。若所點藥不須將火燒卻，其物即不白，更須重點一遍，以白為度。（《正統道藏．洞神部．眾術類．

---

❺ 參見張覺人著《中國古代煉丹術》下篇第三至第八章所述。臺北，明文書局，民國七十四年四月初版。

❻ 參見趙匡華〈中國金丹術中的彩色金及其實驗研究〉，《自然科學史研究》，一九八六年，第一期。

蘭字號》）

這一段頗為明白的敘述，據趙匡華先生模擬實驗，確實得到含砷量極高的銀白色砷銅合金❼。這種化學合金可用以燒煉金屬表面，薰製成美麗的工藝品。又《太古土兌經》卷上與《龍虎還丹訣》卷下〈伏丹砂成紅銀法〉、〈青結紅銀法〉，也是砷白銅的煉製方法，所製造出的紅銀，顏色光鮮亮麗，可用於美術工藝的彩色調劑；另外唐玄宗時劉知古上《日月玄樞論》云：「或以諸青、諸礬、諸綠、諸灰結水銀以為紅銀。」這種紅銀就是赤銅。而《太清丹經要訣》裏〈伏雄雌二黃用錫法〉中，制得了含砷量較多的金黃色錫砷藥金。這些都是唐代煉丹家在製金造銀的實驗中，提高了冶金技術所得到難能可貴的化學成就。

唐代的煉丹術士不但以石胆作為「染色術」（即黃白術）的點化劑，而且還能創造出人工制石胆法。《黃帝九鼎神丹經訣》卷八有〈假別藥作石胆法〉，即以青矾、黃矾、曾青加白山脂製成，此方法幾乎與現代無機化學合成相近，唐代丹家們具有如此高超的技術與化學知識，實在令人歎服。近年來大陸學者如孟乃昌、趙匡華、郭正誼等，就紛紛以唐代丹經所載丹方、用藥，進行模擬實驗，發現所得產物與唐時丹家相同，證明當時的煉丹術士技術高超，實令人稱奇。另外，唐代在升煉氯化汞的工藝中，利用氧化銅和三氧化二鐵為催化劑，對目前的升汞備制法仍有很大的參考價值。

唐代煉丹術士另一個重要的化學成就，就是將火藥的發明更向前推進一大步。

火藥與造紙、印刷術、指南針被譽為中國四大發明，它後來經由阿拉伯國家傳入歐洲，對人類文明的發展曾產生重大影響，而火藥的發明與煉丹術的盛行關係密切。

火藥的主要成分包括三部分，即是硝石、硫黃（或雌、雄黃）和木炭。煉丹術中常用硝石與三黃（硫、雄、雌）等為煉丹原料，結果容易發生劇烈燃燒和爆炸現象。《周易參同契》中曾提及：若藥物原料「名類不同，分劑參差，失其綱紀」，就會出現「飛龜舞蛇，愈見乖張」的燃燒事故。晉之葛洪在《抱朴子．仙藥》篇煉餌雄黃方裏，用硝石、玄胴腸（豬大腸）、松脂與雄黃合煉，由於雄黃含硫，而玄胴腸與松脂加熱炭化後，相當於木炭成分，因此這一幾乎和火藥配方相同的丹方，在煉制過程中，若藥料成分比例和加熱操作的掌握稍有不當，就會發生燃燒或爆炸的情形，此亦可視為原火藥配方的濫觴。

到了唐代，煉丹經書中已有關於火藥的明確資料。在《龍虎還丹訣》卷下〈點紅銀暈法〉中，有「硫黃（令伏在消石內佳）」之說，這是唐代第一個明確記載硝石伏硫黃的配方。其後《諸家神品丹法》卷五的《孫真人丹經》內〈伏硫黃法〉和佚名的《伏火硫黃法》，也是事先對硝石、硫黃等進行預處理，以改變其暴烈性。如曰：

> 硫黃、硝石各二兩，令研。右用銷銀鍋或砂罐子入上件藥在內。掘一地坑，放鍋子在坑內與地平，四面卻以填實。將皂角子蛀者三個燒令存性，以鈴逐個入之。候出盡焰，即就口上著生熟炭三斤，簇煅之。候炭消三分之一，即去餘火不用，冷取之，即伏火矣。（《正統道藏．洞神部．眾術類．馨字號》）

---

❼ 見趙匡華著《中國煉丹術》，頁一九二。香港，中華書局，一九八九年十二月初版。

這種以硫黃、硝石加皂角子為配方，基本上是前者的直接發展。

唐元和初年，金華洞方士清虛子撰《太上聖祖秘訣》（收入《鉛汞甲庚至寶集成》卷二），其中「伏火礬法」的第一步，云：

> 硫二兩，硝二兩，馬兜鈴三錢半。右為末，拌勻，掘坑，入藥為罐內與地平，將熟火一塊，彈子大，下放裏面，烟漸起，以濕紙四五重蓋，用方磚兩片捺，以土塚之，候冷取出。其硫黃伏住。（《正統道藏·洞神部·眾術類·馨字號》）

從強調須把藥劑埋入地下，並以濕紙覆蓋，緩慢投入紅炭等減緩反應速度的步驟，表明這些丹家術士們已經認識到硫黃、硝石與炭是一種容易爆燃的混合藥劑，該配方點燃後有爆燃之虞，因此才用此「伏火」方式以改造其暴烈性。所以可以肯定：至遲在唐代中期已具有發明原始火藥的技術條件和實踐經驗。更後的《真元妙道要略》又記載：「有以硫黃、雄黃合硝石並蜜燒之，焰起，燒手面及燼屋舍者。」、「硝石……生者不可合三黃等燒，立見禍事。」所謂的「三黃」就是硫黃、雄黃和雌黃。蜜，因相當於木炭成分的作用，它與硝石和硫化物一起加熱，會產生劇烈的燃燒和爆炸。其原理與前述者相同。而火藥就在方士們屢遇災難性的爆炸事故中，慢慢發展到可以人為控制，並加以自如利用下產生了。

換言之，同樣的組成藥劑，對煉丹服餌的術士而言，他們的主要目的是用盡各種方法，將硫黃、硝石等轉變為其它物質，以制伏其「暴烈性格」；但對於那些身兼「軍師」的方士來說，他們的重要任務卻是在考慮與試驗：怎樣的配方可以發生最猛烈的爆炸和燃燒，然後把它應用在戰場上攻城掠地，打擊敵人、贏得勝利。

火藥用於戰事，始於唐德宗時的藩鎮割據。李希烈占據汴梁稱帝，劉洽討伐而攻入宋州，李希烈部下用方士火攻計策，燒毀了劉洽的戰棚和城上防禦工事；而據宋・路振《九國志》記載，唐哀宗：

> 天祐初，（鄭璠）從攻豫章。璠以所部發機飛火燒龍沙門，率壯士突火先登。入城，焦灼被體。以功授檢校司徒。

目前科學史家們比較一致的看法，認為鄭璠的「發機飛火」就是以機械彈力拋擲火藥球，這是火藥使用於軍事的發端。

到了宋仁宗康定元年，曾公亮、丁度奉詔，撰寫一部綜和性兵書《武經總要》，「火藥」這一名詞及其配方就正式而大量的被用於軍事戰爭上的攻防；北宋後期的火藥則又被應用於娛樂、歡慶的場合❽，為人類的生活增添璀燦、熱鬧的情趣。而如果沒有煉丹術士在伏煉硝石、硫黃時，累積

---

❽ 南宋時汴梁老民孟元老撰《東京夢華錄》，追憶北宋徽宗崇寧到宣和年間，京師人物豐阜、市衢繁華之情景，就提到宮中百戲表演時，施放爆竹和煙火：「一聲霹靂，……煙火大起，有假面披髮，口吐狼牙煙火、如鬼狀者上場。」的情景。

製作和實驗技術，那麼火藥與煙火，一則令人怵目驚心的燒殺，與另一讓人賞心悅目的娛樂，也許在中國不知還要歷經多久歲月才會出現呢！

總而言之，煉丹服食雖然並沒有完成長生成仙的幻想，但它對醫藥化學卻有很大的貢獻。近人李約瑟在論述科學文明的產生時，就對煉丹術有極高的評價。由於丹士們相信造作之金與自然之金一樣好，甚且更是精華所在，所以「還丹金液」的實驗，使他們認識物質的化學變化；所煉出的紅色丹藥，雖因蘊含劇毒而造成不少悲劇，但卻也由對藥性的發現，直接促進醫藥、化學的進步與刺激火藥的發明；而煉丹技術的西傳，引起西方的鍊金熱，更對化學的產生有卓越的貢獻。所以不能因為服食成仙的虛妄、丹藥的毒命，就全盤否定其價值與成就。

第二節　對唐人生活與文學之影響

唐代服食煉養風氣盛行，對唐人生活影響甚大，成仙與多財是時人的願望，於是盲忙於仙與富的追求，既不得願，則滿腹牢騷地發出反仙的言論，藉以安慰心靈，或改採其它內養方式，仍希企成仙；而文學作品也充滿仙言仙語和服食煉養的描述，為唐代文壇增添不少浪漫旖旎的風格。

壹　盲忙於信神求仙與財富

煉丹合藥不論目的是為服食長生或點化金銀，都需要大量的金錢和時間，一般的平民百姓缺乏這種條件，所以往昔從事者大多是帝王官吏們有錢有閑之輩。

唐代由於胡風的輸入，娛樂享受深入人心，自立國以來，競為奢侈。或以衣裘、僕馬、亭榭、歌舞相尚；或以鬥雞、賞花、擊鞠、百戲為能事。因此李肇《唐國史補》卷下云：

> 長安風俗，自貞元侈於遊宴，其後侈於書法、圖畫，或侈於博奕，或侈於卜祝，或侈於服食，各有所蔽也。

李肇之語，大體道出了李唐皇朝社會的實情。

唐代丹鼎興盛，煉丹已由昔日在深山野嶺秘密進行，更發展到在道觀、達官貴人邸宅、乃至皇宮等地皆隨處有之，而從事者，則上自帝王官吏，下至文士庶民，全國四處都瀰漫著服食的風習，眾人皆為追求長生不死或身擁萬金而終日汲汲營營，尤其有不少唐人把神仙羽化，白日飛昇，腰纏萬貫，百般享樂而永世長存的虛幻夢想，視為一塊堅實的大地，當作一種真實可行的人生理想，於是畢生努力希望早日實現，其沉溺的熱情幾乎已到了盲目的地步。

唐人篤信世上真有神仙，凡人通過修煉也可以長生不老。王勃追逐於「黃精野饌，赤石神脂。玉案金盤，徵石髓於蛟龍之窟；山樽野酌，求玉液於蓬萊之峰」（〈山庭興序〉《全唐文》卷一八〇）的生活；高適說：「仙宮仙府有真仙」（〈玉真公主歌〉《全唐詩》卷二一四）；王季友曰：「遙信蓬萊宮，不死世世有」（〈滑中贈崔高士瑾〉《全唐詩》卷二五九）；沈佺期訪謁司馬承禎後，萌生「清晨朝鳳京，靜夜思鴻寶。憑崖飲蕙氣，過澗摘靈草」（〈同工部李侍郎適訪司馬子微〉《全唐詩》卷九十五）的修仙遐想；蕭祜云：「齋心玄默感靈衛，必見鸞鶴相裴回。我愛崇山雙劍北，峯如人首拄天黑。群仙傴僂勢奔走，狀若歸真趨有德」（〈遊石堂觀〉《全唐詩》卷三一八）。所以唐人視著名道士毛仙翁為活神仙，「滿朝將相門弟子，隨師盡願拋塵滓」，目的就是：「九轉琅玕必有餘，願乞刀圭救生死」（楊復嗣《唐詩紀事》卷八十二）。宰相李宗閔說：毛仙翁的「殘藥儻能沾朽質，願將霄漢永為鄰」（〈贈毛仙翁〉《全唐詩》卷四七三）。另一宰相李紳也說：「今朝稽首拜仙兄，願贈丹砂化秋骨」（〈贈毛仙翁〉《全唐詩》卷四八三）；而元稹本不信神仙，還認為徐福、文成之事虛誕。廉問浙東時，毛仙翁來訪並預言其入相之年，後來果然應驗，而元稹又見仙翁風貌愈少，遂執弟子之禮，師其道術（《唐詩紀事》卷八十二）。

又如王朝的宗室貴族李秘，希望青城山的任山人「莫拋殘藥物，切欲駐童顏」（《唐詩紀事》卷四十八）；而李端少喜神仙術，拜柳處士為還丹師；孟浩然也說誰不仰神仙，願從道士雲公煮丹液，「童顏若可駐，何惜醉流霞」（〈清明日宴梅道士房〉《全唐詩》卷一六〇）；孟郊在〈求仙曲〉中說：「鏟惑有靈藥，餌真成本源，自當出塵網，馭風登崑崙」（《全唐詩》卷三七二），願保金石志，無令有奪移。岑參少好金丹，從方士學得口訣，於是在終南山麓一面讀道書，一面壘竈煉藥；李華「早窺神仙籙，願結芝朮友。安得羨門方，青囊繫吾肘」（〈仙遊寺〉《全唐詩》卷一五三）；儲光羲家近茅山，認為王延軒冕比不上長生，幻想與神仙王子晉同遊太清仙境。又艷羨西王母千載美容顏，囑付辛道士乘龍升仙時，莫令他獨留塵世；許渾采芝商嶺、收朮紫陽，訪道茅山，「欲求不死長生訣」（〈學仙〉《全唐詩》卷五三八）、「乞取大還方」（〈茅山贈梁尊師〉《全唐詩》卷五二九）；劉言史在茅山仙臺藥院題詩，說願得「仙藥青芽散，長年駐此身」（《全唐詩》卷四六八）；曹鄴「見說嵩陽有仙客，欲持金簡問長生」（《全唐詩》卷五九二）；徐凝聽說華山道士潘先生「黃金骨節輕」，因此想師事之以尋仙方（《全唐詩》卷四七四）；于鵠入深山尋道士，希望「願示不死方，何山有瓊液」（《全唐詩》卷三一〇）；柳宗元公餘從事服餌，采藥東山阿；劉禹錫與道士切磋藥石；司空曙視金丹重於官職，曾對谷口道士表白：「丹經儻相授，何用戀青袍」（《全唐詩》卷二九三）；還有不少人親自煉丹，合長生藥而餌服。如宰相袁恕己素服黃金；而顏真卿亦「嘗得神丹服之」（《次柳氏舊聞・補遺》）；李頎、吳融餌丹砂；鄭居中燒丹，常夢想腋生雙翼、白日飛升；王明府在老松下金灶夜燒丹；李位則「與山人王恭合煉藥物」（《舊唐書》卷一五四）；翁承贊不但自己力學燒丹二十年，還要子孫把仙方次第傳播下去；在這種濃郁的服食氛圍下，連最重視現實的杜甫也曾說自己的起步晚了，要加緊學仙。

有不少唐人信神求仙特別虔誠，或捨家或去官，對入道求仙卻孜孜不倦，甚至達到不顧一切的地步。例如河南人呂炅在元和中，拋下老母、嬌妻，學仙於王屋山，韓愈的〈誰氏子〉責之曰：

> 非癡非狂誰氏子，去入王屋稱道士。白頭老母遮門啼，挽斷衫袖留不止。翠眉新婦年二十，
> 載送還家哭穿市。或云欲學吹鳳笙，所慕靈妃媲蕭史。又云時俗輕尋常，力行險怪取貴仕。
> 神仙雖然有傳說，知者盡知其妄矣。聖君賢相安可欺，乾死窮山竟何俟。嗚呼余心誠豈弟，
> 願往教誨究終始。罰一勸百政之經，不從而誅未晚耳。誰其友親能哀憐，寫吾此詩持送似。
>
> （《全唐詩》卷三百四十）

詩中對這位捨母棄妻、入道求仙的呂炅，斥之為癡狂之舉。呂炅後來被河南少尹李素使吏卒脫道士服，給冠帶而送付其母。

韓愈〈殿中侍御史李君墓誌銘〉一文裏，也記載李虛中之昆弟，嘗為滎澤尉的李某，「信道士長生不死之說。既去官，絕不營人事，棄其妻不顧」（《全唐文》卷五六四）。

唐人還有全家沉溺於神仙丹藥者，如李白不但自己崇拜神仙，尋仙不辭險遠，采藥窮山川外，還一再鼓勵友人學道求仙，在他的深切影響下，「拙妻好乘鸞，嬌女愛飛鶴」，於是全家「提攜訪神仙，從此鍊金藥」（〈題嵩山逸人元丹丘山居〉《全唐詩》卷一八四）；此外，辛少府遷家至天臺山下，舉家全作學仙人；馬少府則世代奉還丹；鄭員外與顧況都把家搬到茅山定居求仙煉藥。

士大夫棄官入道求仙的情形在唐代特別普遍。例如曾進士擢第的賀知章，在天寶初年請為道士，告老還鄉，入四明山修道（《全唐詩》卷一一二）；顧非熊慕其父顧況棄饒州司戶參軍隱茅山，也辭盱眙尉步其後塵；王季文辭秘書郎歸九華山修行；而根據《唐摭言》卷八〈入道〉載，「戴叔倫，貞元中罷容管都督，上表請度為道士；蕭俛自左僕射表請度為道士；蔣曙，中和初，自起居郎以弟兄因亂相離，遂屏跡邱園，因應天令節表請入道，從之」。而《冊府元龜》卷八二二〈總錄部·尚黃老〉也記載吉州刺史閻采於德宗貞元七年請為道士，賜名「遺榮」之事；甚至還有如張志和、施肩吾等在進士及第後，放棄功名利祿作官資歷，隱居入道學仙術；而雖未中進士卻入道的，則有張辭、杜光庭（《十國春秋》卷四十七〈杜光庭傳〉）；其他如唐中丞、馬載、劉商等也都或辭官或拋官入道。從上所述，可見唐人入道求仙風氣之興盛，人們終日盲忙於餌服長生。《北夢瑣言》卷十二還記載一則癡信神仙的狂事：

> （張裼尚書之子）少年聞說壁魚入道經函中，因蠹食「神仙」字，身有五色，人能取壁魚吞之，以致神仙而上昇。張子惑之，乃書「神仙」字，碎翦實於瓶中，捉壁魚以投之，冀其蠹食，亦欲吞之，遂成心疾。……

唐代信神求仙，餌服修煉養生的行動，非僅止於帝王士大夫，而是擴及民間百姓的全民運動。例如眉州通義縣民楊寵之女服食茯苓；廣州增城何泰之女，「夢神人教食雲母粉，可得輕身不死，因餌之」（《歷世真仙體道通鑑》後集卷五〈何仙姑〉）；成都人劉無名，好服黃精白朮；蘇州昆山農家子王可交，奉母挈妻詣四明山修煉二十餘載。至於每年春冬，「皆有數千人潔誠洗念」，至茅山朝山進香（柳識〈茅山白鶴廟記〉《全唐文》卷三七七）；而每歲三月十八日，句曲山道士朝真於大茅峯上，更出現「學神仙有至自千萬里者」（陸龜蒙〈句曲山朝真詞二首序〉《全唐詩》卷六二一）的盛況；晚唐呂巖（字洞賓），生逢亂世，也曾舉進士不第，遂歸避山林，過著「不事王侯不種田，日高猶自抱琴眠」（〈絕句〉）的隱士生活。詩云：「閑來無事玩青山，悶即街頭貨丹藥」（〈長短句〉《全唐詩》卷八五九）、「起來旋點黃金賣，不使人間作業錢」（〈絕句〉卷八五八），點金合藥，以此為生。

在唐代將鐵、鉛、錫和水銀等作原料，加上點化藥，在爐中燒煉所成的黃白，不但是一種長生藥方，也可以之圖利致富，所以也成為唐人終日盲忙追求的方術。例如李端欲與盧綸一同煉黃金；尹軌用鉛煉黃白：「於爐火中銷鉛，以所帶藥如米大，投鉛中攪之，乃成好銀」，又用百兩錫，「復銷之，以藥方寸匕投之，成金」（《太平廣記》卷十三）；另外，盧南史「賣鉛燒黃白」（《舊唐書・趙涓傳》）；李虛中于蜀得秘方「能以水銀為黃金」（韓愈〈殿中侍御史李君墓誌銘〉）；王霸煉藥點金；

邵謁燒煉黃金等。

煉黃白時所用的鐵、鉛等原料不難求得，關鍵在藥。所以劉得仁說：有藥「點土亦成金」（〈贈王尊師〉《全唐詩》卷五四四）。這種藥究竟是何物，道士故弄玄虛，秘而不宣，因此士大夫欲煉黃白者，只好以優渥的待遇將道徒或術士延請至宅中，或不辭辛勞親至深山野嶺，向彼輩卑辭敬禮，乞求煉黃白方、藥。如紇于泉延方士求龍虎丹；周賀向李道士乞藥銀；而懂得煉製黃白的術士，也常恃此能力以干祿受賞。例如白衣田佐元就是以「能變瓦礫為金」，而被憲宗授為虢縣令（《舊唐書·皇甫鎛傳》）。

中晚唐以後，用黃白術點化的藥金已是致富的另一種方式。《太平廣記》卷二十七就記載一位老叟為潤州刺史唐若山用鐵煉黃白之事云：

> 運鐺斧鐵器輩數事於藥室間，使僕布席壘爐，曰：鼎鐺之屬為二，聚熾炭加之，烘然如窑，不可向視。叟於腰間解小瓠，出二丹丸，各投其一，闔扉而出。謂若山曰：「吾所化黃白之物，一以留遺子孫，旁濟貧乏；一以支納帑藏，無貽後憂。」……若山凌晨開閱，所化之物，爛然照屋。……

唐若山為追求仙藥，曾挪用公款（詳見第三章第二節），老叟為之煉黃白除可歸還帑藏外，也希望他留富子孫，濟助貧乏。

煉黃白可以致富，晚唐詩人姚合就打算「藥債煮金還」（〈寄崔之仁山人〉《全唐詩》卷四九七），用煮金償還煉藥的錢；至於紇干泉則準備「多蓄田疇，廣置僕妾」（《雲溪友議》卷十）；而「長安有宗小子者，解黃白術，唯在平康狎遊」（《北夢瑣言》卷十二）；可見每個人對此財利都有不同的規劃。而就因為煉黃白既可長生，又能致富，所以身懷此術者也容易招致殺身之禍。《北夢瑣言》卷十一載云：

> 高駢鎮維揚，有申屠別駕懷至術，為呂用之譖毀，一旦作竄，燕公命吏齎長限牒所在尋捕，至襄州禪院遇之，擒得申生寄襄獄縶維。申生告獄吏要見督郵韋公。吏以告之，韋遽面見，屏人曰：「某身上有化金藥，欲獻元戎劉公巨容可乎？」韋審之，遂非時入謁，因得道達點？瓦半葉以呈之，劉公歎訝，乃虛以叛獄而匿之。僖皇在蜀，降天使至峴山，即田令孜弟也。劉公乘醉，將藥金誇炫於中使，中使回，聞於田中尉。洎劉司空朝覲行在，與申生偕往，藏隱此人，不令他適。田軍容銜之，於導江莊加害，劉、申皆不幸也。有一子號申司馬居朗州，尚存點化藥在身，荊南節判司空董太監得申生四粒藥，點四汞奉一百千，以慰好奇之心也。

唐末五代這種為得黃白藥物而殺術者之事時常發生，如同上書之附注又云：「王蜀時，有一士著綠布衫，常在街衢，仍棲逆旅。巡使蕭懷武欲求其術，堅確不與，遂於馬院打殺之，蓋不能任持所致也」。大抵擁有黃白技術，既可服餌以長生，又能在亂世不愁貧困生活，所以特多煉製黃白，或為得此而殘殺術士之事。

貳　故作反語的補償心態與內養修煉

丹藥難得、神仙難成，再加以本朝上自太宗皇帝以來，至百官士夫等煉丹服食喪命的教訓，使唐人對道士們吹噓的神仙說和長生術，已逐漸失去耐心而產生懷疑。羅鄴就說：「千金壘土望三山，雲鶴無蹤羽衛還。若說神仙求便有，茂陵何事在人間？」（〈望仙〉《全唐詩》卷六五四）；沈千運也曾發出「神仙杳難信」（〈感懷弟妹〉《全唐詩》卷二五九）的感慨；李商隱說「時世方士無靈砂」（〈安平公詩〉《全唐詩》卷五四一），所以不能治病救人命；武元衡說「黃金化盡方士死，青天欲上無緣由」（〈學仙難〉《全唐詩》卷三一七）；盧綸因「眼見仙丹求不得」（〈題天華觀〉《全唐詩》卷二七九）而常悲仙路奢欠；梁鍠則勸人「莫向嵩山去，神仙多誤人」（〈贈李中華〉《全唐詩》卷二〇二）。

當唐人們一面抱怨、否定神人仙藥時，卻又嚮往仙山瓊閣，凌虛縹渺的仙人，長生不死的秘方，存著冀遇仙藥的僥倖心理，心情是相當矛盾的，表現在言行上，則是既有反神駁仙之言，又不乏求長生之行。如張籍云其「案上有丹經」（〈贈姚合少府〉《全唐詩》卷三八四），己身也常「自收靈藥讀仙書」（〈憶故州〉《全唐詩》卷三八六），曾說丹砂如可學，便欲到幽林中去，也「欲就師求斷穀方」（〈同韋員外開元觀尋時道士〉《全唐詩》卷三八六）；但在〈學仙〉詩裏則說樓觀學仙人雖煉丹服食極其虔誠，到最後乘鸞駕鶴卻仍無靈應，壽夭身歿且懼人見而夜裏偷埋深谷。又如顧況煉丹學道非常虔誠，企望在仙人的「壺」中獲得一席之地，但是又缺乏信心地歎道：

> 君不見，古人燒水銀，變作北邙山上塵。藕絲掛在虛空中，欲落不落愁殺人。睢水英雄多血

刃，建章宮闕成煨燼。淮王身死桂樹折，徐福一去音書絕。行路難，行路難，生死有命皆由天，秦皇漢武遭不脫，汝獨何人學神仙？（〈行路難三首〉之三《全唐詩》卷二六五）

顧況若果真能如詩中理性的覺悟，何以又汲汲營營地舉家煉丹求仙，可見這是心願不得滿足之下的一種補償心態，發洩牢騷、聊以安慰。

又如許渾「心期仙訣意無窮」，卻遺憾「聞有三山未知處」（〈學仙二首〉《全唐詩》卷五三八）。於是勸欲奉道的栖玄不要被神仙所惑，但當他看到八十餘歲的蕭鍊師「雪膚花顏，與昔無異」時，又發出「則知龜鶴之壽，安得不由所尚哉？」（〈贈蕭鍊師〉《全唐詩》卷五三七）的忻慕，於是遂訪仙茅山，采芝商嶺。

王建認為「長生只要一丸丹」，餌服金丹後，「法成不怕刀槍利，體實常欺石榻寒，能斷世間腥血味」（〈贈王屋道士赴詔〉《全唐詩》卷三〇〇）；然而對能否煉成這神奇的仙丹卻無把握，於是又自我解嘲地說：「何須服藥覓昇天，粉閣為郎即是仙」（〈寄杜侍御〉《全唐詩》卷三〇〇）。又如當白居易在李浙東向他說：「海上深處見樓臺，中有仙龕虛一室，多傳此待樂天來」（〈客有說〉）時，即吟〈答客說〉以明志曰：

吾學空門非學仙，恐君此說是虛傳。海山不是吾歸處，歸即應歸兜率天。（《全唐詩》卷四五九）

此外還撰〈海漫漫〉一詩以「戒求仙」曰：

海漫漫，直下無底傍無邊，雲濤煙浪最深處，人傳中有三神山。山上多生不死藥，服之羽化為天仙。秦皇漢武信此語，方士年年采藥去，蓬萊今古但聞名，煙水茫茫無覓處。海漫漫，風浩浩，眼穿不見蓬萊島。不見蓬萊不敢歸，童男丱女舟中老。徐福文成多誑誕，上元太一虛祈禱。君看驪山頂上茂陵頭，畢竟悲風吹蔓草。何況玄元聖祖五千言，不言藥，不言仙，不言白日升青天。（《全唐詩》卷四二六）

〈夢仙〉詩更斥責神仙虛妄，丹藥無功云：

人有夢仙者，夢身升上清。坐乘一白鶴，前引雙紅旌。羽衣忽飄飄，玉鸞俄錚錚。半空直下視，人世塵冥冥。漸失鄉國處，纔分山水形。東海一片白，列岳五點青。須臾群仙來，相引朝玉京。安期羨門輩，列侍如公卿。仰謁玉皇帝，稽首前致誠。帝言汝仙才，努力勿自輕。卻後十五年，期汝不死庭。再拜受斯言，既寤喜且驚。秘之不敢泄，誓志居巖扃。恩愛捨骨肉，飲食斷羶腥。朝餐雲母散，夜吸沆瀣精。空山三十載，日望輜軿迎。前期過已久，鸞鶴來無聲。齒髮日衰白，耳目減聰明。一朝同物化，身與糞壤并。神仙信有之，俗力非可營。苟無金骨相，不列丹臺名。徒傳辟穀法，虛受燒丹經。只自取勤苦，百年終不成。悲哉夢仙人，一夢誤一生。（《全唐詩》卷四二四）

詩旨勸人莫信神求仙，長生久壽是虛幻。但政場失意與行將暮年後，居易則祈望神仙憫其厄運，拯其虛孱。著名道士毛仙翁來訪，以世界對立、物均虛幻的重玄之道，開導白氏為人要超脫物外，如此形骸既無束縛，得失就不會計較。這一席話，使得白居易茅塞頓開，欣然賦詩表白此後永遠學道求仙。居廬阜峰下作草堂燒丹，在〈醉吟先生傳〉一文裏，解釋說：

> 凡人之性，鮮得中，必有所偏好，吾非中者也。……吾好藥，損衣削食，鍊鉛燒汞，以至於無所成，有所誤，奈吾何？（《白居易集》卷七十）

遂借酒澆愁。而當杜錄事煉伏火砂次時，白居易又希望「他日藥成分一粒，與君先去掃天壇」（〈天壇峰下贈杜錄事〉《全唐詩》卷四五〇）。據《唐才子傳》卷六載，「公好神仙，自製飛雲履，焚香振足，如撥烟霧，冉冉生雲」。

唐人孜孜不倦於追求神仙財富，但煉丹服食造成的死亡和錢財的浪費，激起了朝野不斷的抨擊與質疑；隨著合藥道士接連被誅，道士詭稱的尸解成仙也還是沒能讓人親眼目睹羽化飛昇，眼見著神仙長生說的魅力有逐漸削減的趨勢，但道士基於唐人對長生財富的熱切追求，於是在繼續鼓吹外丹治煉的同時，又更加提倡內養修煉方術，聲稱透過此行徑亦可羽化登仙，人們乃又隨之起舞。

例如，司馬承禎有見於「金石之藥，候資費而難求」（《服氣精義論》），齋戒存修易行，於是說：「神仙之要，以長生為本。長生之要，以養氣為根」（《天隱子》）；而呂巖（洞賓）也說：「息精息氣養精神，精養丹田氣養身。有人學得這般術，便是長生不死人」（〈絕句〉《全唐詩》卷八五八）。司馬承禎與呂岩都是巧妙地利用道教舊瓶裝新酒，將唐人把長生的希望原本維繫在向外祈求的煉丹服藥，轉到自身內在修真養氣的基點上。這種主要通過服氣導引、齋戒辟穀等修煉方法，養氣守靜，達到成仙的目的，先秦時代即已有之，此法實際上是透過體育活動、修身養性，以求祛病去疾、延緩衰老，如方法正確，則對體弱多病和中老年者康復與健朗的確有相當的裨益。

雖然道士們宣稱修真養性、導引辟穀等也能「長生成仙」，實是違反科學的宗教說辭。但確實有不少煉藥服丹的唐人對此勤加修習。例如嗜餌鍾乳的牛僧孺，其〈養生論〉曰：

> 嘗讀嵇康《養生論》，曰導養得理，以盡性命，下可數百年。至于調節嗜欲，全息正氣，誠盡養生之能也。（《全唐文》卷六八二）

上述之論，都代表唐人有將長生之道內求於己的自覺。於是服氣、導引、辟穀、修精養氣、坐忘等方術，又在唐代社會盛行開來。例如張籍說閻少保：「修養年多氣力強，半俸歸燒伏火藥，全家解說養生方」（〈贈閻少保〉《全唐詩》卷三八五）；唐若山「餌芝朮，嚥氣導引」（《唐語林》卷一〈言語〉）；崔元綜也「好攝養導引」（《舊唐書》卷九十〈豆盧欽望傳附崔元綜傳〉）；李泌隱衡山「絕粒栖神」（《舊唐書》卷一三〇〈李泌傳〉）；郭林有「運氣絕粒之術」（《開元天寶遺事》卷上〈喚鐵〉）；姚合自種黃精，服食松花、芝草等；元稹將念道經與服食仙稻、仙桃和仙棗結合同修；韓偓說：「知余絕粒窺仙事，許到名山看藥鑪」（〈贈湖南李思齊處士〉《全唐詩》卷六八一）；「絕粒看經香一炷，心知無事即長生」（〈秋村〉《全唐詩》卷六八二）。絕粒就是辟穀，雖是不食五穀，但需吃其他藥物，有時還與導引、服氣等一起修煉。如陳生就既休糧又服氣（《太平廣記》卷七十四）；顧況師事李泌，

「得其服氣之法，能終日不食」（《唐才子傳》卷三）；崔晦叔也習服氣（白居易〈感事〉《全唐詩》卷四五六）；孟浩然「漸通玄妙理，深得坐忘心」（〈遊精思題觀主山房〉《全唐詩》卷一六〇），希望藉由守靜達到物我兩忘、虛無的境界。另外，當唐敬宗孜孜不倦於訪異人、求仙藥時，李德裕也曾以長生之道「唯問保和之術，不求藥餌之功，縱使必成黃金，止可充於玩好」之語，勸帝以廣成子「抱神以靜，形將自正，神必自清。無勞子形，無搖子精，乃可長生。慎守其一，以處其和」（《舊唐書・李德裕傳》）的清靜自守作為長壽之道。

再如大半生煉丹服餌的白居易，在金丹與長生難求下，也朝其他養生方法努力。如元和四年即以坐忘養生，「不學坐忘心，寂寞安可過？兀然身寄世，浩然心委化」（〈冬夜〉《全唐詩》卷四二九）；其後〈隱几〉、〈晏起〉、〈齋居靜夜〉等詩，都是以坐忘無思的養生方式以調適其身心。另外，居易也對吸取大自然中精英之氣，食之以變化身體，藉以達到長生不死、遨遊太虛目的的養生法有興趣。元和五、六年〈題贈鄭秘書徵君石溝溪隱居〉詩云：

> 鄭君得自然，虛白生心胸。吸彼沆瀣精，凝為冰雪容。……丹竈燒煙煴，黃精花丰茸。……我今何為者，趨世身龍鍾。不向林壑訪，無由朝市逢。終當解纓網，卜策來相從。（《全唐詩》卷四二八）

居易之所以對這位貞元初受君王徵仕，後隱居於石溝的鄭生產生敬佩之心者，當是忻羨他擁有「吸彼沆瀣精，凝為冰雪容。……丹竈燒煙煴，黃精花丰茸」的道術，所以才想向他學習，可見除了煉丹外，居易對服氣養生術也多所注意。類似之例，如〈贈王山人〉詩，同樣對「服氣餐霞善養身，夜後不聞龜喘息，秋來唯長鶴精神，容顏盡怪長如故」（《全唐詩》卷四四九）的王山人，表示敬仰之情。

白居易也嘗試辟穀的養生方術，他希望藉由效法仙人不食五穀，以輕舉成仙。由於道書曾有「欲得長生，腸中當清；欲得不死，腸中無滓」之言，因此行辟穀法者，須先吞符與服瀉藥，去除腹中積穢，再清齋百日，不食葷腥，則可以成仙。其〈仲夏齋戒月〉云：

> 仲夏齋戒月，三旬斷腥羶。自覺心骨爽，行起身翩翩。始知絕粒人，四體更輕便。初能脫病患，久必成神仙。禦寇馭泠風，赤松遊紫煙。常以此說謬，今乃知其然。我今過半百，氣衰神不全。已垂兩鬢絲，難補三丹田。但減葷血味，稍結清淨緣。脫巾且修養，聊以終天年。
>
> （《全唐詩》卷四三二）

詩中之「絕粒」即辟穀，居易此詩具體描述自己行辟穀清齋之術（減葷味、斷腥羶），認為初可使人脫離病患，感覺身輕骨爽，久則可如禦寇、赤松之流，馭泠風、遊紫煙，達到蛻然成仙的境界。

綜上所述，不論唐人對丹藥服食或其它養生術的勤加修習，都清楚呈顯出唐人內心對長生羽化的強烈企盼渴望。神仙長生與財富，就是唐人最大的「美夢」。為了實現這夢想，唐人的生活有明確的目標，紛紛朝此樂觀努力的前進，尋求現在當下的滿足；當求之不得時所故作的反語，則是出自補償心態的自我安慰。雖然如此常會予人有言行不一的迷惑，但人生本來就是「有夢最美」，而即使是美夢破碎所發的牢騷，也是舒解心靈、養護身體的一種健康方式，尤其唐人另外修行諸如服氣、導引、辟穀等方術，確實能達到比服食丹藥更有延壽「養生」的積極效果。因此唐代餌丹成仙的美夢幻滅，實是促使唐代道術重點從外丹服食轉向內養的重要推力。

叁　擴大文學創作的題材

服食本是道教養生術之一，求仙也是道教的理想企念，唐代社會瀰漫著濃密的服食煙霧，對唐人生活與心靈具有廣大深厚的影響。人們將傳說的神跡、己身熱烈的求仙經驗和心靈感受舒發於文學作品中。於是內容描寫仙境遊歷、丹藥服養的詩文小說，在唐代文學裏佔有相當重要的地位。這些作品都具有清新的風格，離奇的情節，豐富的想像，滿足對於時空飄忽的無常感，補償現實生活欠缺的心理需要，具體而微地流露人類意識深處「成仙不死」的願望。

唐人撰寫傳奇的風氣頗盛，在眾多神怪靈異的小說中，內容涉及神仙煉養的篇什不勝枚舉。摭拾唐人筆記小說言及神仙餌服靈異者如下：

題為谷神子（或說馮廓、或說是鄭還古）所撰的《博異志》載有陰隱客、白幽求、楊真伯等人神異事。

張讀的《宣室志》載有孫思邈、尹君、僧契虛、章金素、尹真人、房建、李賀、侯道華、閭丘子、石旻、駱玄素或遇仙或餌藥之事。

康駢的《劇談錄》載記嚴士則、玉蘂院女仙之事。

盧肇的《逸史》載李林甫、崔生、呂生、姚泓、齊映、魏方進弟、楊越公弟、劉晏、章仇兼瓊、黃尊師、裴老、李虞、賈耽、瞿道士、李吉甫、白樂天、李元、張及甫、鄭居中、太陰夫人、吳清妻、馬士良、許飛瓊、騾鞭客、陳生之仙事。

杜光庭的《仙傳拾遺》載馬周、譚宜、楊通幽、羅公遠、張殖、葉法善、唐若山、司命君、劉白雲、凡八兄、許老翁、顏真卿、韋弇、申元之、成真人、馮大亮、陽平謫仙、劉無名、薛玄真、田先生、王太虛、李球、韋善俊、陳惠虛、陳休復、王法進、韓愈外甥、寒山子、軒轅彌明、蔡仙女、虞卿女子、蕭氏乳母、韋蒙妻、張定等人神異事。

杜光庭的《墉城集仙錄》載陽都女、王妙想、成公智瓊、諶母、杜蘭香、戚玄符、徐仙姑、緱仙姑、王氏女、蘇玄同、茶姥等人仙異事。

戴孚的《廣異記》載僕僕先生、張李二公、劉清真、麻陽春人、慈心仙人、石巨、王老、李仙人、丁約、衡山隱者、潘尊師、秦時婦人、何二娘、邊洞玄、張連翹、輔神通等人神異事。

牛肅的《紀聞》載邢和璞、郗鑒、王賈、紫雲觀女道士、王旻等人神異事。

鄭處誨的《明皇雜錄》載張果、李遐周、孫甑生等人靈異事。

段成式的《酉陽雜俎》載翟乾祐、權同休友人、盧山人、蓬球等人仙事。

牛僧孺(或說李復言)撰的《玄怪錄》載許老翁、崔書生、杜巫、杜子春等人遇神仙事。

裴鉶的《傳奇》載崔煒、陶尹二君、許棲巖、裴航、封陟、張雲容、韋自東遇仙事。

蘇鶚的《杜陽雜編》載唐憲宗好神仙不死術、軒轅先生、盧眉娘等人神異事。

其它如李冗的《獨異志》載梁玉清；《會昌解頤錄》載韋丹、黑叟、張卓；《異聞集》載韋仙翁；《尚書故實》載韋卿材；《通幽記》載趙旭、妙女等等的神仙服餌靈異事。

唐代神仙小說多揉合實筆與幻筆，加以誇張、渲染而成，其取材多樣而豐富。既有歷史上真實存在的人物（尤其是深具傳奇性或英雄人物），如與唐帝創業神話有關的馬周，在新舊《唐書》裏其發跡與死後的哀榮都極富傳奇性，為不第進士希企破格進用的榜樣，因此小說家首先誇大其奇異身分，借用當時名道士袁天綱的指點，得見老君，命以輔佐聖孫（太宗），創業拯世。一旦佐國功成，就被太乙徵命，回復華山素靈宮的仙官。又如孫思邈懂陰陽術數、通醫藥，不為利益救治人病，新舊《唐書》皆認為是淳德有常的長者，於是小說家以其享壽高遐，有功於百姓民生，死後軀體的與眾不同，於是借神仙降謂「爾所著千金方，濟人之功，亦以廣矣；而以物命為藥，害物亦多，必為尸解之仙，不得白日輕舉。」列名仙班。其他如賈耽亦是通陰陽術數，史書也確有其傳，盧肇的〈逸史〉即借此出名人物來寓託人生的旨趣：官場的榮華富貴切勿貪戀，及早回歸神仙逍遙世界。

唐代神仙小說也有取材於當時傳記，加以改編而成者，如段成式《酉陽雜俎續集》之〈顧玄績〉、裴鉶《傳奇》的〈韋自東〉與《續玄怪錄》裏的〈杜子春傳〉，都是改寫自《大唐西域記》的〈烈士池〉，大抵晚唐人對仙丹難煉一事，耿耿於懷，於是同一情節而為說者多。但眾篇之中，以〈杜子春傳〉的鋪張最為繁複，文中詳述種種煉丹的神秘性，充分反應丹家的心理以及煉丹的時代背景。

此外，唐人也有依據同一傳說，改編成不同人物、性質卻相近者，如盧肇《逸史》的〈任生〉傳說，晚唐裴鉶《傳奇》將之改寫為〈封陟〉，都是借篇中的人物滿足慕道心情；又如牛僧孺《玄怪錄》的〈許老翁〉，杜光庭《仙傳拾遺》寫為性質類似的〈裴兵曹〉，並皆諷刺節度使章仇兼瓊之好色。

唐代神仙傳奇也有取材於民間盛行傳說的，例如杜蘭香傳說是魏晉豔傳的人神戀愛故事之一，在東晉已有曹毗撰《杜蘭香別傳》行世[9]，敘述神女下降與人間男子張碩結好，迭有贈遺，「屬於六朝人仙戀的艷異傳說，為當時早夭女子降真的典型之一」[10]。杜光庭將之輯入《墉城集仙錄》時，把杜蘭香早年溺死湖上，改寫為漁父於岸上得到三歲女嬰，長到十餘歲時，忽被青童靈人攜歸上天，臨去時謂漁父曰：「我仙女杜蘭香也。有過謫於人間，玄期有限，今去矣。」此外，還改寫杜蘭香降張碩家乃為「修道也」，表明純是為了點化張碩而不涉及男女私情。可見小說家是有見於民間盛傳此流傳已久的杜蘭香艷情，於是有意的改作舊事，並列之於諸墉城女仙的行列。杜光庭另一篇〈成公智瓊〉也是取材自干寶《搜神記》人神婚媾的傳說；而根據日人石井昌子的文獻學研究，指出杜光庭所集的仙傳資料，多取自《真誥》等一類的道書[11]。此外，李冗《獨異記》裏的〈梁玉清〉也是引自漢人舊說《東方朔內傳》，描述太白星竊織女侍兒梁玉清、衛承莊的傳說，然而篇中多了「玉清謫於北斗下」之句，以解釋衛城少仙洞所以少雨的原因。在這部分的題材可說是取用舊說卻賦予新意。

唐人的神仙傳奇小說在表現手法與主旨的提示上，大致仍承襲六朝的表現方式而稍加創新。例如仙境的遊歷傳說，不外是探訪與誤入兩種，即有心修真學道者，以特殊機緣得入洞天，獲得奇特道法、經訣等啟示，因而助成其快速悟道度世；或是因採藥、遊覽等緣故，上下於石階洞口而入山。其中尤以誤入仙境的情節發展，最引人入勝。如《博異志》的〈陰隱客〉是尋常百姓因無水穿井，在歷經二年又一月努力不懈的穿鑿下，工人發現石穴「別一天地日月世界」，內中景緻之雄偉、美麗，炫人眼目：

> 其山傍向萬仞，千巖萬壑，莫非靈景。石盡碧琉璃色，每岩壑中皆有金銀宮闕。有大樹，身如竹有節，葉如芭蕉；又有紫花如盤，五色蛺蝶，翅大如扇，翔舞花間，五色鳥大如鶴，翱翔樹杪。每岩石中有清泉一眼，色如鏡，白泉一眼，白如乳。

誤入仙宮後，就在「身長五尺餘，童顏如玉，衣服輕細，如白霧綠烟，絳唇皓齒，鬚髮如青絲，首冕金冠而跣足」的仙人帶領下，得以一窺仙境並飲服仙漿玉露。出穴後，詢陰隱客與工人家，則時人云已三四世或了不知處。這種「來此頃刻，人間已數十年」的精采時間觀，從仙界觀照凡塵，充分表現人世的滄桑感，達到展現仙境「山中無甲子，寒盡不知年」的逍遙自在，此情節頗似《幽明錄》裏劉晨、阮肇的傳說；而寫工人最後「不樂人間，不食五穀」，莫知所在的結局，締造出浪漫飄邈、餘韻不絕的悠揚意象，令人油然對神仙生活心生嚮慕。

在唐人神仙小說裏，題材運用最多者是以謫仙與宿命、情緣為主題的傳說。當時傳說中與謫仙有關的人物有帝王后妃，其中最引人注目的是玄宗與貴妃的降謫傳說，膾炙人口的白居易〈長恨歌〉、陳鴻〈長恨歌傳〉裏，都有道士入仙山尋訪太真的神異情節，但是在他們的詩文中，並未明顯的寫出玄宗、太真是仙人降謫於凡間，到了《仙傳拾遺》的〈楊通幽傳〉，敘述楊什伍在東海之上、蓬

---

❾ 詳見李豐楙〈西王母五女傳說的形成及其演變〉，《東方宗教研究》第一期，一九八七年九月。

❿ 杜蘭香事為魏晉民間傳聞，據《晉書·曹毗傳》云：「桂陽張碩為神女杜蘭香所降。毗以二篇詩嘲之，並續蘭香歌詩十篇，甚有文彩。」。

⓫ 詳見石井昌子〈真誥と墉城集仙錄〉，《東洋學術研究》一五，一九七六年。

萊之頂，所見的上元女仙太真即為貴妃，妃云：

我太上侍女，隸上元宮。聖上，太陽朱宮真人。偶以宿緣世念，其願頗重，聖上居於世，我謫於人間，以為侍衛耳。此後一紀，自當相見，願善寶聖體，無復意念也。

這段告白比起白氏「在天願作比翼鳥，在地願為連理枝」，以及陳鴻敘仙山中有「玉妃太真院」，而貴妃「因自悲曰：『由此一念，又不得居此，復墜下界，且結後緣。或為天，或為人，決再相見，好合如舊。因言：太上皇不久人間，幸惟自安，無自苦耳』」的敘述相較，則玄宗與貴妃為天上仙人，為了卻情緣而降謫人間的意念就明白多了。

在唐人謫仙小說中，還有王侯將軍的身分者，例如馬周、李林甫、顏真卿、李愬、李紳等。上述除李林甫外，都是對唐朝有正面貢獻的英雄人物⓬，只有奸相李林甫好以威權自重，「性沉密，城府深阻」，在《新舊唐書》以及唐人筆記多載錄其誤國事蹟，但盧肇的《逸史》卻以其為謫仙，借醜陋道士云其「已列仙籍，合白日昇天」：若不欲昇仙則有二十年宰相之命。在林甫作出寧操生殺大權、威振天下的人間宰相之決定後，道士勸以「慎勿行陰賊，當為陰德，廣救拔人，無枉殺人，如此則三百年後，白日上昇矣。」但林甫忘記教誡、恣行陰賊，直待道士請見，點明「譴謫可畏」，又施行法術，攜往幻界，說明再謫六百年始能昇天；文末敘及安祿山之所以懼見林甫，是因其旁有青衣童子相伴，結尾又一句：「當是仙官暫謫在人間耳」，如此一再以謫仙來飾說，似乎有意表示林甫之所以有奸逆陰賊的作為，皆是天命定數的意味。《唐書》本傳記載李林甫晚年溺於聲妓，而柳祥《瀟湘錄》又錄〈奴蒼璧〉傳神人寄語「速來我紫府，應知人間之苦。」並以「林甫知世不久將亂，遂潛恣酒色」為之說解。如此再三為林甫飾說，的確不能不讓人懷疑是輒有所求的衣冠子為其文過飾非，乃虛構其謫仙的故事⑬。

降謫到塵濁凡間的仙人，往往有一段人間的夫妻情緣，而其結合與分離都具有濃厚的宿命或是業緣，充分反映了唐人的定命、命數觀。謫仙小說中如牛肅《紀聞》的〈王賈〉即屬此例。王賈少時即有異能，曾婚娶清河崔氏女，後生一女稍長而夭折，王賈不哭，且云其身分：「吾第三天人也，有罪，謫為世人二十五年，今已滿矣，後日當行。」並解釋其女非其子，故早夭；崔氏亦非其妻，當另屬別駕李乙妻，而他只因「世人亦合有室，故司命權以妻吾」，似乎這一切因緣都是天命定數，如今緣盡則情乃絕。於是即使崔氏以夫妻一場，請求將之送至洛以遂棲息時，王賈卻「笑而不答」的僅忙於造作己用棺器，其冷漠無情讓人不勝噓唏，但王賈的預言事後一一應驗，卻又令人感到神秘莫測。

相對於王賈的絕情，另一篇同樣描述男仙降謫凡塵，是戴孚《廣異記》裏的〈李仙人〉。李仙

---

⑫ 馬周事見《舊唐書》卷七十四、《新唐書》卷九十八；顏真卿事見《舊唐書》卷一二八、《新唐書》卷一五三；李愬事見《舊唐書》卷一三三、《新唐書》卷一五四；李紳事見《舊唐書》卷一七三、《新唐書》卷一八一；上述諸人都有功名之奇，在史書上都有正面良好的評價；李林甫事見《舊唐書》卷一〇六、《新唐書》卷二二三。

⑬ 參見李豐楙先生《誤入與謫降：六朝隋唐道教文學論集》，臺北，學生書局，民國八十五年五月初版。頁二七六－二七七。

人是天上謫仙，自與高氏結好後溫情款款，也傳授黃白術予其妻。當謫期已盡，臨走時，述說其真實身分並有一段深情的囑付：「我天仙也。頃以微罪，譴在人間。今責盡，天上所由來喚，既不得住。多年繾綣，能不愴然。」然後交代高氏：「君宜以黃白自給，慎勿傳人，不得為人廣有點鍊，非特損汝，亦恐尚不利前人」如此為高氏設想將來，表現出李仙人繾綣的情意，流露縷縷的溫馨世情。這樣極力的鋪陳謫仙人與世間男女結合的宿世因緣，再以道教的絕情、斷念來縫合謫仙需歸返天庭的必然結局，既造就了曲折動人的小說情節，也增添了旖旎浪漫的氣氛。

仙真為了結情緣除上述男仙的墜降外，當然還有女真謫降紅塵。如盧肇《逸史》的〈任生〉、裴鉶《傳奇》的〈封陟〉與陳劭《通幽記》的〈趙旭〉等，這三篇都是貌美仙女情挑書生的情節，但文筆、思想各有異趣。較早期的盧肇僅以清淡的筆調及定命的話語說：「我居籍上清，謫居遊五嶽。以君無俗累，來勸神仙學。」又用「冥數與君合為配偶」相勸，表明女仙是為了結情緣、度化任生；但面對仙姝的自薦，任生因能不失正，故通過試煉而延壽三年。至於裴鉶則大量運用艷麗的筆墨，誇寫這位「籍本上仙，謫居下界。或遊人間五岳，或止海面三峰」的女仙自薦時渴慕之情，例如初次就以思春情緒挑逗：

> 月到瑤階，愁莫聽其鳳管，崇吟粉壁，恨不寐於鴦衾。燕浪語而徘徊，鸞虛歌而縹緲。寶瑟休泛，虬觥懶斟。紅杏艷枝，激含於嚬綺殿；碧桃芳萼，引凝睇於瓊樓。既厭曉粧，漸融春思。伏見郎君，神儀濬潔，襟量端明，學聚流螢，文含隱豹。所以慕其真朴，愛以孤標，特謁光容，願持箕箒。

面對女仙「春媚烟花有所思」的示愛，這位書生貞廉固窮，正色而拒；其後不論女仙以「業緣遽縈，魔障欻起」等緣業早已命定之語激之，或「我有還丹，頗能駐命。許其依托，必寫襟懷。能遺君壽例三松，瞳方兩目，仙山靈府，任意追遊。」等金丹長命利誘之，封生仍是正色不迴意，甚至怒目叱言女仙的苦相凌逼。作者愈以誇張的筆法寫封生的無情峻拒，就與當封生知悉真相後的「追悔」、「慟哭自咎」的激動情緒形成強烈對比。而女仙最後索追狀，以封生「往雖執迷，操惟堅潔，實由朴戇，難責風情，宜更延一紀」的判語，則使這類人仙戀的謫仙傳說更富於人間性和庶民性。

異於前兩篇的凡間男子不解風情而美事不諧，《通幽記》裏的〈趙旭〉就顯得識情多意，因此左右逢源而盡享艷福。「久居清禁，幽懷阻曠，位居末品，時有世念」而遭帝罰人間，隨所感配的上界仙女，以趙旭「孤介好學，有姿貌、善清言，習黃老之道」而降真願諧神韻，趙旭先夢見青衣女子時就祝禱「願覩仙姿，幸賜神契」；等仙女一到更驚喜整衣而起，熱切的表現其「靈鑒忽臨，忻歡交集」的心情，然後用「豈敢妄興俗懷」的謙恭態度和青衣女仙、嫦娥女等締結佳緣，共食珍膳，同享仙樂歡娛，女仙並密授長生久視之隱訣予「宿世有道，骨法應仙」的趙旭，塑造出迥然「神仙眷侶」的美景。但人仙訣別終究是這類小說不可違背的結局，只得以家奴盜賣仙女所贈寶物而洩密，導致女仙須離人世歸返天庭。作者於此更好意作奇地馳騁筆觸，極言仙女的「愴然無容」、趙旭的「悲不自勝」、「悲哽執手」，發揮高度悽惋動人、賺人眼淚的藝術效果，具體的表現出世間男子希求遇艷，而女子則企望有情郎的心態。

另外，唐人餌服仙丹靈藥，點煉黃白的狂熱景象，也現形於這類神仙小說中，且大都仍出之以神仙有意的試煉凡人，或擁有仙籙天骨者始能得之。例如《仙傳拾遺》的〈劉白雲〉，道士以其常濟人積陰功，仙命有前定，因此傳太上敕令授之金液九丹之經，並囑付「可選名岳福地，鍊而服之，千日之外，可以登雲天矣。」又如同書的〈凡八兄〉，述德祖「性頗好道，以金丹延生為務，鑪鼎所費，家無餘財。官散俸薄，往往闕於饘粥，稍有百金，即輸於炭藥之直」，太極仙人凡八兄故意「剛譟諠雜、嗜酒貪饕」、「肥鮮醇醪、非時即須」以相試驗，最後因其「棲心至道，抗節不回」而教以金丹黃白變化的方術。類似這種有仙命或至誠奉道、陰德助人始得金丹仙藥、羽化成仙的情事，在唐人的神仙靈異小說中不勝枚舉，論其原形仍是承襲自漢魏六朝道家的宗教本意。

其他如李朝威的〈柳毅傳〉、李復言（或說牛僧孺）的〈杜子春〉、裴鉶的〈韋自東〉、〈裴航〉等篇，也都有服食龍虎丹、紫府雲丹等仙藥的敘述。

服食求仙本是道教修真方術，在唐代的傳奇小說中則出現數則佛僧遊歷仙境、服煉丹藥、降謫凡間的傳說。例如《仙傳拾遺》的〈陳惠虛〉篇，描述僧人陳惠虛，遊山過石橋，欲尋羅漢寺，竟誤入「真仙之福庭，天帝之下府，號曰金庭不死之鄉，養真之靈境」的神仙境地。在張老告以其得見此福庭，神仙可學有望，並教導「內以保神鍊氣，外以服餌丹華，變化為仙，神丹之力」後，自此「慕道好丹石，雖衣敝履穿，不以為陋，聞有爐火方術之士，不遠而詣之，丹石所費，固亦多矣」，晚年染疾且服大還丹「冉冉昇天而去」。僧徒服煉仙遊的情事，在唐代是普遍而非特殊事例，因此杜光庭輯錄此則，並非僅止於小說家向壁虛構的「傳說」，而是當時事實的呈現。

另外一則與佛僧有關的故事是《通幽記》的〈妙女〉篇。文中敘一婢名妙女，年約十三四歲，夕汲於庭中，忽為一僧以錫杖連擊驚倒，後悟其真身「本是提頭賴吒天王小女，為洩天門間事，故謫墮人世，已兩生矣。」考佛教本無謫仙之說，此當是受道教影響後，流傳在民間的通俗化說法，由於唐代佛道二教皆盛行於世，是以此文夾雜佛教釋門西方部地與道教仙人稱號敘述，可知晚唐謫仙傳說已將佛、道內容兼包為一，充分體現民間傳說雜糅並蓄的本色。

唐代文學受到唐人好神仙、喜服食的深刻影響，不僅只於體現在傳奇小說的寫作而已，在唐人大量創作與神仙有關的系列作品裏，隨處可見唐人從事服食煉養，以體驗神仙的幻覺。例如白居易〈早服雲母散〉：

> 曉服雲英漱井華，寥然身若在煙霞。藥銷日晏三匙飯，酒可春深一碗茶。（《全唐詩》卷四五五）

詩云清早以井花水服食雲母後，有飄身於煙霞之中，恍若昇仙的感覺。

在好仙服餌的唐人行伍裏，也隨處可見僧人的蹤影。不只是唐代文士常將寺院仙化，如王武陵〈宿慧山寺〉云：「泛舟次巖壑，稽首金仙堂」（《全唐詩》卷二七五）、盧肇〈題甘露寺〉曰：「福庭增氣象，仙磬落昭回。……如登最高處，應得見蓬萊。」（《全唐詩》卷五五一）；就是佛僧們自己也常仙言仙語，企羨仙食，如釋皎然在〈憶天臺〉詩中懷想「靈山遊汗漫，仙石過莓苔」（《全唐詩》卷八二〇）、貫休在〈桐江閒居作十二首〉之二亦云：「壁畫連山潤，仙鐘扣月清」（《全唐詩》卷八三〇）；甚至一代高僧慧淨所作〈與英才言聚賦得昇天行〉，更是充滿濃厚的遊仙況味：

> 馭風過閬苑，控鶴下瀛洲。欲採三芝秀，先從千仞遊。駕風吟虛管，乘槎泛淺流。頹齡一已駐，方驗大椿秋。（《全唐詩》卷八〇八）

慧淨在詩中想像自己在仙樂飄揚中享受乘鸞駕鶴的仙遊、服食之樂，並在服食獲益裏體會出長壽延齡的真實不虛。詩作運用《莊子·逍遙遊》：「上古有大椿者，以八千歲為春，八千歲為秋」的典故，嚮往仙人歲月的悠長無艮。這類僧人遊仙詩的產生，除了因佛僧常和道士交往而受其影響外，主要還是與當時神仙服食的時代思潮有關。

唐人好仙、慕仙，所以也常登臨名山、道觀，以追尋仙蹤，企獲靈藥。唐代以道觀廟宇為題的詩作就常出現「仙宇」、「仙芝」等仙居、仙食的仙境色彩。例如劉憲〈幸白鹿觀應制〉云：「玄遊乘落暉，仙宇藹霏微。……芝童薦膏液，松鶴舞騑騑。」（《全唐詩》卷七十一）；又如孟郊〈遊華山雲臺觀〉云：「山盡五色石，水無一色泉。仙酒不醉人，仙芝皆延年。」（《全唐詩》卷三七五）。這些訪道觀時的遊仙幻想作品，常是基於道觀的自然實景，再加以誇張幻化而成。

道觀為了修鍊之需，大多喜歡選擇遠離塵囂、幽靜僻邃的名山幽谷，而青山綠水、嵐煙繚繞，總予人以仙境般的感受。所以唐人所寫的這類道觀詩文，共同的特色都是透過渲染觀外美麗的山水景緻，以傳達仙境的幽謐神靈，並在字裏行間隱露對此超塵環境的喜愛，很能說明唐人遊訪的風氣與心態。例如楊炯〈和劉侍郎入隆唐觀〉云：

> 福地陰陽合，仙都日月開。山川臨四險。城樹隱三臺。伏檻排雲出，飛軒遶澗回。參差凌倒景，瀟灑軼浮埃。百果珠為實，群峰錦作苔。懸蘿暗疑霧，瀑布響成雷。方士燒丹液，真人泛玉杯。還如問桃水，更似得蓬萊。漢帝求仙日，相如作賦才。自然金石奏，何必上天臺。
>
> （《全唐詩》卷五〇）

詩中極力描繪觀外的景色，有山巒、飛瀑、雲嵐、百果、石苔等，一幅顏色明亮的自然風光展現於前，可令人極盡視聽觸嗅覺等感官的享受。而這樣的佳景自然容易讓人產生仙家的幻想，從而使得這些凡山塵水的瀑布和群峰都頓時跳脫於人間之外，化為仙家的桃水與蓬萊，不但增強了讀者對隆唐觀的仙界印象，而且也使得作品具有藝術感染的魅力。此外這種經由實景所引生出的幻覺，除了可讓人無限的馳騁想像力之外，也確實能夠滌淨現實塵世的煩憂。初唐文士崔尚〈唐天臺山新桐柏觀頌並序〉裏，對觀外風景的寫真也是採用上述筆法，如說：

連山峨峨，四野皆碧，茂樹鬱鬱，四時並青，大巖之前，橫嶺之上，雙峰如闕，中天豎開，長澗南瀉，諸泉合漱，一道瀑布，百丈懸流，望之雪飛，聽之風起。石梁翠屏可倚也，琪樹珠條可攀也；仙花靈草，春秋互發，幽鳥清猿，晨暮合響，信足賞也。始豐南走，雲障間起，剡川北通，烟岑相接，東則亟入滄海，不遠蓬萊；西則浩然長山，無復人境，總攬奧祕，鬱為秀絕，苞元氣以混成，鎮厚地而安靜。（《全唐文》卷三〇四）

雖是自然地理環境本已靈秀，但作者有意的渲染誇大，則是使人引生出遊歷仙境幻覺的主要因素。

在唐代社會強烈忻慕神仙、餌服仙藥的情懷下，促使時人好作與神仙或服食相關的作品，諸如遊仙神話詩、求仙行、學仙詩、懷仙詩、昇天行等，而其中尤以夢遊仙類是唐代詩文之大宗。這種寫作風尚當與唐人小說也有不少夢遊仙境一類的傳奇有關，表現當時人發現以夢境寓寫人生，既可以深刻地表現人生的體驗，也可以形成文學藝術的奇幻感受，所以作者在寫作此類作品時，常將自己置身於迷幻世界，夢遊仙境，透過仙境遊歷，讓想像力無限馳騁，既滿足內心對成仙長生的隱微願望，也可舒發現實世界的挫折情緒，達到另一種超越性的精神境界。

例如初唐才子王勃的〈忽夢遊仙〉詩，以「牽跡在方內」的江上客，在夢中縱情地恣遊仙境云：

……寤寐霄漢間，居然有靈對。翕爾登霞首，依然躡雲背。電策驅龍光，煙途儼鸞態。乘月披金帔，連星解瓊珮。浮識俄易歸，真遊邈難再。寥廓沉遐想，周遑奉遺誨。流俗非我鄉，何當釋塵昧。（《全唐詩》卷五十五）

詩題著一「忽」字，表示倏忽之間，不期然而然，反映出作者對夢遊仙境的意外感受；詩中再用「居然」二字以與前者照應，表現內心欣喜、雀躍之情；然後開始展開仙遊的經歷：登霞首、躡雲背，以月光為金帔、用諸星當瓊珮，來去之間，如電光飛射之快速；在鸞鳥齊整護衛的煙霞仙路上，自由逍遙地遊樂。由於作者以詩語構成恍惚的迷幻世界，可將其現實人生的迍邅拂逆，在夢境中暫時化解，達到撫慰心靈的作用，因此當夢醒時仍意猶未盡地感歎「真遊邈難再」，因此期待有朝一日能釋盡人間世的羈鎖，重返霄漢與仙侶再結遊賞之緣。詩作透顯著清美自然、浪漫超塵的情調與風格。

唐人的夢仙、遊仙、懷仙諸作，大都喜以飄渺、空靈作結，留給讀者一個無窮的想像空間。王勃上述之詩如此，另一首〈懷仙〉詩亦然：「道存蓬瀛近，意愜朝市賖。無為坐惆悵，虛此江上華。」（《全唐詩》卷五十五），表達其思慕與惆悵之情。晚唐祝元膺的〈夢仙謠〉：「蟾蜍夜作青冥燭，螮蝀晴為碧落梯。好箇分明天上路，誰教深入武陵溪？」（《全唐詩》卷五四六）以故設問句引發思索：如何探訪仙境？採此寫作方式，增加了對仙界的想像。不獨詩歌有此體，就是賦體也有之。如王延齡的〈夢遊仙庭賦〉在小序中說是「山童薦枕，須臾之間，乃安斯寢，神倏爾而逾邁，眇不知其所屆」，因而上馳而遊乎天外，進入所謂夢遊仙境的鋪述，所遊歷的都是仙界奇景，最後則以洪崖先生授丹訣後出夢，感慨舊邱、空館仍為人世間作結，充分表現仙境的虛幻，令人不禁為之低迴不已。

唐人把仙界當作理想世界的象徵，能登遊仙界自是凡人的一大願望。對大多數的唐人而言，士子的應舉得第與否是人生大事，所以唐人也常將登仙、遊仙作為進士登第的隱語。例如王定保《唐摭言》卷七載憲宗元和十一年，世人詠該年登第者曰：

> 元和天子丙申年，三十三人同得仙。袍似爛銀文似錦，相將白日上青天。

進士登第被視同得仙昇天，充分表露世人的豔羨之情。

另外盧瓌《抒情集》也曾載李翺在江淮典郡時，有進士盧儲投卷，李翺女在見到置於几案的文卷後，謂其青衣曰：「此人必為狀頭」。李翺得知即選為女婿，憲宗元和十五年果然狀頭及第，才過關試，徑赴嘉禮。其催妝詩曰：「昔年將去玉京遊，第一仙人許狀頭。今日幸為秦晉會，早教鸞鳳下妝樓。」詩以遊玉京、為仙人來隱喻應試得第，這是唐人將遊仙的主題意識轉用為現實人生的隱語。

應試得第可用登仙作隱喻，而功名順遂亦可以登仙象徵。鄭處誨《明皇雜錄》卷下云：

> 開元中，朝廷選用群官，必推精當。……班景倩自揚州採訪使，入為大理少卿，路由大梁。倪若水為郡守，西郊盛設祖席。宴罷，景倩登舟，若水望其行塵，謂掾吏曰：「班公是行，何異登仙乎？為之騶殿，良所甘心。」……

官位高昇，得入朝廷，是唐人人生理想的達成，其樂也如神仙，因此以「登仙」隱喻，在境況與心情的娛悅上都是恰當的比喻。

在唐人筆記小說中，素為人們所艷傳的是人仙戀，尤其女仙降真於凡男，凸顯唐代男士對婚姻與男女情愛的企盼。唐人於此題材上更另出機杼地將仙與妓融合為一，以隱喻的筆法描述時人狎遊妓院的情景。這種將狎樂行為隱喻於醉夢人生的行逕中的著例，首推張文成的〈游仙窟〉。文載張生從汧隴奉使河源。日晚，行至一險峻之所，古老相傳云「神仙之窟」，於是潔齋三日，開始仙境之旅：「緣細葛，泝輕舟，身體若飛，精靈似夢。須臾之間，忽至松柏巖，桃華澗，香風觸地，光彩遍天。」乃夜宿崔女郎之舍，與五娘、十娘共行酒令宴飲狎樂。

自張文成〈游仙窟〉藉仙遊艷遇轉喻為狹邪妓樂後，這些洞窟女子常用「崔娘」之名以飾說其身分之高貴，而筆記小說所見的妓院中人，也無不以仙、真諸字為藝妓之名，此風所及，連晚唐長安治遊實錄的孫棨《北里志》亦載有善歌令的飲妓「天水僊哥」，字「絳真」之事；而元稹則直接以夢仙、夢遊為題，寫他與崔娘（鶯鶯）的戀情，這段艷事廣為流傳唐代文士間，而隨著元和體的盛行[14]，使得凡寫夢仙、遊仙系列的作品，無不採用以仙家喻妓院的筆法，也以仙家玉女寫妓女（神女）生涯。例如沈亞之在「夜夢寓遊一方，樂態甚適」後，作〈夢遊仙賦〉云：

杳漠漠兮昇絕垠，雲轡九天兮越崇門。星艷曉以澹白，瀾咽瀞於錦礫，石榴笑而纖娥喜。閶導余而就將止兮，襲烈蕙之芳風，送麗音於遼耳，目恣邁而多適，吾超超其樂此。銀墉兮桂箱，差瑤踏兮上玉堂。卷紅幕兮發繡戶，中有人兮結清處。語嫣延兮情綽擠，命余蔭於蘭之廈。迴穠顏以一顧，譖嬌眸而融冶。煙津兮玉盤，火桂兮炮鸞，鼎娥司味和苦酸，贏吹既調戛湘絃，合吾飲食兮樂吾後園，乃稱詩曰：「白日低兮春塘滿，紅華芬兮草芽短。菱結帶兮荇含絲，設遨遊兮遵佳期。」又詩曰：「穠光醉兮昏緜緜，焉與久兮樂萬年。春留連兮其未央，吐芳意於荃言。」忽發寤以無覩，魂迷戀兮情牽。既諒人生之皆夢，孰云夕非而晝是，馳詠想之悠悠兮，軸吾情於萬里。（《全唐文》卷七三四）

此文從入仙境開始到進飲宴、調仙樂、賦詩等等的情節安排，與夢醒後魂迷情牽的情況，幾與張文成的〈游仙窟〉如出一轍，這些正是唐人典型的隱喻遊仙窟之狹妓行為。時人既是有意藉此類創作以表現其生活情趣，因此夢仙、會真、夢遊春幾已成為娼妓文學的象徵符號，如此藝妓仙化，女仙也藝妓化，成為唐人語言中深具隱喻而又風雅的表現，同時也開創出唐代遊仙作品新的風格與面貌。

⓮ 所謂「元和體」，據元稹〈上令狐相公詩啟〉所指為元稹、白居易寫作杯酒光景間之小碎篇章，包括所謂豔體詩中之短篇在內。此類詩於當時廣為風靡流行，李戡曾斥之曰：「纖豔不逞，非莊士雅人所為。流於人間，疏於屏壁，子父女母交口教授。淫言媟語，冬寒夏熱，入人肌骨不可除去。吾無位，不得用法以治之。」（《樊川文集》九〈李戡墓誌銘〉）。

第六章　結　論

「長生不死」與「變化成仙」，是人類亙古以來心靈深處最大的理想與願望。這種希望生命不朽，超越形體侷限的思索，起源於戰國前後趨於鼎盛的神僊思想。「神」字普遍見於先秦典籍，象徵一種存在於飄渺天上的超自然存在，是具有神秘主宰力量的執掌、管理者；「僊」字則是意謂老而不死，輕舉飛昇的仙人，二字原本所指涉的意涵並不相同。後人「神仙」一詞的連用，除取其長生不死、飄然遨遊的仙人形像外，也包含變化莫測的神通能耐。這種超越現實的非凡境界，是塵世人們心中最大的理想企盼。

戰國時人認為凡人能夠通過一定的修煉方法，達到長生不死、飛昇成仙的目的。這種思想的產生，在中國歷史上實具有相當積極的意義。它將商周之際，人們只能透過巫祝為中間媒介「尊神率民以事神」（《禮記．表記》），一變而為凡人經過現世的「修煉」，能使肉體成仙。這在今日看來雖是幼稚之舉，但在當時的歷史環境中，卻意味著通過個人的努力可延續生命，乃至不死成仙，這不但在一定程度上提高了人格，也反映了人類掙脫自然和神性的束縛，企圖與天地並生，與萬物為一的精神。既然「神仙」可藉修練得致，於是引發戰國時人學習不死道、得不死藥的強大動力。而在各種成仙的修練方術中，世人咸以為服食長生藥物是達到輕舉成仙，最快速、便捷的方式，於是從戰國時的君王首揭其端，歷經漢魏六朝的發展，到有唐一代服食長生成仙之風乃臻於極盛，餘緒且延及至明末清初猶存。

中國最早期神仙長生的性質，以燕齊方士所主張的封禪禱祀，到海外神山尋訪仙人、求不死藥為主，由齊威、宣王、燕昭等帝王發其端，秦皇、漢武繼其後，此風延及至成帝、新莽時。在此三、四百年間，方士們每以仙人長生藥之說向帝王干祿，但所謂的「仙人」卻往往是前代的「方士」，這種情形一則透露中國帝王為成仙美夢，竟隨方士的鼓煽致顛倒迷惑；一則也呈現出中國的方士與仙人之間，時常存在著一體兩面的關係。而此期的神仙不死藥，是來自自然界天然生成的動植礦物藥，其共同的特色是：皆產於仙島的奇珍異品，為人間現實世界所無，狀貌不凡、年代久遠，所以食之可致長生久壽的功效，這明顯是世人將「神仙」的特質，「展延」於物品所致。

漢魏六朝是神仙長生發展的第二階段。此期無論就神仙思想、長生藥物的信仰、服食的層面都與前期有明顯的差異。就神仙思想而言，東漢學者對生死形神有不少論辯，桓譚、王充等人雖以為生死必然，卻又愛羨神仙之長存。其後的嵇康、葛洪、陶弘景等人紛紛主張藉由服食養生可以練形不死、長生成仙。於是此時的神仙長生乃由前期的外求神藥，轉為護衛形神，自學成仙；換言之，即不再耗費龐大的人力物力，遠至海外仙山求藥，而是轉變成憑靠己力修練，這種變化代表人類已漸脫離全然依賴、虛妄的想像，而呈現自我意識、力量的提昇。隨著神仙思想的普遍，神仙與凡人的距離有拉近的趨勢，仙人活動的範圍，逐漸從戰國秦漢的西方崑崙、東方蓬萊，落實到中國輿圖上的名山洞府，成仙後也不一定完全僊僊飛昇於白雲帝鄉，而是可以快樂的逍遙於各仙山。另外，就長生藥物的信仰而言，雖然自然天成的草木、動物藥可延年益壽，但其地位與價值逐漸被礦物藥取代，甚至在神仙家的眼裏，人工煉制的金液還丹才是成仙長生的大藥。考究時人之所以崇拜礦物丹藥，其關鍵肇因於草木藥容易敗朽之故，此仍是受神仙「長生不死」特質的影響，因此服食的品類不同，成仙的等第也有上、中、下的差異。

探析中國出現人工煉制的丹藥，應是起始於漢代。文景之時，民間私煉黃金的風氣盛行，因技術尚未成熟，為遏止這種劣質黃金擾亂社會秩序，景帝乃下令禁止作偽金，但這可視為人工煉丹的初步萌芽。漢武帝以後，黃白冶煉已相當普遍，除受帝王資助的方士、家殷財富的卿相貴族之外，還有一批憑藉己力，與弟子或親信在深山野嶺冶煉的道家術士；而服食者的層面也由帝王高官，延伸到儒家經生、道家方士，甚至連佛徒也沾染此風。

漢魏六朝的長生服食，在理論思想或煉丹方法都為唐代奠立一個穩固的基礎。在理論思想方面，晉之葛洪集合漢前丹經與魏伯陽已提及的變化說，激發其堅信人工冶煉金丹的可行性，大倡服食此經變化之物後更可增強功能，成為指導神仙服食者穩固不搖的心理依據；另外魏伯陽《周易參同契》的「同類相輔」說，也啟迪葛洪的「假外物以自堅固」論；而上述二者也仍是基於神話傳說的生命信念，同樣運用類推法則、延展觀念，以求其神秘作用。唐人冶煉金丹以成仙養生就是傳承此一理論脈絡。

唐朝之所以成為中國服食養生史上最興盛熱烈的時代，除賴前代已累積豐厚的基礎外，更重要的是它擁有優於漢魏六朝的物質環境與重視養生的時代氛圍。鄭隱、葛洪與陶弘景等人當年所深深概歎的時局紛亂，使他們無暇、無藥煉丹的窘境，在大唐帝國政權的統一與國勢的穩定下，獲得絕對的改善。唐代水路交通建設普及，城鎮商業經濟的蓬勃發展，使得國內豐饒的藥材，無論在開採、聚集或流通等方面都相當便捷，各地的藥店四處林立，透過藥市的流通，提供給唐人服餌養生無窮的便利性；另外，唐代政治的優勢與對外交通的建設，強力吸引各國使臣、商賈與僧侶們踏入唐土，藉由朝貢與互市的方式，域外異方奇藥大量帶進國內，豐富中土的藥材內容，提供唐人更寬廣的藥餌選擇空間，對當時的服食養生風氣產生添火加溫的效果。

唐代君王於朝廷中央或地方各州在醫藥分官設職、頒布醫書藥籍，推廣醫學養生知識；另外唐人為侍親之需或為治療己身羸弱多病之軀而鑽研醫藥，造成私人著作的醫書藥典多如雨後春筍般的遙然湧現。這些不論官私編輯的書籍，內容除論述各種病症的治療外，且倡導服食補益養生的觀念，並傳授藥物採植制作方法，營造了唐人服食養生的有利氣氛與條件，尤其孫思邈以道士兼醫家的雙重身分，在書中鼓勵養生，且常以道教神仙家的口吻敘述療效，這無疑更煽助且滋漫了唐代服食養生風氣的盛行。

服食養生本是道教長生成仙的修煉方術之一，唐代帝王基於藉老子李耳提高其社會地位，增強、鞏固政權統治的考量，且惑於道士餌金丹以不死成仙，以及極盡房中陰陽交接的聲色享樂，乃對道教特加扶植、尊崇，道教在唐代發展鼎盛。而道士們也充分利用帝王窮心銳意於長生與肉體的享樂追求，強力放送餌丹可兼成仙與房中聲色之樂的訊息，促使唐帝重用煉丹術士為其合和靈丹妙藥，而帝王的愛好又對臣民產生風行草偃的效應，於是道士的煉丹活動受到社會各階層的資助與鼓勵，造成煉丹術士的人數驟增；由於帝王百官們對道士煉丹在人力、物力、財力有強大後盾支持，促使唐代煉丹規模擴大，術士們更可專注於試煉一些具有特殊化學變化的丹藥，外丹黃白的圖籍也遙湧而出，唐代的煉丹事業也就在六朝既有的基礎上更踵事增華、變本加厲，締造出中國歷史上最興盛熱烈的餌丹風潮。

唐人侈於服食養生，不論在服食者的熱情程度或服食層面上，都遠較六朝深刻而且廣大。但因身分地位的不同，所能獲致的服食方也有所差異，但所欲追求的目的則是共同一致的。就位高權大的帝王而言，對長生成仙的企求最烈，為速達心願，多以餌食礦物性丹藥為主。他們除寵重道流方士煉丹外，且令胡僧合藥，甚至還自己親自伏煉。唐代帝王餌丹的目的之一，是為肆意於房中妓樂，當時史料與唐宋人的筆記，載錄不少帝王荒淫佚樂的情事，唐代社會的迷漫濃厚的狎邪風尚，帝王是始作俑者。恣意狎樂必耗損體力，服食丹藥又可補虛益氣，造成唐代皇帝是歷代君主中餌丹最普遍，但也是因而喪命最多的一個朝代，究其因蓋貪生之念太甚的緣故。

在帝王醉心於求仙餌丹的帶動下，唐代文武百官不論是處於初盛唐的繁榮期，或是中晚唐的國勢衰頹期，都爭相與道流交往，餌食金丹，追逐妓樂，沉迷的程度較之帝王更為瘋狂；尤其帝王好以長生藥物賞賜臣下，甚至還遣醫官或藥童就宅煎藥。一九七〇年十月在長安城興化坊邠王府所出土的丹砂、石鍾乳、各式石英、金屑等藥物，與多種精緻貴重的煉丹器具，見證了達官顯吏奢侈糜爛的生活，也具體呈現唐代官吏服食盛況和煉丹術的發達。

唐代文士其思想細膩、感受敏銳，既眷戀世俗歡愉，也想逃避人生的失意，因此沾染服食養生的時代風尚，對長生成仙的嚮往絲毫不落於帝王百官之後。儘管他們也對方士所宣稱的金丹垂涎三尺，但礦物藥的價格高昂，卻是他們阮囊羞澀所無法負擔的，因此多選擇價廉易得的草木藥餌服，而採藥、種藥、洗藥、曬藥、製藥等描述，就充溢於詩文篇章。另外，他們也結交道流方士，請益丹藥的修煉秘訣或直接乞贈仙方；但當仙藥難得時，文士們則常故說反語，這是出自一種安慰、補償的心態。而服食鍾乳、雲母等補中益氣的藥物後，又是留戀於歌樓妓館，四處狎邪遊樂，創作大量觀妓、和妓、傷妓、悼妓詩文，為唐代文學注入一股旖旎浪漫的氣象。

道士佛徒的餌丹求仙長生，自六朝即已存在。但唐代佛道服食情況的熱烈，則較之六朝有過之而無不及。道士上山下溪採摘藥草，種殖藥物，一以供己單餌養生，一以配合煉丹所需，加入草木藥以解金石之毒。而煉丹是道士拿手本行，聚藥物、營丹房、齋戒沐浴、持經唸呪，以各種神秘宗教作法增強信心，這一切舉措的目的都在滿足煉丹者的心理需要。道士是丹藥的供給製造者，唐代外丹術臻於極盛，丹經記載數十種丹方，而由奇特的命名裏，可見道士巧思之心。另外，黃白的點化在此期也達到頂點，除以之為長生藥物外，或以之規財利，或用以濟貧困。道士之煉丹，固然主要為求羽化成仙，但道者兼醫的身分又使他們所煉制的丹藥在治疾療病上有良好的功效。

唐代的佛徒承續六朝服食風習，且不論中土佛徒或外來胡僧都與道士同樣有煉丹的情事，但從佛經典籍所收的長生藥物，清楚可見明顯受道教深刻的影響；道教用語和修行方式也時見於僧人行止中。唐時與外國接觸頻繁，胡人醫僧與長生藥物都獲得唐代君臣濃厚的興趣，帝王令之合藥、文士請之醫眼疾，孫思邈《千金》二方且收錄印度長生藥方。玄宗時佛教密宗盛行，從其經籍載記隨處可見受中土文化及道教思想與方術的影響，尤其是對長生藥物的重視、辟穀、藥餌種類的合和使用、服食術儀等，都幾與道教相同或相近，而在術儀作法與藥餌製作上，則時常出現粗鄙可笑、殘忍荒謬的情形，甚至所採擇合煉的藥物，也常不潔不經，這種怪誕的行事方式，是密宗好意作奇的結果。在唐代道教的丹經或密教典籍裏，時常可見兩者互相揚己排他的敘述，含藏著濃厚的較勁競勢情結。

唐代丹家所煉的「還丹」，其意義已較六朝擴大，用藥多味、製煉經多轉，所得的成品也比前朝更加豐盛。而稽核整理唐時的外丹黃白術，可發現有多項異於六朝的特色。

其一是大量運用草木藥煉丹。這些丹經裏草木藥的品類，有些屬於醫家常用藥，歷代本草有收載；有些是丹家專用藥，向來隱密不傳，因此絕大多數不見於本草書籍著錄，可補本草之不足。論及以草木藥煉丹的目的，蓋為減輕金丹大藥的毒性，於是或用鮮草木、草木汁、草木灰等方式入煉，草木藥的價值因而佔有舉足輕重的地位，此與六朝特重礦物而輕視草木者迥然相異。

特色之二是，唐代丹道流派林立，在各派紛然競陳的理論中，可發現丹家術士熱衷於形而上的玄學義理思辯，六朝時《周易參同契》並不流行，但至唐代則受到高度重視，煉丹著作如《張真人金石靈砂論》、《通幽訣》、《陰真君金石五相類》等書，紛紛徵引《周易參同契》，或宗奉此書在其基礎上更加以擴充發展，形成一個比較完整的理論體系，以指導唐人煉丹的自然還丹、直符火候、藥物相類等三點主張。

特色之三是，唐代的鼎爐製造較六朝時精進。此因有唐一代國力強盛，經濟穩定繁榮，社會生產力擴增，加以貴族財力資助，促使煉丹設備從漢際以來所用的竹筒、土釜，發展到特製的鐵質上下釜、水火鼎等，有些鼎爐神室的形狀，小巧精緻又饒富趣味，猶如一件藝術精品，顯現唐代術士們的精心巧思。

特色之四是，升煉技術的大幅提昇。例如對各種藥物所進行煉、造、伏等預處理的方法；對藥物的制取與還原也更成熟地掌握；除對煉丹藥物的用量講求較六朝具體精細之外，還能仔細分析丹砂原料的含汞量。這些技術與方法對後世的化學與醫藥製造，都有其不可磨滅的貢獻與影響。

中國自古以來的煉丹術士咸認為金丹燒煉事涉機密，因此講究師承傳授的結果就產生不同的流派。唐代煉丹鼎盛，派別也特多，大致而言可分為重視黃金與丹砂的傳統金砂派；以鉛汞為至寶大藥的時興鉛汞派；以及主張以硫黃和水銀合煉神丹的晚起硫汞派。上述諸派的煉丹術士都以己派為上，彼此之間的門戶之見既深，常因不同見解而爭論不休，就是同屬一派，內部也常出現因觀點對立而各執己見的情況。但另一方面，由於各派多宗奉易學陰陽五行之說為金丹燒煉的指導原則，因此在義理或操作方式上，也有交互影響或彼此參融吸收的情形。

檢討唐代外丹黃白的得失，一是丹家為便於煉丹檢索而編纂的工具書，提供給後人檢閱丹藥隱名的一大便利；二是唐代的丹道理論固然繁榮多采，卻充滿神秘的玄學性與任意性，流於機械化的推理；三是面對時人勤於餌丹卻亡病頻傳，敗者萬千的事實，不論有識之士或丹家術士紛紛從藥石品類的麤疏不良或藥性烈毒等角度思考，於是企圖以伏火煉制殺毒法、陰陽相制去毒法，或加入草木藥解毒。但以今日科學的眼光來看，這些去毒法並不能真正達到解毒的目的；於是又想出以其它動、植、礦物藥材以化解毒性，這種想方設法的耐心與毅力，實令人感佩動容。問題是，唐人雖提出各種解毒方，但猶未能解決中毒死亡事件，其最根本的關鍵因素是唐人始終沒有針對症候作客觀改善，而是大多仍續以迷信態度，用陰陽五行荒謬詭異的說法來解釋，僅有孫思邈較能以醫家務實態度，提出具體可用的解毒方。

從現代觀點而言，燒煉長生不死藥是根本不可能實現的，點鐵成金也是不可能完成，煉丹術士雖然是在一種虛妄的觀念指導下進行丹藥的煉制，但他們累積有關物質變化的具體知識，卻不容忽視。有不少丹藥也確實能達到醫學療效。而煉丹術所用的技術與方法，也對中藥的炮制影響深刻，丹家們黃白的煉制更豐富化學合金的製造，顏料的製造提高了工藝品的價值，而火藥的發明則更是大步地推進人類文明的進程。

綜觀唐代盛行服食養生的風氣，對人們的生活影響各有利弊。唐人服食最大的目的，不僅止於眼前的養護身體健康，更要求長久地遐壽成仙。於是終日忙碌於信神求仙，點化黃白富擁金銀。從帝王百官到文士庶民都普遍可見其癡情狂態：或拋母棄妻、或舉家學仙、或辭官入道，「盲」目地「忙」於此「茫」然的成仙致富，為此也常招致殺機而喪命。

唐人努力求仙、點化金銀，但當丹藥難得、仙夢破滅時，則常故作反語地言丹砂無用、生死有命，然而難擋仙藥誘惑時，則又汲汲營營埋首於煉丹，充分可見唐人矛盾的心態，而其所發莫信神求仙之語，也不過是願望難現之下的補償心態罷了；不過他們退而求其次地以其它修煉法，如服氣養性、導引辟穀、坐忘齋戒等方式，雖不能達到成仙的目的，但確可以袪病去疾、延緩衰老，若方法正確，對體弱多病和中老年者的康復與健朗，的確有相當裨益。因此餌丹成仙的美夢雖然幻滅，但卻是促使唐代道術的重點從外丹轉向內養的重要推力。

唐代社會盛行的服食求仙養生，也具體而微地表現在文學寫作中。不論是傳奇小說或詩歌賦文，內容有關神仙、煉養的描述隨處可見。就傳奇小說而言，作品大多揉合實筆與幻筆，加以誇張、渲染而成，或取材於歷史上真實存在人物，或依據民間盛行傳說；以謫仙、宿命和情緣的情節最引人入勝，表現出浪漫飄邈的風格，發揮高度悽惋動人、賺人眼淚的藝術效果。就詩歌賦文而言，夢遊仙類作品是唐代詩文寫作的大宗，作者常將自己置身於迷幻世界，夢遊仙境，透過仙境遊歷，讓想像力無限馳騁，既滿足內心對成仙長生的隱微願望，也舒發了現實世界的挫折情緒，達到另一種超越性的精神境界。此外，唐人把仙界當作理想世界的象徵，於是舉凡升官、登第等人生得意情事，也以登仙、遊仙做為隱語；而狎遊妓院猶如醉夢人生，因此唐人更出機杼地將仙與妓融合為一，隨著此類作品在社會上廣為流傳的結果，竟影響及舞榭歌臺的妓院女子以仙、真諸字為藝妓之名。因此會真、夢仙、夢遊春幾已成為娼妓文學的象徵符號，藝妓仙化，女仙也藝妓化，成為唐人語言中深具隱喻而又風雅的表現，同時也開創出唐代遊仙作品新的風格與面貌。

總之，服食養生的行動在本質上反映並促進人類熱愛生命、發展生命、永保青春健康的永恆願望和熾熱理想。唐人將這種理想轉化為煉丹行為表現出來，從而發展出不少堪稱獨步的科學技術。儘管長生成仙說本身只是一種迷信思想和虛妄的學說，它必然包含著不少非科學、非理性的糟粕與雜質，這是應當予以慎重研究和評價的。但如果我們用歷史的眼光去看它的功能與價值，可以發現它對於醫療、化學與文學諸多方面的發展，有明顯的推動和促進之功，因此我們在揚棄服食「成仙」為虛妄的同時，也應肯定其「養生」之功！

1970 年 10 月陝西西安南郊何家村出土唐代煉丹藥物

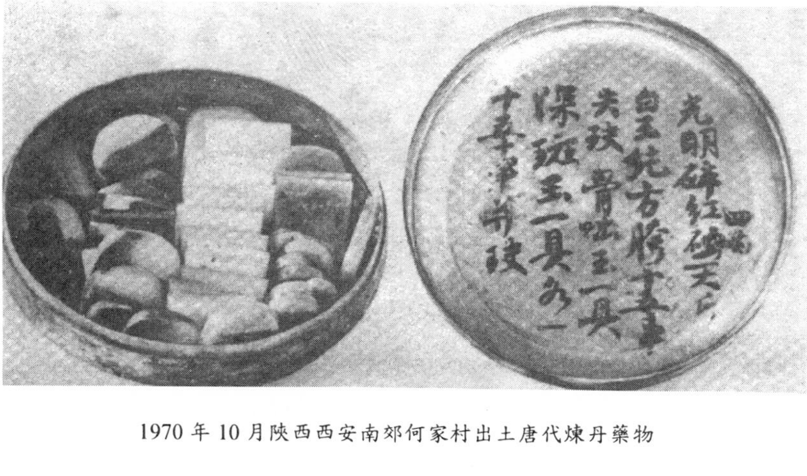

1970 年 10 月陝西西安南郊何家村出土唐代煉丹藥物

插圖(一)

1970年10月陝西西安南郊何家村出土唐代煉丹藥物（丹砂）

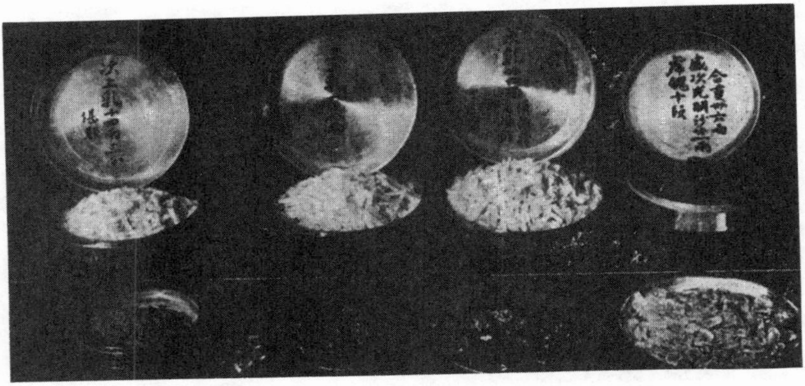

1970年10月陝西西安南郊何家村出土唐代煉丹藥物
（鍾孔石、琥珀、紫石英、白石英、金屑和珊瑚）

插圖(一)

1970年10月陝西西安南郊何家村出土唐代煉丹器皿
（上：銀藥鍋　下：小盛藥罐）

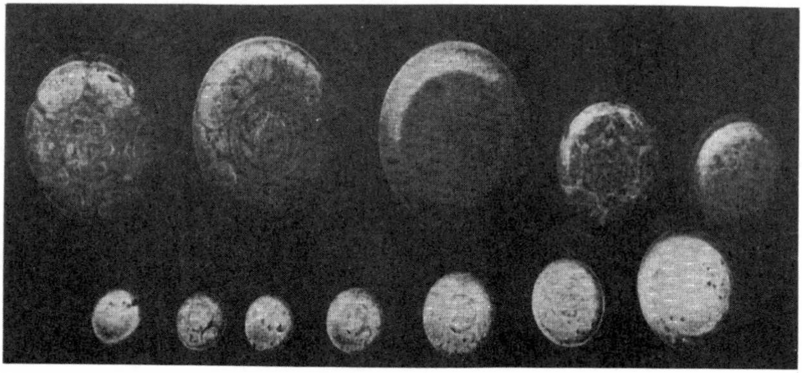

1970年10月陝西西安南郊何家村出土唐代煉丹器皿
（銀鎏金刻花藥盒）

插圖(二)

1970年10月陝西西安南郊何家村出土唐代煉丹器皿
（上：溫藥器：金暖藥鍋和帶柄銀鐺　下：煉丹器：銀石榴罐）

插圖(二)

春生草鋪煙未上摘望仙伏朱砂作汁結汞
汞便乾
金蓮草 紅花綠葉

燒丹偏教玄但採草金蓮衆藥堪爲橫過凡
不須言
玉液草 花紅葉綠

玉液草能紅大藥與相通偏櫃草砂子見寶
有殊功

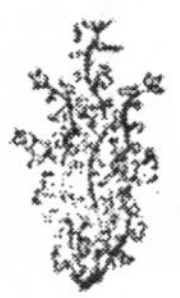

大秘草 花紅葉綠

大道須懷志此草深栗花四神偏能伏汞免
大二氣
金鳳草

子黑根白花葉青仙家惜似掌中珍眞汞責
作硬砂子白體成庚重不輕
仙人欽草

此草花紅葉綠有角子生於大林之内味甘
偏伏白硫黃
寶劒草

此草並生三莖花黃子黑生於沙地上味苦
汁白偏伏獨體朱砂作汁拒大
林泉草

插圖(三)　白雲仙人靈草歌

二篇同卷
白雲仙人靈草歌
種芝草法

白雲仙人靈草歌
序文訣
達道草 紫花青莖葉

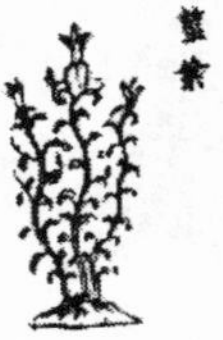

○結禾事如何莫抛靈草歌只知赤勤好偏用○
達道多
此草獨體成砂子
白禄草 色青

海寶草 花紅莖葉紫並青

十年學仙術靈草少知音白禄堪為樞海寶
善軟金生在沙崗上常得道家欽朱内抽真
禾花紅根自深
此二草皆能軟五金
紫枝草 淺紫花莖葉紫並青

此草有不稀出土並三枝朱砂見實白變禾
自然凝
○合穗草 分心花紅淺紫葉莖葉青

天降神權草無過訪合穗燒藥實堪誇不與
凡草搽衆草經霜動此草不憔悴寒暑不相
侵燒藥添智慧
此草能植大藥
望仙草 紅淺紫葉

插圖(三) 白雲仙人靈草歌

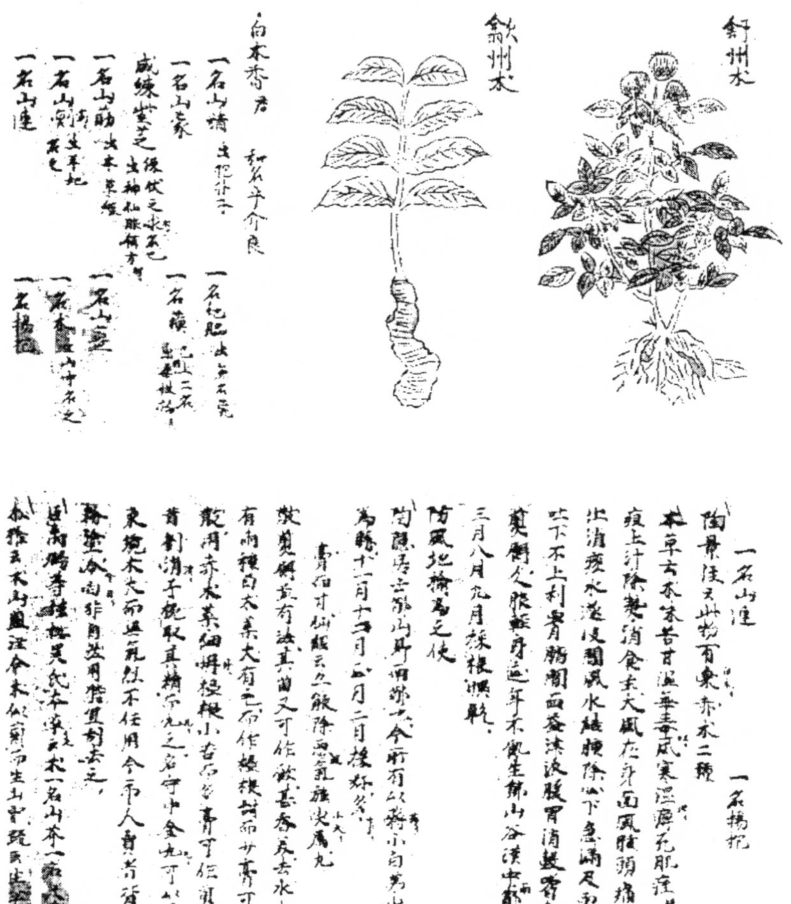

舒州朮
歙州朮
白朮香　君　和名乎介良
一名山精　出抱朴子
一名山薊
戚緣黃芝　緣狀之求不已　出神仙服餌方
一名山筋　出本草經
一名山薊　出文字也　出范子
一名山連
一名杞肥　出宗???
一名薊　已上二名出本草
一名山薑
一名赤木　山中名之
一名揚枹
一名山連
一名揚枹
陶景注云此物有東赤朮二種
本草云朮味苦甘溫無毒主風寒濕痺死肌痉
疸上汗除熱消食主大風在身面風眩頭痛目淚
出消痰水逐皮間風水結腫除心下急滿及霍亂
吐下不止利腰臍間血益津液暖胃消穀嗜食作
煎餌久服輕身延年不飢生鄭山山谷漢中南鄭二月
三月八月九月採根曝乾
防風地榆為之使
陶隱居云鄭山即南鄭也今處處有以蔣山白山茅山者
為勝十一月十二月正月二月採好多
青細寸仙經云亦能除惡氣彌災厲丸
散煎餌並有法其苗又可作飲甚香美去水朮乃
有兩種白朮葉大有毛而作椏根甜而少膏可作丸
散用赤朮葉細無椏根小苦而多膏可作煎用
昔劉涓子挼取其精而丸之名守中金丸可以長生
東境朮大而無氣烈不任用今市人賣者皆以米
粉塗令白非自然用時宜刮去之

插圖(四)　密宗香要抄

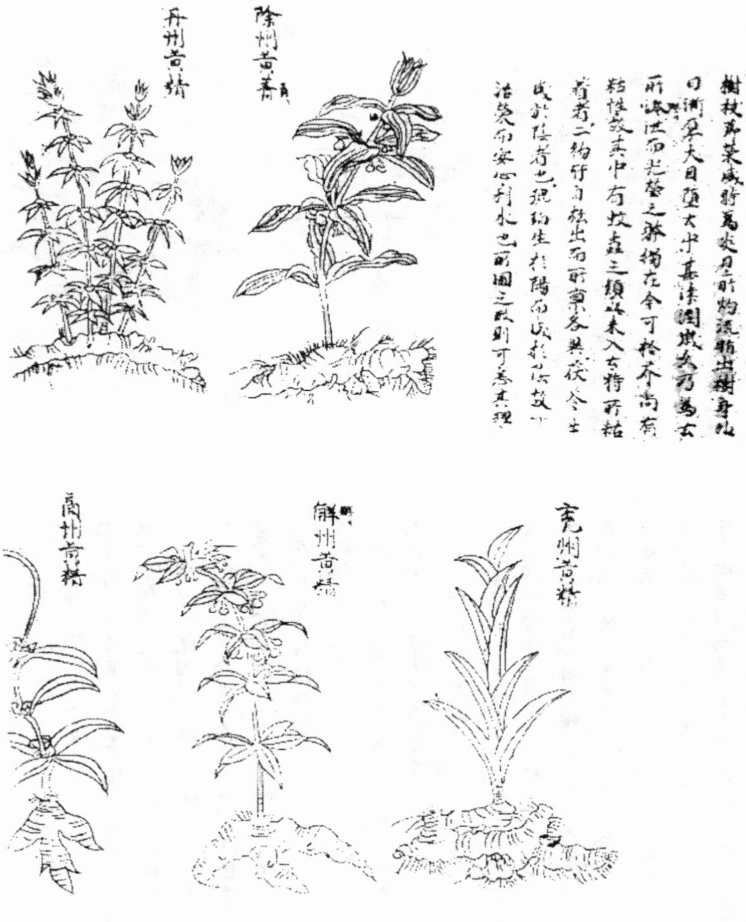

插圖(四) 密宗藥種抄

重要參考書目

詩經　（十三經注疏本）　臺北：藝文　民國七十年一月八版
周禮　（十三經注疏本）　臺北：藝文　民國七十年一月八版
左傳　（十三經注疏本）　臺北：藝文　民國七十年一月八版
說文解字注　許慎撰、段玉裁注　臺北：黎明　民國七十二年十版
史記　司馬遷　臺北：鼎文　民國七十一年十二月五版
漢書　班固　臺北：鼎文　民國七十年二月四版
後漢書　范曄　臺北：鼎文　民國七十年四月四版
三國志　陳壽　臺北：鼎文　民國七十六年五月六版
魏書　魏收　臺北：鼎文　民國六十九年六月三版
南史　李延壽　臺北：鼎文　民國七十年一月三版
北史　李延壽　臺北：鼎文　民國六十九年十二月三版
舊唐書　劉昫　臺北：洪氏　民國六十六年六月初版
新唐書　歐陽脩　臺北：洪氏　民國六十六年六月初版
資治通鑑　司馬光　北京：中華　一九九六年七月一版

戰國策　劉向　臺北：里仁　民國七十一年一月初版

東觀奏記　裴庭裕　北京：中華　一九九四年九月一版

唐才子傳校正　辛文房撰　周本淳校正　臺北：文津　民國七十七年三月初版

荊楚歲時記（《百部叢書集成》第十八部《寶顏唐秘笈》本）　宗懍　臺北：藝文　民國五十七年版

唐六典（《四庫珍本》第六集）　張九齡　臺北：商務　民國七十二年初版

唐會要（《叢書集成新編》第二十八冊）　王溥　臺北：新文豐　民國七十四年版

唐鑑　范祖禹　上海：上海古籍　一九八四年二月第一版

（重輯）新修本草　岡西為人　臺北：中國醫藥研究所　民國七十九年九月四版

（重輯）本草拾遺　陳藏器　臺中：華夏　民國七十七年六月初版

諸病源候總論　巢元方　臺北：宇宙醫藥　民國六十四年十月初版

千金要方　孫思邈　臺北：宏業　民國八十四年九月再版

千金翼方　孫思邈　臺北：中國醫藥研究所　民國七十九年九月四版

外臺秘要　王燾　臺北：中國醫藥研究所　民國五十三年八月初版

本草綱目	李時珍	臺北：鼎文	民國六十二年九月
廣群芳譜	江灝	上海：上海	一九八五年六月第一版
淮南子注	劉安	臺北：世界	民國七十四年十月八版
論衡	王充	臺北：三民	民國八十六年十月初版
藝文類聚	歐陽詢	上海：古籍	一九六五年十一月一版
冊府元龜	王欽若、楊億	臺北：清華	民國五十六年三月初版
事物記原	高承	臺北：商務	民國五十五年六月臺一版
淵鑑類函	張英等	北京：中國	一九八五年八月第一版
世說新語	劉義慶	臺北：藝文	民國六十三年四月三版
大唐新語	劉肅	臺北：仁愛	民國七十四年十月初版
唐國史補	李肇	臺北：世界	民國四十八年九月初版
朝野僉載（《四庫全書》本第一〇四二冊）	張鷟	臺北：商務	民國七十五年三月初版
明皇雜錄	鄭處誨	北京：中華	一九九四年九月一版
雲溪友議	范攄	北京：中華	一九九四年九月一版
唐摭言	王定保	臺北：世界	民國四十八年九月初版
開元天寶遺事	王仁裕	北京：中華	一九九四年九月一版

北夢瑣言　孫光憲　北京：中華　一九九四年九月一版

唐語林　王讜　臺北：世界　民國四十八年九月初版

唐闕史（《四庫全書》本第一〇四二冊）　高彥休　臺北：商務　民國七十五年三月初版

山海經校注　袁珂　臺北：里仁　民國七十一年八月初版

杜陽雜編　蘇鶚　北京：中華　一九九四年九月一版

太平廣記　李昉　臺北：文史哲　民國七十年十一月初版

酉陽雜俎　段成式　臺北：商務　民國五十五年三月臺一版

列子　列禦寇　臺北：廣文　民國五十四年八月初版

莊子　莊周　臺北：三民　民國七十四年三月五版

列仙傳（《四庫全書》本第一〇五八冊）　劉向　臺北：商務　民國七十五年三月初版

神仙傳（《四庫全書》本第一〇五九冊）　葛洪　臺北：商務　民國七十五年三月初版

搜神記　干寶　臺北：里仁　民國七十一年九月初版

抱朴子　葛洪　臺北：廣文　民國五十四年八月初版

雲笈七籤　張君房　臺北：藝文　民國五十一年影印

※　※　※　※　※　※

高僧傳（《大正新修大藏經》卷五十〈史傳部二〉） 臺北：新文豐 七十二年一月修定版

續高僧傳（《大正新修大藏經》卷五十〈史傳部二〉） 同前

大唐西域求法高僧傳（《大正新修大藏經》卷五十一〈史傳部三〉） 同前

大唐西域記（《大正新修大藏經》卷五十一〈史傳部三〉） 同前

弘明集（《大正新修大藏經》卷五十二〈史傳部四〉） 同前

廣弘明集（《大正新修大藏經》卷五十二〈史傳部四〉） 同前

香要抄、藥種抄（《大正新修大藏經》〈圖像部〉十一） 同前

《大正新修大藏經》〈密教部〉一至四卷十八至二十一冊 同前

※ ※ ※ ※ ※ ※

漢武帝內傳（《正統道藏・洞真部・記傳類・海字號》） 臺北：新文豐 七十四年十二月再版

漢武帝外傳（《正統道藏・洞真部・記傳類・海字號》） 同前

歷世真仙體道通鑑（《正統道藏・洞真部・記傳類・鹹字號》） 同前

華陽陶隱居傳（《正統道藏・洞真部・記傳類・翔字號》） 同前

華陽陶隱居集（《正統道藏・太玄部・尊字號》） 同前

登真隱訣（《正統道藏・洞玄部・玉訣類・遜字號》） 同前

墉城集仙錄（《正統道藏・洞神部・譜籙類・竭字號》） 同前

養性延命錄（《正統道藏・洞神部・方法類・臨字號》）　同前

歷代崇道記（《正統道藏・洞玄部・記傳類・惟字號》）　同前

猶龍傳（《正統道藏・洞神部・譜籙類・敬字號》）　同前

丹房鑒源（《正統道藏・洞神部・眾術類・如字號》）　同前

※　※　※　※　※　※

全上古三代秦漢三國六朝文　嚴可均校輯　北京：中華　一九八五年十二月第一版

古今圖書集成　陳夢雷　臺北：鼎文　民國六十六年四月初版

二十二史劄記　趙翼　臺北：世界　民國四十七年十一月二版

全唐詩　曹寅奉敕編　臺北：文史哲　民國七十六年十二月

全唐詩補編　王重民等輯錄　陳尚君校訂　北京：中華　一九九二年十月第一版

全唐文　董浩等　北京：中華　一九八三年十一月一版

唐詩紀事校箋　計有功撰　王仲鏞校箋　成都：巴蜀書社　一九八九年八月第一版

筆記小說大觀　臺北：新興　民國五十一年五月初版

※　※　※　※　※　※

漢魏兩晉南北朝佛教史　湯用彤　北京：北京大學　一九九七年九月一版

隋唐佛教史稿　湯用彤　臺北：木鐸　民國七十二年九月初版
道藏源流考　陳國符　臺北：古亭　民國六十四年三月初版
道藏源流續考　陳國符　臺北：明文　民國七十六年十一月初版
道教通論兼論道家學說　牟鍾鑒等　山東：齊魯書社　一九九一年十一月初版
道教史　許地山　上海：商務　一九三四年初版
中國道教史　傅勤家　上海：商務　一九三七年初版
中國道教史　卿希泰主編　臺北：中華道統　民國八十六年十二月初版
中國道教史　任繼愈主編　臺北：桂冠　民國八十年十月初版
周秦兩漢早期道教　蕭登福　臺北：文津　民國八十七年六月初版
魏晉神仙道教　胡孚琛　臺北：商務　民國八十四年五月臺初版
道教與中國文化　葛兆光　上海：上海人民　一九八七年九月第一版
道教與密宗　蕭登福　臺北：新文豐　民國八十二年四月初版
道家與神仙　周紹賢　臺北：中華　民國五十九年五月初版
道教術儀與密教典籍　蕭登福　臺北：新文豐　民國八十三年三月一版
先秦兩漢冥界及神仙思想探源　蕭登福　臺北：文津　民國七十九年八月初版
道教與佛教　蕭登福　臺北：東大　民國八十四年十月初版

伏煉試探　Nathan Sivin 原著　李煥燊譯　臺北：正中　民國六十二年十二月臺初版
探求不死　李豐楙　臺北：久大　民國七十六年九月初版
帝王與煉丹　李國榮　高雄：黑皮　民國八十五年十一月初版
道教養生　譚電波　長沙：嶽麓書社　一九九三年十一月第一版
道教與科學　金正耀　臺北：曉園　民國八十三年九月初版
中國古代煉丹術　張覺人　臺北：明文　民國七十四年四月初版
道教與煉丹術論　金正耀　北京：宗教文化　二〇〇一年二月第一版
靈丹·妙藥·仙方　馮漢鏞、李殿元　四川：人民　一九九三年五月第一版
道在養生——道教長生術　郝勤、楊光文　四川：四川人民　一九九四年七月第一版
歷史上的煉丹術　蒙紹榮、張興強　上海：科技教育　一九九五年一月一版
道教煉養法　李遠國　北京：燕山　一九九三年十一月第一版
道教與中國醫藥學　孟乃昌　北京：燕山　一九九三年五月第一版
道藏丹藥異名索引　黃兆漢　臺北：學生　民國七十八年三月初版
陳寅恪論文集　陳寅恪　臺北：里仁　民國七十一年九月初版
敦煌歌辭總編　任二北　上海：古籍　一九八七年版
敦煌俗文學論叢　蕭登福　臺北：商務　民國七十七年七月初版

唐代留華外國人生活考述	謝海平	臺北：商務	民國六十七年十二月初版
隋唐五代社會生活史科學	李斌城等	北京：中國社會	一九九八年七月第一版
唐代的礦產	楊遠	臺北：學生	民國七十一年十二月初版
唐代經濟史	陶希聖、鞠清遠	臺北：商務	民國五十七年七月臺一版
唐代財政史	鞠清遠	臺北：食貨	民國六十七年十二月再版
唐代研究叢稿	嚴耕望	香港：新亞研究所	一九六九年版
唐代的外來文明	美·謝弗著 吳玉貴譯	北京：中國社會科學	一九九五年八月初版
唐代長安與西域文明	向達	臺北：明文	民國七十一年十月再版
唐代交通圖考	嚴耕望	臺北：中研院史語所	民國七十四年九月初版
唐代研究論文集	國立編譯館	國立編譯館	民國八十一年十一月初版
唐研究（第六卷）		北京：北京大學	二〇〇〇年十二月第一版
中國科技史概論	何丙鬱、何冠彪	臺北：木鐸	民國六十二年六月初版
唐人小說研究（一至四集）	王夢鷗	臺北：藝文	民國六十七年十月初版
吐魯蕃文書與絲綢之路	姜伯勤	北京：文物	一九九四年二月一版
誤入與降謫：六朝隋唐道教文	李豐楙	臺北：學生	民國八十五年五月初版

學論集
憂與遊：六朝隋唐遊仙詩論集　李豐楙　臺北：學生　民國八十五年三月初版
中國之科學與文明　李約瑟著　陳立夫主譯　臺北：商務　民國七十八年六月二版
中國化學史論文集　袁翰青　北京：三聯　一九五六年版
中國化學史話　曹元宇　江蘇：科學技術　一九七九年
中國古代化學史研究　趙匡華　北京：北京大學　一九八五年版
中國化學史稿（古代之部）　張子高　科學出版社　一九五八年版
中國醫學史　劉伯驥　臺北：華岡　民國六十三年十月
中國藥學大辭典　陳純仁　臺北：旋風　民國二十三年十月初版
火藥的發明和西傳　馮家昇　上海：人民　一九五四年
唐伎研究　廖美雲　臺北：學生　民國八十四年九月初版
唐代遊仙詩研究　顏進雄　臺北：文津　民國八十五年十月初版

※　※　※　※　※　※

寒食散考　余嘉錫　《輔仁學誌》第七卷　民國二十七年十二月
《從龍虎還丹訣》看我　郭正誼　自然科學史研究　一九八三年

國煉丹家對化學的貢獻	二卷二期		
中國煉丹術原著評價	孟乃昌	世界宗教研究	一九八四年四期
火藥源起的新探討	郭正誼	化學通報	一九八六年第一期
中國煉丹術的丹藥觀與藥性論	趙匡華	化學通報	一九八三年第七期
從西安南郊出土的醫藥文物看唐代醫藥的發展	陝西省博物館文管會寫作小組	文物	一九七二年第六期
西安南郊唐代窖藏裏的醫藥文物	耿鑒庭	文物	一九七二年第六期
古今誹韓案考辨	鄭騫	書目季刊第十一卷第四期	民國六十七年三月
唐人服食風尚之探究	廖美雲	《臺中商專學報》第二十四期	民國八十一年六月
白居易之佛道養生探賾	廖美雲	《臺中商專學報》第三十一期	民國八十八年六月
白居易之愁病與道家道教養生	廖美雲	第二屆海峽兩岸道教學術會議	民國八十九年三月
道教房中養生術對唐代妓風之影響	廖美雲	《臺中商專學報》第二十八期	民國八十五年六月
六朝練形養生觀與服食植礦物藥餌研究	廖美雲	《臺中技術學院學報》第三期	民國九十一年六月

作者歷年著作表

廖芮茵（原名：廖美雲）民國七十七年至九十三年著作表：

◎**專書**：

《元白新樂府研究》（獲行政院國科會乙種獎助），臺北，臺灣學生書局出版，民國七十八年六月出版

《唐伎研究》（獲行政院國科會甲種獎助），臺北，臺灣學生書局出版，民國八十四年九月出版

《唐代服食養生研究》，臺北，臺灣學生書局出版，民國九十三年五月出版

◎**學術會議論文**：

〈白居易之愁病與道家道教養生〉，第二屆海峽兩岸道教學術研討會，民國八十八年三月（收入第二屆海峽兩岸道教學術研討會論文集三，《道教的歷史與文學》，南華大學宗教文化研究中心，民國八十九年七月出版）

◎**期刊論文**：

〈李白之用世思想與寫實詩歌探究〉，中商學報二十二期，民國七十九年六月

〈由杜牧評李賀詩探索「無理」之問題及李賀與屈原楚騷之傳承〉（獲教育部八十一年青年研究著

作佳作獎〉，中商學報二十三期，民國八十年六月

〈唐人服食風尚之探究〉，中商學報二十四期，民國八十一年六月

〈由漢唐以來比興觀之探究兼談白居易諷諭詩論〉，中商學報二十五期，民國八十二年六月

〈唐代狎妓風盛之因素考查〉，中商學報二十六期，民國八十三年六月

〈白居易之婦女詩析論〉，中商學報二十七期，民國八十四年六月

〈道教房中養生術對唐代妓風之影響〉，中商學報二十八期，民國八十五年六月

〈薛濤之慧辯及其藝文成就〉，中商學報三十期，民國八十七年六月

〈白居易之佛道養生探賾〉，中商學報三十一期，民國八十八年六月

〈六朝練形養生觀與服食植礦物藥餌研究〉，臺中技術學院學報第三期，民國九十一年六月

〈成仙與養生——唐代文士的服食分析〉，臺中技術學院人文學報第一期，民國九十一年十二月

〈唐代宮廷的美容養生與官場賜面脂香藥之風習探究〉，臺中技術學院學報第四期，民國九十二年六月

〈唐代佛僧服食研究〉，臺中技術學院人文學報第二期，民國九十二年十二月

◎其他通俗作品：

〈牡丹花下死——唐人牡丹賞花熱〉，民國七十七年三月八日中央日報長河版

〈一代文豪韓愈的風趣〉，民國七十七年四月五日中央日報長河版

〈唐代婦女的時世妝〉，民國七十七年四月五日中央日報長河版

國家圖書館出版品預行編目資料

唐代服食養生研究

廖芮茵著. – 初版. – 臺北市：臺灣學生，
2004 [民 93]
面；公分
參考書目：面
ISBN 957-15-1218-4 (精裝)
ISBN 957-15-1219-2 (平裝)

1. 道教 – 修鍊
2. 煉丹
3. 中國文學 – 歷史 – 唐（618–907）

235 93006367

唐代服食養生研究（全一冊）

著作者：廖芮茵
出版者：臺灣學生書局有限公司
發行人：盧保宏
發行所：臺灣學生書局有限公司
臺北市和平東路一段一九八號
郵政劃撥戶：〇〇〇二四六六八號
電話：(〇二)二三六三四一五六
傳真：(〇二)二三六三六三三四
E-mail:student.book@msa.hinet.net
http://www.studentbooks.com.tw

本書局登記證字號：行政院新聞局局版北市業字第玖捌壹號

印刷所：宏輝彩色印刷公司
中和市永和路三六三巷四二號
電話：二二二六八八五三

定價：精裝新臺幣五二〇元
平裝新臺幣四六〇元

西元二〇〇四年五月初版

23501

ISBN 957-15-1218-4 (精裝)
ISBN 957-15-1219-2 (平裝)

臺灣學生書局出版

道教研究叢刊

- ❶ 六朝隋唐仙道類小說研究　李豐楙著
- ❷ 明代道教正一派　莊宏誼著
- ❸ 全眞教與大蒙古國帝室　鄭素春著
- ❹ 明代道士張三丰考　黃兆漢著
- ❺ 道藏丹藥異名索引　黃兆漢著
- ❻ 漢魏六朝佛道兩教天堂地獄說　蕭登福著
- ❼ 蘇軾與道家道教　鍾來因著
- ❽ 道教與文學　黃兆漢著
- ❾ 憂與遊：六朝隋唐遊仙詩論集　李豐楙著
- ❿ 誤入與謫降：六朝隋唐道教文學論集　李豐楙著
- ⓫ 海峽兩岸道教文化學術研討會論文　龔鵬程主編
- ⓬ 許遜與薩守堅：鄧志謨道教小說研究　李豐楙著
- ⓭ 中國神仙研究　黃兆漢著
- ⓮ 唐代服食養生研究　廖芮茵著